朱子

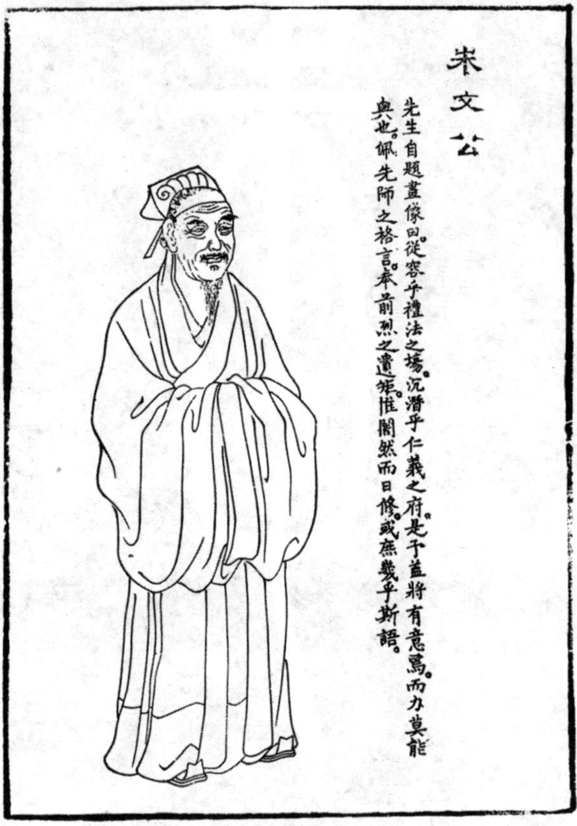
朱文公
先生自題畫像曰。從容乎禮法之場。沉潛乎仁義之府。是予蓋将有意焉。而力莫能
與也。佩先師之格言。奉前烈之遺矩。惟闇然而日修。或庶幾乎斯語。

近思錄

近思录详注集评

陈荣捷 著

重庆出版集团
重庆出版社

推荐序

陈荣捷先生（1901—1994），已故著名的世界朱子学权威，一生朱子学著述甚多，他的中文著作原皆在台港印行，现在大陆出版社将出版陈老先生的朱子研究著作的简体字本，这是我国朱子学研究的要事和喜事！

陈荣捷先生1901年生于广东开平县，幼入私塾开蒙，后在塾师指导下习读“四书五经”等书。1916年春赴香港，考入拔萃书院，学习英文和中文，同年秋考入广州岭南学堂。1917年入岭南中学，“五四”运动时，在广州积极投身学生运动，曾代表岭南学生参加广州学生联合会，被选为会部长。1920年秋入岭南学院（后更名为岭南大学）文科专业，继续投身文化运动，并服务于岭南工人夜校，任副校长。1924年岭南学院毕业，赴美留学，入哈佛大学英语系，1926年改入哲学系。1929年以题为《庄子哲学》的毕业论文获哈佛大学哲学博士学位。1929年秋应母校岭南大学之聘，任大学教学秘书、教授。1930年起任岭南大学教务长。1932—1934年兼任中山大学教授，教授美学、英文。1933年曾出任中国基督教高等教育评议会主席。

1935年秋赴夏威夷大学任交换教授，讲授中国哲学，1936年离任岭南大学，任夏威夷大学东方研究所访问教授。1937年起改任夏威夷大学正式教授，讲授中国哲学和中国文明课程。1939年与哲学界知名人士共同发起创设“东西方哲学家会议”。1940年兼任夏威夷大学哲学系主任。1941年12月太平洋战争爆发后，因夏威夷大学暂时关闭，于1942年转赴位于美国东北的名校、长春藤盟校之一的达特茅斯学院（Dartmouth College），任比较文学系访问教授，次年转为中国文化教授，后改为中国哲学教授。值得一提的是，陈荣捷先生在第二次世界大战期间和战后初期，常常在集会上和巡回中发表演讲，达数百次之多，向美国人民介绍中国人民的抗战和中国文化。1951年任达特茅斯学院人文学院院长，这是当时东方人在美国担任的最高学术职位。1966年，陈先生六十五岁时自达特茅斯学院退休，被授予中国哲学和文化荣誉教授称号。是年他应宾州匹兹堡的查塔姆学院（Chatham College）之聘，出任格利斯派讲座教授。1971年任期届满，他继续在该学院讲授中国思想课程，至1982年完全退休。1975年起，陈先生任哥伦比亚大学中国思想课程兼任教授，与时任哥伦比亚大学副校长的狄百瑞教授联合执教哥大新儒学讨论班，直至晚年。1978年，他被选为台湾地区“中研院”院士。1980年当选为美国“亚洲哲学与比较哲学学会”会长。1994年8月病逝于美国匹兹堡家中，享年九十三岁。

陈荣捷先生在美国讲授中国哲学五十余年，在不同的时期其学术活动的重点有所不同。20世纪40年代至50年代，由于美国的中国研究尚在起步阶段，陈荣捷先生的著述主要集中在中国哲学、艺术、宗教的总体性论述，在此期间著有英文著作《现代中国的宗教趋势》（哥伦比亚大学出版社，1953年）、《中国哲学历史图表》（耶鲁大学远东出版社，1955年）、《中国哲学大纲及附注参考书目》（耶鲁大学远东出版社，1959年）等。1960年陈荣捷先生为《大英百科全书》撰写中国哲学概要以及诸思想家传记文章。在20世纪60年代，他还为其他许多百科全书撰写有关中国哲学中儒家、道家及理学的文章和条目。事实上，他几乎成了这一时期各英文百科全书关于中国哲学的唯一撰稿人，一时被欧美学术界誉为把东方哲学文化思想最为完备地介绍到西方的中国大儒。

从夏威夷时代起，陈荣捷先生长期致力于中国古代哲学资料的英文翻译。1963年，陈荣捷先生的四部重要的英文译著在美国出版，它们是:《坛经》(纽约圣约翰大学出版社)、《王阳明〈传习录〉及其他著述》(哥伦比亚大学出版社)、《老子之道(道德经)》(鲍波斯·麦瑞尔出版社)和《中国哲学文献选编》(普林斯顿大学出版社，又名《中国哲学资料书》)。前三者分别为释、儒、道三家的重要经典，其中《传习录》的翻译尤有意义。《中国哲学文献选编》集作者十余年之功，全书共四十三章，八百五十六页，所有的条目、名称、名词都有解释，所有的引文皆有溯源或说明，注释多达三千余条。该书开创了将中文翻译为英文的一个很高的标准，至今无人超越。该书一直是美国院校教授中国哲学的标准教科书，对英文世界的中国哲学的传习贡献极大。

20世纪60年代初期以后，陈荣捷先生除了为诸百科全书撰文外，主要精力渐渐转向新儒学(理学)的研究。他的英译《近思录》在1967年出版，其中参考日韩著作甚多，注释说明尤为精详。在他生命的最后二十年，他全部的学术关注几乎都集中在对朱熹的研究和对朱熹研究事业的推动上。1982年由陈先生组织、筹备和担任大会主席的“国际朱熹会议”在夏威夷檀香山举行，会议汇聚了当时东西方著名的朱熹研究专家。这次会议成为当时世界朱子学术研究的高峰。此次大会的圆满举行，不仅大大促进了朱子研究，也突显了陈荣捷先生自己的学术地位和重要成就，进一步提高了他在国际学术界的声誉。1982年以后，陈荣捷先生出版的朱子研究著作大都以中文发表，计有:《朱子门人》《朱学论集》《朱熹》《朱子新探索》《近思录详注集评》。此外，由台湾地区“中研院”中国文哲研究所出版的陈荣捷先生的论文集《新儒学论集》和《宋明理学之概念与历史》，也都是主要与朱熹有关的论文汇集，与陈先生的朱子学专著相互发明。

1946年H. F. MacNair出版的英文书《中国》中即有陈荣捷先生所写的“新儒学”一章，这是战后西方叙述理学专篇之始，也是叙述朱子思想专篇之始。1957年陈荣捷发表了《新儒学对恶的问题的解决》和《新儒学与中国科技思想》两篇文章。1960年出版的陈荣捷先生与狄百瑞等合编的英文版《中国传统诸源》，其中理学七章，包括朱子一章，出自陈荣捷先生之手。1963年陈荣捷先生的《中国哲学文献选编》出版，其中理学部分共有十三章，朱子占一章。当时西方学界还没有研究新儒学和朱子的学者，陈荣捷先生是战后欧美朱子研究的先驱。

六十岁到八十岁之间，陈荣捷先生越来越专注于朱子的研究，这一时期的成就体现在1982年出版的两部中文著作中：一是《朱子门人》，对朱子门人的人数构成、地理关系、社会背景、学术贡献等详加考证研究，显示出他的朱子学研究的深厚功力。此一卓越著作之贡献与地位，衡之于世界汉学的朱子学研究，已居于前列。二是《朱学论集》，收入他在这一时期所写的朱子学论文，如《朱熹集新儒学之大成》《论朱子之〈仁说〉》《朱子之〈近思录〉》《朱陆通讯详述》等，都是陈荣捷先生在这一时期撰写的重要论文，其立论高屋建瓴，分析深刻，资料丰富，对推进朱熹思想的理解甚有助益，也充分体现了陈荣捷先生重视“朱子研究新材料之发见”的研究特色。这两部一流的朱子研究著作与国际朱熹会议的非凡组织，确立了陈荣捷先生在世界朱子学研究的领导地位。八十岁以后，他老当益壮，在朱子研究方面更上一层楼。1986年他以八十五岁高龄完成了中文巨著《朱子新探索》，于1988年出版，全书分一百二十六节，所论多日韩及我国学者历来所不及论者，涉及朱子生平、思想及其所关联之人物、事迹的诸多课题，无所不包，发掘了大量以往不被注意的新材料，大大细化和深化了朱子研究的课题。此书充分显示出陈荣捷先生的朱子学研究造诣之精深，已达到了炉火纯青的境地。陈老先生亦自认为这本书代表了他学术研究的最高成就。1990年先生为台湾的“世界哲学家丛书”撰写的《朱熹》出版，其中吸收了他历年的有关成果，并在义理分析和资料考辑两方面作出了新的贡献。1992年《近思录详注集评》出版，此书“集评”采自《朱子语类》《朱子文集》《四书集注》《四书或问》等朱子书的资料达八百余条，又从中国注释本十八种、朝鲜八种、日本三十七种以及笔记四十八种之中，采录所引用的张伯行、茅星来、江永等人的注释及朝鲜、日本学者之评语五百余条，极为丰富；此书还对《近思录》所载六百二十二条资料皆考列其出处，所引用评论一千三百余条亦皆列出其出处，极便学者。其“详注”部分则对《近思录》本文涉及的典籍、术语、引语、人名、地名等详加注释。对各卷所引“程子”之言，他都根据《河南程氏遗书》《河南程氏外书》《明道文集》《伊川文集》之实据，确定其为明道或伊川语。至于明道语误为伊川语或伊川语误为明道语者，亦皆为之改正。此书功力深厚，完备翔实，超迈前人，对学界的宋代理学研究贡献实大。

除以上所述数种关于朱子的中文著作外，先生尚有英文朱子学论著如下：《〈近思录〉—— 新儒学文选》，哥伦比亚大学出版社，1967年；《新儒学词释：〈北溪字义〉》，哥伦比亚大学出版社，

1986年;《朱熹的生活和思想》，香港中文大学出版社，1987年;《朱子新研究》，夏威夷大学出版社，1989年。编著者有《朱熹与新儒学》，夏威夷大学出版社，1986年。陈老先生的英文朱子著作的贡献，在英语学界的新儒学研究中无疑也是首屈一指的。

值得一提的是，陈荣捷先生尊朱子而不贬阳明。就新儒学研究而言，陈荣捷先生亦著有阳明学的中英文重要著作，除前述1963年出版的英文著作《王阳明〈传习录〉及其他著述》外，中文著作还有《王阳明〈传习录〉详注集评》(学生书局，1983年);《王阳明与禅》(学生书局，1984年)。在新儒学之外，陈荣捷先生还有关于中国哲学的其他英文著作多种。

陈荣捷先生的学问方法，在于重观念史的分析，而不忽视史实考证，有深厚的西学学养，而倡导以朱解朱，注重原始资料，超越门户之见，特别重视利用日韩学者的研究成果。他从历史的脉络观察思想发展，从概念的分析探讨学派流变，学风平实缜密，治学精审严谨，他的学风和方法是朱子学研究当之无愧的典范。

陈荣捷先生是20世纪后半期欧美学术界公认的中国哲学权威，英文世界中国哲学研究的领袖，也是国际汉学界新儒学与朱熹研究的泰斗。美国在“二战”前和“二战”后初期都不重视理学研究，至20世纪70年代始为之一变，以哥伦比亚大学和哈佛大学为中心，新儒学和朱熹的研究一时兴起。1977年，陈荣捷先生海外教学四十年纪念时，他曾作诗三首，兹录其二:

海外教研四秩忙，攀缠墙外望升堂。

写作唱传宁少睡，梦也周程朱陆王。

廿载孤鸣沙漠中，而今理学忽然红。
义国恩荣固可重，故乡苦乐恨难同。

“而今理学忽然红”是指20世纪70年代美国中国思想研究的变化，这在改革开放后的中国神州大陆也同样再现了。“写作唱传宁少睡，梦也周程朱陆王”，传神地写出他对理学先贤的景仰。我想，在他生命的最后二十年，梦中所见已唯有朱子。他在朱子身上贯注了他的整个生命和全部感情，朱子研究已经毫无疑问地成了他的终极关怀。

我认识陈老先生时他已八十五岁，他九十岁时仍神采奕奕，步履如常，神思敏捷，笔力甚健，所以朋友们一直相信他必然要寿至百岁。他对我和我的朱子研究，可谓爱掖独厚，我现在保存的他晚年和我的通信有几十封。他平易近人、虚怀若谷、不耻下问、提携青年学者的风范，至今仍使我深深地感动。在我的了解中，他的人格气象和精神境界已经达到了理学所推崇和倡导的仁者的境界。今天，在有幸为他的著作集写序的时候，我的内心充满了对他的深切的怀念，久久不能平静。

陈荣捷先生的朱子研究著作是朱子学研究的宝贵财富，我衷心地期望读者们能够认真研究他的学术成果，努力学习他的治学精神，共同努力，不断推进朱子学研究的深入和发展。

陈来

著名哲学家、哲学史家

引言

《近思录》为我国第一本哲学选辑之书，亦为北宋理学之大纲，更是朱子哲学之轮廓。以后宋代之《朱子语类》，明代之《性理大全》，与清代之《朱子全书》与《性理精义》，均依此书之次序为次序，支配我国士人之精神思想凡五六百年。影响所及，亦操纵韩国与日本思想数百载，且成为官学。在我国亦惟儒独尊，尤以朱子之哲学为主脑。钱穆比《近思录》于经书，不为过也。[1]

《近思录》为朱子[2]与吕东莱[3]所合辑，采取北宋周濂溪[4]、程明道[5]、程伊川[6]、张横渠[7]四子之语，共六百二十二条[8]，分十四卷，以《论语》"切问而近思"[9]为题。朱、吕同叙于朱子之寒泉精舍，[10]参酌审慎而详。别后仍屡屡通讯，或加或减。[11]书成之后，即有朱子讲友刘清之（约一一三四—一一九〇）之《续近思录》，及其门人蔡模（一一八八—一二四六）之《近思续录》。历宋而明而清，所知有续录二十种，[12]另有《朱子文语纂编》及《二程语录》两本，[13]辑朱子及其他宋明诸儒之语。韩国所知亦有四种。[14]《近思录》之内容形式竟支配两国哲学选录之风气达七八百年。

《近思录》除儒道经书之外，注释比任何一书为多。计宋代七人（含朱子门人一人，再传弟子四人），元代一人，明代二人，清代十一人，共二十一种。[15]韩国十种。[16]日本之注释二十四种，校注与现代语译九种，笔记讲说无数。[17]德译一本三册，英译一册。[18]可谓盛矣。

注家唯江永（一六八一—一七六二）并举朱、吕之名，其他均单提朱子。《四库全书总目提要》云："讲学家力争门户，务黜众说而定一尊，遂没祖谦之名，但云朱子《近思录》，非其实也。"[19]此言诚是。然主动全属朱子。其编排与内容，均以朱子本人之哲学与其道统观念为根据。是则注家未为全误，盖有宾主之分也。叶采之注，在日本甚为通行。日本注家几皆依叶注。并有卷内强为次序，甚至谓每卷末句与次卷首句相连属者，[20]揣量牵合，附会太过矣。

朱子云："四子（四书），'六经'之阶梯；《近思录》，四子之阶梯。"[21]故尝以此书赠门人，学者亦多以此书为馈。

本书所引之语，达一千三百余条，而引朱子者特多，在八百条以上。此乃效法江永之以朱解朱。除朱子外，其余为宋、元、明、清与韩日诸儒之语。其中不少借助于江永。茅星来（一六七八—一七四八）、陈沆（一七八五—一八二六）等注家，而彼等所未引者亦过半数。上述一千三百余条，除十七条待查外，皆详其出处。注家通例，并不指明语之来源，或于一段之中，抽出数字半句，或改易文字，甚至合《语类》数句与《文集》数句为一条，以致丧失本来面目。如是海底捞针，极为辛苦，不特费时而已也。注中有词必释，有名必究，引句必溯其源。不特解释，且录经典原文，以达全意。语之于《近思录》本文有所发明或增新殊意义者，不论毁誉，皆所采用。其无病呻吟者，则敬鬼神而远之。二程比较，敢谓搜罗详尽。[22] 惟对于各条，则予未敢下评语也。

一九六七年哥伦比亚大学有“东方名著”编译之举，来商于予。予以《近思录》集理学之大成，遂译之为英文，由哥伦比亚大学出版部刊印，取名 Reflections on Things at Hand，盖取“切问而近思”之意。注释在一千三百条以上，今利用之。韩国与日本注家评论，多多采用，然亦新增多条。朱子之语，则英译只得二百八十余条，以今之八百条以上较之，相去远矣。

通行《近思录》卷目，乃叶采所订，非朱子自定。今以朱子所说者为卷目，而置叶采之题目于括弧之内。各朝代之年期与先秦人物之生卒年均免。生卒年以阳历计算，其生卒年在阴历十二月之末而适为阳历一月之初者，则以阳历之年为准。注者之生卒年，俱见于参考书表。《四书》章数不依十三经而依《四书章句集注》。索引不分人名、书名、名词，而以符号别之。此外《近思录》之不采邵雍[23]，找索材料时之有所发现，与若干词语之诠释问题，均详见《朱子新探索》第六十四条《近思录概述补遗》，兹不赘述。书中《朱子语类》简称《语类》，《朱子文集》简称《文集》。《语类》页数，先举台北正中书局本页数，随举北京中华书局本页数。

1 钱穆，《读书与做人》，载《人生》第二九八期，一九六三年，页四。

2 朱子，名熹，字元晦，自称仲晦，号晦庵，别号甚多。建炎四年（一一三〇）九月十五正午生于福建尤溪县。父松由婺源（今属江西）入闽为县尉。父没，遵遗嘱迁居崇安县五夫里，从学于胡宪（一〇八六——一一六二）、刘勉之（一〇九一——一一四九）、刘子翚（一一〇一——一一四七）三先生。勉之以女妻之。年十九中进士，后授同安县主簿。二十余年后，知南康军，转两浙东路常平茶盐公事，累任知漳州、潭州，待制侍讲。政绩特佳。历仕四朝，实计七年余耳。在朝说书，只得四十六日。屡上封事与而面奏。然授徒著书，乃其素愿。甚贫乏，只靠十一次之祠官薄薪，收入甚微。数十年如一日，安贫乐道，怡怡如也。五夫里三师之外，又师李侗（一〇九三——一一六三），得二程经杨时（一〇五三——一一三五）、罗从彦（一〇七二——一一三五）、李侗四传之道。建寒泉、武夷、竹林三精舍，修复白鹿洞与岳麓两书院。授徒四五百人。讲学题匾于书院，与门人主讲或建立书院者数十所，使教育不至沦于佛教之手。又立五夫里社仓，为地方运动之先声。教学以“四书”为主，侧重穷理实践。极排陆象山（陆九渊，一一三九——一一九三）之心学与陈亮（一一四三——一一九四）等功利之学。编《近思录》，影响我国与韩国及日本士人精神思想数百年。自著有《四书章句集注》《太极图说解》《周易本义》等数十种。朝廷恐其声势太大，攻道学为伪学，遂落职罢祠。致仕后，仍授徒著作。刘氏夫人早二十四年卒。子三人，女五人，男孙七人，女孙九人。庆元六年（一二〇〇）三月初九午之初刻卒。数年后谥曰文公，随改徽国公，从祀孔庙。

3 东莱（一一三七——一一八一），名祖谦，字伯恭。中进士，又中博学弘词科。官至秘书郎、国史院编修、实录院检讨官等。与朱熹、张拭（一一三三——一一八〇）友善，称“东南三贤”。与朱子合辑《近思录》，记朱子之修复白鹿洞书院，并有志在浙效五夫里之社仓。朱子三大事功，吕氏与有力焉。两人通讯甚频，学术讨论甚多，在在不相为谋。私事亦不少，则情投意合。所谓和而不同也。重史学，为浙江史学开山之祖。经世致用，不无功利色彩。根据吕家传统，主张学派调和。学者称东莱先生，以其先为东莱侯也。著有《东莱春秋左氏传》《东莱博议》等书。没后谥曰成公。

4 周濂溪（一〇一七——一〇七三），名敦颐，字茂叔。历知州、县、转运判官。知南康军时，家居庐山莲花峰下，取故居之濂溪名之。胸怀洒落，如光风霁月。著《太极图说》及《通书》。二程皆其弟子。阐发心性义理之学，为宋理学之开祖。世称濂溪先生。卒谥元公。

5 程明道（一〇三二——一〇八五），名颢，字伯淳。河南人。历官鄠县、上元县主簿。视民如伤。为乡民置会社，立科条。召父老而与之语。儿童所读书，亲为正句读。于为太子中允，监察御史里行。其时王安石（一〇二一——一〇八六）执政，议更新法。与安石不和，出为判官。迁太常丞，知扶沟县。士子来学。十五六岁时与弟颐从学于周茂叔，遂厌科举之习。出入于释老者近十年，然后反求“六经”。和粹之气，盎于面背。文彦博（一〇〇六——一〇九七）表其墓曰“明道先生”。死后谥曰纯公，改封河南伯。从祀孔庙。

6 程伊川（一〇三三——一一〇七），名颐，字正叔，程颢之弟。年十八游太学。胡瑗（九九三——一〇五九）试诸生以颜子所好何学，得颐论，大惊。延见，授以学职。同学吕希哲（约一〇三六—约一一一四）即以师礼事之。大臣屡荐，皆不起。寻召赴阙，擢崇政殿说书，在任一年八个月。每进讲必宿斋豫戒。劝戒主上甚严。士人归其门者极众。与苏轼（一〇三七——一一〇一）不和，遂分洛蜀两党。出，管勾西京国子监。后以党论落职，至四川涪州。四方学者犹相从不舍。复宣议郎致仕。年七十五卒于家中。颐不重著述，唯求义理。著《易传》四卷，以义理释《易》。学者称伊川先生，其学称洛学，以其来自河南伊川与久居洛阳也。

7 张横渠（一〇二〇—一〇七七），名载，字子厚，陕西横渠镇人。少喜谈兵，年十八，上书范仲淹（九八九—一〇五二）。范氏授以《中庸》，告以儒者自有名教，何事于兵？已而求诸佛老，乃反求之"六经"。尝坐虎皮讲《易》于京师。二程至与论《易》，次日撤坐辍讲，尽弃异学，淳如也。举进士，为云岩令。以吕公著（一〇一八—一〇八九）荐，迁军事判官，充崇文院校书。王安石不喜载，以按狱浙东出之。狱成，托疾归横渠。学者从之，告以知礼成性、变化气质之道。其学以《易》为宗，以《中庸》为体，以孔孟为法，谓太虚无形，气之本体。吕大防（一〇二七—一〇九七）荐知太常礼院。与有司议不合，复以疾归。中途而逝。贫无以殓，门人共买棺葬于涪州。传其学者称为关学。所著曰《正蒙》《西铭》《横渠易说》。世称横渠先生。

8 《近思录》选语统计载拙著《朱学论集》，台北：学生书局，一九八八年，增订再版，页一三二至一三六。

9 《论语·子张第十九》第六章。

10 拙著《朱子新探索》，台北：学生书局，一九八八年，页四七九。

11 拙著《朱学论集》，页一二四至一二六。

12 同上，页一七七至一七九，详举各书之名称与内容。

13 详见《朱子新探索》，页四〇一。

14 详见《朱学论集》，页一七九至一八〇。

15 详见《朱学论集》，页一六三至一六七。

16 详见《朱学论集》，页一六七至一六八；《朱子新探索》页四〇一。

17 详见《朱学论集》，页一六八至一七六。

18 详见《朱学论集》，页一七六。

19 《四库全书总目提要》，页一九〇一。

20 参看《朱子新探索》，页三九七至三九九之《〈近思录〉卷次与题目》。

21 参看《朱子新探索》，页三八九至三九六《论〈近思录〉》。

22 参看《近思录详注集评》卷十四，第二十二条。

23 邵雍（一〇一一—一〇七七），字尧夫，谥康节。著《皇极经世书》《伊川击壤集》《渔樵问答》。与《近思录》四先生为北宋五子。学说见《宋元学案》卷九、卷十一。

目录

推荐序 004

引言 012

卷之一 道体① 022 【道体】②

①朱子自定卷目，见《语类》卷一〇五，第二十四条，页四一七九。

②叶采所定卷目。

卷之二 为学大要 074 【为学】

卷之三 格物穷理 158 【致知】

卷之四 存养 210 【存养】

卷之五 改过迁善克己复礼【克己】 258

卷之六 齐家之道【家道】 282

卷之七 出处进退辞受之义【出处】 298

卷之八 治国平天下之道【治体】 320

卷之九 制度 【治法】 338

卷之十 君子处事之方 【政事】 362

卷之十一 教学之道 【教学】 394

卷之十二 改过及人心疵病 【警戒】 408

卷之十三 异端之学 【异端】 424

卷之十四 圣贤气象 【圣贤】 438

近思录 后序 【朱熹】 466

近思录 后序 【吕祖谦】 468

近思录 引用书目表 470

卷之一

道体

【道体】

凡五十一条

1 濂溪先生[①]曰：无[②]极而太极。太极动而生阳，动极而静。静而生阴，静极复动。一动一静，互为其根。分阴分阳，两仪[③]立焉。阳变阴合，而生水火木金土[④]。五气[⑤]顺布，四时行焉。五行，一阴阳也。阴阳，一太极也。太极本无极也。五行之生也，各一其性。无极之真，二五[⑥]之精，妙合而凝。乾道成男，坤道成女。二气交感，化生万物。万物生生而变化无穷焉。惟人也，得其秀而最灵。形既生矣，神发知矣。五性[⑦]感动而善恶分，万事出矣。圣人定之以中正仁义。（圣人之道，仁义中正而已矣。）而主静，（无欲故静[⑧]，）立人极焉。故圣人与天地合其德，日月合其明。四时合其序，鬼神合其吉凶。君子修之吉，小人悖之凶。故曰："立天之道，曰阴与阳。立地之道，曰柔与刚。立人之道，曰仁与义。"[⑨]又曰："原始反终，故知死生[⑩]之说。"[⑪]大哉《易》也，斯其至矣。（《太极图说》，今载《周子全书》卷一）

朱子曰：上天之载，无声无臭，[⑫]（是解"无极"二字）[⑬]，而实造化之枢纽，品汇之根柢也（是解"太极"二字）。故曰"无极而太极"[⑭]，非太极之外，复有无极也（有无合一之谓道）。

又曰：五行异质（始生），四时异气（运行），而皆不能外乎阴阳，五殊二实无余欠也。阴阳异位（定位），动静异时（流行），而皆不能离乎太极，精粗本末无彼此也。至于所以为太极者，又无声臭之可言也（无极），是性之本体然也。天下岂有性外之物哉？（性即太极。自其为天地万物公共之理而言，谓之太极。自其在人物禀受而言，则谓之性。天地生物，凡有物必有则，故曰天下无性外之物）。然五行之生，随其气质，而所禀不同，所谓"各一其性"[⑮]也（此性字，带气质上说）。

又曰：……圣人全动静之德，而常本之于静也。……然静者，诚之复而性之贞也。苟非此心寂然无欲而静，则亦何以酬酢事物之变，而一天下之动哉！（“主静”二字，以理而言。圣人无欲则心自静。不是圣人专意要去主静。所以图解中说“而静者常为主焉”）。故圣人中正仁义，动静周流（循环均一），而其动也必主乎静（先后有序）。此其所以成位乎中，而天地日月、四时鬼神有所不能违也。⑯

①周敦颐被称为濂溪先生。②宋本作“无”，下同。③阴阳。④五行。⑤五行之气。⑥二气五行。⑦仁义礼智信。⑧中村习斋与中村惕斋均谓此语来自孔安国注《论语·雍也》第二十一章，然周子必非有意出之。⑨《易经·说卦传》第二章。⑩一本作“生死”。⑪《易经·系辞上传》第四章。⑫《诗经·大雅·文王之什》。⑬评语圆括号中的文字为本注。⑭《太极图说解》，载《周子全书》卷一，页五。⑮《太极图说解》，载《周子全书》卷一，页十三。⑯《太极图说解》，载《周子全书》卷一，页二十三。

2 诚，无为；几，善恶。德：爱曰仁，宜曰义，理曰礼，通曰智，守曰信。性焉、安焉之谓圣，复焉、执①焉之谓贤。发微不可见、充周不可穷之谓神。（《通书》第三章）

朱子曰：“诚，无为。”诚，实理也。无为，犹寂然不动也。实理该贯动静，而其本体则无为也。“几，善恶”，几者，动之微。动则有为而善恶形矣。诚无为，则善而已。动而有为，则有善有恶。（《语类》卷九十四，第一三九条，页三八〇〇/二三九三）

又曰：仁义礼智信者，德之体。曰爱，曰宜，曰理，曰通，曰守者，德之用。（同上，第一四一条，页三八〇一/二三九四）

又曰:“发微不可见、充周不可穷之谓神。”神即圣人之德妙而不可测者。非圣人之上，复有所谓神也。发，动也;微，幽也。言其“不疾而速”[②]，一念方萌而至理已具，所以微而不可见也。充，广也。周，遍也。言其“不行而至”[③]，盖随其所寓而理无不到，所以周而不可穷也。(同上，第一五四条，页三八〇六/二三九七)

①执，守也。 ②《易经·系辞上传》第十章。 ③同上。

3 伊川先生[①]曰:“喜怒哀乐之未发，谓之中。”[②]中也者，言“寂然不动”[③]者也。故曰:“天下之大本。”[④]发而皆中节，谓之和。[⑤]和也者，言“感而遂通”[⑥]者也。故曰:“天下之达道。”[⑦](《河南程氏遗书》卷二十五，页三下)

朱子曰:喜怒哀乐未发，无所偏倚，此之谓中。中，性也，“寂然不动”，言其体则然也。大本，则以其无不该遍，而万事万物之理，莫不由是出焉。……喜怒哀乐之发，无所乖戾，此之谓和。和，情也。“感而遂通”，言其事则然也。达道，则以其自然流行，而理之由是而出者，无不通焉。(《语类》卷六十二，第一二七条，页二三九九/一五一一)

①程颐之号。 ②《中庸》第一章。 ③《易经·系辞上传》第十章。 ④《中庸》第一章。 ⑤《中庸》第一章。 ⑥《易经·系辞上传》第十章。 ⑦《中庸》第一章。

4 心一也，有指体而言者，(“寂然不动”是也。)**有指用而言者，**(感而遂

通天下之故是也。)**惟观其所见何如耳。**(《伊川文集》卷五，页十二上)

朱子曰：伊川此语与横渠(张载)“心统性情”[①]相似。(《语类》卷九十五，第三条，页三八三四/二四一六)

又曰：性以理言，情乃发用处。心即管摄性情者也。故程子曰：“有指体而言者，‘寂然不动’是也。”此言性也。“有指用而言者，‘感而遂通’是也。”此言情也。(《语类》卷五，第七十三条，页一五二/九四)

又曰：此语甚圆，无病。大抵圣贤之言，多是略发个萌芽，更在后人推究，演而伸，触而长，然亦须得圣贤本意。不得其意，则从那处推得出来？问：“心本是个动物，不审未发之前，全是寂然而静，还是静中有动意？”曰：不是静中有动意。周子谓“静无而动有”[②]。静不是无，以其未形而谓之无，非因动而后有。

“心统性情”之说甚善。性是静，情是动。心则兼动静而言，或指体，或指用，随人所看。方其静时，动之理只在。……及动时，又只是这静底。(《语类》卷六十二，第一三三条，页二四〇二/一五一二至一五一三)

①《张子语录·后录下》，页一下。②《通书》第二章，诚下。

5 乾，天也。天者，乾之形体；乾者，天之性情。乾，健也。健而无息之谓乾。夫天专言之，则道也。“天且弗违”[①]是也。分而言之，则以形体谓之天，以主宰谓之帝，以功用谓之鬼神，以妙用谓之神，以性情谓之乾。(《周易程氏传》卷一，页一上，释《乾卦第一·彖辞》)。

问：程子曰："天专言之，则道也。'天且弗违'是也。"又曰："天地者，道也。"[②]此语何谓？朱子曰：程子此语，某亦未敢以为然。"天且弗违"，此只是上天。曰："知性则知天"[③]，此天便是"专言之，则道"者否？曰：是。（《语类》卷六十九，第九十九条，页二七五八/一七三一至一七三二）

或问："以主宰谓之帝"，孰为主宰？曰：自有主宰。盖天是个至刚至阳之物，自然如此运转不息。所以如此，必有为之主宰者。这样处要人自见得，非言语所能尽[④]也。因举庄子"孰纲维是，孰主张是"[⑤]十数句，曰：他也见得这道理。（《语类》卷六十八，第十一条，页二六七九/一六八四至一六八五）

庄仲[⑥]问："以功用谓之鬼神，以妙用谓之神。"曰：鬼神是有一个渐次形迹。神则忽然如此，忽然不如此，无一个踪由。要之亦不离于鬼神，只是无迹可见。（同上，第十三条，页二六八〇/一六八五）

叔器[⑦]问："功用谓之鬼神，妙用谓之神。"曰：功用兼精粗而言，是说造化。妙用以其精者言，其妙不可测。（同上，第十七条，页二六八一/一六八五）

①《易经·乾卦第一·文言》。②《易传》卷一，页七下。③同上，卷十四，页一下。④沈僩录作"到"。⑤《庄子·天运篇》第十四，卷五，页三十五下。⑥庄仲，姓沈，名僩，朱子门人。精于地理。录《语类》七八百则。参看拙著《朱子门人》页一三三。⑦叔器，姓胡，名安之，朱子门人。曾主讲长沙南轩书院，参看《朱子门人》，页一六八。

6 四德[①]之元，犹五常[②]之仁。偏言则一事，专言则包四者。

（《周易程氏传》卷一，页二下，释《乾卦第一·彖辞》）。

朱子曰：元是初发生出来，生后方会通，通后方始向成。利者物之遂方是六七分，到贞处方是十分成，此偏言也。然发生中已具后许多道理，此专言也。恻隐是仁之端，羞恶是义之端，辞逊是礼之端，是非是智之端。[③]若无恻隐，便都没下许多。到羞恶，也是仁发在羞恶上；到辞逊，也是仁发在辞逊上；到是非，也是仁发在是非上。(《语类》卷六十八，第三十八条，页二六八九/一六九〇至一六九一)

问仁何以能包四者？曰：人只是这一个心，就里面分为四者。且以恻隐论之；本只是这恻隐，遇当辞逊则为辞逊，不安处便为羞恶，分别处便为是非。若无一个动底醒底在里面，便也不知羞恶，不知辞逊，不知是非。譬如天地只是一个春气[④]。发生之初为春气，发生得过[⑤]便为夏，收敛便为秋，消缩便为冬。明年又从春起，浑然只是一个发生之气。(同上，卷九十五，第九条，页三八三五/二四一六)

又曰：此四者同在一处之中，而仁乃生物之主，故虽居四者之一，而四者不能外焉。此《易传》所以有"偏言则一事，专言则包四者"之说。(《文集》卷五十六，《答方宾王第三书》，页十三下)

又曰：仁实贯通乎四者之中，盖"偏言则一事，专言则包四者"。故仁者仁之本体，礼者仁之节文，义者仁之断制，智者仁之分别。犹春夏秋冬虽不同，而同出乎春，春则春之生也，夏则春之长也，秋则春之成也，冬则春之藏也。(《文集》卷五十八，《答陈器之第二书》，页二十二下)

①元、亨、利、贞。②即仁、义、礼、智、信。③四端见《孟子·公孙丑第二上》第六章。④振录作"春生之气"。⑤李录云："长得过"。

7 天所赋为命，物所受为性。（《周易程氏传》卷一，页二下，释《乾卦第一·彖辞》）。

朱子曰：这个理在天地间时只是善，无有不善者。生物得来，方始名曰性。只是这理在天则曰命，在人则曰性。（《语类》卷五，第十五条，页一三四/八三）

又曰：盖天之所以赋与万物而不能自已者，命也。吾之得乎是命以生而莫非全体者，性也。故以命言之，则曰元亨利贞，而四时五行，庶类万化莫不由是而出。以性言之，则曰仁义礼智，而四端[①]五典[②]万物万事之理，无不统于其间。盖在天在人，虽有性命之分，而其理则未尝不同。（《中庸章句》，页三上，总页五）

①恻隐为仁之端，羞恶为义之端，辞让为礼之端，是非为智之端。（《孟子·公孙丑第二上》第六章） ②五典，即五常，仁义礼智信。

8 鬼神者，造化之迹也。（《周易程氏传》卷一，页七下，释《乾卦第一·文言》）

萧增光[①]问鬼神造化之迹。朱子曰：如日月星辰风雷，皆造化之迹。天间，只是此一气耳。来者为神，往者为鬼。譬如一身，生者为神，死者为鬼，皆一气耳。（《语类》卷六十三，第一一八条，页二四五八/一五四七）

或问鬼神造化之迹。曰：风雨霜露，四时代谢。又问："此是迹可得而见之。"又曰："'视之不可得见，听之不可得闻'[②]，何也？"曰：说道无又有，说道有又无。物之生成，非鬼神而何？然又去那里见得鬼神？至于"洋洋乎，如在其上"[③]，是又

有也。（同上，第一一七条，页二四五七/一五四七）

施璜曰：此言天地之功用。盖造化指天地之作为处言。气一嘘而万物盈，所谓造也。气一吸而万物虚，所谓化也。造者自无而有，化者自有而无。谓之迹者乃一动一静，一往一来，一聚一散，一升一降之痕迹耳。非鬼神则造化无迹矣。非鬼神屈伸往来，何以造化？故鬼神为造化之迹，程子恐人求鬼神于穷冥之乡，故以迹言之。（《五子近思录发明》卷一，页十一下）

①萧增光，朱子门人，余不详。参看拙著《朱子门人》页三五三。②《中庸》第十六章。③同上。

9 《剥》[①]之为卦，诸阳消剥已尽，独有上九一爻尚存。如硕大之果不见食[②]，将有复生之理。上九亦变则纯阴矣，然阳无可尽之理。变于上则生于下，无间可容息也。圣人[③]发明此理，以见阳与君子之道不可亡也。或曰："剥尽则为纯坤[④]，岂复有阳乎？"曰："以卦配月，则坤当十月[⑤]。以气消息言，则阳剥为坤，阳来为复[⑥]，阳未尝尽也。剥尽于上，则复生于下矣。故十月谓之阳月[⑦]，恐疑其无阳也。阴亦然。[⑧]圣人不言耳。"（《周易程氏传》卷二，页三十一上下，释《剥卦第二十三·上九爻辞》）

张伯行曰：阴阳消息，循环不已，本无尽理。才变而尽于上，则阳已生于下，不容有一间之息也。阳之道，即君子之道。阳之道不可亡，即君子之道不可亡也。（《近思录集解》卷一，页六下）

茅星来曰：董仲舒（前一七九—前一〇四）谓"十月纯阴，疑于无阳，故谓之阳月。四月纯阳，疑于无阴，故谓之阴月。"[⑨]观此则四月

亦有阴月之说。程子以为圣人不言者，盖特据《尔雅》及《易·文言》而言耳。（《近思录集注》卷一，页十六下至十七上）

①《易经》第二十三卦，坤下艮上，五阴一阳。阴始自下生，渐长至于盛极，群阴消剥于阳。②《易经·剥卦第二十三·上九》。③指孔子。④《易经》第二卦。⑤据《易经》，四月为乾，乾卦六爻皆阳。六爻由下而上，每月一爻变为阴爻，故至十月六爻皆阴，即坤卦。⑥《易经》第二十四卦。⑦《尔雅》第八节。⑧指四月。⑨《古文苑》卷十一，页四上。

10 一阳复[①]于下，乃天地生物之心也。先儒皆以静为见天地之心，盖不知动之端乃天地之心也。非知道者孰能识之[②]？（《周易程氏传》卷二，页三十三上，释《复卦第二十四·彖辞》）

王弼（二二六—二四九）曰：复者，反本之谓也。天地以本为心者也。凡动息则静，静非对动者也。语息则默，默非对语者也。然则天地虽大，富有万物，雷动风行，运化万变，寂然至无是其本矣，故动息地中，乃天地生物之心见也。（《周易注》上经随传卷三《复》）

朱子曰：天地之心未尝无，但静则人不得而见尔。（《语类》卷七十一，第四十九条，页二八五二/一七九一）

又曰：伊川言“一阳复于下，乃天地生物之心”一段，盖谓天地以生生为德。自元亨利贞，乃生物之心也。但其静而复，乃未发之体。动而通焉，则已发之用。一阳来复，其始生甚征，固若静矣。然其实动之机，其势日长，而万物莫不资始焉。此天命流行之初，造化生育之始，天地生生不已之心，于是而可见也。（同上，第五十条，页二八五二/一七九一至一七九二）

张伯行曰：天地之心原无间于动静。且动未始不根乎静。然当其静时，阳气伏藏。天地之心，既无端绪可见。及阳气长盛，万物繁茂，则又散漫而无由见。惟于将绝复续，静极而动之时，所谓端也。天地之心，正于此见耳。（《近思录集解》卷一，页七上下）

①《易经》第二十四卦卦名，此卦唯最低之一爻为阳，故云“一阳复于下”。②三宅尚斋谓此条应入第四卷“存养”。（《近思录笔记》卷一）

11 仁者，天下之公，善之本也。（《周易程氏传》卷二，页三十四上，释《复卦第二十四·六二象传》）

叶采曰：“仁者以天地万物为一体”[①]，故曰“天下之公”。四端万善，皆统乎仁，故曰“善之本”。（《近思录集解》卷一，页十四）

①程颢之语，见《河南程氏遗书》卷二上，页二上。

12 有感必有应。凡有动皆为感，感则必有应。所应复为感，所[①]感复有应。所以不已也。感通之理，知道者默而观之可也。（《周易程氏传》卷三，页四上，释《咸卦第三十一·九四象辞》）

问：《易传》言“有感必有应”是如何？朱子曰：凡在天地间，无非感应之理。造化与人事皆是。且如雨旸：雨不成只管雨，便感得个旸出来。旸不成只管旸，旸已是应处，又感得雨来。是感则必有应，所应复为感。寒暑昼夜，无非此理。（《语类》卷七十二，第十三

条，页二八八六/一八一三）

问程子说感应，在学者日用言之，则如何？曰：只因这一件事，又生出一件事，便是感与应。因第二件事，又生出第三件事。第二件事又是感，第三件事又是应。（同上，第十七条，页二八八九/一八一五）

①《易传》无此“所”字。

13 天下之理，终而复始，所以恒而不穷。恒，非一定之谓也。一定则不能恒矣。惟随时变易，乃常道也。天地常久之道，天下常久之理。非知道者孰能识之？（《周易程氏传》卷三，页六上，释《恒卦第三十二·彖辞》）

张伯行曰：日月所以久照，四时所以久成，圣人所以久于其道而天下化成，天道人事皆是如此。非知其道之自然者，则亦孰能识其亘万古而尚然也哉？（《近思录集解》卷一，页八上）

茅星来曰：天地常久之道，以造化言，如昼夜寒暑之类是也。天下常久之理，以人事言，如出处语默之类是也。（《近思录集注》卷一，页十八下）

朱子曰：“恒，非一定之谓”，故昼则必夜，夜而复昼。寒则必暑，暑而复寒。若一定则不能常也。其在人，冬日则饮汤，夏日则饮冰。“可以仕则仕，可以止则止。”[①]今日道合便从，明日不合则去。又如孟子辞齐王之金而受薛、宋之馈[②]，皆随时变易，故可以为常也。（《语类》卷七十二，第二十三条，页二九〇〇/一八二一）

又曰：能常而后能变。能常而不已，所以能变。及其变也，常亦只在其中。伊川却说变而后能常，非是。（同上，第二十四条，页二九〇〇/一八二一）

居甫[3]问：“伊川云：‘随时变易，乃能常久’，不知既变易，何以反能久？”曰：一出一入，乃能常。如春夏秋冬，乃天地之常久。使寒而不暑，暑而不寒，安能常久？”（同上，卷九十七，第六十七条，页三九五九至三九六〇/二四九三）

①《孟子·公孙丑第二上》第二章。 ②《孟子·公孙丑第二下》第三章。 ③居甫，姓徐，名寓，朱子门人。朱子一一九〇年知漳州，延郡士八人入学，徐寓其一也。参看拙著《朱子门人》页一八〇。

14 “人性本善，有不可革者，何也？”曰：“语其性则皆善也，语其才则有下愚之不移。[1]所谓下愚有二焉：自暴也，自弃也。[2]人苟以善自治，则无不可移者，虽昏愚之至，皆可渐磨而进。惟自暴者拒之以不信，自弃者绝之以不为；虽圣人与居，不能化而入也，仲尼[3]之所谓下愚也。然天下自弃自暴者，非必皆昏愚也，往往强戾而才力有过人者，商辛[4]是也。圣人以其自绝于善，谓之下愚。然考其归，则诚愚也。”“既曰下愚，其能革面，何也？”曰：“心虽绝于善道，其畏威而寡罪，则与人同也。惟其有与人同，所以知其非性之罪也。”（《周易程氏传》卷四，页十一下至十二上，释《革卦第四十九·上六爻辞》）

问自暴自弃之别。朱子曰：孟子说得已分明。看来自暴者便是刚恶所为，自弃者便是柔恶之所为也。（《语类》卷五十六，第十九条，页

二一〇九/一三二八)

又曰：孟子曰："自暴者不可与有言也。自弃者不可与有为也。言非礼义，谓之自暴也。"非礼义，是专道礼义是不好。世上有这般人，恶人做好事，只道人做许多模样是如何。这是他自恁地粗暴了，这个更不通与他说。到得自弃底，也自道义理是好，也听人说，也受人说，只是我做不得。任你如何，只是我做不得，这个是自弃，终不可与有为。故伊川说："自暴者拒之以不信，自弃者绝之以不为。"拒之以不信，只是说道没这道理。绝之以不为，是知有道理，自割断了不肯做。自暴者，有强悍意。自弃者，有懦弱意。(《语类》卷十三，第一四四条，页三八九/二四四)

又曰："习与性成"[⑤]而至相远[⑥]，则固有不移之理。然人性本善，虽至恶之人，一日而能从善，则为一日之善人。夫岂有终不可移之理？当从伊川之说，所谓虽强戾如商辛之人，亦有可移之理是也。(同上，卷四十七，第八条，页一八七一/一一七八)

又曰：孔子说相近至不移，便定是不移了。人之气质实是此者。如何必说道变得？所谓之下愚。而其所以至此下愚者，是怎生？这便是气质之性。孔子说得都浑成，伊川那一段却只说到七分，不说到底。(同上，第九条，页一八七一/一一七八至一一七九)

又曰：且看孔子说底。如今却自有不移底人，如尧舜之不可为桀纣，桀纣之不可使为尧舜。夫子说底只如此，伊川却又推其说。须知其异，而不害其为同。(同上，第十条，页一八七一至一八七二/一一七九)

又曰：以圣人之言观之，则曰不移而已，不曰不可移也。以程子之言考之，则曰以其不肯移而后不可移耳。盖圣人之言，本皆以气质之禀而言其品第，未及乎正有不可之辨也。程子之言，则以人责其不可移也，而徐究其本焉，则以其禀赋甚异而不肯移，非以禀赋之异而不可移也。（《论语或问》卷十七，《阳货》第三章，页三上下，总页五九一至五九二）。

①《论语·阳货第十七》第三章，子曰："唯上知与下愚不移。" ②《孟子·离娄第四上》第十章，孟子曰："自暴者，不可与有言也。自弃者，不可与有为也。言非礼义，谓之自暴也。吾身不能居仁由义，谓之自弃也。" ③孔子。 ④商朝纣王之名。史家均谓其恶行乃商朝灭亡之主因。 ⑤《书经·太甲上》第九节。 ⑥《论语·阳货第十七》第二章，子曰："性相近，习相远。"

15 在物为理，处物为义。（《周易程氏传》卷四，页二十下，释《艮卦第五十二·彖辞》）

朱子曰：伊川言"在物为理"。凡物皆有理，盖理不外乎事物之间。"处物为义。"义，宜也。是非可否，处之得宜，所谓义也。（《语类》卷九十五，第十九条，页三八四一/二四二〇）

问："在物为理，处物为义。"曰：且如这棹子是物，于理可以安顿物事。我把他如此用，便是义。（《语类》卷九十五，第二十一条，页三八四一/二四二〇）

高攀龙（一五六二——一六二六）曰："在物为理，处物为义"，因物付物之谓也。（《高子遗书》卷一，《语》，页十三上）

又曰：此二语关涉不小了。此即圣人艮止心法。……当其寂也，心为在物之理义之藏于无眹也。当其感也，心为处物之义理之呈于各当也。心为在物之理，故万象森罗，心皆与物为体。心为处物之义，故一灵变化，物皆与心为用。体用一源，不可得而二也。（《高子遗书》卷三，《理义说》页三十三下至三十四上）

16 动静无端，阴阳无始。非知道者，孰能识之？（《河南程氏经说》卷一，页二上）

朱子曰："动静无端，阴阳无始。"今以太极观之，虽曰"动而生阳"[①]，毕竟之前须静，静之前又须是动。推而上之，何自而见其端与始？（《语类》卷九十四，第五十三条，页三七七四/二三七六）

又曰："动静无端，阴阳无始。"说道有，有无底在前。说道无，有有底在前。是循环事物。（同上，第五十四条，页三七七四/二三七七）

叶采曰：动静相推，阴阳密移，无有间断。有间断则有端始，无间断，故曰"无端""无始"也，其所以然者，道也。道固一而无间断也。（《近思录集解》卷一，页十六）

陈埴[②]问曰："动静无端，阴阳无始"，端与始如何分别？曰：端，头也。物之圆环者无端。中则有端矣。始者终之对。二气[③]循环不已，故无端；运行不歇，故无始。不断故无端，无终故无始。（《近思录杂问》卷一，页二十一上）

①周敦颐，《太极图说》。 ②字器之，称潜室先生，朱子门人。主讲明道书院，四方学者从游数百人。参看拙著《朱子门人》页二一九。 ③阴阳二气。

17 仁者，天下之正理，失正理则无序而不和。（《河南程氏经说》卷六，页二下）

江永曰：此释"人而不仁，如礼何？人而不仁，如乐何"[①]也。（《近思录集注》卷一，页七下）。

茅星来曰：失正理以心言，无序不和以事言也。（《近思录集注》卷一，页二十下）

问：“仁者天下之正理。”朱子曰：说得自好，只是太宽。须是说仁是本心之全德，便有个天理在，若天理不在，人欲横肆，如何得序而和？（《语类》卷二十五，第二十一条，页九七六／六〇六）

又问：仁义礼智，皆正理也。而程子独以仁为天下之正理，如何？曰：便是程子之说有太宽处。此只是且恁宽说。曰：“是以其专言者言之否？”曰：也是如此。（同上，第二十五条，页九七九／六〇七）

①《论语·八佾第三》第三章。

18 明道先生[①]曰：天地生物，各无不足之理。常思天下君臣、父子、兄弟、夫妇有多少不尽分处。（《河南程氏遗书》卷一，页二上）

施璜曰：此言天理本无亏欠，而人自亏欠之也。……不尽分处则是不知其性分之所固有，故不能尽其职分之所当为也。分者，天理当然之则也。不尽分则于天理有亏欠矣。（《五子近思录发明》卷一，页十六上）

①文彦博题程颢之墓曰“明道先生”。参看引言注⑤。

19 “忠信所以进德”[①]，“终日乾乾”[②]。君子当终日“对越在天”[③]也。盖“上天之载，无声无臭”[④]。其体则谓之易，其理则谓之道，其用则谓之神，其命于人则谓之性，率性则谓之道，

修道则谓之教。[5]孟子去其中又发挥出浩然之气[6]，可谓尽矣。故说神“如在其上，如在其左右”[7]。大小大事而只曰“诚之不可掩如此”[8]。夫彻上彻下，不过如此。“形而上为道，形而下为器。”[9]须著如此说，器亦道，道亦器。但得道在，不系今与后，己与人。[10]（《河南程氏遗书》卷一，页三上下）

问：详此一段意，只是体当这个实理。虽说出有许多般，其实一理也。朱子曰：此只是解“终日乾乾”，故说此一段。从“上天之载，无声无臭”说起。虽是无声无臭，其阖辟变化之体，则谓之易。然所以能阖辟变化之理，则谓之道。其功用著见处，则谓之神。此皆就天上说，及说到“命于人则谓之性。率性则谓之道，修道则谓之教”，是就人身上说。上下说得如此子细，都说了，可谓尽矣。“故说神‘如在其上，如在其左右’”，又皆是此理显著之迹。看甚大事小事，都离了这个事不得。上而天地鬼神离这个不得，下而万事万物莫不出此，故曰“彻上彻下，不过如此”。形而上者，无形无影是此理。形而下者，有情有状是此器。然谓此器则有此理，有此理则有此器，未尝相离。却不是于形器之外别有所谓理。亘古亘今，万事万物皆只是这个。所以说“但得道在，不系今与后，己与人”[11]。（《语类》卷九十五，第二十四条，页三八九二至三八九三/二四二一）

叶采曰：“浩然”，盛大流行之貌。盖天地正大之气，人得之以生，本浩然也。……此言天人之气一，所以终日“对越在天”者也。……“大小”，犹多少也。《中庸》论鬼神如此其盛，而卒曰“诚之不可掩”。诚者实理，即所谓忠信之体。天人之间通此实

理。故君子忠信进德，所以为“对越在天”也。（《近思录集解》卷一，页十七至十八）

陈淳曰：其实道不离乎器。道只是器之理。人事有形状处都谓之器，人事中之理便是道。道无形状可见，所以明道曰：“道亦器也，器亦道也。”（《北溪字义》卷下，《道字门》第二条，总第一二六条）

①《易经·乾卦第一·文言》。②《易经·乾卦九三·文言》。③《诗经·周颂·清庙》。④《诗经·大雅·文王》。⑤《中庸》第一章。⑥《孟子·公孙丑第二上》第二章。⑦《中庸》第十六章。⑧《中庸》第十六章。⑨《易经·系辞上传》第十二章。⑩《语类》卷九十五，第一〇九条，页三〇七七，以此条为伊川语。兄弟二人思想大多相同，故朱子引其语，每每只称“程子”。参看第二卷，第三十条注。作伊川语，亦应如是看。⑪《文集》卷五十一，页二十六上下，《答黄子耕第八书别纸》，亦论此题。

20 医书言“手足痿痹为不仁”①，此言最善名状。仁者以天地万物为一体，莫非己也。认得为己，何所不至？若不有诸己，自不与己相干。如手足不仁，气已不贯，皆不属己。故博施济众②，乃圣之功用。仁至难言，故止曰“己欲立而立人，己欲达而达人。能近取譬，可谓仁之方也已”③。欲令如是观仁，可以得仁之体。（《河南程氏遗书》卷二上，页二上下）

朱子曰：明道“医书手足不仁”止“可以得仁之体”一段，以意推之，盖谓仁者，天地生物之心，而人物得以为心。则是天地人物莫不同有是心，而心德未尝不贯通也。虽其为天地，为人物，各有不同，然其实则有一条脉络相贯。故体认得此心，而有以存养之，则心理无所不到，而自然无不爱矣。……“仁至难言”，亦以全体精微，未易言也。止曰“立人，达人”，则有以指夫仁者之心而便于此观，则仁之体，庶几不外是心而得之尔。（《语类》卷九十五，第三十三条，页三八四八至三八四九/二四二四至二四二五）

①《素问》第四十二节，卷十二，页二上。②总括《论语·雍也第六》第二十八章。③总括《论语·雍也第六》第二十八章。

21 生之谓性。性即气，气即性，生之谓也。人生气禀，理有善恶。然不是性中元有此两物相对而生也。有自幼而善，有自幼而恶。（后稷之“克岐克嶷”[1]，子越椒始生，人知其必灭若敖氏[2]之类。）是气禀有然也。善固性也，然恶亦不可不谓之性也。盖生之谓性，人生而静[3]，以上不容说。才说性时便已不是性也。凡人说性，只是说“继之者善”[4]也。孟子言性善[5]是也。夫所谓“继之者善”也者，犹水流而就下也。皆水也，有流而至海终无所污。此何烦人力之为也？有流而未远固已渐浊。有出而甚远方有所浊。有浊之多者，有浊之少者。清浊虽不同，然不可以浊者不为水也。如此，则人不可以不加澄治之功。故用力敏勇则疾清，用力缓怠则迟清。及其清也，则却只是元初水也。不是将清来换却浊，亦不是取出浊来置在一隅也。水之清，则性善之谓也。故不是善与恶在性中为两物相对，各自出来。此理，天命也。顺而循之，则道也。循此而修之，各得其分则教也[6]。自天命以至于教，我无加损焉。此舜有天下而不与焉[7]者也。[8]（《河南程氏遗书》卷一，页七下至八上）

或问“生之谓性”一段。朱子曰：此段引譬喻亦丛杂，如说水流而就下了，又说从清浊处去，与就下不相续。这处只要认得大意可也。又曰：“然恶亦不可不谓之性”一句，又似有恶性相似，须是子细看。(《语类》卷九十五，第四十一条，页三八五六／二四二九)

问“人生而静以上不容说”一段。曰：“人生而静以上”，即是人物未生时。人物未生时，只可谓之理，说性未得，此所谓“在天曰命”⑨也。“才说性时，便已不是性”者，言才谓之性，便是人生以后，此理已堕在形气之中，不全是性之本体矣。故曰“便已不是性也”，此所谓“在人曰性”⑩也。大抵人有此形气，则是此理始具于形气之中，而谓之性。才说是性，便已涉乎有生而兼乎气质，不得为性之本体也。然性之本体，亦未尝杂。要人就此上面见得其本体元未尝离，亦未尝杂耳。“凡人说性，只是说‘继之者善也’”者，言性不可形容，而善言性者，不过即其发见之端而言之，而性之理固可默识矣，如孟子言性善与四端是也。(《语类》，第四十五条，页三八五七至三八五八／二四三〇。参看《文集》卷六十七，《明道论性说》页十六下至十八上)

①后稷乃帝舜时掌农业之官。《诗经·大雅·生民之什》谓其自幼“克岐克嶷”。岐、嶷，峻茂之状，自幼而善也。②《左传·宣公四年》谓子越椒生而有熊虎之状，豺狼之声。弗杀必灭若敖氏。③《礼记·乐记》第十一节。④《易经·系辞上传》第五章。⑤《孟子·告子第六上》第二章。⑥《中庸》第一章。⑦《论语·泰伯第八》第十八章。⑧《文集》卷三十三，页二十八上，《答吕伯恭第四十一书》以明道论性等段，向时嫌其太高，今看得似不可无。⑨程颐之语，见《河南程氏遗书》卷二十四，页三下。⑩同上。

22 **观天地生物气象。**（周茂叔[①]看）（《河南程氏遗书》卷六，页三上）

问：程子"观天地生物气象"，也是如此？朱子曰：他也只是见如此，便说出来示人。而今不成只管去守看生物气象[②]？（《语类》卷九十六，第八十四条，页三九三五/二四七八）

①茂叔乃周敦颐之字。 ②参看卷十四，第十八、十九两条朱子评语。

23 **万物之生意最可观，此"元者善之长也"[①]，斯所谓仁也。**（《河南程氏遗书》卷十一，页三下）

问："伊川[②]云：'万物之生意最可观。'"朱子曰：物之初生，其本未远，固好看。及干成叶茂，便不好看。（《语类》卷九十五，第六十二条，页三八六四/二四三四）

问："万物之生意最可观，此'元者善之长也'，斯所谓仁也"，此只是先生向所谓初之意否？曰：万物之生，天命流行。自始至终，无非此理。但初生之际，淳粹未散，尤易见尔。只如元亨利贞，皆是善，而元则为善之长。亨利贞皆是那里来。仁义礼智亦皆善也，而仁则为万善之首。义礼智皆从这里出尔。（同上，第六十三条，页三八六四/二四三四）

①《易经·乾卦第一·文言》。 ②此条《近思录》为明道语，而此处云伊川。参看上面第十九条，注⑩。

24 满腔子是恻隐之心。（《河南程氏遗书》卷三，页三上）

朱子曰：腔子犹言躯壳耳。只是俗语，非禅语也。（《文集》卷五十八，《答邓卫老第一书》，页三十三下）

问："满腔子是恻隐之心"，或以为京师市语"食饱时心动"。（吕子约[①]云。）曰：不然，此是为"动"字所拘。腔子，身里也，言满身里皆恻隐之心。心在腔子里，亦如云心只是在身里。问：心所发处不一，便说恻隐，如何？曰：恻隐之心，浑身皆是，无处不发。如见赤子有恻隐之心，见一蚁子亦岂无此心？（《语类》卷五十三，第二十八条，页二〇三七/一二八三）

问："满腔子是恻隐之心"，只是此心常存，才有一分私意，便阙了他一分。曰：只是满这个躯壳，都是恻隐之心。才筑着，便是这个物事出来，大感则大应，小感则小应。恰似大段痛伤固是痛，只如针子略挑些血出，也便痛。（同上，第二十七条，页二〇三七/一二八三）

又曰："满腔子是恻隐之心"，不特是恻隐之心。满腔子是羞恶之心，满腔子是辞逊之心，满腔子是是非之心。弥满充实，都无空阙处。（同上，第三十一条，页二〇三九/一二八五）。

又曰："满腔子是恻隐之心"，此是就人身上指出此理充塞处，最为亲切。（《文集》卷三十二，页十上，《答张敬夫问目第四十一书》；又见卷四十三，《答林择之第十二书》，页二十二上）。

薛瑄（一三八九——一四六四）曰："满腔子恻隐之心"，即蔼然天地生物之心。（《读书录》卷二，《孟子上》页十五上）

胡居仁（一四三四——一四八四）曰："满腔子是恻隐之心"，则满身都是心也。如刺着便痛，非心而何？然知痛是人心，恻隐是道心。（《居业录》卷一，心性，页五上）。

吕坤（一五三六——六一八）曰："满腔子是恻隐之心"，满六合[②]是运恻隐之心处。君子见六合飞潜动植，纤细毫末之物，见其得所，则油然而喜，与自家得所一般。见其失所，则闵然而戚，与自家失所一般。（《呻吟语》卷一，《谈道》页一三一）

高攀龙（一五六二——六二六）曰：朱子曰"满腔子是恻隐之心"，是就人身上指出此理充塞处，最为亲切。朱子发明程子之言，亦最亲切矣。盖天地之心，充塞于人身者，为恻隐之心。人心充塞天地者，即天地之心。人心一小腔子，天地即大腔子也。（《高子遗书》卷一，《语》，页八下）

刘宗周（一五七八——六四五）曰："满腔子皆恻隐之心"，以人身八万四千毫窍，在在灵通，知痛痒也。只知痛痒心便是恻隐之心。凡乍见孺子感动之心，皆从知痛痒心一体分出来。朱子云："知痛是人心，恻隐是道心。"[③]太分析。恻隐是知痛表德。（《刘子全书》卷十一，《语录》，页十四下）

张伯行曰：恻者伤之切，隐者痛之心。恻隐之心即天地万物一体之心，充塞于人之身者。故程子就人身上，指出见人身是小腔子，天地是大腔子，人身浑是恻隐之心，所以可塞天地。天地亦浑是恻隐之心，所以"品物流形，各正性命"[④]。（《近思录集解》卷一，页十四下至十五上）

①子约乃吕祖俭（一二〇〇年卒）之字。②东、西、南、北、上、下。③《语类》卷六十二，第四十条，页三六一。④《易经·乾卦第一·彖辞》。

25 天地万物之理，无独必有对。皆自然而然，非有安排也。每中夜以思，不知手之舞之足之蹈之也。（《河南程氏遗书》卷十一，页三下）

问：“天地万物之理，无独必有对。”对是物也，理安得有对？朱子曰：如高下小大清浊之类，皆是。曰：高下小大清浊，又是物也，如何？曰：有高必有下，有大必有小，皆是理必当如此。如天之生物，不能独阴，必有阳，不能独阳，必有阴；皆是对。这对处，不是理对。其所以有对者，是理合当恁地。（《语类》卷九十五，第六十四条，页三八六四至三八六五/二四三四）

问：“天下之理，无独必有对。”有动必有静，有阴必有阳，以至屈伸消长盛衰之类，莫不皆然。还是他合下便如此邪？曰：自是他合下来如此。一便对二，形而上便对形而下。然就一言之，一中又自有对。且如眼前一物，便有背有面，有上有下，有内有外。二又各自为对。虽说“无独必有对”，然独中又自有对。且如棋盘路两两相对，末梢中间只空一路，若似无对。然此一路对了三百六十路，此所谓“一对万，道对器”也。（同上，第六十六条，页三八六六/二四三五）

又曰：天下之物未尝无对。有阴便有阳，有仁便有义，有善便有恶，有语便有默，有动便有静。然又却只是一个道理。如人行出去是这脚，归亦是这脚。譬如口中之气，嘘则为温，吸则为寒耳。（同上，第六十七条，页三八六六/二四三五）

26 中者，天下之大本。天地之间，亭亭当当，直上直下之正理。出则不是。惟敬而无失[①]最尽。（《河南程氏遗书》卷十一，页十一上）

问：亭亭当当之说。朱子曰：此俗语也，盖不偏不倚，直上直下之意也。问：敬固非中，惟敬而无失，乃所以为中否？曰：只是常敬便是喜怒哀乐未发之中[2]也。（《语类》卷九十五，第七十条，页三八六七）

问："敬而无失。"曰：把捉不定便是失。（同上，卷四十二，第四十七条，页一七二七/一〇八三）

问："天地之间，亭亭当当，直上直下之正理，出便不是"，如何？曰："喜怒哀乐未发谓之中""亭亭当当，直上直下"等语，皆是形容中之在我，其体段如此。"出则不是"者，出便是已发。发而中节，只可谓之和[3]，不可谓之中矣，故曰"出便不是"。（同上，卷九十五，第六十九条，页三八六七/二四三五）

高攀龙曰：明道曰："中也者天下之大本。天地间亭亭当当，直上直下之正理。出则不是。"又曰："若能物各付物，便是不出来也。"[4]静则直内，动则因物。此心常复于未发，而寂然不动矣。此谓复性。（《高子遗书》卷一，《语》，页十六下至十七上）

①《论语·颜渊第十二》第五章。②《中庸》第一章。③《中庸》第一章。④《河南程氏遗书》卷十八，页十五下。

27 伊川先生曰：公则一，私则万殊。"人心不同如面"[1]只是私心。（《河南程氏遗书》卷十五，页一下）

江永曰：义理之正，人心所同，故公则一。（《近思录集注》卷一，页十二下）

叶采曰：公则万物一体，私则人己万殊。（《近思录集解》卷一，页二十三）

①《左传·襄公三十一年》。

28 凡物有本末，不可分本末为两段事。“洒扫应对”[①]是其然，必有所以然。（《河南程氏遗书》卷十五，页四下）

朱子曰：须是就事上理会道理，非事何以识理？“洒扫应对”，末也。“精义入神”[②]，本也。不可说这个是末，不足理会，只理会那本，这便不得。又不可说这末便是本，但学其末，则本便在此也。（《语类》卷四十九，第四十五条，页一九一七/一二〇九）

问：“洒扫应对是其然，必有所以然”，所以然者是如何？曰：若无诚意，如何洒扫应对？（同上，第四十九条，页一九一九/一二一〇）

又曰：“是其然，必有所以然。”治心修身是本，“洒扫应对”是末，皆其然之事也。至于所以然，则理也。理无精粗本末，皆是一贯。（同上，第五十条，页一九一九/一二一〇）

邓卫老[③]问曰：窃谓是其然者，人事也。所以然者，天理也。“下学而上达”[④]也。曰：大概是如此，更详玩之。（《文集》卷五十八，《答邓卫老第一书》，页三十三下）

又曰：“洒扫应对”之事，其然也，形而下者也。“洒扫应对”之理，所以然也，形而上者也。自形而下者而言，则“洒扫应对”之与“精义入神”，本末精粗，不可同日而语矣。自夫形而上者言之，则初未尝以其事之不同，而有余此，不足于彼也。曰：其曰“物有本末而本末不可分”者何也？曰：有本末者，其然之事也。不可分者，以其悉具所以然之理也。（《论语或问》，页六五八至六五九，《论语·子张》第十二章）

①《论语·子张第十九》第十二章。②《易经·系辞下传》第五章。③名絅，朱子弟子。问近思录十余条，朱子以书答之。参看拙著《朱子门人》页三四五。④《论语·宪问第十四》第二十七章。

29 杨子[①]拔一毛不为，墨子[②]又摩顶放踵为之。[③]此皆是不得中。至如子莫[④]执中，欲执此二者之中。不知怎么执得？识得则事事物物上皆天然有个中在那上，不待人安排也。安排着则不中矣。（《河南程氏遗书》卷十七，页六上）

问：杨墨固是皆不得中。至子莫，又要安排讨个中执之。朱子曰：子莫见杨墨皆偏在一处，要就二者之中而执之，正是安排寻讨也。原其意思固好，只是见得不分明，依旧不是。（《语类》卷六十，第一三一条，页二二九八/一四四七）

①杨朱，字子居，战国时人。专主为我，其言盈天下。②墨子，名翟，先于杨朱。仕宋为大夫。主“兼爱”“尚同”之说，其言亦盈天下。③见《孟子·尽心第七上》第二十六章。④子莫，鲁之贤人。

30 问时中如何？曰：中字最难识，须是默识心通。且试言：一厅则中央为中；一家则厅中非中，而堂为中；言一国则堂非中，而国之中为中。推此类可见矣。如“三过其门不入”[①]在禹稷之世为中，若“居陋巷”[②]则非中也。居陋巷，在颜子[③]之时为中，若“三过其门不入”，则非中也。（《河南程氏遗书》卷十八，页二十四上）

泽田武冈曰：此章就有方所处还形容出无方所者，以实喻

虚，欲人之易晓耳。时中，随时以处中也。(《近思录说略》卷一，页六十八下，总页一五〇)

朱子曰：三过其门而不入，在禹稷之时则可，在颜子则不可。"居陋巷"在颜子之时则是中，在禹稷之时则非中矣。"居陋巷"则似杨氏，"三过其门而不入"则似墨氏。要之禹稷似兼爱而非兼爱，颜子似为我而非为我。(《语类》卷六十，第一三一条，页二二七八/一四四七至一四四八)

问："禹稷当平世，三过其门而不入。"似天下之事重乎私家也。若家有父母，岂可不入？曰：固是，然事亦须量缓急。问：何谓缓急？曰：若洪水之患不甚为害，只是那九年泛泛底水，未便会倾国覆都，过家见父母亦不妨；若洪水之患，其急有倾国溺都，君父危亡之灾，也只得且奔君父之急。虽不过见父母，亦不妨也。(同上，卷五十七，第七十一条，页二一五〇/一三五五至一三五六)

①据《孟子·滕文公第三上》第四章，当尧之时，洪水横流，五谷不登。尧独忧之，举舜而敷治。舜使禹治水。禹疏九河，在外八年，三过其门而不入。后稷教民稼穑，五谷熟而民人育。 ②孟子云：颜子当乱世，居于陋巷，一箪食，一瓢饮。人不堪其忧，颜子不改其乐。孔子贤之。(《孟子·离娄第四下》第二十九章)。 ③颜子，名回，字子渊，又称颜渊，孔子门人中最贤。其心三月不违仁(《论语·雍也第六》第五章)。年三十二早卒。

31 无妄之谓诚，不欺其次矣。(李邦直[①]云：不欺之谓诚，便以不欺为诚。徐仲车[②]云：不息之谓诚。《中庸》言"至诚无息"[③]，非以无息解诚也[④]。或以问先生，先生曰云云。)(《河南程氏遗书》卷六，页八下)

问："无妄之谓诚。"不欺则所以求诚否？朱子曰：无妄者，圣人也。谓圣人为无妄则可，谓圣人为不欺则不可。又问：此正所谓“诚者天之道，思诚者人之道”[⑤]否？曰：然。无妄是自然之诚，不欺是着力去做底。（《语类》卷九十五，第七十二条，页三八六七/二四三六）

味道[⑥]问：“无妄之谓诚，不欺其次也。”曰：非无妄的能诚，无妄便是诚。无妄是四方八面都去得，不欺犹是两个物事相对。（同上，第七十四条，页三八六八/二四三六）

或问：“无妄之谓诚，不欺其次矣。”曰：无妄是兼天地万物所同得底浑沦道理，不欺是就一边说。泳[⑦]问：不欺是就人身说否？曰：然。（同上，第七十五条，页三八六八/二四三六）。

又曰：无妄自是我无妄，故诚。不欺者，对物而言之，故次之。（同上，第七十六条，页三八六八/二四三六）

①李邦直名清臣。元祐八年（一〇九三）为中书侍郎。详见《宋史》卷三二八，《李邦直传》。杉履坤，《近思录释义》卷一，页十七下，谓李或是伊川之婿，然未提出实据。 ②徐仲车名积，以聋疾不仕。长天文。一〇八八年间任教授。《宋名臣言行录》卷十四有其传。 ③《中庸》第二十六章。 ④中村习斋《近思录讲说》卷一，页九上，谓本注自此以上，乃或人之语。 ⑤《中庸》第二十章。又《孟子·离娄第四上》第十二章。 ⑥叶味道，初讳贺孙，以字行，称西山先生，朱子门人。录《语类》三四百条，问答亦在百条以上。参看拙著《朱子门人》页三七九至三八〇。 ⑦此指汤泳，字永叔，朱子门人。录《语类》百余条。《语类》凡汤泳录者只用“泳”，胡泳录者则用“胡泳”。参看《朱子门人》，页二三九。

32 冲漠无朕[①]，万象森然已具。未应不是先，已应不是后。如百尺之木，自根本至枝叶，皆是一贯。不可道上面一段事，无形无兆却待人旋安排，引入来教人涂辙。既是涂辙，却只是一

个涂辙。（《河南程氏遗书》卷十五，页八上）

问："冲漠无朕"至"教入涂辙"。他所谓涂辙者，莫只是以人所当行者言之？凡所当行之事，皆是先有此理。却不是临行事时，旋去寻讨道理。朱子曰：此言未有这事，先有这理。如未有君臣，已先有君臣之理。未有父子，已先有父子之理。不成元无此理，直待有君臣父子，却旋将道理入在里面。又问："既是涂辙，却只是一个涂辙"是如何？曰：是这一个事，便只是这一个道理。精粗一贯，元无两样。今人只见前面一段事无形无兆，将谓是空荡荡，却不知道"冲漠无朕，万象森然已具"。如释氏便只是说空，老氏便只是说无，却不知道莫实于理。曰："未应不是先，已应不是后"，"应"字是应务之"应"否？曰：未应，是未应此事。已应，是已应此事。未应固是先，却只是后来事。已应固是后，却只是未应时理。（《语类》卷九十五，第七十七条，页三八六八至三八六九/二四三六至二四三七）

或问："未应不是先"一条。曰：未应如未有此物，而此理已具。到有此物，亦只是这个道理。涂辙是车行处。且如未有涂辙，而车行必有涂辙之理。（同上，第八十条，页三八六九/二四三七）

问："冲漠无朕"一段。曰：此只是说"无极而太极"②。又问：下文"既是涂辙，却只是一个涂辙"是如何？曰：恐是记者欠了字，亦晓不得。又曰：某前日说，只从阴阳处看，则所谓太极者，便只在阴阳里。所谓阴阳者，便只是在太极里。而今人说阴阳上面别有一个无形无影底物是太极，非也。（同上，第八十一条，页三八七〇/二四三七）

①“无朕”二字《庄子·内篇·应帝王》里有提及。多数日本注家谓此是佛语，然皆未能指出其来源。山崎闇斋列举理学家采用此语（《续山崎闇斋全集》第二辑，页七十八至八十六），但未尝言此是佛语。《大汉和辞典》以此为伊川之语。 ②周敦颐，《太极图说》。

33 近取诸身，百理皆具。屈伸往来之义，只于鼻息之间见之。屈伸往来只是理，不必将既屈之气，复为方伸之气。生生之理，自然不息。如复卦言“七日来复”[①]，其间元不断续，阳已复生。“物极必反。”[②]其理须如此。有生便有死，有始便有终。（《河南程氏遗书》卷十五，页十八下）

问：“近取诸身，百理皆具。”且是言人之一身与天地相为流通，无一之不相似。至下言“屈伸往来之义，只于鼻息之间见之”，却只是说上意一脚否？曰：然。又问：屈伸往来，只是理自如此。亦犹一阖一辟，阖固为辟之基，而辟亦为阖之基否？曰：气虽有屈伸，要之方伸之气，自非既屈之气。气虽屈，而物亦自一面生出。此所谓生生之理，自然不息也。（《语类》卷九十五，第八十二条，页三八七〇／二四三七）

问：屈伸往来，气也。程子云“只是理”，何也？曰：其所以屈伸往来者，是理必如此。“一阴一阳之谓道。”[③]阴阳气也，其所以一阴一阳循环而不已者，乃道也。（同上，第八十三条，页三八七〇／二四三七至二四三八）

叶采曰：鼻息呼吸，可见屈伸往来之义。以理而言，则屈伸往来，自然不息。以气而言，则不是以既屈之气为方伸之气，如释氏所谓轮回者也。（《近思录集解》卷一，页二十五）

佐藤一斋曰：此条理气须合一说，(叶采)注分说非。程君本旨，屈伸以呼吸言之。呼为伸，吸为屈。吸取一团气蓄在腹，是屈也。吐出一团气发在外，是伸也。注往而屈者，来而伸者，则就易言之。自下而上为往，为屈。自上而下为来，为伸。此与呼吸往来不同，然理则一也。程君来复之说，固与佛家轮回异。然天地之理，“物极必反”，一气周流，循环不已。则谓之如轮转，亦无不可。但意义所存本不同耳。(《近思录栏外书》卷一，“正取”条)

①《易经·复卦第二十四·彖辞》。②《鹖冠子》第五节。③《易经·系辞上传》第五章。

34 明道先生曰：天地之间，只有一个感与应而已，更有甚事？(《河南程氏遗书》卷十五，页七下。卷十五皆伊川语)

朱子曰：明道言：“天地之间，只有一个感应而已。”盖阴阳之变化，万物之生成，情伪之相通，事为之终始，一为感，则一为应。循环相代，所以不已也。(《语类》卷九十五，第八十四条，页三八七一/二四三八)

问：“天下只有个感应。”曰：事事物物，皆有感应。寤寐，语默，动静亦然。譬如气聚则风起，风止则气复聚。(同上，第八十五条，页三八七一/二四三八)

又曰：“感应”二字有二义：以感对应而言，则彼感而此应。专于感而言，则感又兼应意，如感恩感德之类。(同上，第八十六条，页三八七一/二四三八)

35 问仁。伊川先生曰：此在诸公自思之。将圣贤[1]所言仁处，

类聚观之，体认出来。孟子曰："恻隐之心，仁也。"[2]后人遂以爱为仁。爱自是情，仁自是性，岂可专以爱为仁？孟子言："恻隐之心，仁之端也。"[3]既曰仁之端，则不可便谓之仁。退之[4]言"博爱之谓仁"[5]，非也。仁者固博爱，然便以博爱为仁则不可。（《河南程氏遗书》卷十八，页一上）

朱子曰：此心何心也？在天地则块然生物之心，在人则温然爱人利物之心。包四德而贯四端者也。或曰："若子之言，则程子所谓'爱情仁性，不可以爱为仁'者非欤？"曰：不然。程子之所诃，以爱之发而名仁者也。吾之所论，以爱之理而名仁者也。盖所谓情性者，虽其分域之不同，然其脉络之通，各有攸属者，曷尝离绝而不相管哉？吾方病乎学者论程子之言而不求其意，遂至判然离爱而言仁，故特论此以发明其遗意。（《文集》卷六十七，《仁说》，页二十下至二十一上）

又曰：程子曰："仁，性也。爱，情也。岂可便以爱为仁？"此正谓不可认情为性耳。非谓仁之性不发于爱之情，而爱之情不本于仁之性也。（《文集》卷二十二，《答张敬夫第一书·论仁说》页十八上）

叶采曰：仁者爱之性，爱者仁之情，以爱为仁，是指情为性。端之云者，言仁在中而端绪见于外也。或谓樊迟[6]问仁，子曰"爱人"[7]，是夫子亦尝以爱言仁也。曰：孔门问答，皆是教人于已发处用功。孟子所谓"恻隐之心，仁也"，亦是于已发之端体认。但后之论仁者，无复知性情之别。故程子发此义以示人，欲使沿流而溯其源也。学者其深体之。（《近思录集解》卷一，页二十六）

①指孔子和孟子。②《孟子·告子第六上》第六章。③《孟子·公孙丑第二上》第六章。④韩愈之字。⑤《韩昌黎全集》卷十一，页一上，《原道》。⑥孔子弟子，名须。⑦《论语·颜渊第十二》第二十二章。

36 问仁与心何异？曰：心譬如谷种。生之性便是仁，阳气发处乃情也。（《河南程氏遗书》卷十八，页二上）

张伯行曰：学者得孟子“仁，人心也”[1]一语，便认心即是仁。不知仁之与心，正自有异。故程子因问而辨之。盖孟子恐人悬空去诂仁，故言仁之切于人。其实心是形之载理者，不过血气做成，犹谷种是谷实结成的。但其中具有生理耳。谷之所以才播种而便萌蘖者，以其有生之性，而即以谷种为生之性则不可。人心之所以自然恻怛慈爱者，亦以其有生之性，而即以人心为生之性亦不可。盖生之性便是仁也。惟仁具于心，触着便动，犹谷种遇阳气之发，自生萌芽，此乃所谓情也。（《近思录集解》卷一，页十九下至二十上）

余景思[2]问仁之与心。朱子曰：仁字是虚，心字是实。如水之必有冷。冷字是虚，水字是实。心之于仁，亦犹水之冷，火之热。学者须当于此心未发时，加涵养之功，则所谓恻隐羞恶辞逊是非，发而必中。方其未发，此心之体，寂然不动，无可分别。且只恁混沌养将去。若必察其所谓四者之端，则既思便是已发。（《语类》卷六，第一一八条，页一九二/一一九）

问：心性情之辨。曰：程子云，心譬如谷种。其中具生之理，是性，阳气发生处是情。推而论之，物物皆然。（同上，卷五，第七十八条，页一五三/九五）

又曰：程子说生意处，非是说以生意为仁，只是说生物皆能发动，死物则都不能。譬如谷种，蒸杀则不能生也。又曰：以谷种譬之。一粒谷春则发生，夏则成苗，秋则结实，冬则收藏。生意依旧包在里面。每个谷子里有一个生意藏在里面，种而后生也。仁义礼智亦然。（同上，卷二十，第九十一条，页七四〇／四六四至四六五）

①《孟子·告子第六上》第十一章。②即余元一，景思乃其字，朱子门人，娶朱子女婿黄榦之妹。参看拙著《朱子门人》页八十六。

37 义训宜，礼训别，智训知，仁当何训？说者谓训觉[①]训人[②]，皆非也。当合孔孟言仁处，大概研穷之，二三岁得之未晚也。（《河南程氏遗书》卷二十四，页三上）

或问：仁当何训。朱子曰：不必须用一字训，但要晓得大意通透。（《语类》卷六，第一一〇条，页一八九／一一八）

又曰：仁固有知觉。唤知觉做仁却不得。（同上，第一一三条，页一九〇／一一八）

又曰：以名义言之，仁自是爱之体，觉自是智之用。本不相同，但仁包四德[③]。苟仁矣，安有不觉者乎？（同上，第一一四条，页一九〇／一一八）

张伯行曰：仁义礼智皆吾心之天理，而仁包乎三者。其道至大，故三者易训而仁难训。训犹解也。以此字之义通乎彼字之义而得其解也。义者天理之裁制，所以决断事物而得其当然之宜，故训宜。礼者天理之节文，所以别亲疏贵贱之分，故训别。智者天理之明睿，所以知可否是非之辨，故训知。仁则非可以一字训也。有以觉训仁者，谓仁无物欲之蔽，疾痛疴痒，触之即觉。夫觉自是智之用。仁可兼智，故仁者无所不觉耳。究不足以尽仁之蕴也。且仁之知觉纯是理，若专以知觉言仁，恐流入佛氏作用是性之说。其说非也。又有以人训仁者，谓天地生生之理，以人体之，则恻怛慈爱之意，自无间断。夫仁固以人为体，然人是气，仁是理。理从气上识取，认气为理，其说亦非也。当合孔孟之言仁处，类聚而观之。（《近思录集解》卷一，页二十上下）

①谢良佐（一〇五〇—约一一〇三）以识痛痒为仁（《上蔡语录》，中，页一上，总页四十三）。参看卷二，第二十七条，注④。②《中庸》第二十章。③仁、义、礼、智。

38 性即理也。[1]天下之理，原其所自，未有不善。喜怒哀乐未发，何尝不善？发而中节，则无往而不善。[2]凡言善恶，皆先善而后恶。言吉凶，皆先吉而后凶。言是非，皆先是而后非。（《易传》曰："成而后有败，败非先成者也。得而后有失，非得何以有失也？"[3]）（《河南程氏遗书》卷二十二上，页十一上）。

朱子曰：伊川"性即理也"，自孔孟后无人见得到此，亦是从古无人敢如此道。（《语类》卷五十九，第四十五条，页二二〇一／一三八七）

又曰：伊川"性即理也"四字，颠扑不破，实自己上见得出来。其后诸公只听得，便说将去，实不曾就己上见得，故多有差处。（《语类》卷五十九，第四十六条，页二二〇一／一三八七）

又曰："性即理也"，在心唤做性，在事唤做理。（《语类》卷五，第六

条，页一三四/八二）

因看㽦[④]等说性，曰：论性，要须先识得性是个甚么物事。（必大录此下云，“性毕竟无形影，只是心中所有底道理是也”。）程子“性即理也”，此说最好。今且以理言之，毕竟却无形影，只是这一个道理。在人，仁义礼智，性也。然四者有何形状？亦只是有如此道理。有如此道理，便做得许多事出来，所以能恻隐、羞恶、辞逊、是非也。譬如论药性，性寒、性热之类，药上亦无讨这形状处。只是服了后，却做得冷做得热底，便是性，便只是仁义礼智。（《语类》卷四，第三十九条，页一〇一至一〇二/六三至六四）

①此下原文有“所谓理性是也”，《近思录》删此语。市川安司疑朱子删此语，以其有佛教意味云（《程伊川哲学研究》，页二七七）。然市川亦指出中国典籍常用“理性”之词。吾人亦可指出，下面亦删去一语（见注②），以其赘耳。 ②别本《河南程氏遗书》、《孟子集注》（注《滕文公第三上》第一章）与若干中国注家（如张伯行《近思录集解》）认为此下有“发不中节，然后为不善”九字。《近思录》删去此语。 ③此为本注，乃朱子所增。原文出自《易传》卷一，页五十一上。 ④黄㽦（一一四七——一二一二）之名。历官监丞知州。朱子门人，录《语类》三四百条。参看拙著《朱子门人》页二六二至二六三。

39 问心有善恶否？曰：在天为命，在物[①]为理，在人为性，主于身为心，其实一也。心本善，发于思虑则有善有不善。若既发，则可谓之情，不可谓之心。譬如水，只可谓之水。至如流而为派，或行于东或行于西，却谓之流也。（《河南程氏遗书》卷十八，页十七上）

或问：心有善恶否？朱子曰：心是动底物事，自然有善恶。

且如恻隐是善也。见孺子入井而无恻隐之心[②]，便是恶矣。离着善，便是恶。然心之本体未尝不善，又却不可说恶全不是心。若不是心，是甚么做出来？（《语类》卷五，第三十四条，页一三九/八六）

履之[③]问："心本善。发于思虑，则有善不善"，如何？曰：疑此段微有未稳处。盖凡事莫非心之所为，虽放僻邪侈，亦是心之为也。善恶但如反覆手耳，翻一转便是恶，止安顿不着，也便是不善。如当恻隐而羞恶，当羞恶而恻隐，便不是。又问：心之用虽有不善，亦不可谓之非心否？曰然。（《语类》卷九十五，第八十九条，页三八七二/二四三八至二四三九）

问：发于思虑则有善不善。看来不善之发有二：有自思虑上不知不觉自发出来者，有因外诱然后引动此思虑者。……曰：谓发处有两端，固是。然毕竟从思虑上发者，也只在外来底。天理浑是一个。只不善，便是不从天理出来。不从天理出来，便是出外底了。视听言动，该贯内外，亦不可谓专是外面功夫。若以为在内自有一件功夫，在外又有一件功夫，则内外支离，无此道理。须是"诚之于思，守之于为"[④]，内外交致其功，可也。（《语类》卷九十五，第九十条，页三八七二至三八七三/二四三九）

问："心既发，则可谓之情，不可谓之心"，如何？曰：心是贯彻上下，不可只于一处看。（《语类》卷九十五，第九十二条，页三八七三/二四三九）

又曰："既发则可谓之情，不可谓之心"，此句亦未稳。（《语类》卷九十五，第九十三条，页三八七三/二四三九）

①《河南程氏遗书》，朱子于此条注云："在义为理"疑是"在物为理"。（卷十八，页二二六）

②《孟子·公孙丑第二上》第六章。 ③朱子有两门人字履之，一为方大壮，一为刘砥。《语类》卷

五，第六十二条，页一四六/九十，与卷七十一，第三十二条，页二八四四/一七八七，同为道夫所录。道夫于前者只称“履之”，于后者则称“刘履之”。故知此处履之为方而非刘。 ④《伊川文集》卷四，《动箴》，页四下。

40 性出于天，才出于气。气清则才清，气浊则才浊。才则有善有不善，性则无不善。（《河南程氏遗书》卷十九，页四下）

朱子曰：气是敢做底，才是能做底。（《语类》卷五，第九十七条，页一五八/九八）

问：性之所以无不善，以其出于天也。才之所以有善有不善，以其出于气也。要之，性出于天，气亦出于天。何故便至于此？曰：性是形而上者，气是形而下者。形而上者全是天理，形而下者只是那渣滓。至于形，又是渣滓至浊者也。（《语类》卷五，第九十四条，页一五七/九七）

又曰：孟子言才〔孟子曰：“若夫为不善，非才之罪也”（《孟子·告子第六上》第六章）〕，不以为不善，盖其意谓善性也。只发出来者是才。若夫就气质上言，才如何无善恶？（同上，卷五十九，第三十二条，页二一九一/一三八一）

又曰：程子曰，“性即理也。理则尧舜至于途人，一也。才禀于气。气有清浊，禀其清者为贤，禀其浊者为愚”①。张子曰：“形而后有气质之性。善反之则天地之性存焉。故气质之性，君子有弗性者焉。”②愚案：程子此说才字与孟子本文小异。盖孟子专指其发于性者言之，故以才无不善。程子兼指其禀于气者言之，则人之才固有昏明强弱之不同矣。张子所谓“气质之性”是也。二说虽殊，各有所当。然以事理考之，程子为密。盖气质所禀虽有不善，而不害性之本善。性虽本善，而不可以无省察矫揉之功，学者所当深玩也。（《孟子集注·论孟子·告子第六上》第六章）

叶采曰：性本乎理，理无不善。才本乎气，气则不齐。故或以之为善，或以之为恶。（《近思录集解》卷一，页二十八）

①《河南程氏遗书》卷十八，页十七下。②《正蒙·诚明第六》，《张子全书》卷二，页四十二。

41 性者自然完具。信只是有此者也。故四端不言信。（《河南程氏遗书》卷九，页一上）

叶采曰：仁义礼智，分而言之，则四者各立，自然完具。实有是四者，则谓之信。故信无定位。非于四者之外别有信也。孟子论四端而不及信，盖信在其中矣。（《近思录集解》卷一，页二十八）

朱子曰：信是义理之全体，本质不可得而分析者。故明道之言如此。（《文集》卷五十二，页二十二上，《答吴伯丰第十九书》）

或问：仁义礼智，性之四德，又添信字，谓之五性，如何？曰：信是诚实。此四者，实有是仁，实有是义，礼智皆然。如五行之有土，非土不足以载四者。（《语类》卷六，第四十六条，页一六七/一〇四）

薛瑄曰：程子曰，“四端不言信者，既有诚心为四端，则信在其中矣”[①]。愚谓若无诚心，则四端亦无矣。故学道以诚心为本。（《读书录》卷二，《孟子上》页十五上）

①《孟子集注·公孙丑第二上》第六章引。

42 心，生道也。有是心，斯具是形以生。恻隐之心，人之生道也。（《河南程氏遗书》卷二十一下，页二上）

朱子曰："心，生道也。"此句是张思叔[①]所记，疑有欠阙处。必是当时改作行文，所以失其文意。伯丰[②]云："何故入在《近思录》中？"曰：如何敢不载？但只恐有阙文，此四字说不尽。（《语类》卷九十五，第九十四条，页三八七四/二四三九至二四四〇）

"心，生道也。人有是心，斯具是形以生。恻隐之心，生道也"，如何？曰：天地生物之心是仁。人之禀赋，接得此天地之心，方能有生。故恻隐之心在人，亦为生道也。（同上，第九十五条，页三八七四/二四四〇）

问："心，生道也"一段。上面"心生道"，莫是指天地生物之心？下面"恻隐之心，人之生道"，莫是指人所得天地之心以为心？盖在天只有此理。若无那形质，则此理无安顿处。故曰："有是心，斯具是形以生。"上面犹言"继善"，下面犹言"成性"[③]。曰：上面"心，生道也"，全然做天底，也不得。盖理只是一个浑然底。人与天地混合无间。（同上，第九十七条，页三八七四/二四四〇）

①张绎，字思叔，伊川门人。 ②即吴必大，伯丰乃其字，朱子门人，录《语类》二百余条。尝任县丞。参看拙著《朱子门人》页九十至九十一。 ③《易经·系辞上传》第五章云："一阴一阳之谓道，继之者善也，成之者性也。"

43 横渠先生[①]曰：气坱然太虚，升降飞扬，未尝止息。此虚实动静之机，阴阳刚柔之始。浮而上者阳之清，降而下者阴之浊。

其感遇聚结为风雨，为霜雪。万品之流形，山川之融结。糟粕煨烬，无非教也。（《正蒙·太和篇第一》，《张子全书》卷二，页二下）

叶采曰：坱然，盛大氤氲之义。坱然太虚，周流上下，亘古穷今，未尝止息者，元气也。虚实动静，妙用由是而形。故曰“机”。阴阳刚柔，定体由是而立。故曰“始”。判而为上下清浊，合而为风雨霜雪。凝而为人物山川之形质，散而为糟粕煨烬之渣滓。消长万变，生生不穷，皆道体之流行。故曰“无非是教”。（《近思录集解》卷一，页二十九）

问：“气坱然太虚，升降飞扬，未尝止息。”朱子曰：此张子所谓“虚空即气”[②]也。盖天在四畔，地居其中，减得一尺地，遂有一尺气，但人不见耳。此是未成形者。问：虚实以阴阳否？曰：以有无言，及至“浮而上，降而下”[③]，则已成形者，若所谓“山川之融结，糟粕煨烬”，即是气之渣滓。要之，皆是示人以理。（《语类》卷九十八，第二条，页三九八一/二五〇六）

问：“此虚实动静之机，阴阳刚柔之始”，言机言始，莫是说理否？曰：此本只是气，理自在其中。一个动，一个静，便是机处，无非教也。教便是说理。又曰：此等言语，都是经锻炼底话，须熟念细看。（《语类》卷九十八，第四条，页三八九一至三八九二/二五〇六）

泽田武冈曰：虚实动静阴阳刚柔，此分而言之，则虚实以有无言，动静以作用言，阴阳以气言，刚柔以质言。合而言之，则只是一元气而已矣。机者发动所由，物之所由以决者。言其所系也。言这坱然一气以运出虚实动静，成立阴阳刚柔。故曰“机”。又曰“始”也。（《近思录说略》卷一，页二十六上，总页一六五）

又曰：此章最好看。此是张子一生学力之所至如是。常人者虽日见之，不就以知其味。唯张子深识之。此其所见尽高。古人日用之际，无处而不察道体之趣味也。（《近思录说略》卷一，页二十七上）

①参看引言，注①。②《正蒙·太和篇第一》，《张子全书》卷二，页二十二。③《正蒙·太和篇第一》，《张子全书》卷二，页二十三。

44 游气纷扰，合而成质者，生人物之万殊。其阴阳两端循环不已者，立天地之大义。（《正蒙·太和篇第一》，《张子全书》卷二，页四下）

朱子曰：昼夜运而无息者，便是阴阳之两端。其四边散出纷扰者，便是游气，以生人物之万殊。某常言，正如面磨相似，其四边只管层层撒出。正如天地之气，运转无已，只管层层生出人物。其中有粗有细，故人物有偏有正，有精有粗。（《语类》卷九十八，第五条，页三九八二/二五〇七）

问："游气纷扰，生人物之万殊。"曰：游气是气之发散生物底气。游亦流行之意。纷扰者，参错不齐。既生物，便是游气。若是生物常运行而不息者，二气初无增损也。（同上，第十二条，页三九八五/二五〇八）

问："游气纷扰"一段，是说气与理否？曰：此一段专是说气，未及言理。"游气纷扰，合而成质者，生人物之万殊"，此言气。到此已是渣滓粗浊者。去生人物，盖气之用也。"其阴阳两端循环不已者，立天地之大义"，此说气之本。上章言"气块然太虚"一段，亦是发明此意。因说佛老氏却不说着气，以为此已是渣滓，必外此然后可以为道。遂至于绝灭人伦，外形骸，皆以为不足恤也。(同上，第七条，页三九八三至三九八四/二五〇七至二五〇八)

45 天体物不遗，犹仁体事而无不在也。“礼仪三百，威仪三千。”[①]无一物而非仁也。“昊天曰明，及尔出王。昊天曰旦，及尔游衍。”[②]无一物之不体也。(《正蒙·天道篇第三》，《张子全书》卷二，页十一下)

茅星来曰：“出王”，出入往来也。“游衍”，游行衍溢也。言天道无往不在，以明上文“体物不遗”之意。(《近思录集注》卷一，页三十六下)

朱子曰：横渠谓“天体物而不遗，犹仁体事而无不在”。此数句，是从赤心片片说出来，荀[③]扬[④]岂能到？(《语类》卷九十八，第二十条，页三九八六/二五〇九)

赵共父[⑤]问：“天体物而不遗，犹仁体事而无不在。”曰：体物，犹言为物之体也。盖物物有个天理。体事，谓事事是仁做出来。如“礼仪三百，威仪三千”，须是仁做始得。凡言体，便是做他那骨子。(同上，第二十一条，页三九八七/二五〇九)

问：“天体物而不遗，犹仁体事而无不在”，何也？曰：理者物之体，仁者事之体。事事物物，皆具天理，皆是仁做得出来。仁者，事之体。体物，犹言干事，事之干也。“礼仪三百，威仪三千”，非仁则不可行。譬如衣服，必有个人着方得。且如“坐如尸”[⑥]，必须是做得。凡言体者，必是做个基骨也。(同上，第二十三条，页三九八七/二五一〇)

又曰：“昊天曰明，及尔出王”，音往。言往来游衍，无非是理。“无一物之不体”，犹言无一物不将这个做骨。(同上，第二十四条，

页三九八八/二五一〇）

①《中庸》第二十七章。②《诗经·大雅·生民之什·板》。③荀子（前三一三—前二三八）倡性恶论，见《荀子》卷十七，《性恶第二十三》。④扬雄（前五三—一八）谓人性善恶混，见《法言》卷三，《修身》。⑤即赵师郏，共父（亦作恭父）乃其字，朱子门人。参看拙著《朱子门人》页二九三。⑥《礼记·玉藻》第二十九节。

46 鬼神者，二气之良能也。（《正蒙·太和篇第一》，《张子全书》卷二，页四上）

朱子曰："鬼神者，二气之良能"，是说往来屈伸乃理之自然，非有安排布置，故曰"良能"也。（《语类》卷六十三，第一二〇条，页二四五八/一五四七）

问：横渠谓"二气之良能"，何谓"良能？"曰：屈伸往来，是二气自然能如此。曰：伸是神，屈是鬼否？先生以手圈桌上而直指其中，曰：这道理圆，只就中分别恁地。气之方来皆属阳，是神。气之反皆属阴，是鬼。日自午以前是神，午以后是鬼。月自初三以后是神，十六以后是鬼。童伯羽[①]问：日月对言之，日是神，月是鬼否？曰：亦是。草木方发生来是神，凋残衰落是鬼。人自少至壮是神，衰老是鬼。鼻息呼是神，吸是鬼。（同上，第一三〇条，页二四六二/一五五〇）

又曰：伊川谓"鬼神者，造化之迹"[②]，却不如横渠所谓"二气之良能"。直卿[③]问，如何？曰：程子之说固好，但在浑沦在这里。张子之说分明，便见有个阴阳在。曰：如所谓"功用则谓之鬼神"[④]，也与张子意同。曰：为他浑沦在那里。（同上，第一二一条，页

二四五八/一五四八)

①童伯羽(一一四四—约一一九〇),字蜚卿,朱子弟子。录《语类》六七十条,问答亦五六十处。参看拙著《朱子门人》页二四七至二四八。 ②见本卷,第八条。 ③黄榦(一一五二—一二二一)之字。黄为朱子女婿。朱子易箦前以书谓之曰:"吾道之托在此,吾无憾矣。"(《文集》卷二十九,页二十二下,《与黄直卿书》)。黄榦于朱子学派之传播甚为有功,有四代传授。参看《朱子门人》页二六一至二六二。 ④见本卷,第五条。

47 物之初生,气日至而滋息[1]。物生既盈,气日反而游散。至之谓神,以其伸也。反之谓鬼,以其归也。(《正蒙·动物篇第五》,《张子全书》卷二,页十六上)

朱子曰:"鬼神者,造化之迹。"[2]造化之妙,不可得而见。于其气之往来屈伸者足以见之。微鬼神则造化无迹矣。横渠"物之始生"一章,尤说得分晓。(《语类》卷六十三,第一一九条,页二四五八/一五四七)。

又曰:"至之谓神,以其伸也。反之谓鬼,以其归也。"人死便是归,祖考来格便是伸。(同上,卷九十八,第二十七条,页三九八八/二五一〇)

又曰:横渠言"至之谓神,反之谓鬼",固是。然雷风山泽亦有神。今之庙貌亦谓之神,亦以方伸之气为言尔。此处要错综周遍而观之。伸中有屈,屈中有伸,便看此意。伸中有屈,如人有魄是也。屈中有伸,如鬼而有灵是也。(同上,第二十八条,页三九八八至三九八九/二五一一)

①生息之息。 ②见本卷,第八条。

48 性者万物之一源，非有我之得私也。惟大人为能尽其道。是故立必俱立，知必周知，爱必兼爱，成不独成。彼自蔽塞而不知顺吾理者，则亦末如之何矣。（《正蒙·诚明篇第六》，《张子全书》卷二，页十七下）

江永曰："自蔽塞"，惟知有我之私也。（《近思录集注》卷一，页十七下）。

用之[①]问："性为万物之一源。"朱子曰：所谓性者，人物之所同得。非惟己有是而人亦有是，非惟人有是而物亦有是。（《语类》卷九十八，第三十条，页三九八九/二五一一）

①即刘砺，用之乃其字，朱子门人，录《语类》约一百条，问答三四十。参看拙作《朱子门人》页三一八至三一九。

49 一故神[①]。譬之人身，四体皆一物，故触之而无不觉。不待心使至此而后觉也。此所谓"感而遂通"[②]，"不行而至，不疾而速"[③]也。（《横渠易说》，《张子全书》卷十一，页十二下，释《系辞上传》第十章）

叶采曰：一，谓纯一也。神，谓神妙而无不通也。（《近思录集解》卷一，页三十）

施璜曰：此言阴阳之气本是一物而分阴阳之两体。一含两，故神妙不测也。（《五子近思录发明》卷一，页三十三下）

朱子曰：横渠云，"一故神。……不疾而速也"。发于心，达于气，天地与吾身共只是一团物事。所谓鬼神者，只是自家气，自家心下思虑才动，这气即敷于外，自然有所感通。（《语类》卷九十八，

第三十一条，页三九八九至三九九〇/二五一一）

或问："一故神。"曰：一是一个道理，却有两端，用处不同。譬如阴阳，阴中有阳，阳中有阴。阳极生阴，阴极生阳。所以神化无穷。（《语类》卷九十八，第三十二条，页三九九〇/二五一一）

问："一故神。"曰：横渠说得极好，须当子细看。但《近思录》所载与本书不同。当时缘伯恭[④]不肯全载，故后来不曾与他添得。"一故神"，横渠亲注云："两在，故不测。"只是这一物，却周行乎事物之间。如所谓阴阳、屈伸、往来、上下，以至于行乎什佰千万之中，无非这一个物事，所以谓"两在故不测。""两故化。"注云："推行乎一。"凡天下之事，一不能化，惟两而后能化。且如一阴一阳，始能化生万物。虽是两个，要之亦推行乎此一尔。此说得极精，须当与他子细看。（同上，第三十三条，页三九九〇/二五一一至二五一二）

①《正蒙·参两篇第二》。《张子全书》卷二，页五下云："一故神（两在，故不测），两故化（推行于一）。" ②《易经·系辞上传》第十章。 ③《易经·系辞上传》第十章。 ④伯恭即吕祖谦，与朱子合辑《近思录》。此处所谓不同，并非本条文字与原文不同，乃是原文为一长段。朱子本欲全载而伯恭不肯尔。

50 心，统性情者也。（《张子全书》卷十四，《性理拾遗》页二上）

朱子曰："心统性情。"统，犹兼也。（《语类》卷九十八，第三十九条，页

三九九二/二五一三)

问："心统性情。"曰：性者，理也。性是体，情是用。性情皆出于心，故心能统之。统如统兵之统，言有以主之也。且如仁义礼智，是性也。孟子曰："仁义礼智根于心。"[①]恻隐、羞恶、辞逊、是非，本是情也。孟子曰："恻隐之心，羞恶之心，辞逊之心，是非之心。"[②]以此言之，则见得心可以统性情。一心之中自有动静。静者性也。动者情也。(同上，第四十一条，页三九九三/二五一三)

先生取《近思录》，指横渠"心统性情"之语以示学者。力行[③]问曰：心之未发，则属乎性。既发，则情也。曰：是此意。因再指伊川之言曰："心，一也。有指体而言者，有指用而言者。"[④](同上，第四十五条，页三九九五/二五一五)

①《孟子·尽心第七上》第二十一章。 ②《孟子·公孙丑第二上》第六章、《孟子·告子第六上》第六章。 ③力行，字近思，朱子门人。录《语类》二十余条，问答只有五六处。参看拙著《朱子门人》页五十九。 ④参看本卷，第四条。

51 凡物莫不有是性。由通蔽开塞，所以有人物之别；由蔽有厚薄，故有知愚之别。塞者牢不可开。厚者可以开，而开之也难。薄者开之也易。开则达于天道，与圣人一。(《张子全书》卷十四，《性理拾遗》页二上)

或问：人物之性一源，何以有异？朱子曰：人之性论明暗，物之性只是偏塞。暗者可使之明，已偏塞不可使之通也。横渠言："凡物莫不有是性。由通蔽开塞，所以有人物之别。"而卒谓"塞者牢不可开。厚者可以开，而开之也难。薄者开之也易"是也。（《语类》卷四，第八条，页九十／五七）

又曰：横渠此段不如吕与叔[①]分别得分晓。吕曰："蔽有浅深，故为昏明。蔽有开塞，故为人物。"[②]（同上，卷九十八，第四十八条，页三九九五／二五一五）

或问：通蔽开塞，张横渠、吕芸阁[③]说，孰为亲切？曰：与叔倒分明似横渠之说。看来塞中也有通处，如猿狙之性即灵，猪则全然蠢了，便是通蔽不同处。"本乎天者亲上，本乎地者亲下。"如人头向上，所以最灵。草木向下，所以最无知。禽兽之头横了，所以无知。猿狙稍灵，为他头有时也似人，故稍向得

上。(同上，第四十九条，页三九九六/二五一五)

又曰：横渠言："凡物莫不有是性。由通蔽开塞，所以有人物之别；由蔽有厚薄，故有知愚之别。"似欠了生知之圣。(同上，第四十七条，页三九九五/二五一五)

陈沆曰：横渠先生之意，专为气质不齐者而言，以见不可无矫揉变化之功。故云："开则达于天道，与圣人一。"若圣人之无待于开而自无所蔽，不待言也。朱子谓通蔽开塞，"似欠了生知之圣"，恐非张子立言之意。(《近思录补注》卷一，页三十四下至三十五上)

①即吕大临(一〇四二—一〇九二)，与叔乃其字。初学于横渠。横渠卒，乃从学于二程，为二程门人"四先生"之一。 ②吕大临早死，著述极少。此语或已失传。 ③"芸阁"与"秘书省"同，藏书之地也。吕大临曾任秘书省正字，故以"芸阁"尊称之。

卷之二

为学大要

【为学】

凡百十一条

1 濂溪先生[①]曰：圣希天，贤希圣，士希贤。伊尹[②]、颜渊，大贤也。伊尹耻其君不为尧舜。一夫不得其所，若挞于市[③]。颜渊“不迁怒，不贰过”[④]，“三月不违仁”[⑤]。志伊尹之所志，学颜子之所学，过则圣，及则贤，不及则亦不失于令名。（《通书》，第十章）

朱子曰：希，望也。……伊尹欲其君为尧舜而不得，则其心愧耻。挞于市，耻之甚也。且尧舜君民，一民饥，曰：“我饥之。”一民寒，曰：“我寒之。”一民失所，曰：“时[⑥]予之辜。”伊尹以一夫不得其所而愧耻之甚者，以己不能左右“厥辟宅师”[⑦]，其心亦尧舜之心也。……“志伊尹之所志，学颜子之所学”，此言事希贤也。……“过则圣，及则贤，不及则亦不失于令名”，三者随其所用之浅深，以为所至之近远。“不失于令名”，以其有为善之实也。（《通书注》，《周子全书》卷八，页一四六至一四七）

寠[⑧]问：“志伊尹之志，学颜子之学。”所谓志者，便是志于行道否？曰：“志伊尹之所志”不是志于私。大抵古人之学，本是欲行。（《语类》卷九十四，第一七七条，页三八一二/二四〇一）

问：“圣希天。”若论圣人，自与天相似了。得非圣人未尝自以为圣，虽已至圣处，而犹戒慎恐惧，未尝顷刻忘所法则否？曰：不消如此说。天自是天，人自是人，终是如何得似天？自是用法天。“明王奉若天道，建邦设都”[⑨]，无非法天者。大事大法天，小事小法天。（同上，第一七六条，页三八一一/二四〇一）

问：“过则圣，及则贤。”若过于颜子，则工夫又更绝细，此固易见。不知过伊尹时如何说？曰：只是更加些从容而已。过

之，更似孔子。伊尹终是有担当底意思多。（同上，第一八〇条，页三八一四/二四〇二至二四〇三）

许衡（一二〇九—一二八一）曰："志伊尹之所志，学颜子之所学。"出则有为，处则有守。丈夫当如此。出无所为，处无所守，所志所学，将何为？（《语录》卷一上，页二十上）

佐藤一斋曰：伊尹所志，义边为多。颜渊所学，仁边为多。（《近思录栏外书》卷二，页一）

①即周敦颐。②伊尹为殷之贤相，协助成汤建立商朝。③《书经·说命下》第十节。④《论语·雍也第六》第二章。⑤《论语·雍也第六》第五章。⑥时，是也。⑦"厥其辟君宅安师众"，辅佐其君安辑众民（《书经·太甲上》第二节）。⑧即窦从周，字文卿，朱子门人。录《语类》三十余条，问答约十条。参看拙著《朱子门人》页三六一。⑨《书经·说命中》第一节。奉若，奉顺也。

2 圣人之道，入乎耳，存乎心。蕴之为德行，行之为事业。彼以文辞而已者，陋矣。（《通书》，第三十四章）

朱子曰：欲人真知道德之重，而不溺于文辞之陋也。（《通书注》第三十四章，《周子全书》卷十，页一九一）

东正纯曰：从其蕴之而言，谓之德行。从其行之而言，谓之事业。原是一事也。"以文辞而已。""而已"字是眼目，非勿学文辞也。（《近思录参考》页七〇六）

3 或[①]问："圣人之门，其徒三千，独称颜子[②]为好学。夫《诗》《书》六艺[③]，三千子非不习而通也。然则颜子所独好者，何学

也？”伊川先生曰：“学以至圣人之道也。”“圣人可学而至欤？”曰：“然。”“学之道如何？”曰：“天地储精，得五行之秀者为人。其本也真而静，其未发也五性具焉，曰仁义礼智信。形既生矣，外物触其形而动其中矣。其中动而七情出焉。曰喜怒哀乐[④]爱恶欲。情既炽而益荡，其性凿矣。是故觉者约其情，使合于中。正其心，养其性。愚者则不知制之，纵其情而至于邪僻，梏其性而亡之。[⑤]然学之道，必先明诸心，知所养[⑥]，然后力行以求至，所谓‘自明而诚’[⑦]也。诚之之道[⑧]，在乎信道笃。信道笃则行之果，行之果则守之固。仁义忠信，不离乎心。‘造次必于是，颠沛必于是。’[⑨]出处语默必于是。久而弗失，则居之安。动容周旋中礼[⑩]，而邪僻之心无自生矣。故颜子所事，则曰：‘非礼勿视，非礼勿听，非礼勿言，非礼勿动。’[⑪]仲尼称之，则曰：‘得一善则拳拳服膺而弗失之矣。’[⑫]又曰：‘不迁怒，不贰过。’[⑬]‘有不善未尝不知，知之未尝复行也。’[⑭]此其好之笃学之道也。然圣人则‘不思而得，不勉而中’[⑮]。颜子则必思而后得，必勉而后中，其与圣人相去一息。所未至者，守之也，非化之也。以其好学之心，假之以年[⑯]，则不日而化矣。后人不达，以谓圣本生知，非学可至，而为学之道遂失。不求诸己而求诸外，以博闻强记、巧文丽辞为工[⑰]，荣华其言，鲜有至于道者。则今之学与颜子所好异矣。”（《河南程氏文集》卷四，页一至二上）

朱子曰：伊川文字多有句相倚处，如颜子好学论。（《语类》卷三十，第五十九条，页一二四五/七七七）

蔡元思[⑱]问：好学论似多头项。曰：伊川文字都如此多头项。不恁缠去。其实只是一意。……“其本也真而静”，是说未发。真，便是不杂，无人伪。静，便是未感。“觉者约其情，使命于中。正其心，养其性”，方是大纲说。学之道“必先明诸心，知所往，然后力行以求知”，便是详此意。一本作“知所养”，恐“往”字为是。“往”与“行”相应。（同上，第四十八条，页一二四二／七七五）

问：“天地储精。”如何是储精？曰：储，谓储蓄，天地储蓄得二气之精聚，故能生出万物。（同上，第四十九条，页一二四二／七七五）

又曰：“得五行之秀者为人”，只说五行而不言阴阳者，盖做这人，须是五行方做得成。然阴阳便在五行中。所以周子云：“五行，一阴阳也。”[19]舍五行无别讨阴阳处。（同上，第五十二条，页一二四三／七七五）

又曰：“其本也真而静。其未发也五性具焉。”五性便是真，未发时便是静。只是叠说。（同上，第五十三条，页一二四三／七七五）

问：程子云：“情既炽而益荡，其性凿矣。”性上如何说凿？曰：性固不可凿。但人不循此理，任妄作，去伤了他耳。凿，与孟子所谓凿[20]一般，故孟子只说“养其性”[21]。养，谓顺之而不害。（同上，第五十四条，页一二四三／七七五）

又曰：“明诸心，知所往”，穷理之事也。“力行求至”，践履之事也。（同上，第五十六条，页一二四四／七七六）

问：颜子“不迁怒，不贰过”。曰：看程先生颜子所好何学论说得条理。只依此学，便可以终其身也。立之[22]因问：先生前此云，不迁怒贰过，是克己复礼底效验，今又以为学即在此，何也？曰：为学是总说，克己复礼又是所学之目也。（同上，第四十七条，页一二四一／七七四）

文振[23]再说颜子好学[24]一章。(朱子)因说程先生所作《好学论》，曰：此是程子二十岁时已做得这文好。这个说话，便是所以为学之本。(同上，第五十八条，页一二四五/七七六)

又曰：伊川《好学论》十八时作。[25](同上，卷九十三，第六十二条，页三七四五/二三五九)

①《伊川文集》卷四，页一上，《颜子所好何学论题》下注云："先生始冠，游太学。胡安定（胡瑗）以是试诸生。得此论大惊异之。即请相见。遂以先生为学职。"山崎道夫以或人为胡安定（《近思录》页七十二）。然此非口试问答而是论说。设为问答，乃文章之一体也。朱子《答吕伯恭第四十一书》（《文集》卷三十三，页二十八上下）云："如以颜子论为首章，却非专论道体，自合入第二卷。" ②即颜渊。 ③六艺可为礼、乐、射、御、书、数，亦可为"六经"。叶采采前说，若干日本注家沿之。惟宇都宫遁庵则采后说（《鳌头近思录》卷二，页三上）。安部井帽山且谓"《诗》《书》等六艺"（《近思录训蒙辑疏》卷二，页二下）。我国注家不释六艺。疑以安部井之说为正。 ④一本"乐"作"惧"。 ⑤原文"养其性"下有"故曰性其情"五字，"而亡之"下有"故曰性其情"五字。朱子并删之。"性其情"之语，来自王弼《周易注·乾卦》"乾元用九"注。王氏受道家影响，以情为恶。楠本正继（一八八九—一九六三）谓伊川后悟好学论用"性其情"之非，故于《易传·乾卦注》坚谓性情皆善（楠本致山崎道夫书。参看山崎道夫，《近思录讲本释义》，页三十八）。《易传》未提王弼之名。然朱子删此两语，以其有情恶气味，可无疑也。原文共七百一十四字。朱子删二百五十五字，加十三字，共四百七十二字。除此处外，全文与原意无别。 ⑥一作"往"。朱子谓"往"字为是。张伯行、茅星来、江永、陈沆均沿之，惟叶采则用"养"。《朱子遗书》本《近思录》用"往"。 ⑦《中庸》第二十一章。 ⑧《中庸》第二十五章。 ⑨《论语·里仁第四》第五章。 ⑩《孟子·尽心第七下》第三十三章。 ⑪《论语·颜渊第十二》第一章。 ⑫《中庸》第八章。 ⑬《论语·雍也第六》第二章。 ⑭《易经·系辞下传》第五章。 ⑮《中庸》第二十章。 ⑯《论语·雍也第六》第二章。颜子年三十二卒。 ⑰工，巧也。 ⑱即蔡念诚，元思乃其字，朱子门

人。曾为延平书院堂长。参看拙著《朱子门人》页三三四至三三五。⑲周敦颐《太极图说》。《周子全书》卷一，页十三。⑳《孟子·离娄第四下》第二十六章。㉑《孟子·尽心第七上》第一章。㉒即潘植，立之乃其字，朱子门人。曾录《语类》，癸丑（一一九三）所闻。参看《朱子门人》页三二九。㉓即郑南升，文振乃其字，朱子门人。曾录《语类》百余条，问答亦三十余则。参看《朱子门人》页三四三。㉔同上注①。㉕《好学论》年十八作，显与上条年二十作冲突。朱子撰《伊川先生年谱》（《文集》卷九十八，页十七下）以年十八撰《颜子所好何学论》。《伊洛渊源录》卷四载此《年谱》。《年谱》与《伊洛渊源录》均为朱子所著，故当以年十八为正。江永引朱子语，改二十为十八（《近思录集注》卷二，页二十六），盖以此故。至姚名达以伊川二十四岁方撰此文（《程伊川年谱》页十六），相去远矣。

4 横渠先生问[①]于明道先生曰：定性未能不动，犹累于外物，何如？明道先生曰：所谓定者，动亦定，静亦定，无将迎，无内外。[②]苟以外物为外，牵己而从之，是以己性为有内外也，且以性为随物于外，则当其在外时，何者为在内？是有意于绝外诱，而不知性之无内外也。既以内外为二本，则又乌可遽语定哉？夫天地之常，以其心普万物而无心。圣人之常，以其情顺万事而无情。故君子之学，莫若廓然而大公，物来而顺应。易曰："贞吉，悔亡。憧憧往来，朋从尔思。"[③]苟规规于外诱之除，将见灭于东而生于西也。非惟日之不足，顾其端无穷，不可得而除也。人之情各有所蔽，故不能适道。大率患在于自私而用智。自私则不能以有为为应迹，用智则不能以明觉为自然。今以恶外物之心而求照无物之地，是反鉴而索照也。易曰："艮其背，不获其身。行其庭，不见其人。"[④]孟氏亦曰："所恶于智者，为其凿也。"[⑤]与其非外而是内，不若内外之两忘也。两忘

则澄然无事矣。无事则定，定则明，明则尚何应物之为累哉？圣人之喜，以物之当喜。圣人之怒，以物之当怒。是圣人之喜怒，不系于心，而系于物也。是则圣人岂不应于物哉？乌得以从外者为非，而更求在内者为是也？今以自私用智之喜怒，而视圣人喜怒之正为如何哉？夫人之情，易发而难制者，惟怒为甚。第能于怒时遽忘其怒，而观理之是非，亦可见外诱之不足恶，而于道亦思过半矣。[6]（《河南程氏文集》卷二，页一上下）

朱子曰：此书在鄠[7]时作，年甚少。（《语类》卷九十五，第一〇一条，页三八七六/二四四一）

问：《定性书》云："大率患在于自私而用智。自私则不能以有为为应迹，用智则不能以明觉为自然。"曰：此一书，首尾只此两项。伊川文字段数分明，明道多只恁成片说将去。初看似无统，子细理会，中间自有路脉贯串将去。"君子之学，莫若廓然而大公，物来而顺应"。自后许多说话，都只是此二句意。"艮其背，不获其身。行其庭，不见其人"，此是说"廓然而大公"。"孟子曰：'所恶于智者，为其凿也。'"此是说"物来而顺应"。"第能于怒时遽忘其怒，而观理之是非"。"遽忘其怒"是应"廓然而大公"。"而观理之是非"是应"物来而顺应"。这须仔细去看，方始得。（同上，第一〇三条，页三八七七/二四四一至二四四二）

又曰：明道答横渠书，诚似太快。然其间理致血脉，精密贯通，尽须玩索。如"大公""顺应"，"自私""用智"，"忘怒""观理"，便与主敬穷理，互相涉入，不可草草看过。如上文既云"以其情顺万事"，即其下云"而无情"亦自不妨。（《文集》卷五十四，《答

孙季和第一书》页二上下)

又曰：定性者，存养之功至而得性之本然也。……故“廓然而大公”者，仁之所以为体也。“物来而顺应”者，义之所以为用也。(《文集》卷六十七，《定性说》页十八上)

问：圣人“动亦定，静亦定”。所谓定者，是体否？曰：是。曰：此是而恶物来感时定，抑善恶来皆定？曰：恶物来不感，这里自不接。曰：善物则如何？曰：当应便应。有许多分数来，更有许多分数应。这里自定。(《语类》卷九十五，第一〇五条，页三八七八/二四四二)

厚之[⑧]问：“憧憧往来，朋从尔思。”曰：往来自不妨，天地间自是往来不绝。只不合着憧憧了，便是私意。又问：明道云“莫若廓然而大公，物来而顺应”，如何？曰：“廓然大公”，便不是憧憧。“物来顺应”，便不是“朋从尔思”。(同上，卷七十二，第六条，页二八八五/一八一二)

赵致道[⑨]问：自私者，则不能以有为为应迹。用智者，则不能以明觉为自然。所谓“天地之常，以其心普万物而无心。圣人之常，以其情顺万事而无情”。所谓“普万物”“顺万事”者，即“廓然而大公”之谓。“无心”“无情”者，即“物来而顺应”之谓。自私则不能“廓然而大公”，所以不能“以有为为应迹”。用智则不能“物来而顺应”，所以不能“以明觉为自然”。曰：然。(同上，卷九十五，第一〇九条，页三八七九至三八八〇/二四四三)

问：“内外两忘”，是内不自私，外应不凿否？曰：是。大抵不可以在内者为是，而在外者为非。只得随理顺应。(同上，第一一二条，页三八八一/二四四四)

又曰:“艮其背，不获其身”，只是道理所当止处，不见自家自己。不见利，不见害，不见痛痒，只见道理。如古人“杀身成仁”[⑩]，“舍生取义”[⑪]，皆是见道理所当止处。故不见其身。“行其庭，不见其人。”只见得道理合当恁地处置。皆不见是张三与是李四。(同上，卷七十三，第五十七条，页二九五一/一八五五)

问：圣人恐无怒容否？曰：怎生无怒容？合当怒时，必亦形于色。如要去治那人之罪，自为笑容，则不可。(同上，卷九十五，第一一五条，页三八八二/二四四五)

又曰:“人情易发而难制。”明道云:“人能于怒时遽忘其怒，亦可见外诱之不足恶，而于道亦思过半矣。”此语可见。然有一说，若只知其理之曲直，不必校，却好。若见其直而又怒，则愈甚。大抵理只是此理，不在外求。若于外复有一理时，却难，为只有此理故。(同上，第一一四条，页三八八/二四四四至二四四五。参看《文集》卷四十六，《答胡伯逢第三书》页二十六下)

真德秀曰：定性者，理定于中，而事不能惑也。理定于中，静之时固定也。动之时亦未尝不定也。不随物而往，不先物动。故曰:“无将迎。”理自内出而周于事，事自外来而应以理。理即事也，事即理也。故曰:“无内外。”(《读书记》卷二,《性情心》页五十八下至五十九上)

黄榦曰：此书大意，不过此一语，“廓然大公”，是不绝乎物。“物来应顺”，是不累乎物。(引自陈沆《近思录补注》卷二，第四条，页四下。)

罗洪先(一五〇四——一五六五)曰：知其为累，而寡之又寡，以至于无，先儒固多言之[⑫]，明道则不然。直令人“廓然大公”、“物来应顺”而已。(同上)

①此问或是口问，或是以书问。书不见《张子全书》。 ②述庄子意。《庄子·知北游第二十二》，《南华真经》卷七，页五十五下。 ③《易经·咸卦第三十一·九四爻辞》，意谓心意不定，往来不停，但其朋类从之。 ④《易经》，《艮卦》第五十二《卦辞》。 ⑤《孟子·离娄第四下》第二十六章。 ⑥《语类》卷九十三，第六十二条，页三七四五 / 二五五九，谓此书明道年二十二三时作。 ⑦在今陕西西安之西南。《明道先生行状》（《伊川文集》卷七，页一上）只言其中进士后任鄠县主簿，不指明年期或年岁。 ⑧即陈厚之，朱子门人，余不详。《语类》问答有十余条。参看拙著《朱子门人》页二一七。 ⑨赵致道，名师夏，绍熙元年庚戌（一一九〇）进士。宋室后人。朱子弟子。参看《朱子门人》页二九三至二九四。 ⑩《论语·卫灵公第十五》第八章。 ⑪《孟子·告子第六上》第十章。 ⑫《周子全书》卷十七，《养心亭记》页三三四；《语类》卷六十一，第七十一条，页二四二。

5 伊川先生答朱长文[1]书曰：圣贤之言，不得已也。盖有是言则是理明，无是言则天下之理有阙焉。如彼耒耜[2]陶冶之器，一不制则生人之道有不足矣。圣贤之言，虽欲已，得乎？然其包涵尽天下之理，亦甚约也。后之人始执卷则以文章为先。平生所为动多于圣人。然有之无所补，无之靡所阙，乃无用之赘言也。不止赘而已，既不得其要，则离真失正，反害于道必矣。来书所谓欲使后人见其不忘乎善，此乃世人之私心也。夫子“疾没世而名不称”[3]焉者，疾没身无善可称云尔，非谓疾无名也。名者可以励中人。君子所存，非所汲汲。[4] （《河南程氏文集》卷五，页七上下）

朱子曰：《易》之卦画，《诗》之咏歌，《书》之记言，《春秋》之述事，与夫《礼》之威仪，《乐》之节奏，皆已列为“六经”而垂万世。其文之盛，后世固莫能及。（《文集》卷七十，页三上，《读唐志》）

又曰：圣人言语，一重入一重。须深入去看。若只要皮肤，

便有差错。须深沈方有得。(《语类》卷十，第十一条，页二五七/一六二)

施璜曰：君子学以为己。苟求人知，则是私心而已。(《五子近思录发明》卷二，页八下)

①朱长文（一〇三九——〇九八），字伯原。年未冠而举嘉祐四年（一〇五九）进士。元祐（一〇八六——〇九三）中教授于乡。召为太学博士，迁秘书省正字。《宋史》卷四四四有传。②耒耜，农具。耜、锹，所以起土也。耒有柄，耒为岐头，手推之以犁田。③《论语·卫灵公第十五》第十九章。④茅星来，《近思录集注》卷二，页九上，云："或云：此书乃明道所作。"此书之另一部分又见第三卷第一条。

6 内积忠信，所以进德也。择言笃志，所以居业也。知至至之，致知也。求知所至而后至之。知之在先，故可与几。所谓"始条理者，智之事也"[①]。知终终之，力行也。既知所终，则力进而终之。守之在后，故可与存义[②]。所谓"终条理者，圣之事也"[③]。此学之始终也。(《周易程氏传》卷一，页四下，释《乾卦第一·九三文言》)

朱子曰："内积忠信。"一言一动，必忠必信，是积也。"知至至之"，全在"知"字。"知终终之"，在着力守之。(《语类》卷六十九，第四十二条，页二七三六/一七一八)

问："内积忠信"，是诚之于内，"择言笃志"，是诚之于外否？曰："内积忠信"是实心，"择言笃志"是实事。又问："知至至之"是致知，"知终终之"是力行，固是如此。然细思，恐知至与知终属致知，至之终之属力行，二者自相兼带。曰：程子云"知至至之"主知，"知终终之"主行。然某却疑似亦不必如此说。

只将“忠信所以进德，修辞立其诚所以居业”[4]说，自得。盖无一念之不诚，所以进其德也。德谓之进则是见得许多，又进许多。无一言之不实，所以居其业也。业谓之居便是知之至此，又有以居之也。（同上，第四十六条，页二七三六至二七三七/一七一八至一七一九）

又曰：“内积忠信，所以进德也。择言笃志，所以居业也。”择言便是修出言辞，笃志便是立诚。“知至至之”，便是知得进前去。又曰：“知至”便是真实知得“如恶恶臭，如好好色”。[5]“至之”便是真个求到“如恶恶臭，如好好色”之地。“知终”便是知得进到这处了。如何保守得，便终保守取，便是“终之”。如“修辞立其诚”，便是“知终之”。“可与几”，是未到那里，先见得个事几，便是见得到那里。“可与存义”便是守得个物事在。一个是进，一个是居。进，如“日知其所亡”，只管进前去。居，如“月无忘其所能”[6]，只管日日恁地做。（同上，第四十七条，页二七三七/一七一九）

①《孟子·万章第五下》第一章。 ②《易经·乾卦第一·九三文言》曰：“君子终日乾乾。……君子进德修业。忠信所以进德也。修辞立其诚，所以居业也。知至至之，可与也。知终终之，可与存义也。” ③《孟子·万章第五下》第一章。 ④《易经·乾卦第一·九三文言》。 ⑤《大学》第六章。 ⑥二句均《论语·子张第十九》第五章。

7 君子主敬以直其内，守义以方其外。[1]敬立而内直，义形而外方。义形于外，非在外也。敬义既立，其德盛矣。不期大而大矣。德不孤[2]也。无所用而不周，无所施而不利。孰为疑乎？（《周易程氏传》卷一，页十二上，释《坤卦第二·文言》）

朱子曰："敬以直内"，是持守工夫。"义以方外"，是讲学工夫。（《语类》卷六十九，第一四一条，页二七七〇/一七三九）

又曰：直，是直上直下，胸中无纤毫委曲。方，是割截齐整之意。（同上，第一四二条，页二七七〇/一七三九）

又曰："敬以直内"，便能"义以方外"。非是别有个义。敬譬如镜，义便是能照底。（同上，第一四四条，页二七七〇/一七三九）

又曰：敬而无义，则做出事来必错了。只义而无敬，则无本，何以为义？皆是孤也。（同上，第一五一条，页二七七三/一七四一）

①《易经·坤卦第二·文言》。②《论语·里仁第四》第二十五章。

8 动以天[1]为无妄，动以人欲则妄矣。《无妄》之义大矣哉！虽无邪心，苟不合正理，则妄也，乃邪心也。既已无妄，不宜有往[2]。往则妄也。故《无妄》之《彖》曰："其匪正有眚，不利有攸往。"[3]（《周易程氏传》卷二，页三十五上下，释《无妄卦第二十五·彖辞》）

问："虽无邪心，苟不合正理，则妄也。"既无邪，何以不合正？朱子曰：有人自是其心全无邪而却不合于正理。如贤智者过之[4]。他其心岂曾有邪？却不合正理。佛氏亦岂有邪心者？（《语类》卷七十一，第八十二条，页二八六四/一七九八）

又曰：伊川谓"虽无邪心，苟不合正理，则妄也"。如杨墨[5]何尝有邪心？只是不合正理。（同上，卷九十五，第一一七条，页三八八二至三八八三/二四四五）

茅星来曰：既已无妄，则但当循其实理之自然，以听祸福之

自来。不可有苟得幸免之心以往而求之也。(《近思录集注》卷二，页十二上)

①叶采(《近思录集解》卷二，页十)及其他注家以天为天理。②往，谓私意之营为也。③《易经·无妄卦第二十五·彖辞》。眚，过也。④《中庸》第四章。⑤杨朱为我，墨翟兼爱。孟子辟之，见《孟子·滕文公第三下》第九章。

9 人之蕴蓄，由学而大。在多闻前古圣贤之言与行。考迹以观其用，察言以求其心。识而得之，以蓄成其德。(《周易程氏传》卷二，页三十九下，释《大畜卦第二十六·象传》)

叶采曰：考圣贤之行，可以观其用。察圣贤之言，可以求其心。有见于此，则蓄德日大。盖非徒多闻之为贵也。(《近思录集解》卷二，页十)

10 《咸》之《象》曰："君子以虚受人。"[①]《传》曰："中无私主，则无感不通。以量而容之，择合而受之，非圣人有感必通之道也。"[②]其九四曰："贞吉，悔亡。憧憧往来，朋从尔思。"[③]《传》曰："感者，人之动也。"故《咸》皆就人身取象。[④]四当心位而不言"咸其心"，感乃心也。感之道无所不通。有所私系，则害于感通，所谓[⑤]悔也。圣人感天下之心，如寒暑雨旸无不通无不应者，亦贞而已矣。贞者，虚中无我之谓也。若往来憧憧然，用其私心以感物，则思[⑥]之所及者，有能感而动，所不及者不能感也。以有系之私心，既主于一隅一事，岂能廓然无所不通乎？(《周易程氏传》卷三，页二上，页三上下，释《咸卦第三十一·象传》与《九四爻辞》)

林一之[7]问：何谓"心无私主，则有感皆通"？朱子曰："心无私主"，不是溟涬[8]没理会，也只是公。善则好之，恶则恶之。善则赏之，恶则刑之。此是圣人至神之化。心无私主，如天地一般。寒则遍天下皆寒，热则遍天下皆热，便是"有感皆通"。（《语类》卷七十二，第十四条，页二八八八/一八一四）

又曰：往来是感应合当底，憧憧是私。感应自是当有，只是不当私感应耳。（同上，第七条，页二八八五/一八一二）

又曰："憧憧往来，朋从尔思。"圣人未尝不教人思，只是不可憧憧，这便是私了。感应自有个自然底道理，何必思他？若是义理，却不可不思。（同上，第八条，页二八八五/一八一三）。

器之[9]问程子说感通之理。曰：如昼而夜，夜而复昼，循环不穷。所谓"一动一静，互为其根"[10]，皆是感通之理。（同上，第十五条，页二八八八/一八一四）

赵致道问感通之理。曰：感，是事来感我。通，是自家受他感处之意。（同上，第十六条，页二八八九/一八一五）

①《易经·咸卦第三十一·象传》。②《易传》卷三，页二上。③《易经·咸卦第三十一·九四爻辞》，意谓心意不定，往来不停，但其朋类从之。④《易传》卷三，页三上。咸卦取象人身：初为拇，二为腓，三为股，五为脢，上为辅颊舌，四当心位。⑤"所谓"，《易传》原文作"乃有"。⑥据茅星来，《近思录集注》卷二，页十二下，宋本作"心"。⑦即林易简，一之乃其字，朱子门人。录《语类》十二条。参看拙著《朱子门人》页一五〇。⑧溟涬，挟贵也，自以为贵。⑨即陈埴，参看卷一，第十六条，注②。⑩参看卷一，第一条。

11 **君子之遇艰阻，必自省于身，有失而致之乎？有所未善则**

改之，无歉于心则加勉，乃自修其德也。（《周易程氏传》卷三，页三十上，释《蹇卦第三十九·象传》）

叶采曰：此教人以处险难之道。自省其身而有不善，则当速改，不可以怠而废。苟无愧焉，则益当自勉，不可以沮而废。君子反躬之学，虽遇艰阻，亦莫非进德之地。（《近思录集解》卷二，页十二）

12 非明则动无所之，非动则明无所用。（《周易程氏传》卷四，页三十一下，释《丰卦第五十五·初九爻辞》）

仲思[①]问："动非明则无所之，明非动则无所用。"朱子曰：徒明不行，则明无所用，空明而已。徒行不明，则行无所向，冥行而已。（《语类》卷七十三，第七十八条，页二九六〇/一八六〇）

叶采曰：知行相需，不可偏废。（《近思录集解》卷二，页十二）

①即杨道夫，仲思乃其字，朱子门人。录《语类》一百五六十条，问答亦百余则。参看拙著《朱子门人》页二七二至二七三）。

13 习[①]，重习也。时[②]复思绎，浃洽于中，则说也。以善及人而信从者众，故可乐也。虽乐于及人，不见是而无闷[③]，乃所谓君子。（《河南程氏经说》卷六，页一上）

朱子曰："学而时习之。"若伊川之说，则专在思索而无力行之功。（《语类》卷二十，第二十条，页七二三/四四九）

又曰:“浃洽”二字宜仔细看。凡于圣贤言语，思量透彻，乃有所得。(同上，第十九条，页七二二/四四八)

问:“以善及人而信从者众。”是乐其善之可以及人乎，是乐其信从者众乎?曰：乐其信从者众也。大抵私小底人，或有所见，则不肯告人，持以自多。君子存心广大，已有所得，足以及人。若己能之，以教诸人，而人不能，是多少可闷。今既信从者众，自远而至。其众如是，安得不乐?(同上，第三十二条，页七二六/四五一)

问:“以善及人而信从者众。”曰：须是自家有这善，方可及人。无这善，如何及得人?(同上，第三十三条，页七二七/四五一)

①此条论《论语·学而第一》第一章，“学而时习之，不亦说乎？有朋自远方来，不亦乐乎？人不知而不愠，不亦君子乎？” ②安部井帽山(《近思录训蒙辑疏》卷二，页二十下)谓此“时”字应解“有时”。 ③《易经·乾卦第一·文言》。

14 “古[①]之学者为己”，欲得之于己也。“今之学者为人”[②]，欲见知于人也。(今不见《河南程氏经说》)

朱子曰：程子曰，“为己，欲得之于己也。为人，欲见知于人也”。又曰:“古之学者为己，其终至于成物。今之学者为人，其终至于丧己。”[③]愚案：圣贤论学者用心得失之际，其说多矣。然未有如此言之切而要者。于此明辨而日省之，则庶乎其不昧于所从矣。(《孟子集注·宪问第十四》第二十五章)

问：两说不同，何也?曰：此两段意思自别。前段是低底为人，后段是好底为人。前为人，只是见知于人而已。后为人，却是真个要为人。然不曾先去自家身己上做得工夫，非唯是为那人不得，末后和己也丧了。（《语类》卷四十四，第七十条，页一八〇〇/一一三三）

刘宗周曰：为己为人，只闻达[④]之辨，说得大概已尽。后儒又就闻中指出许多病痛。往往不离功名富贵四字，而蔽之以义利两言。……学者合下未开眼孔，只为己不足，故求助于人。岂知愈求助于人，愈不足于己乎？（《刘子全书》卷四，《圣学吃紧三关·人己关》页一上）

① Olaf Graf 神父谓"古"字指帝舜至周公（Djin-si lu，第三册，页二〇三），然泛言古代耳。②二句均见《论语·宪问第十四》第二十五章。③《河南程氏遗书》卷二十五，页七下。④《论语·颜渊第十二》第二十章。

15 伊川先生谓方道辅[①]：圣人之道，坦如大路。学者病不得其门耳。得其门，无远之不到也。求入其门，不由于经乎？今之治经者亦众矣，然而买椟还珠[②]之蔽[③]，人人皆是。经所以载道也。诵其言辞，解其训诂，而不及道，乃无用之糟粕耳。觊足下由经以求道，勉之又勉。异日见卓尔有立于前，然后不知手之舞，足之蹈，不加勉而不能自止矣。（《手帖》，今见《伊川文集附录》页三上）

先生（朱子）以伊川答方道辅书示学者，曰：他只恁平铺，无紧要说出来。只是要移易他一两字，也不得。要改动他一句，也不得。（《语类》卷九十五，第一一八条，页三八八三/二四四五）

又曰：伊川也辨他不尽。如讲习，不止只治经。若平日所以讲习，父慈子孝兄友弟恭与应事接物，有合讲者，或更切于

治经，亦不为无益。此更是一个大病痛。（同上，第一一九条，页三八八四/二四四六）

①方道辅，名元采。仕终宣义郎威武军节度推官。张伯行（《近思录集解》卷二，页十五下）谓为程子门人，然《宋元学案》卷十五《伊川学案》无其名。 ②《韩非子》卷十一，《外储说左上第三十二》页二下，“楚人有卖其珠于郑者。……郑人买其椟而还其珠”。 ③据金长生《近思录释疑》（《沙溪先生全书》卷二十，页二十上），“蔽”别本作“弊”。

16 明道先生曰：修辞立其诚[①]，不可不子细理会。言能修省言辞，便是要立诚。若只是修饰言辞为心，只是为伪也。若修其言辞，正为立己之诚意，乃是体当自家“敬以直内，义以方外”[②]之实事。道之浩浩，何处下手？惟立诚才有可居之处。有可居之处，则可以修业也。“终日乾乾”[③]大小大事，却只是忠信所以进德，为实下手处。修辞立其诚，为实修业处。（《河南程氏遗书》卷一，页一下）

张伯行曰：此程子因易中“修辞立诚”一语，恐人误认为修饰言辞之意，故切指而言之也。（《近思录集解》卷二，页十六上）

朱子曰：明道论“修辞立其诚，所以居业”，说得来洞洞流转，若伊川以笃志解立其诚[④]，则缓了。（《语类》卷六十九，第四十四条，页二七三六/一七一八）

又曰：伊川解“修辞立诚”作“择言笃志”，说得来宽。不如明道说云“修其言辞，正为立己之诚意”，乃是体当自家“敬以直内，义以方外”之实事。（同上，第四十三条，页二七三六/一七一八）

又曰：择言是修辞，笃志是立诚。大率进德修业，只是一事。进德是就心上说，修业是就事上说。（同上，第四十五条，页二七三六/一七一八）

①《易经·乾卦第一·文言》。②《易经·坤卦第二·文言》。③《易经·乾卦第一·文言》。④同上面第六条。

17 伊川先生曰：志道恳切，固是诚意。若迫切不中理，则反为不诚。盖实理中自有缓急，不容如是之迫。观天地之化乃可知。（《河南程氏遗书》卷二上，页一上）

朱子曰：但学者正欲胸中廓然大公，明白四达，方于致知穷理有得力处。今乃追咎往昔，念念不忘。窃恐徒自煎熬，无复理义悦心之味也。程子所谓"迫切不中理，则反为不诚"，亦正虑此耳。升高自下，涉遐自迩。能不遗寸略而不计近功，则终必有至矣。（《文集》卷三十五，《答刘子澄第三书》页十三下）

18 孟子才高，学之无可依据。学者当学颜子[1]。入圣人为近，有用力处。又曰："学者要学得不错，须是学颜子。"[2]（有准的。）[3]（《河南程氏遗书》卷二上，页五下；卷三，页二下。《河南程氏遗书》以此为明道语）

朱子曰："孟子才高，学之无可依据"，为他元来见识自高。颜子才虽未尝不高，然其学却细腻切实，所以学者有用力处。孟子终是粗。（《语类》卷九十五，第一二〇条，页三八八四/二四四六）

又曰：伊川曰，“学者须是学颜子”。孟子说得粗，不甚仔细。只是他才高，自至那地位。若学者学他，或会错认了他意思。若颜子说话，便可下手做。孟子底，更须解说方得。（同上，第一二一条，页三八八四/二四四六）

又曰：近略整顿孟子说，见得此老直是把得定。但常放教到极险处，方与一斡转。斡转后便见天理人欲直是判然。非有命世之才，见道极分明，不能如此。然亦只此便是英气害事处，便是才高无可依据处。学者亦不可不知也。（《文集》卷四十三，《答林择之第九书》页二十一上）

①即颜渊。 ②《河南程氏遗书》明以此为明道语。张伯行（《近思录集解》卷二，页十七上）误作伊川语。 ③中村惕斋（《近思录示蒙句解》卷二，页七十）谓“准的”指颜子博文之类，似嫌太狭。约礼（《论语·雍也第六》第二十五章），克己复礼（《论语·颜渊第十二》第一章）。

19 明道先生曰：且省外事，但明乎善，惟进诚心。其文章虽不中，不远矣。所守不约，泛滥无功。（《河南程氏遗书》卷二上，页六上）

茅星来曰：外事如礼文制度之事皆是。文章即上所云外事也。（《近思录集注》卷二，页十六上）

问：“且省外事，但明乎善，惟进诚心”，只是教人鞭辟近里。窃谓明善是致知，诚心是诚意否？朱子曰：然。外事可省者即省之，所不可省者亦强省不得。善，只是那每事之至理。文章，是威仪制度。“所守不约，泛滥无功”，说得极切。这般处，只管将来玩味，则道理自然都见。（《语类》卷九十五，第一二三条，页三八八四至三八八五/

二四四六）

又曰："且省外事，但明乎善，惟进诚心"，是且理会自家切己处。明善了，又更须看自家进诚心与未。（同上，第一二四条，页三八八五/二四四七）

20 学者识得仁体，实有诸己，只要义理栽培。如求经义，皆栽培之意。（《河南程氏遗书》卷二上，页二下）

朱子曰："学者识得仁体，实有诸己，只要义理栽培。"识得与实有，须做两句看。识得，是知之也。实有，是得之也。若只识得，只是知有此物。却须实有诸己，方是己物也。（《语类》卷九十五，第一二五条，页三八八五至三八八六/二四四七）

21 昔受学于周茂叔，每令寻颜子仲尼乐处，所乐[①]何事。（《河南程氏遗书》卷二上，页二下）

朱子曰：程子之言，引而不发。盖欲学者深思而自得之。今亦不敢妄为之说。学者但当从事于博文约礼之诲[②]，以至于"欲罢不能而竭其才"[③]，则庶乎有以得之矣。（《论语集注·雍也第六》第九章）

问：周子令程子寻颜子所乐何事，而周子程子终不言。不审先生以为所乐何事？曰：人之所以不乐者，有私意耳。克己之私，则乐矣。（《语类》卷三十一，第七十一条，页一二八〇/七九八）

问：程子云："周茂叔令寻颜子仲尼乐处，所乐何事。"窃意孔颜之学，固非若世俗之着于物者。但以为孔颜之乐在于乐道，则是孔颜与道终为二物。要之孔颜之乐，只是私意净尽，天理昭融，自然无一毫系累耳。曰：但今人说乐道，说得来浅了。要之说乐道，亦无害。（《语类》卷三十一，第七十二条，页一二八〇至一二八一/七九八）

陆陇其（一六三〇—一六九二）曰：邓卫老问“孔颜之所乐，循理而已矣”。朱子答云：“此等处未易一言断。且宜虚心玩味，兼考圣贤为学用力处，实下工夫，方见得如此。硬说无益于事也。”④愚按，言循理亦不甚差。但朱子最怕人硬说，不切身体贴。（《读朱随笔》卷四，页二上）

①注家皆谓孔子（仲尼）之乐，在“饭疏食饮水，曲肱而枕之，乐亦在其中矣”（《论语·述而第七》第十五章），颜子之乐，在“一箪食，一瓢饮，在陋巷，人不堪其忧，回也不改其乐”（《论语·雍也第六》第九章），惟周子、程子均未明言。②《论语·颜渊第十二》第十五章。③《论语·子罕第九》第十章。④《文集》卷五十八，页三十四上，《答邓卫老第一书》。

22 所见所期，不可不远且大。然行之亦须量力有渐。志大心劳，力小任重，恐终败事。（《河南程氏遗书》卷二上，页六上下）

佐藤一斋曰：所见是着眼处，所期是规摹处。（《近思录栏外书》卷二“所见”条）

23 朋友讲习，更莫如“相观而善”①工夫多。（《河南程氏遗书》卷二上，页八上）

叶采曰：朋友相处，非独讲辨之功。薰陶渐染，得于观感，

自然进益。(《近思录集解》卷二上，页十六)

①《礼记·学记》第四节。

24 须是大其心，使开阔。譬如为九层之台[①]，须大做脚始[②]得。(《河南程氏遗书》卷二上，页十五上)

朱子曰：心只是放宽平便大。不要先有一私意隔碍，便大。心大则自然不急迫。如有祸患之来，亦未须惊恐。或有所获，亦未有便欢喜在。少间亦未必，祸更转为福，福更转为祸。(《语类》卷九十五，第一二七条，页三八八七/二四四七)

①《老子》第六十四章云："九层之台，起于累土。" ②中文各本用"始"，日文各本用"方"。《河南程氏遗书》原文用"须"则必误。

25 明道先生曰：自舜发于畎亩之中，至百里奚举于市[①]，若要熟，也须从这里过。(《河南程氏遗书》卷三，页一下)

贝原益轩曰：熟者言义理浃洽，心术纯熟。(《近思录备考》卷二，页十七上，总页一五七)

问："若要熟，也须从这里过。"人须从贫困艰苦中做来方坚牢。朱子曰：若不从这里过，也不识所以坚牢者。似一条路，须每日从上面往来行得熟了，方认得许多险阻去处。若素不曾行，忽然一旦撞行将去，少间，定堕坑落堑去也。(茅星来、江永均引此语。)

①《河南程氏遗书》原文用“至孙叔敖举于海。”《孟子·告子第六下》第十五章云：“舜发于畎亩之中，……孙叔敖举于海，百里奚举于市。故天将降大任于是人也，必先苦其心志，劳其筋骨，饿其体肤，空乏其身，行拂乱其所为。所以动心忍性，曾益其所不能。”孙叔敖为楚庄王相。百里奚家甚贫，为鄙人所执。秦缪公闻其贤，以五张羊皮赎之，立之为相。

26 参[①]也，竟以鲁得之。（《河南程氏遗书》卷三，页二下）

朱子曰：“参也，竟以鲁得之。”曾子鲁钝难晓。只是他不肯放过，直是挨得到透彻了方住。不似别人，只略绰见得些小了便休。（《语类》卷三十九，第四十三条，页一六二二/一〇一八）

胡居仁曰：见义理不怕见得钝，只怕见得浅。……故曰：“参也，竟以鲁得之。”（《居业录》卷八，《经传》页十八下）

①曾子，名参，孔子弟子。以孝名。《论语·先进第十一》第十七章，谓“参也鲁”。鲁，钝也。据朱子，曾子述大学传十章。

27 明道先生以记诵博识为“玩物丧志”[①]。（时以[②]《经语》录作一册。郑毂[③]云：“尝见显道先生[④]云，‘某从洛中学时，录古人善行，别作一册。明道先生见之，曰：“是玩物丧志。”’盖言心中不宜容丝发事。”胡安国[⑤]云：“谢先生初以记问为学，自负该博。对明道举史书，成篇不遗一字。明道曰：‘贤却记得许多，可谓玩物丧志。’谢闻此语汗流浃背，面发赤。及看明道读史，又却逐行看过，不蹉一字。谢甚不服。后来省悟。却将此书做话头，接引博学之士。”）（《河南程氏遗书》卷三，页一下）

朱子曰：明道以上蔡记诵为玩物丧志。盖其意不是理会道理，只是夸多斗靡为能。若明道看史不差一字，则意思自别。此

正是为己为人之分。(《语类》卷九十五，第一二八条，页三八八七/二四四八)

陈埴问：明道以记诵博识为玩物丧志。谢显道闻之，不服。是邪，非邪？曰：明道是明睿内照，故书无不记。却不是记问上做工夫。此语正欲点化显道。惜其为记问所障，领会不去。(《近思录杂问》，页二十四下)

①《书经·旅獒》第六节。 ②“时以”以下为《河南程氏遗书》本注，惟无“胡安国”以下一段。佐藤一斋(《近思录栏外书》卷二，“明道”条)谓叶采加入此段，而中村习斋(《近思录讲说》卷二，页十上)则谓朱子编《近思录》时所加入。恐以后说为是。 ③郑毂，字致远。第进士，以秘书郎守临江，遂丐祠归。 ④谢良佐，字显道。上蔡人，称上蔡先生。程子门人，中进士。历仕州县。有《论语说》《文集》《语录》行世。 ⑤胡安国(一〇七四—一一三八)，字康侯，仕至宝文阁直学士，谥文定。

28 礼乐只在进反之间，便得性情之正。(以上并明道语。[①])(《河南程氏遗书》卷三，页六下)

问：“礼乐只在进反之间，便得性情之正”，何谓也？朱子曰：记得“礼减而进，以进为文。乐盈而反，以反为文”[②]。礼，如凡事俭约，如收敛恭敬，便是减。须当着力向前去做，便是进。故以进为文。乐，如歌咏和乐，便是盈。须当有个节制。和而不流，便是反。故以反为文。礼减而却前进去，乐盈而却反退来，便是得情性之正。(《语类》卷九十五，第一三〇条，页三八八八/二四四八)

又曰：礼乐进反。“礼主于减”，谓主于敛束。然敛束太甚，则将久意消了，做不去。故以进为文，则欲勉行之。“乐主于盈”，谓和乐洋溢，然太过则流。故以反为文，则欲回来减些子。故进反之间，便得情性之正。不然，则流矣。（《语类》卷九十五，第一三二条，页三八八九/二四四九）

金长生曰：“礼有报，乐有反。”[3]报者，相济之意也。反者，知止之意也。（《近思录释疑》卷二，《沙溪先生全书》卷十八，页七下）

①此注为《河南程氏遗书》本注。根据此注，则以下第二十九至四十二条，为伊川之言而非明道之言。故第四十三条有“明道先生曰”。张伯行误以第二十九至四十二条为明道语。②《礼记·乐记》第二十六节曰：“故礼主其减，乐主其盈。礼减而进，以进为文。乐盈而反，以反为文。礼减而不进则销，乐盈而不反则放。”③同上。

29 父子君臣，天下之定理，无所逃于天地之间。[1]安得天分不有私心，则行一不义，杀一不辜，有所不为。[2]有分毫私，便不是王者事。（《河南程氏遗书》卷五，页一下）

朱子曰：天分，即天理也。父安其父之分，子安其子之分，君安其君之分，臣安其臣之分，则安得私？故虽“行一不义，杀一不辜，而得天下，有所不为”。（《语类》卷九十五，第一三四条，页三八八九/二四四九）

①此语亦见《庄子·人间世第四》，《南华真经》卷二，页十六下。②参见《孟子·公孙丑第二上》第二章。

30 论性不论气，不备；论气不论性，不明。二之则不是。[1]（《河

南程氏遗书》卷六，页二上）

朱子曰：论性不论气，则无以见生质之异。论气不论性，则无以免理义之同。（《文集》卷四十一，《答连嵩卿第三书》，页六上）

又曰："论性不论气，不备；论气不论性，不明。"盖本然之性，只是至善，然不以气质而论之，则莫知其有昏明开塞、刚柔强弱，故有所不备。徒论气质之性，而不自本原言之，则虽知有昏明开塞、刚柔强弱之不同，而不知至善之源未尝有异，故其论有所不明。须是合性与气观之，然后尽。盖性即气，气即性也。若孟子专于性善[②]，则有些是"论性不论气"。韩愈三品之说[③]，则是"论气不论性"。（《语类》卷五十九，第四十七条，页二二〇二/一三八七至一三八八）

又曰："论气不论性"，荀子言性恶[④]，扬子言善恶混[⑤]是也。"论性不论气"，孟子言性善是也。性只是善，气有善不善。韩愈说生而便知其恶者，皆是合下禀得这恶气。有气便有性，有性便有气。（同上，第五十条，页二二〇三/一三八八）

或问："二之则不是。"曰：若只论性而不论气，则收拾不尽，孟子是也。若只论气而不论性，则不知得那原头，荀、扬以下是也。韩愈也说得好，只是少个气字。若只说一个气而不说性，只说性而不说气，则不是。（同上，第五十三条，页二二〇四/一三八九）

薛瑄曰："论气不论性，不明"，是指告子以知觉运动生之义为性，而不知性即理也。故不明。"论性不论气，不备"，言孟子论性善，固得性之本原，然不论气，则不知有清浊昏明之异。故未备。（《读书录》卷五，页三上）

①《河南程氏遗书》本文无“二之则不是”五字，惟有注云：“一本此下云：‘二之则不是。’”论性论气两句，朱子或以属伊川（《语类》卷四，第四十八条，页一〇八 / 六七；卷五十九，第四十二条，页二一九五 / 一三八四；《孟子集注·告子第六上》第六章，引伊川而又曰“程子”）。或以属明道（卷四，第六十四条，页一一三 / 七十；卷六十二，第六十二条，页二三七〇 / 一四九三；《文集》卷四十四，《答方伯谟第三书》页十九上），或只言“程子”（《语类》卷四，第四十四条，页一〇七 / 六六；卷五十九，第四十四条，页二二〇〇 / 一三八六；第四十八条，页二二〇二 / 一三八八；第五十五条，页二二〇五 / 一三八九；《文集》卷三十九，《答徐元聘第二书》页二十四下）。两兄弟思想相同，故属甲属乙，实无分别。其曰“程子”，往往指二程。拙著《朱子新探索》“程子曰”条（页三一四至三一九）说明此点。黄宗羲以此语为伊川语（《宋元学案》卷十五，《伊川学案》，页十五上），可谓多此一举。叶采（《近思录集解》卷二，页十七）谓此条应在卷一，汪绂（《读近思录》页十四上）则以为学在变化气质，故此条应入此卷。 ②参见《孟子·告子第六上》第二章、第六章。 ③韩愈谓“性之品有上、中、下三。上焉者，善焉而已矣。中焉者，可导而上下也。下焉者，恶焉而已矣”（《韩昌黎全集》卷十一，《原性》页六上）。 ④荀子谓“人之性恶，其善者伪也”（《荀子》卷十七，《性恶篇第二十三》页一上）。 ⑤扬雄以“人之性也，善恶混。修其善则为善人，修其恶则为恶人。气也者，所以适善恶之马也欤”（《法言·修身第三》页一上下）。

31 论学便要[①]明理，论治便须识体。（《河南程氏遗书》卷五，页一上）

朱子曰：“论学便要明理，论治便须识体。”这“体”字，只事理合当做处。凡事皆有个体，皆有个当然处。问：是体段之“体”否？曰：也是如此。又问：如为朝廷有朝廷之体，为一国有一国之体，为州县有州县之体否？曰：然。是个大体有格局当做处。如作州县，便合治告讦，除盗贼，劝农桑，抑末作[②]。如朝廷，便须开言路，通下情，消朋党。如为大吏，便须求贤才，去

赃吏，除暴敛，均力役。这个都是定底格局，合当如此做。（《语类》卷九十五，第一三五条，页三八八九至三八九〇/二四四九）

①一本作“须”。②商业。国以农为本。

32 曾点[1]、漆雕开[2]已见大意，故圣人与[3]之。（《河南程氏遗书》卷六，页五下）

叶采曰：曾点言志，以为“暮春者春服既成，冠者[4]五六人，童子六七人，浴乎沂，风乎舞雩，咏而归”[5]。盖有见于是道之大，流行充满，而于日用之间，从容自得，有与物各适其所之意。子使漆雕开仕，对曰：“吾斯之未能信。”[6]开于是理必有见焉。顾于应酬之际，未能自信其悉中乎是理。此其所见之大，而不安于小成。所守之笃，而必期于自信。二者虽其行之未成，要皆有见于圣人之大意。（《近思录集解》卷二，页十八）

朱子曰：所论曾点大意则然，但谓漆雕开有经纶天下之志，则未必然。正是己分上极亲切处，自觉有未尽耳。虽其见处不及曾点之开阔，得处未至如曾点之从容，然其功夫精密，则恐点有所不逮也。（《文集》卷六十，《答曾择之第四书》，页十九下至二十上）

又曰：漆雕开语意深密难寻，而曾点之言可以玩索而见其意。若见得曾点意，则漆雕之意亦可得矣。且看程子说大意两字是何意？二子见得是向甚处，如何见得？（同上，《答曾择之第一书》，页十七下至十八上）

①曾点，曾子之父，孔子弟子。②漆雕开，姓漆雕，名开，亦孔子弟子。③赞许。④古者男子

年二十而行冠礼。⑤《论语·先进第十一》第二十五章，门人四人侍坐。孔子谓各言志。曾点欲浴于鲁城东南之沂水，而乘风舞于求雨之坛之上。⑥《论语·公冶长第五》第五章。

33 根本须是先培壅，然后可立趋向也。趋向既正，所造浅深，则由勉与不勉也。（《河南程氏遗书》卷六，页六上。《河南程氏遗书》以此为伊川语）

朱子曰：涵养持敬，便是栽培。（《语类》卷九十五，第一三六条，页三八九一/二四五〇）

问："根本须是先培壅，然后可立趋向"。曰：此段只如……"行有余力，则以学文"[①]之意耳。先只是从实上培壅一个根脚，却学文做工夫去。（同上，第一三七条，页三八九一/二四五〇）

①《论语·学而第一》第六章。

34 敬义[①]夹持，直上达天德自此。（《河南程氏遗书》卷五，页二下）

㡊[②]问："敬义夹持，直上达天德自此。"㡊谓夹持者，岂内外并进之谓乎？直上者，岂进进不已之谓乎？朱子曰：直上者，不为物欲所累，而倒东来西之谓也。（《文集》卷五十八，《答邓卫老第一书》页三十四上）

仲思[③]问："敬义夹持，直上达天德自此。"曰：最是他下得"夹持"两字好。敬主乎中，义防于外，二者相夹持。要放下霎时也不得。只得直上去，故便达天德。（《语类》卷九十五，第一三八条，页三八九一/二四五〇）

金长生曰：此，指敬义而言也。（《近思录释疑》卷二，页五上）

①《易经·坤卦第二·文言》云:"君子敬以直内，义以方外。" ②即邓絅，同卷一，第二十八条，注③。③即杨道夫，同卷二，第十二条，注①。 106

35 **懈意一生，便是自弃自暴。**(《河南程氏遗书》卷五，页二下)

贝原益轩曰：愚谓懈意一生，因于不嗜义理，故与言非礼义者一般，所以为自暴也。(《近思录备考》卷二，页十九下，总页一六二)

36 **不学便老而衰。**(《河南程氏遗书》卷七，页三上)

叶采曰：学问则义理为主，故阅理久而益以精明。不学则血气为主，故阅时久而益衰谢。(《近思录集解》卷二，页十八)

37 **人之学不进，只是不勇。**(《河南程氏遗书》卷十四，页一下。卷十四皆明道语)

朱子曰：为学不进，只是不勇。(《语类》卷八，第四十一条，页二一七/一三五)

张伯行曰：学期日进。然既学矣，自当有进境，而亦有学而不进者，或诿诸气质，或托之时势，皆非也。原其故，非懦无志，则馁而因循，直不勇耳。若勇往直前，则食可忘，忧可忘，何论时势？愚必明，柔必强，何论气质？有不进者，断无是理也。(《近思录集解》卷二，页二十二下)

38 **学者为气所胜，习所夺，只可责志。**(《河南程氏遗书》卷十五，页十上。卷十五皆伊川语)

泽田武冈曰：愚谓气者禀于有生之初，习者染于已生之后。如昏明强弱，是气也。如浮躁、苟贱、骄侈、吝啬之属，此皆习之所移。己只责其志之不正，则自不为此等所累。（《近思录说略》卷二，页二十一下，总页二三八）

或以科举作馆废学自咎者。朱子曰：不然，只是志不立，不曾做工夫尔。孔子曰："不怨天，不尤人。"①自是不当怨尤，要你做甚耶！伊川曰："学者为气所胜，习所夺，只可责志"，正为此也。若志立，则无处无工夫，而何贫贱患难与夫夷狄之间哉？（《语类》卷十三，第一五五条，页三九二/二四六）

①《论语·宪问第十四》第三十七章。

39 内重则可以胜外之轻，得深则可以见诱之小。（《河南程氏遗书》卷六，页十一上）

叶采曰：道义重则外物轻，造理深则嗜欲微。（《近思录集解》卷二，页十九）

40 董仲舒①谓"正其义，不谋其利。明其道，不计其功"②。孙思邈③曰："胆欲大而心欲小，智欲圆而行欲方。"④可以为法矣。（《河南程氏遗书》卷九，页三上。董语亦见《河南程氏外书》卷八，页一上）

问："正其义，不谋其利。明其道，不计其功。"道义如何分别？朱子曰：道义是个体用。道是大纲说，义是就一事上说。义

是道中之细分别，功是就道中做得功效出来。(《语类》卷九十五，第一四二条，页三八九二/二四五一)

问："正其义"者，凡处此一事，但当处置使合宜，而不可有谋利占便宜之心。"明其道"，则处此事便合义，是乃所以为明其道，而不可有计后日功效之心。"正义不谋利"，在处事之先。"明道不计功"，在处事之后，如此看，可否？曰：恁地说，也得。他本是合掌说，看来也须有先后之序。或问：正义在先，明道在后。曰：未有先后。此只是合掌底意思。(同上，第一四三条，页三八九二/二四五一)

蜚卿⑤云："智欲圆而行欲方，胆欲大而心欲小。"妄意四者缺一不可。曰：圆而不方则谲诈，方而不圆则执而不通。志不大则卑陋，心不小则狂妄。江西⑥诸人便是志大而心不小者也。(同上，第一四七条，页三八九三至三八九四/二四五一至二四五二)

①董仲舒（前一七六—约前一〇四），少治春秋。早为博士，下帷讲学，三年不窥园。武帝（前一四〇—前八七）即位，舒以贤良对策。对既毕，相江都王。寻相胶西王。此语乃对胶西王之问也（参看《春秋繁露》卷九《对胶西王越大夫不得为仁第三十二》）。《汉书》卷五十六有传，惟作对江都王语。 ②此为《汉书》卷五十六，《董仲舒传》页二十一下所载之语。此语又见卷十四，第七条。《春秋繁露》卷九，《对胶西王越大夫不得为仁第三十二》页二一下。所载则为"正其道，不谋其利。修其理，不急其功"。 ③孙思邈（六〇一—六八二），长于阴阳与医药，隐居不仕。征为国子博士，亦称疾不起。《唐书》卷一九一，页五上至六下，及《新唐书》卷一九六，页二下至三下均为其传。 ④《唐书》卷一九一，页六上。此语不见《新唐书》本传。茅星来（《近思录集注》卷二，页二十二下）根据《新唐书》谓程子只撮其大意，则误也。诚如佐藤一斋（《近思录栏外书》卷二，"董仲舒"条）指出，此语出自《淮南子》。《淮南子》卷九，《主术训》，页二十上下云，"心欲小而志欲大，智欲圆而行欲方"。 ⑤蜚卿，童伯羽之字。参看卷一，第四十六条，注①。 ⑥指陆象山

及其学派。

41 大抵学不言[①]而自得[②]者，乃自得也。有安排布置者，皆非自得也。（《河南程氏遗书》卷十一，页四上。卷十一皆明道语。）

问："学不言而自得者，乃自得也。"朱子曰：道理本自广大，只是潜心积虑缓缓养将去，自然透熟。若急迫求之，则是起意去赶趁他，只是私意而已，安足以入道？（《语类》卷九十五，第一四九条，页三八九四/二四五二）

又曰：学者须敬守此心，不可急迫。当栽培深厚。栽，只如种得一物在此。但涵养持守之功继继不已，是谓栽培深厚。如此而优游涵泳于其间，则浃洽而有以自得矣。苟急迫求之，则此心已自躁迫纷乱，只是私己而已，终不能优游涵泳以达于道。（同上，卷十二，第五十三条，页三二六/二〇五）

①茅星来（《近思录集注》卷二，页二十二下）谓"不言"与孟子"四体不言而喻"（《孟子·尽心第七上》第二十一章）同，即不待人言之谓。 ②"自得"有二说，一为自然得之。朱子采此说。一为自得之于己，张栻（一一三三—一一八〇）采此说。详见拙著《朱子新探索》页三三三至三三五，朱子解自得条。

42 视听思虑动作，皆天也。人但于其中要识得真与妄尔。（《河南程氏遗书》卷十一，页十下。卷十一皆明道语。）

问："视听思虑动作，皆天也。人但于其中要识得真与妄尔。"

真妄是于那发处别识得天理人欲之分，如何？朱子曰：皆天也。言视听思虑动作皆是天理。其顺发出来，无非当然之则，即所谓真。其妄者，却是反乎天理者也。虽是妄，亦无非天理，只是发得不当地头。譬如一草木合在山上，此是本分，今却移在水中。其为草木固无以异，只是那地头不是。恰如“善固性也，恶亦不可不谓之性”之意。(《语类》卷九十五，第一五〇条，页三八九四/二四五二)

问：视听思虑动作，皆天之所为。及发而不中节，则是妄。故学者须要识别之。曰：妄是私意，不是不中节。(同上，第一五一条，页三八九五/二四五二)

叶采曰：视听思虑言动，皆天理自然，而不容已者。然顺理则为真，从欲则为妄。(《近思录集解》卷二，页十九)

罗钦顺(一四六五—一五四七)曰：动以天谓之真，动以人谓之妄。天人本无二，人只缘有此形体，与天便隔一层，除却形体，浑是天也。然形体如何除得？但克去有我之私，便是除也。(《困知记》卷二，页十二下)

43 明道先生曰：学只要鞭辟近里，著己而已。故“切问而近思，则仁在其中矣”[①]。“言忠信，行笃敬，虽蛮貊之邦行矣。言不忠信，行不笃敬，虽州里行乎哉？立则见其参于前也，在舆则见其倚于衡也，夫然后行。”[②]只此是学质美者明得尽，渣滓便浑化。却与天地同体。其次惟庄敬持养。及其至则一也。(《河南程氏遗书》卷十一，页十一下)

问：“行笃敬。”朱子曰：笃者，有重厚深沉之意。敬而不笃，

则恐有拘迫之患。(《语类》卷四十五，第十条，页一八二六/一一五〇)

至之[3]问："学要鞭辟近里"，"鞭辟"如何？曰：此是洛中语，一处说作"鞭约"。大抵是要鞭督向里去。今人皆不是鞭督向里，心都向外。明道此段下云"切问近思"，"言忠信，行笃敬"云云，何尝有一句说做外面去？学要博，志须要笃。志笃，问便切，思便近，只就身上理会。(同上，第十二条，页一八二七/一一五〇至一一五一)

杨[4]问："学要鞭辟近里"，何谓"鞭辟"？曰：辟，如驱辟一般。又问："质美者明得尽，渣滓便浑化。却与天地同体"，是如何？曰：明得透澈，渣滓自然浑化。又问：渣滓是甚么？曰：渣滓是私意人欲。天地同体处。如义理之精英。渣滓是私意人欲之未消者。人与天地本一体。只缘渣滓未去，所以有间隔。若无渣滓，便与天地同体。(同上，第十三条，页一八二七/一一五一)

又曰："学要鞭辟近里"一段。明得尽者，一见便都明了，更无渣滓。其次惟是庄敬持养，以消去其渣滓而已。所谓持养，亦非是作意去穿凿以求其明。但只此心常敬，则久久自明矣。(同上，第十五条，页一八二九/一一五二)

①《论语·子张第十九》第六章。②《论语·卫灵公第十五》第五章。③至之，杨至之字，朱子门人。录《语类》约四十条，问答约五十则。参看拙著《朱子门人》页二六九至二七〇。④朱子门人姓杨者十余人。此杨可能是前条之杨至。然杨至已问"鞭辟"，不应再问。其他可能为杨仕训（一一六二——一二一九）。此条为徐寓所录。朱子守漳州（一一九〇），选郡士八人入学。徐寓与杨仕训与焉。仕训字尹叔，八人中最为年少。参看《朱子门人》页二六九。

44 "忠信所以进德，修辞立其诚所以居业"[1]者，乾道也。"敬

以直内，义以方外”[②]者，坤道也。（《河南程氏遗书》卷十一，页十二下）

朱子曰：“忠信所以进德，修辞立其诚所以居业”，如何是乾德？只是健底意思，恁地做去。“敬以直内，义以方外”，如何是坤德？只是顺底意思，恁地收敛。（《语类》卷六十九，第三十二条，页二七三一/一七一五）

用之[③]问：忠信进德，有刚健不已底意思，所以属乾道。敬义是持守底意思，所以属之坤道。曰：乾道更多得上面半截，坤只是后面半截。忠信进德，前面更有一段工夫也。（《语类》卷六十九，第四十条，页二七三五/一七一八）

黄榦曰：乾言德业，坤言敬义。虽若不同，而实相为经纬也。欲进乾之德，必本之于坤之敬。欲修乾之业，必制以坤之义。非敬则内不直，德何由而进？非义则外不方，业何由而修？（《勉斋集》卷一，《南康白鹿书院》页二十三上下）

①《易经·乾卦第一·文言》。②《易经·坤卦第二·文言》。③即刘砺，用之乃其字，朱子门人。

45 凡人才学，便须知着力处。既学便须知得力处。（《河南程氏遗书》卷十二，页二上）

朱子曰：自其着力曰学，自其得力曰达，只是这个物事。（陈沆《近思录补注》引此语。）

张伯行曰：此示学者以有事勿忘[①]之功也。着力者，身心切要工夫。得力者，所以进德之由也。（《近思录集解》卷二，页二十五上）

茅星来曰：着力处是当然工夫，如颜子博文约礼[2]之类是也。得力处是自然效验，如上蔡[3]去个矜字[4]之类是也。（《近思录集注》卷二，页二十四下）

佐藤一斋曰：知着力处，如射之树的。知得力处，如射之中的。（《近思录栏外书》卷二，“凡人”条）

①《孟子·公孙丑第二上》第二章云：“必有事焉而勿正，心莫忘，莫助长也。” ②《论语·颜渊第十二》第十五章。 ③即谢良佐，参看本卷，第二十七条，注④。 ④《上蔡语录》上，页十四上，总页二十七。

46 有人治园圃，役知力甚劳。先生曰：《蛊》之象，“君子以振民育德。”[1]君子之事，惟有此二者，余无他焉。二者为己为人之道也。（《河南程氏遗书》卷十四，页一上）

朱子曰：役智力于农圃，内不足以成己，外不足以治人，是济甚事！（《语类》卷九十五，第一五二条，页三八九五/二四五二）

①《易经·蛊卦第十八·象传》。

47 “博学而笃志，切问而近思”[1]，何以言“仁在其中矣”[2]？学者要思得之。了此便是彻上彻下之道。[3]（《河南程氏遗书》卷十四，页一上）

朱子曰：四者皆学问思辨之事耳，未及乎力行而为仁也。然从事于此，则心不外驰，而所存自熟，故曰“仁在其中矣”。（《论语

集注·子张第十九》第六章）

问：明道谓“学者须当思而得之。了此便是彻上彻下之道”，莫便是先生所谓“从事于此，则心不外驰，而所存自熟”之意？曰：然。于是四者中见得个仁底道理，便是彻上彻下道理也。（《语类》卷四十九，第二十三条，页一九〇六/一二〇二）

高攀龙（一五六二—一六二六）曰：所谓博学者，随时随处，只学此一事。志专在此，故云笃志。问专在此，故云切问。思专在此，故云近思。只是求仁，故曰仁在其中。（《高子遗书》卷一，《语》，页二十二上）

张伯行曰：学所以求仁，然求仁者非一个仁在彼而切切求之也。仁即在吾心，亦即在日用事物之间，……何以不言求仁而言“仁在其中”？若能了悟乎此，便知是彻上彻下之道。盖形上即具形下之中，下学即是上达之事，功与心纯熟无累，便谓之仁。无内外精粗，一以贯之也。（《近思录集解》卷二，页二十五下至三十六上）

①《论语·子张第十九》第六章。 ②同上。 ③张伯行误以此语为伊川语。《河南程氏遗书》卷十四皆明道语也。

48 弘而不毅，则难立。毅而不弘，则无以居之。[①]（《西铭》[②]言弘之道。）（《河南程氏遗书》卷十四，页一上）

敬之[③]问：弘，是爱得众理。毅，是胜得个重任。朱子曰：弘乃能胜得重任，毅便是能担得远去。弘而不毅，虽胜得任，却恐去前面倒了。（《语类》卷三十五，第八十八条，页一四八三/九二七）

又曰：弘了却要毅。弘则都包得在里面了，不成只恁地宽

广。里面又要分别是非，有规矩，始得。若只恁地弘，使没倒断了。（同上，第九十一条，页一四八四/九二七）

茅星来曰：不毅则志气颓惰而不足以自守，故难立。不弘则识量浅狭，而不能以有容，故无以居之。（《近思录集解》卷二，页二十五上）

张伯行曰：此程子因《西铭》而教人以求仁之学也。仁者天地万物为一体。《西铭》所言，可谓极其广大而周通，故曰“言弘之道”。（《河南程氏遗书》卷十五，页十六上）

江永曰：弘而不毅者，纵弛。毅而不弘者，狭陋。《西铭》之道，能实体之，浑然与物同体，弘之至也。（《近思录集注》卷二，页十二下）

①参见《论语·泰伯第八》第七章：“士不可以不弘毅。” ②《西铭》详见本卷，第八十九条。③朱子有三门人字敬之。一为许敬之（余不详），一为黄显子，一为张显父。朱子子朱在亦字敬之。《语类》无朱在之问答。黄显子《语类》指明其姓。许敬之好强辩。此条不见强辩而为潘时举癸丑（一一九三）以后所闻。《文集》卷五十八《答张敬之书》系一一九四，时间相合。故此敬之为张显父。参看拙著《朱子门人》页一九三至一九四。

49 伊川先生曰：古之学者，优柔厌饫，有先后次序。今之学者，却只做一场话说，务高而已。常爱杜元凯[1]语：“若江海之浸，膏泽之润。涣然冰释，怡然理顺。然后为得也。”今之学者，往往以游、夏[2]为小，不足学。然游、夏一言一事，却总是实。后之学者好高。如人游心于千里之外，然自身却只在此。（《河南程氏遗书》卷十五，页二上）

茅星来曰：元凯著《左传集解》，此则其序中语也。引此以

明古之学者优柔厌饫有序之意。(《近思录集注》卷二，页二十五下)

朱子曰：读书要自家道理浃洽透彻。杜元凯云："优而柔之，使自求之；厌而饫之，使自趋之。若江海之浸，膏泽之润。涣然冰释，怡然理顺。然后为得也。"(《语类》卷十，第五条，页二五六/一六二)

①杜元凯即杜预（二二二—二八四），元凯是其字。官镇南大将军。以平吴功进爵当阳侯，《晋书》卷三十四有传。 ②子游与子夏，均为孔子弟子。《论语·先进第十一》第二章，孔子赞其为门人中文学之表表者。

50 **修养之所以引年，国祚之所以祈天永命[①]，常人之至于圣贤，皆工夫到这里则有此应。**(《河南程氏遗书》卷十五，页六下)

茅星来曰：此言凡事不可预期其效，以致工夫不专一也。(《近思录集注》卷二，页二十六上)

①《书经·召诰》第二十节曰："王其德之用，祁天永命。"

51 **忠恕所以公平，造德则自忠恕，其致则公平。**(《河南程氏遗书》卷十五，页八下)

朱子曰：进德则自忠恕，是从这里做出来。"其致则公平"，言其极则公平也。(《语类》卷九十五，第一五三条，页三八九五/二四五二)

52 **仁之道，要之只消道一"公"字。公只是仁之理，不可将公**

便唤做仁。公而以人体之，故为仁。只为公则物我兼照。故仁所以能恕，所以能爱。恕则仁之施，爱则仁之用也。[①]（《河南程氏遗书》卷十五，页八下）

问："仁之道，要之只消道一'公'字。公只是仁之理……公而以人体之，故为仁。"窃谓仁是本有之理，公是克己功夫到处。公所以能仁。所谓"公而以人体之"者，若曰己私既尽，只就人身上看，便是仁。体，犹骨也。如"体物不可遗"[②]之"体"，"贞者，事之干"[③]之类，非"体认"之"体"也。朱子曰：公是仁之方法，人是仁之材料。有此人，方有此仁。盖有形气，便具此生理。若无私意间隔，则人身上全体是仁。如无此形质，则生意都不凑泊他。所谓"体"者，便作"体认"之"体"，亦不妨。体认者，是将此身去里面体察，如中庸"体群臣"[④]之"体"也。（《语类》卷九十五，第一五五条，页三八九七/二四五三至二四五四）

问："公而以人体之"，如何？曰：仁者心之德，在我本有此理。公却是克己之极功。惟公然后能仁。所谓"公而以人体之"者，盖曰克尽己私之后，就自家身上看，便见得仁也。（同上，第一五七条，页三八九八/二四五四）

又曰："公而以人体之为仁。"仁是人心所固有之理。公则仁，私则不仁。未可便以公为仁。须是体之以人方是仁。公恕爱，皆所以言仁者也。公在仁之前，恕与爱在仁之后。公则能仁，仁则能爱能恕故也。（同上，第一六〇条，页三八九九/二四五五）

问："恕则仁之施，爱则仁之用。"施与用如何分？曰：恕是分俵那爱底。如一桶水，爱是水，恕是分俵此水何处一勺，故谓

之施。爱是仁之用，恕所以施爱者。（同上，第一六六条，页三九〇〇/二四五六）

①此条归入卷二而不入卷一，因此乃为仁之方而非言仁体也。②《中庸》第十六章。③《易经·乾卦第一·文言》。④《中庸》第二十章。

53 今之为学者，如登山麓。方其迤逦，莫不阔步，及到峻处便止。须是要刚决果敢以进。（《河南程氏遗书》卷十七，页三上。亦见《张子全书》卷七，《学大原下》页一下，其词稍异）

茅星来曰：《河南程氏遗书》"便止"作"便逡巡"，无"须是"以下九字。疑误入也。今按张子《语录》[①]中有之，但"迤逦"下有"之时"二字，"阔步"有"大走"二字，"峻处"作"峭峻之处"。盖当是朱子删正耳。（《近思录集注》卷二，页二十七上）

①指《张子全书》中之《语录抄》，非《张子语录》。

54 人谓要力行，亦只是浅近语。人既能知，见一切事皆所当为，不必待着意。才着意便是有个私心。这一点意气，能得几时了！[①]（《河南程氏遗书》卷十七，页六上）

或问："力行"如何为浅近语？朱子曰：不明道理，只是硬行。又问：何以为浅近？曰：他只是见圣贤所为，心下爱，硬依他行。这是私意，不是当行。若见得道理时，皆是当恁地行。又问："这一点意气，能得几时了"是如何？曰：久时，将次只是恁

地休了。(《语类》卷九十五，第一六八条，页三九〇一/二四五六)

施璜曰：此言人能真知，则必力行也。真知事之当为，则自不容已。何待着意？故君子莫急于致知。知至则知之真矣。这一时靠他不得。(《五子近思录发明》卷二，页二十三下)

①茅星来(《近思录集注》卷二，页二十七下)从叶采本(《近思录集解》卷二，页二十三)用“子”。叶注在日本甚为通行。以故日本注家多用“子”字。“子”为尾语，亦通。然原文作“了”。岂叶采所见之本作“子”耶？

55 知之必好之，好之必求之，求之必得之。古人此个学，是终身事。果能颠沛造次必于是[①]，岂有不得道理？(《河南程氏遗书》卷十七，页六上)

泽田武冈曰：知之者，知有此道也。好之者，嗜好其道也。求之者，求得之于己也。一节深一节，直归之得而后已。然知字尤重。人但真知得，则好之求之得之，皆相因而生，犹《大学》知止而后定静安虑得，相连而来也。(《近思录说略》卷二，页四十上，总页二五五)

张伯行曰：此与孔子知不如好[②]节同意。但孔子历言进境以示劝，程子则历决其必然以示勉也。(《近思录集解》卷二，页二十九上)

①《论语·里仁第四》第五章。 ②《论语·雍也第六》第十八章，子曰：“知之者不如好之者，好之者不如乐之者。”

56 古之学者一，今之学者三，异端[①]不与焉。一曰文章之学，

二曰训诂之学，三曰儒者之学，欲趋道舍儒者之学不可。（《河南程氏遗书》卷十八，页四下） 120

朱子曰：道者文之根本，文者道之枝叶。惟其根本乎道，所以发之于文皆道也。（《语类》卷一三九，第一〇六条，页五三三一/三三一九）

张伯行曰：此程子叹学术之日分也。言古之时，学重为己，务求实得，止存儒者一途。舍儒而外，有异端而已。今之学者，多务为人。弊遂日滋。学术已分为三，而异端尚不与焉。（《近思录集解》卷二，页二十九下）

①佛教与道教。

57 问[1]作文害道否？曰：害也。凡为文不专意则不工，若专意则志局于此，又安能与天地同其大也？书曰："玩物丧志。"[2]为文亦玩物也。吕与叔[3]有诗云："学如元凯[4]方成癖，文似相如[5]始类俳。独立孔门无一事，只输[6]颜氏得心斋[7]。"[8]此诗甚好[9]。古之学者，惟务养情性。其他则不学。今为文者，专务章句悦人耳目。既务悦人，非俳优而何？曰：古者学为文否？曰：人见"六经"[10]，便以谓圣人亦作文，不知圣人亦[11]摅发胸中所蕴，自成文耳[12]。所谓"有德者必有言"[13]也。曰：游、夏[14]称文学，何也？曰：游、夏亦何尝秉笔学为词章也？且如"观乎天文以察时变。观乎人文以化成天下"[15]，此岂词章之文也。（《河南程氏遗书》卷十八，页四十二下）

朱子曰：才要作文章，便是枝叶，害着学问，反两失也。（《语

类》卷一三九，第一〇七条，页五三三一/三三一九）

①据茅星来（《近思录集注》卷二，页二十八上），问者为刘安节（一〇六八—一一一六）。②同本卷，第二十七条，注①。③即吕大临，同卷一，第五十一条，注①。④即杜预，参看本卷，第四十九条，注①。元凯注《左传》，逾十万言。⑤司马相如（前一七九—前一一七），以赋著名。⑥《河南程氏遗书》本注云："一作'惟传'。"⑦《庄子·人间世第四》（《南华真经》卷二，页十三上），谓颜回不听之以耳或心，而听之以气。气者虚也，是谓"心斋"。⑧此诗载《上蔡语录》上，页七下，总页十四，词稍异。⑨一本无此四字。⑩《诗》《书》《礼》《易》《乐》《春秋》。⑪《河南程氏遗书》本注云："一作'只'。"⑫《河南程氏遗书》本注云："一作'章'。"⑬《论语·宪问第十四》第五章。⑭同本卷，第四十九条，注②。⑮《易经·贲卦第二十二·彖辞》。

58 涵养须用敬，进学则在致知。[①]（《河南程氏遗书》卷十八，页五下）

问："涵养须用敬，进学则在致知。"朱子曰：二者偏废不得。致知须用涵养，涵养必用致知。（《语类》卷十八，第五十七条，页六四八/四〇三）

又曰："涵养须用敬，进学则在致知。"无事时，且存养在这里，提撕警觉，不要放肆。到讲习应接时，便当思量义理。（同上，卷九十五，第一六九条，页三九〇一/二四五六）

又曰：涵养此心须用敬。譬之养赤子，方血气未壮实之时，且须时其起居饮食，养之于屋室之中而谨顾守之，则有向成之期。（同上，第一七一条，页三九〇二/二四五六至二四五七）

任道[②]弟问：《或问》[③]涵养又在致知之先。曰：涵养是合下在先。古人从小以敬涵养，父兄渐渐教之读书，识义理。今若说待涵养了方去理会致知也无限期。须是两下用工，也着涵养，也着

致知。(同上，卷十八，第五十八条，页六四八/四〇四)

又曰：此二言者，实学者立身进步之要，而二者之功未尝不交相发也。然夫子教人持敬，不过以整衣冠齐容貌为先，而所谓致知者，又不过读书史应事物之间，求其理之所在而已。(《文集》卷五十六，《答陈师德第一书》页二十二上下)

又曰：此二言者，体用本末，无不该备。(《文集·别集》卷五，《答丁仲澄》页九下)

①张伯行(《近思录集解》卷二，页三十一上)误以此为明道语。 ②叶任道与其兄叶味道〔嘉定十三年(一二二〇年)进士〕同事朱子。《语类》有问答三四条。参看拙著《朱子门人》页二七八。 ③《大学或问》页十八下至十九上，总页三十六至三十七。

59 莫说道将第一等让与别人，且做第二等。才如此说便是自弃。虽与不能居仁由义[1]者差等不同，其自小一也。言学便以道为志，言人便以圣为志。(《河南程氏遗书》卷十八，页六上)。

朱子曰：自弃者谓其意气卑弱，志趣凡陋，甘心自绝，以为不能。我虽言其仁义之美，而彼以为我必不能居仁由义，是不足有为也。(《语类》卷五十六，第二十二条，页二一〇九/一三二九)

又曰：为学须思所以超凡入圣。如何"昨日为乡人，今日便为圣人"！须是竦拔，方始有进。(同上，卷八，第三十八条，页二一六/一三五)

佐藤一斋曰：此条是立志第一紧要处，即"当仁不让于师"[2]之意。(《近思录栏外书》卷二，"莫说"条)

①《孟子·离娄第四上》第十章："吾身不能居仁由义，谓之自弃也。" ②《论语·卫灵公第十五》第三十五章。

60 问："必有事焉"[①]，当用敬否？曰：敬[②]是涵养一事。"必有事焉"，须用集义。只知用敬，不知集义，却是都无事也。又问：义莫是中理否？曰：中理在事，义在心。[③]（《河南程氏遗书》卷十八，页十九上）

朱子曰：敬有死敬，有活敬。若只守着主一之敬，遇事不济之以义，辨其是非则不活。若熟后，敬便有义，义便有敬。静则察其敬与不敬，动则察其义与不义。（《语类》卷十二，第一三〇条，页三四四/二一六）

又曰：涵养须用敬，处事须是集义。（同上，第一三一条，页三四四/二一六）

①《孟子·公孙丑第二上》第二章。 ②《河南程氏遗书》"敬"下有"只"字。 ③张伯行（《近思录集解》卷二，页三十二上）误以此为明道语。

61 问：敬、义何别？曰：敬只是持己之道，义便知有是有非。顺理而行，是为义也。若只守一个敬，不知集义，却是都无事也。且如欲为孝，不成只守着一个孝字。须是知所以为孝之道，所以侍奉当如何，温凊当如何，[①]然后能尽孝道也。[②]（《河南程氏遗书》卷十八，页十九上）

朱子曰：敬、义只是一事。如两脚立定是敬，才行是义。合

目是敬，开眼见物便是义。(《语类》卷十二，第一三二条，页三四四/二一六)

又曰：敬者，守于此而不易之谓。义者，施于彼而合宜之谓。(同上，第一三四条，页三四五/二一六)

又曰：敬要回头看，义要向前看。(同上，第一三五条，页三四五)

①《礼记·曲礼上》第十节。②《河南程氏遗书》此条与上条合为一段。茅星来(《近思录集注》卷二，页三十上/二一六)沿之。

62 学者须是务实，不要近名方是。有意近名，则为伪也。大本已失，更学何事？为名与为利，清浊虽不同，然其利心则一也。(《河南程氏遗书》卷十八，页二十八上)

朱子曰：自以为是而无忌惮，此不务实而专务求名者，故虚誉虽隆而实德则病矣。(《论语集注·颜渊第十二》第二十章)

63 回也其心三月不违仁，[1]只是无纤毫私意。有少私意便是不仁。[2](《河南程氏遗书》卷二十二上，页六上)

朱子曰：三月，言其久。仁者，心之德。心不违仁者，无私而有其德也。(《论语集注·雍也第六》第五章)

问："三月不违仁。"曰：仁与心本是一物。被私欲一隔，心使违仁去，却为二物。若私欲既无，则心与仁便不相违，合成一物。心犹镜，仁犹镜之明。镜本来明，被尘垢一蔽，遂不明。若尘垢一去，则镜明矣。(《语类》卷三十一，第八条，页一二五二/七八一)

①《论语·雍也第六》第五章。 ②张伯行(《近思录集解》卷二，页三十三下)误以此为明道语。

64 **“仁者先难而后获”[①]。有为而作，皆先获也。古人惟知为仁而已，今人皆先获也。**[②](《河南程氏遗书》卷二十二上，页十二下)

问：“仁者先难而后获。”朱子曰：获，有期望之意。学者之于仁，工夫最难。但先为人所难为，不必有期望之心，可也。(《语类》卷三十二，第五十八条，页一三一〇至一三一一/八一八)

①《论语·雍也第六》第二十章。 ②同上条注②。

65 **有求为圣人之志，然后可与共学。学而善思，然后可与适道。思而有所得，则可与立。立而化之，则可与权。**[①](《河南程氏遗书》卷二十五，页五下)

程子(伊川)曰：“可与共学”，所以求之也。“可与适道”，知其所往也。“可与立”者，笃志固执而不变也。“权”与“权衡”之“权”同，称物而知其轻重者也。(《河南程氏外书》卷六，页五下)

朱子曰：“可与共学”，有志于此。“可与适道”，已看见路脉。“可与立”，能有所立。“可与权”，遭事变而知其宜。此只是大纲如此说。(《语类》卷三十七，第二十七条，页一五七三/九八六)

①《论语·子罕第九》第二十九章云：“可与共学，未可与适道。可与适道，未可与立。可与立，未可与权。”

66 古之学者为己，其终至于成物。今之学者为物，其终至于丧己。[①] (《河南程氏遗书》卷二十五，页七下)

佐藤一斋曰：不曰“人”而曰“物”，物是凡外物，包人亦在内。(《近思录栏外书》卷二“古之”条。)

东正纯曰：着一“终”字，体用隔断。疑记者失之。或曰“竟”字意，然耶？(《近思录参考》卷二，总页七二二)

问：伊川云：“为己，欲得之于己也。为人，欲见知于人也。”[②]后又云：“古之学者为己，其终至于成物。今之学者为物，其终至于丧己。”两说不同，何也？朱子曰：此两段意思自别。前段是低底为人，后段是好底为人。前为人，只是欲见知于人而已。后为人，却是真个要为人。然不曾先去自家身己上做得工夫，非唯是为那人不得，末后和己也丧了。(《语类》卷四十四，第七十条，页一八〇〇/一一三三)

茅星来曰：前就当下说，此则要其终而言。前就为工夫处说，此就效验之极处而言。(《近思录集注》卷二，页三十二上)

①《论语·宪问第十四》第二十五章曰：“古之学者为己，今之学者为人。” ②见本卷，第十四条。

67 君子之学必日新[①]**。日新者，日进也。不日新者，必日退。未有不进而不退者。惟圣人之道，无所进退。以其所造者极也。** (《河南程氏遗书》卷二十五，页七下)

茅星来曰：此勉人进德之语，见不可不日新也。“惟圣人之

道”以下，正以见君子之学必日新之意，非上言君子之学，下论圣人之道也。(《近思录集注》卷二，页三十二下)

①《大学》第二章曰：“苟日新，日日新，又日新。”

68 明道先生曰：性静者可以为学。(《河南程氏外书》卷一，页一上)

贝原益轩曰：此“性”之字，气质之性也。(《近思录备考》卷二，页二十七下，总页一七八)

朱子曰：未有心不定而能进学者。人心万事之主。走东走西，如何了得？(《语类》卷十二，第十条，页三一七/一九九)

又曰：心不定，故见理不得。今且要读书，须先定其心，使之如止水，如明镜。暗镜如何照物！(同上，卷十一，第十二条，页二八一/一七七)

江永曰：智以静而明，行以静而笃。(《近思录集注》卷二，页十六上)

69 弘而不毅则无规矩，毅而不弘则隘陋。[1](《河南程氏外书》卷二，页一下)

泽田武冈曰：规所以为圆者，矩所以为方者。无规矩无法则也。(《近思录说略》卷二，页四十五下，总页二六六)

茅星来曰：程子前言“难立”与“无以居之”[2]，是推言其究竟如此。此则就当下病痛言也。盖惟无规矩所以难立，惟隘陋所以无以居之也。(《近思录集注》卷二，页三十二下)

朱子曰：不弘便急迫狭隘，不容物，只安于卑陋。不毅便倾

东倒西。(《语类》卷三十五，第九十二条，页一四八四/九二八)

问：程子所谓“弘而无毅，则无规矩而难立”[③]，其说固不可易。第恐“毅”字训义，非可以“有规矩”言之，如何？曰：毅有忍耐意思。程子所云“无规矩”，是说目今，“难立”是说后来。(同上，第九十九条，页一四八八/九三〇)

①参看本卷，第四十八条。张伯行(《近思录集解》卷二，页三十五上)误以此为张横渠语。 ②见本卷，第四十八条。 ③见本卷，第四十八条。

70 知性善[①]以忠信为本[②]，此先立其大者[③]。(《河南程氏外书》卷二，页二下)

泽田武冈曰：“知”字重，是真个见得性之善也。不然，孟子以来，人谁不知性善，岂皆谓之知之大耶？(《近思录说略》卷二，页四十五下，总页二六六)

朱子曰：“知性善以忠信为本”，须是的然识得这个物事，然后从忠信做将去。若不识得这个，不知做甚么。故曰：“先立乎其大者。”(《语类》卷一四〇，第一二五条，页五三六七三三四二)

①《孟子·告子第六上》第一至第六章。 ②《论语·学而第一》第八章云：“主忠信。” ③《孟子·告子第六上》第十五章：“先立乎其大者。”

71 伊川先生曰：人安重则学坚固[①]。(《河南程氏外书》卷六，页二上)

朱子曰：轻最害事。飞扬浮躁，所学安能坚固？故学则不

固，与不重，不威，只一套事。（《语类》卷二十一，第一〇四条，页八一二/五〇三）

①《论语·学而第一》第八章述意。

72 博学之，审问之，慎思之，明辨之，笃行之[①]，五者废其一，非学也。（《河南程氏外书》卷六，页二下）

曰：学问思辨亦有序乎？朱子曰：学之博，然后有以备事物之理，故能参伍之以得所疑而有问。问之审，然后有以尽师友之情，故能反复之以发其端而可思。思之谨，则精而不杂，故能有所自得而可以施其辨。辨之明，则断而不差，故能无所疑惑而可以见于行。行之笃，则凡所学问思辨而得之者，又皆必践其实而不为空言矣。此五者之序也。（《中庸或问》页四十一上下，总页八十一至八十二）

①《中庸》第二十章。

73 张思叔[①]请问，其论或太高。伊川不答。良久，曰：累[②]高必自下。（《河南程氏外书》卷十一，页二下）

朱子曰：今之学者多好说得高，不喜平。殊不知这个只是合当做底事。（《语类》卷八，第一〇二条，页二二七/一四二）

又曰：譬如登山，人多要至高处。不知自低处不理会，终无至高处之理。（同上，第一〇三条，页二二八/一四二）

江永曰：思叔与尹彦明[③]同事伊川先生。思叔以高识，彦明以笃行，俱为程子所称[④]。然又谓“尹焞鲁，张绎俊。俊者他日过之，鲁者终有守也”[⑤]。故思叔请问常有过高之病。累高必自下，所以抑而救之也。（《近思录集注》卷二，页十六上下）

①张思叔（一〇七一——一一〇八），名绎。年三十方从学伊川。初以文闻于乡曲，后来作文字甚少。未及仕，后伊川一年卒。详见《伊洛渊源录》卷十二与《宋元学案》卷三十。《宋史》卷四二八有传。 ②累，积累也。 ③尹彦明，名焞。详见本卷，第七十五条，注①。 ④《河南程氏外书》卷十二，页十八上。 ⑤《河南程氏外书》卷十一，页二上。

74 明道先生曰：人之为学，忌先立标准。若循循不已，自有所至矣。（《河南程氏外书》卷十二，页三下）

用之[①]问：“学者忌先立标准”，如何？朱子曰：如“必有事焉而勿正”[②]之谓。而今虽道是要学圣人，亦且从下头做将去。若日日恁地比较，也不得。虽则是曰：“舜何人也？予何人也？”[③]若只管将来比较，不去做工夫，又何益？（《语类》卷九十五，第一七三条，页三九〇二/二四五七）

问：学者做工夫须以圣人为标准。如何却说不得立标准？曰：学者固当以圣人为师，然亦何须先立标准？才立标准，心里便计较思量几时得到圣人？处圣人地位又如何？便有个先获底心。颜渊曰：“舜何人也？予何人也？有为者亦若是。”也只如此平说，教人须以圣贤自期。又何须先立标准？只恁下着头做，少间自有所至。（同上，第一七四条，页三九〇二至三九〇三/二四五七）

①参看卷一，第四十八条，注①。②《孟子·公孙丑第二上》第二章。③《孟子·滕文公第三上》第一章。

75 尹彦明[①]见伊川后，半年方得《大学》[②]《西铭》[③]看。（《河南程氏外书》卷十……

……后，方见得《西铭》《大学》。不知那……且教他听说话。曾光祖[④]云："也是初入……看未得。"先生曰：岂不是如此！又曰……。因人疑后，方说此一句。（《语类》卷九十五，……）

问："尹彦明见程子后，半年方得《大学》《西铭》看"，此意如何？曰：也是教他自就切己处思量，自看平时个是不是。未欲便把那书与之读。曰：如此，则末后以此二书并授之，还是以尹子已得此意？还是以二书互相发故？曰：他好把《西铭》与学者看。他也是要教他知，天地间有个道理恁地开阔。（同上，第一七六条，页三九〇三/二四五七）

叶采曰：始学之士，未知向方。教之以《大学》，使其知入门之道。进学之序也。然学莫大于求仁。继之以《西铭》，所以使其知仁之体，而无私己之蔽也。然有待于半年之后者，盖欲其厚积诚意，蠲除气习，以为学问根本也。（《近思录集解》卷二，页二十八）

①尹焞（一〇七一——一四二），字彦明，赐号和靖处士。师侍伊川二十年。当侍讲，权礼部侍郎。

所著有《孟子解》《和靖集》。②《大学》本为《礼记》之第四十二章。北宋仁宗天圣八年（一〇三〇）赐进士王拱宸（一〇一二—一〇八五）《大学》轴。此当是首次之单行本。其后明道、伊川、朱子均更改经文。以后改本无数。朱子且参经一章与传十章，而补第五章格致之传。又以经一章为孔子之言而曾子述之。其传十章，则曾子之意而门人记之。是为《大学章句》。后又著《大学或问》。更于一一九〇年刊《大学》《论语》《孟子》《中庸》为“四子”，亦即“四书”。一三一三年明令考试以“四书”“五经”程朱注为主。“四书”之学乃布天下。至民国初年仍是基本教材。③《西铭》详见本卷，第八十九条。④曾兴宗（一一四六—一二一二），字光祖，朱子门人。为主簿，改推官，致仕。参看拙著《朱子门人》页二三九。

76 有人说无心。伊川曰：无心便不是，只当云无私心。（《河南程氏外书》卷十二，页十六上）

江永曰：无心之说，入于空寂。圣贤之心，公而已矣。（《近思录集注》卷二，页十七上）

77 谢显道[①]见伊川。伊川曰：近日事如何？对曰：“天下何思何虑。”[②]伊川曰：是则是有此理。贤却发得太早。在伊川直是会锻炼得人。说了又道“恰好着工夫也”。（《河南程氏外书》卷十二，页五下）

江永曰：事物各有当然之理。何思何虑？顺理而行，因物付物者也。谢氏之学未至此，故谓其发之太早。（《近思录集注》卷二，页十七上）

问：谢氏说“何思何虑”处，程子道“恰好着工夫”。此是着何工夫？朱子曰：人所患者，不能见得大体。谢氏合下便见得大体处，只是下学之功夫却欠。程子道“恰好着工夫”，便是教他

着下学底工夫。(《语类》卷九十五，第一七八条，页三九〇五/二四五九)

①谢良佐，参看本卷，第二十七条，注④。 ②《易经·系辞下传》第五章。

78 谢显道云：昔伯淳教诲，只管着[①]他言语。伯淳曰：与贤说话，却似扶醉汉。救得一边，倒了一边。只怕人执着一边。(《河南程氏外书》卷十二，页五下)

茅星来曰："只管着他言语"，谓但于程子之言，执守不失，而不能有以得其意也。末句乃上蔡所以推明程子之意如此。[②](《近思录集注》卷二，页三十五上)

朱子曰：盖其(谢显道)所论："浴沂"[③]，"御风"[④]，"何思何虑"[⑤]之属。每每如此，岂非有所发于"玩物丧志"[⑥]之一言，而不知其反，以至于斯乎？陆子寿(陆九龄，一一三二——一八〇)尝论此，以为如谢氏者，未免为程门之醉人[⑦]，盖得之矣。(《论语或问》卷五，页二十上，总页二四七)

①"着"字(《上蔡语录》中，页五上，总页五十一)作"看"。 ②日本注家如中村惕斋(《近思录示蒙句解》卷二，页九十七)、加藤常贤(《现代语译近思录》页八十)、秋月胤继(《近思录》页八十二)均以末句为伯淳之语。 ③《上蔡语录》上，页十二下，总页二十四。"春风吟咏"，同本卷第三十二条，注⑤。 ④《上蔡语录》中，页十二下，总页六十六。 ⑤参看本卷，第七十七条，注③。 ⑥参看本卷，第二十七条。 ⑦未详。不知是否耳闻。

79 横渠先生曰："精义入神[①]"，事豫吾内，求利吾外也。"利用

安身”[2]，素利吾外，致养吾内也。“穷神知化”[3]，乃养盛自至，非思勉之能强。故崇德而外，君子未或致知也。（《正蒙·神化篇第四》，《张子全书》卷二，页十四下）

朱子曰：“事豫吾内”，事未至而先其理之谓豫。（《语类》卷九十八，第五十三条，页三九九七/二五一六）

敬子[4]问：“‘精义入神’，事豫吾内，求利吾外也。”“求”字似有病，便有个先获底心。“精义入神”，自然是能利吾外。何待于求？曰：然。当云“所以利吾外也”。（同上，第五十条，页三九九六/二五一五）

叶采曰：研精义理，妙以入神，知之功也。然事理素定于内，则施于外者，无不顺于致用，以安其身，行之功也。然所用既顺于外，则养于内者，益以厚。此明内外之交养，而知行之相资也。（《近思录集解》卷二，页二十九）

①《易经·系辞下传》第五章。 ②同上。 ③同上。 ④朱子有两门人字敬子，一为傅定，一为李燔〔绍熙元年（一一九〇年）进士〕，同为朱子晚年弟子。此条为沈僩所录。傅定师事朱子在建安（今建瓯县），李燔则与沈僩同在建阳之竹林精舍。故此敬子指李燔。燔任白鹿洞书院堂长，与朱子高弟黄榦并称“黄李”。参看拙著《朱子门人》页一二九。

80 形而后有气质之性。善反之，则天地之性存焉。故气质之性，君子有弗性者焉。（《正蒙·诚明篇第六》，《张子全书》卷二，页十八下至十九上）

亚夫[1]问：气质之说，始于何人？朱子曰：此起于张、程。

某以为极有功于圣门，有补于后学。读之使人深有感于张、程。前此未曾有人说到此。如韩退之《原性》中说三品，说得也是，但不曾分明说是气质之性耳。性那里有三品来！孟子说性善，但说得本原处，下面却不曾说得气质之性，所以亦费分疏。诸子说性恶与善恶混。[②]使张、程之说早出，则这许多说话自不用纷争。故张、程之说立，则诸子之说泯矣。因举横渠“形而后有气质之性。善反之，则天地之性存焉。故气质之性，君子有弗性焉”。又举明道云：“论性不论气，不备。论气不论性，不明。二之则不是。”[③]（《语类》卷四，第六十四条，页一一三/七〇）

又曰：性只是理，然无那天气地质，则此理没安顿处。但得气之清明则不蔽固，此理顺发出来。……故“气质之性，君子有弗性者焉。学以反之，则天地之性存矣”。故说性须兼气质说方备。（同上，第四十三条，页一〇六至一〇七/六六）

张伯行曰：此张子欲人变化其气质也。形，形体也。得天地之气生而成质，故谓之气质。……彼气质虽吾所有，而其性不可恃，君子终不敢以为此亦吾性而徇之，以灭天地之正也。（《近思录集解》卷二，页三十八下至三十九上）

①一本作“道夫”，不是，因《语类》用字，而道夫乃杨道夫之名也。亚夫为曇渊之字。曇渊师事朱子一年而已。参看拙著《朱子门人》页二六六。②性之诸说详见本卷，第三十条，注②至注⑤。③见本卷，第三十条。

81 德不胜气，性命于气。德胜其气，性命于德。穷理尽性，则性天德，命天理。气之不可一变者，独死生修夭而已。（《正蒙·诚

明篇第六》，《张子全书》卷二，页十八下至十九上）

朱子曰：德性若不胜那气禀，则性命只由那气。德性能胜其气，则性命都是那德。两者相为胜负，盖其禀受之初，便如此矣。然亦非元地头不浑全，只是气禀之偏隔着。故穷理尽性，则善反之功也。“性天德，命天理”，则无不是元来至善之物矣。（《语类》卷九十八，第五十五条，页三九九七至三九九八/二五一六）

问：“穷理尽性，则性天德，命天理”。这处性命如何分别？曰：性是以其定者而言，命是以其流行者而言。命便是水恁地流底，性便是将碗盛得来。大碗盛得多，小碗盛得少。净洁碗盛得清，污漫碗盛得浊。（同上，第五十七条，页三九九八/二五一七）

又曰：横渠云：“所不可变者，惟寿夭耳。”要之，此亦可变。但大概如此。（同上，第五十九条，页三九九九/二五一七）

82 莫非天也。阳明胜则德性用，阴浊胜则物欲行。“领恶而全好”[①]者，其必由学乎！（《正蒙·诚明篇第六》，《张子全书》卷二，页二十下）

问：“莫非天也”，是兼统善恶而言否？朱子曰：然。正所谓“善固性也，然恶亦不可不谓之性”[②]。二者皆出于天也。阳是善，阴是恶。阳是强，阴是弱。阳便清明，阴便昏浊。大抵阴阳有主对待而言之者，如阳是仁，阴是义之类。这又别是一样，是专就善上说，未有那恶时底说话。顷之，复曰：程先生云：“视听思虑动作，皆天也。人但于其中要识得真与妄尔。”[③]（同上，第六十条，页三九九九/二五一七）

①《礼记·仲尼燕居》第三节。②见卷一，第二十一条。③见本卷，第四十二条。

83 大其心，则能体天下之物。物有未体，则心为有外。世人之心，止于见闻之狭。圣人尽性，不以见闻梏其心。其视天下无一物非我。孟子谓“尽心则知性知天”[①]以此。天大无外，故有外之心，不足以合天心。（《正蒙·大心篇第七》，《张子全书》卷二，页二十一上）

问：“物有未体，则心为有外。”“体”之义如何？朱子曰：此是置心在物中，究见其理，如格物致知之义。与体用之“体”不同。（《语类》卷九十八，第六十五条，页四〇〇一/二五一八）

又曰：心理流行，脉络贯通，无有不到。苟一物有未体，则便有不到处。包括不尽，是心为有外。盖私意间隔，而物我对立，则虽至亲，且未必能无外矣。“故有外之心，不足以合天心”。（同上，第六十三条，页四〇〇一/二五一八）

①《孟子·尽心第七上》第一章。

84 仲尼绝四[①]，自始学至成德，竭两端之教也。意，有思也。必，有待也。固，不化也。我，有方也。四者有一焉，则与天地为不相似矣。（《正蒙·中正篇第八》，《张子全书》卷二，页二十四上）

朱子曰：意，私意也。必，期必也。固，执滞也。我，私己也。四者相为始终。起于意，遂于必，留于固，而成于我也。盖意必常在事前，固我常在后。至于我又生意，则物欲牵引，循环

不穷矣。(《论语集注·子罕第九》第四章)

又曰：横渠之意，以“绝”为禁止之辞。是言圣人将这四者使学者禁绝而勿为。(《语类》卷三十六，第四十二条，页一五二八/九五六)

又曰：“我，有方也”。方，所也。犹言有限隔也。(同上，第三十九条，页一五二七/九五五)

又曰：必，在事先。固，在事后。有意、必、固三者，乃成一个我。如道是我恁地做。盖固滞而不化，便成一个我。横渠曰：“四者有一焉，则与天地不相似。”(同上，第三十条，页一五二三/九五三)

①见《论语·子罕第九》第四章。“子绝四：毋意、毋必、毋固、毋我。”

85 上达反天理，下达徇人欲者欤。(《正蒙·诚明篇第六》，《张子全书》卷二，页十八上)

张伯行曰：此张子明《论语》“君子上达”[①]节意也。达只是向前直去之意。上达是向上去，乃复反乎天理者也。天理清明上升之象。循理则日彻一日，进而不已，即上极乎高明矣。下达是向下去，乃循乎人欲者也。人欲重浊下坠之象。多欲则日溺一日，流而难返，便究极于汙下矣。此君子小人之分，所以有天渊之异也。(《近思录集解》卷二，页四十下)

①《论语·宪问第十四》第二十四章。

86 知崇，天也，形而上也。通昼夜而知[①]，其知崇矣。知及之

而不以礼性之，非己有也。故知礼成性而道义出，如天地位而易行。（《正蒙·至当篇第九》，《张子全书》卷三，页三下）

茅星来曰：事物形而下者，其理则形而上也。“知崇”以造其理言，故曰形而上。“礼卑”以履其事言，则为形而下矣。“性之”谓复其性也。（《近思录集注》卷二，页三十八上）

朱子曰：横渠“知崇，天也”一段，言知识高明如天。“形而上”，指此理。“通昼夜而知”，通，犹兼也，兼阴阳昼夜之道而知。知昼而不知夜，知夜而不知昼，则知皆未尽也。合知礼而成性，则道义出矣。知礼，行处也。（《语类》卷七十四，第一八〇条，页三〇五八/一九一〇）

问：横渠“知礼成性”之说。曰：横渠说“成性”，谓是浑成底性。“知礼成性”，如“习与性成”[②]之意同。又问“不以礼性之”。曰：如“尧舜性之”[③]相似。但他言语艰，意是如此。（同上，第一八一条，页三〇五八/一九一〇）

①《易经·系辞上传》第四章曰：“通乎昼夜之道而知。”第七章曰：“知崇礼卑。崇效天，卑法地。天地设位，而易行乎其中矣。成性存存，道义之门。” ②《书经·太甲上》第九节。 ③《孟子·尽心第七上》第三十章。

87 困之进人也，为德辨[①]，为感速。孟子谓“人有德慧术智者，常存乎疢疾”[②]以此。（《正蒙·三十篇第十一》，《张子全书》卷三，页六上）

朱子曰：横渠言“为德辨，为感速”。辨，犹仔细。感速，

言我之感发速也。(《语类》卷九十八，第七十条，页四〇〇三/二五一九)

叶采曰：辨，明也。人处患难之时，则操心危惧，而无骄侈之蔽，故其见理也明。置身穷厄，而有反本之思，故其从善也敏。德慧，谓德之慧。术智，谓术之智。疢疾，灾患也。(《近思录集解》卷二，页三十二)

①《易经·系辞下传》第七章云："困，德之辨也。" ②《孟子·尽心第七上》第十八章。

88 言有教，动有法，昼有为，宵有得，息有养，瞬有存。[①]

(《正蒙·有德篇第十二》，《张子全书》卷三，页九上)

朱子曰："息有养，瞬有存"，言一息之间亦有养，一瞬之顷亦有存，如"造次颠沛必于是"[②]之意，但说得太紧。(《语类》卷九十八，第七十一条，页四〇〇二/二五一九)。

问璘[③]：昨日卧云庵中何所为？璘曰：归时日已暮，不曾观书，静坐而已。先生举横渠之有说，"……"，以为虽静坐，亦有所存主始得。不然，兀兀而已。(同上，卷一一八，第四十条，页四五四五/二八四七)

①此条与本卷第九十五条为张子最有名之句，学者人人传诵。 ②《论语·里仁第四》第五章。

③即滕璘(一一五四—一二三三)，字德粹。师事朱子数次。官至通判与抚司参议官。录《语类》百余条。参看拙著《朱子门人》页三二五。

89 横渠先生作《订顽》曰：乾称父，坤称母。[①]予兹藐焉，乃

混然中处。故天地之塞，吾其体。天地之帅，吾其性。民吾同胞，物吾与也。大君②者，吾父母③宗子；其大臣，宗子之家相也。尊高年，所以长其长；慈孤弱，所以幼其幼。④圣，其合德；贤，其秀也。凡天下疲癃残疾、惸独鳏寡，皆吾兄弟之颠连而无告者也。⑤于时保之，子之翼也。乐且不忧，纯乎孝者也。违曰悖德，害仁曰贼。济恶者不才，其践形惟肖者也。知化则善述其事，穷神则善继其志。⑥不愧屋漏⑦为无忝，存心养性为匪懈。恶旨酒，崇伯子之顾养。⑧育英材，颖封人之锡类。⑨不弛劳而底豫，舜其功也⑩。无所逃而待烹，申生其恭也。⑪体其受而归全者，参乎！⑫勇于从而顺令者，伯奇也。⑬富贵福泽，将厚吾之生也。贫贱忧戚，庸玉汝于成也。存，吾顺事；没，吾宁也。（明道先生曰⑭：《订顽》之言，极醇无杂，秦汉以来学者所未到。⑮又曰：《订顽》一篇，意极完备，乃仁之体也。学者其体此意，令有诸己。其地位已高，到此地位自别，有见处，不可穷高极远，恐于道无补也。⑯又曰：《订顽》立心，便达得天德。⑰又曰：游酢⑱得《西铭》读之，即涣然不逆于心，曰："此《中庸》⑲之理也，能求于言语之外者也。"⑳杨中立㉑问曰：《西铭》言体而不及用，恐其流遂至于兼爱㉒，何如？伊川先生曰：横渠立言，诚有过者，乃在《正蒙》。《西铭》之书，推理以存义。扩前圣所未发，与孟子性善㉓养气㉔之论同功㉕，岂墨氏之比哉？《西铭》明理一而分殊，墨氏则二本而无分。老幼及人，理一也。爱无差等，本二也。㉖分殊之蔽，私胜而失仁。无分之罪，兼爱而无义。分立而推理一，以止私胜之流，仁之方也。无别而迷兼爱，以至于无父之极，义之贼也。子比而同之，过矣。且彼欲使人推而行之，本为用也。反谓不及，不亦异乎！㉗）

又作《砭愚》曰：戏言出于思也，戏动作于谋也。发于声，见乎四支，谓非己心，不明也。欲人无己疑，不能也。过言非心也，过动非诚也。失于声，缪迷其四体，谓己当然，自诬也。欲他人己从，诬人也。或者谓出于心者，归咎为己戏；失于思

者，自诬为己诚。不知戒其出汝者，归咎其不出汝者。长傲且遂非，不智孰甚焉！（横渠学堂双牖，右书《订顽》，左书《砭愚》。伊川曰：是起争端。[28]改《订顽》曰《西铭》，《砭愚》曰《东铭》[29]。）（《正蒙·乾称篇第十七》，《张子全书》卷一，页一上至六下；卷三，页二十三下至二十四上） 142

朱子曰：乾阳坤阴，此天地之气塞乎两间，而人物之所资以为体者也。故曰“天地之塞，吾其体”。乾健坤顺，此天地之意为气之帅，而人物之所以得以为性者也。故曰“天地之塞，吾其性”。……畏天自保者，犹其敬亲之至也。乐天而不忧者，犹其爱亲之纯也。……长恶不悛，不可教训者，世济其凶，增其恶名也，故谓之不才。若夫尽人之性而有以充人之形，则与天地相似而不违矣。故谓之肖。……事天者，仰不愧，俯不怍，则不忝乎天地矣。……事天者，存其心，养其性，则不懈乎事天矣。……禹之恶旨酒，则所以顾天之养者至矣。……育英才如颖考叔之及庄公，则所以“永锡尔类”者广矣，舜尽事亲之道而瞽瞍底豫，其功大矣。……申生无所逃而待烹，其恭至矣。……若曾子之启手启足，则体其所受乎亲者而归其全也。……若伯奇之履霜中野，则勇于从而顺令也。……孝子之身存，则其事亲者不违其志而已。没则安而无所愧于亲也。仁人之身存，则其事天者不逆其理而已。没则安而无愧于天也。……

论曰：盖以乾为父，以坤为母，有生之类，无物不然。所谓理一也。而人物之生，血脉之属，各亲其亲，各子其子，则其分亦安得而不殊哉？一统而万殊，则虽天下一家，中国一人，而不流于兼爱之弊。万殊而一贯，则虽亲疏异情，贵贱异等，而不梏

于为我之私。此《西铭》之大指也。……(朱子《西铭解义》,《张子全书》卷一,页一上至七上)

又曰:“乾称父,坤称母!”(厉声言“称”字)又曰:以主上为我家里兄子,得乎?(《语类》卷九十八,第七十三条,页四〇〇三/二五一九)

又曰:“混然中处”,言混合无间,盖此身便从天地来。(同上,第七十五条,页四〇〇三/二五二〇)

又曰:“天地之塞,吾其体;天地之帅,吾其性。”塞,如孟子说“塞乎天地之间”[30]。塞只是气。吾之体即天地之气。帅是主宰,乃天地之常理也。吾之性即天地之理。(同上,第七十六条,页四〇〇三/二五二〇)

又曰:张子此篇,大抵皆古人说话集来。要知道理只有一个道理。中间句句段段,只说事亲事天。自一家言之,父母是一家之父母。自天下言之,天地是天下之父母,这是一气,初无间隔。“民吾同胞,物吾与也。”万物皆天地所生,而人独得天地之正气。故人为最灵。故民同胞,物则亦我之侪辈。(同上,第七十九条,页四〇〇四/二五二〇)

又曰:《西铭》一篇,始末皆是理一分殊。以乾为父,坤为母,便是理一而分殊。“予兹藐焉,乃混然中处”,便是分殊而理一。“天地之塞,吾其体;天地之帅,吾其性”,分殊而理一。“民吾同胞,物吾与也”,理一而分殊。逐句推之,莫皆然。(同上,第九十条,页四〇〇九/二五二三)

问:《西铭》说“颖封人之锡类”,“申生其恭”。二子皆不能无失处,岂能尽得孝道?曰:《西铭》本不是说孝,只是说事天,但推事亲之心以事天耳。二子就此处论之,诚是如此。盖事亲却

未免有正有不正处。若天道纯然，则无正不正之处，只是推此心以奉事之耳。(同上，第八十三条，页四〇〇六/二五二二)

又曰:《西铭》首论天地万物与我同体之意，固极宏大。然其所论事天功夫，则自“于时保之”以下，方极亲切。(《文集》卷四十九，《答廖季硕第一书》页二十九下)

①乾本是《易经》之第一卦，其义为天。坤为第二卦，其义为地。 ②大君即天子。 ③指天地。 ④《孟子·梁惠王第一上》第七章。 ⑤《孟子·梁惠王第一下》第五章述意。 ⑥《中庸》第十九章。 ⑦《诗经·大雅·荡之什·抑》。 ⑧恶旨酒，见《孟子·离娄第四下》第二十章。崇，国名，伯爵。 ⑨据《左传·隐公元年》第四节，颖考叔为封人，纯爱其母，施及庄公。《左传》引《诗经》云:“孝子不匮，永锡尔类。”(《诗经·大雅·生民之什·既醉》) ⑩《孟子·离娄第四下》第二十八章，言舜尽事亲之道，其父底豫(大悦)。 ⑪申生事见《左传·僖公五年》第二节，与《礼记·檀弓上》第十五节。申生为晋献公世子。传谓世子欲弑其父，晋侯将杀之。申生不逃，宁受赐而死。 ⑫《孝经》第一章孔子云:身体发肤，受之父母，不敢毁伤，孝之始也。曾子有疾，召门弟子曰:“启予足，启予手”(《论语·泰伯第八》第三章)，盖谓不敢毁伤也。据《礼记·祭义》第三十五节，夫子曰:“父母全而生之，子全而归之。” ⑬《汉书》卷七十九赞曰:“故伯奇放流。”颜师古(五八一—六四五)注云:“《说苑》云:‘王国子前母子伯奇，后母子伯封，兄弟相重。后母欲令其子立为太子，乃谮伯奇，而王信之，乃放伯奇也。’”放伯奇事又见《孔子家语》卷九，《七十二弟子解第三十八》页三上。《张子全书》卷一，页六上，伯奇注更详。惟颜师古所述《说苑》语，不见今本《说苑》。日本注家中村惕斋(《近思录示蒙句解》页一〇九)、宇都宫遁庵(《鳌头近思录》卷二，页五十三上)、井上哲次郎(《近思录》卷二，页三十五)、山崎道夫(《近思录讲本释义》页一〇七)、石冢崔高(《近思录集说》卷二)、中井竹山(《近思录标记》)、贝原益轩(《近思录备考》卷二，页三十九上)皆引《说苑》，然莫详出处。 ⑭“明道先生曰”以下“不亦异乎”，为《近思录》本注。 ⑮《河南程氏遗书》卷二上，页七下。 ⑯《河南程氏遗书》卷二上，页二上。 ⑰《河南程

氏遗书》卷五，页一下。⑱游酢（一〇五三——一一二三），字定夫，二程门人。以文行知名于世，历任知州。所著有《易说》《廌山集》等。《伊洛渊源录》卷九、《宋史》卷四二八、《宋元学案》卷二十六均有传。⑲《中庸》原为《礼记》第三十一篇。素来以为子思所著。南朝宋戴颙（三七八—四四一）著《礼记中庸传》二卷，梁武帝（五〇二—五四九在位）著《中庸讲疏》一卷。《中庸》由是单行独立。宋、明注释甚多，最重要者为朱子之《中庸章句》，不改原文但分三十三章。后又著《中庸或问》。更合刊《大学》《论语》《孟子》《中庸》为“四子”。⑳《二程粹言》卷二，页十上。㉑杨时（一〇五三——一一三五），字中立，称龟山先生，二程高足。历任知县，提点宫观。年七十罢祠禄，贫甚。二程之学，经杨时三传而至朱子。《伊洛渊源录》卷十、《宋史》卷四二八、《宋元学案》卷二十五均有传。中立以书致伊川问《西铭》。书载《杨龟山先生集》卷十六，页六上下。㉒墨子之说，见《墨子》卷四，《兼爱》上中下第十四、十五、十六。㉓《孟子·告子第六上》第一至六章。㉔《孟子·公孙丑第二上》第二章。㉕“同功”下《伊川文集》有本注“二者亦前圣所未发”八字。㉖《伊川文集》本注。㉗《伊川文集》卷五，页十二下，《答杨时论西铭书》。㉘大概是因伊川不同意“顽”与“愚”之意思，惟郑晔（《近思录释疑》卷二，页四十四下）与安部井帽山（《近思录训蒙辑疏》卷二，页六十三上）则以为两文意义不够明显，而泽田武冈（《近思录说略》卷二，页六十九下，总页三一四）则谓恐学者于两文题目会起争端。㉙《河南程氏外书》卷十一，页六下。此段乃朱子所加。㉚《孟子·公孙丑第二上》第二章。

90 将修己，必先厚重以自持。厚重知学。德乃进而不固矣。忠信进德，惟尚友而急贤。欲胜己者亲，无如改过之不吝。（《正蒙·乾称篇第十七》，《张子全书》卷三，页二十三下）

叶采曰：君子修己之道，必以厚重为本。苟轻浮则无受道之基。然徒重厚而不知学，则德亦固滞而不进矣。然进德之道，必以忠信为主，而求忠信之辅者，莫急于交胜己之贤。但或吝

于改过，则无施其责善之道，贤者亦不我亲矣。(《近思录集解》卷二，页三十八)

泽田武冈曰:《论语》本文[①]，“固”，坚固之“固”，张子乃做“固滞”说去，自是一义。故“学”字亦与本文有死活之异。据张子说“学”，学之也，须为活字看。(《近思录说略》卷二，页七十上，总页三一五)

问：张子“学则不固”之说如何？朱子曰：此盖古注旧说，而张子从之。但文势若有反戾而不安者。盖曰“不重则不威”，则当曰“不学则固”。若曰“学则不固”，则当曰“重则有威”。且学之为切，又岂止于不固而已哉？(《论语或问·学而第一》第八章，页十九下，总页四十二)

①《论语·学而第一》第八章云:“君子不重则不威，学则不固。主忠信。无友不如己者。过则勿惮改。”

91 横渠先生谓范巽之[①]曰：吾辈不及古人，病源何在？巽之请问。先生曰：此非难悟。设此语者，盖欲学者存意之不忘，庶游心浸熟，有一日脱然如大寐之得醒耳。(《张子全书》卷十四，《近思录拾遗》页三上)

茅星来曰:“此语”指“不及古人”二语而言。“设此语者”以下，乃记者所以推原张子之意。“存意不忘”，谓将“不及古人，病源何在”二语，时时存之意念之间，不使有忘。“如大寐之得醒”，乃是悟着病源，便可急下修治之功也。(《近思录集注》卷二，页四十七上)

问：横渠语范巽之一段如何？朱子曰：惟是今人不能"脱然如大寐之得醒"，只是提道理说。要之，也说得去，只是不透彻。又曰：正要常存意，使不忘。他释氏只是如此。然他逼拶得又紧。直卿[2]曰：张子语比释氏更有穷理工夫在。曰：工夫固自在，也须用存意。问直卿：如何说"存意不忘"？曰：只是常存不及古人意。曰：设此语者，只不要放倒此意尔。（《语类》卷九十八，第一〇八条，页四〇一七至四〇一八/二五二八）

茅星来又曰：张子此条，微近释氏。但释氏悟破机关，一齐放下，瞥入虚空去。横渠须是识破病源，便可从此实用其功，此为不同耳。（《近思录集注》，同上）

①范巽之，名育，张子门人。历知县府，后升为户部侍郎。传见《宋元学案》卷三十一，页十二下至十三上。 ②黄榦之字，关于黄榦的介绍，详见卷一，第四十六条，注③。

92 未知立心，恶思多之致疑。既知所立，恶讲治之不精。讲治之思，莫非术内。虽勤而何厌！所以急于可欲者，求立吾心于不疑之地，然后若决江河以利吾往。"逊此志，务时敏，厥修乃来。"[1]虽仲尼[2]之才之美，然且敏以求之[3]。今持不逮之资，而欲徐徐以听其自适，非所闻也。（《张子全书》卷四，《近思录拾遗》页三上下）

问："未知立心，恶思多之致疑。既知所立，恶讲治之不精"一章。朱子曰：未知立心，则或善或恶，故胡乱思量，惹得许多疑起。既知所立，则是此心已立于善而无恶，便又恶讲治之不精，又却用思。讲治之思，莫非在我这道理之内。如此，则“虽勤而何厌”！“所以急于可欲者”，盖急于可欲之善，则便是无善恶之杂，便是“立吾心于不疑之地”。人之所以有疑而不果于为善者，以有善恶之杂。今既有善而无恶，则“若决江河以利吾往”矣。“逊此志，务时敏”，虽是低下着这心以顺他道理，又却抖擞起那精神，敏速以求之，则“厥修乃来”矣。这下面云云，只是说一“敏”字。(《语类》卷九十八，第一一〇条，页四〇一八至四〇一九/二五二八至二五二九)

又曰：横渠“未能立心，恶思多之致疑”，此说甚好，便见有次序处。若是思虑纷然，趋向未定，未是个主宰，如何地讲？(同上，第一〇九条，页四〇一八/二五二八)

东正纯曰：立心是居敬之事，讲治是穷理之事。居敬以立体，穷理以达用。内外相依，毕竟无先后可分。(《近思录参考》页七三二)

①《书经·说命下》第四节，虚心以学，要时刻勉力，则修德自能达到。②孔子。③《论语·述而第七》第十九章，孔子曰：“好古，敏以求之者也。”

93 明善为本。固执之乃立，扩充之则大，易视之则小。在人能弘之而已。(《张子全书》卷十四，《性理拾遗》页二下)

江永曰：“易视之”，谓玩忽视之，安于固陋，不能扩充也。(《近思录集注》卷二，页二十二下)

茅星来曰：四“之”字皆指善字而言。以《大学》八条目[1]言之，则明善，致知格物之事也。固执，诚意正心修身之事也。扩充，齐家治国平天下之事也。以《中庸》三达德[2]言之，则明善，

智也；固执，仁也；扩充，勇也。弘之者，亦廓而大之，使知之无不至，行之无不尽也。（《近思录集注》卷二，页四十八上）

①《大学》经文。八条目为格物、致知、正心、诚意、修身、齐家、治国、平天下。②《中庸》第二十章。三达德为智、仁、勇。

94 今且只将尊德性而道问学[①]为心，日自求于问学者有所背否？于德性有所懈否？此义亦是博文约礼[②]，下学上达[③]，以此警策一年，安得不长？每日须求多少为益。知所亡[④]，改得少不善。此德性上之益。读书求义理。编书须理会有所归著，勿徒写过。又多识前言往行。[⑤]此问学上益也。勿使有俄顷间度。逐日似此，三年，庶几有进。（《张子全书》卷十四，《近思录拾遗》页三下）

茅星来曰："有所背否"二语，皆自求之辞。道问学是博之以文也。尊德性是约之以礼也。盖皆下学，而上达在其中。张子合而言之，以见圣门工夫，已尽于此，无俟别求之意。（《近思录集注》卷二，页四十八上）

朱子曰：尊德性，所以存心而极乎道体之大也。道问学，所以致知而尽乎道体之细也。二者修德凝道之大端也。（《中庸章句》第二十七章）

又曰：故君子之学，既能尊德性以全其大，便须道问学以尽其小。……学者于此固当以尊德性为主，然于道问学，亦不可不尽其力。要当使之有以交相滋益，互相发明，则自然该贯通达，而于道体之全，无欠阙处矣。（《文集》卷七十四，《玉山讲义》页二十一上下）

①《中庸》第二十七章。 ②《论语·颜渊第十二》第十五章;《论语·雍也第六》第二十五章。③《论语·宪问第十四》第三十七章。 ④注家或以“知所亡”为引《论语·子张第十九》第五章,指知其所不知。叶采(《近思录集解》卷二,页四十)以此三字与“为益”连句,指增益其所不知。江永(《近思录集注》卷二,页二十二下)、张伯行(《近思录集解》卷二,页四十九下)、佐藤一斋(《近思录栏外书》卷二,“今且”条)、郑晔(《近思录释疑》卷二,页四十六下)、金长生(《近思录释疑》,采入《沙溪先生全书》卷十八,页三十一下)等皆以“为益”断句,指阙失与不善二事。⑤《易经》第二十六卦,《大畜·象传》。

95 为天地立心,为生民立道[1],为去圣继绝学,为万世开太平。[2](《张子语录》中,页六下;《张子全书》卷十四,《性理拾遗》页三下;《张载集》页三二〇,三七六)

叶采曰:天地以生生为心,圣人参赞化育,使万物各正其性命,此为天地立心也。建明义理,扶植纲常,此为生民立道也。继绝学,谓缵述道统。开太平,如“有王者起,必来取法”[3],利泽垂于万世。学者以此立志,则所任至大,而不安于小成。所存至公,而不苟于近用。(《近思录集解》卷二,页四十至四十一)

①《张子全书》卷十四,页三下,“道”作“命”。 ②此与本卷第八十八条为张子名句,与《西铭》齐名。 ③《孟子·滕文公第三上》第三章。

96 载所以使学者先学礼者,只为学礼,则便除去了世俗一副当[1]。习熟缠绕,譬之延蔓之物,解缠绕即上去。苟能除去了一副当,世习便自然脱洒也。又学礼,则可以守得定。(《张子语录》下,页七上下;《张子全书》卷十二,《语录抄》页七下)

程子[2]曰：子厚[3]以礼立教，使学者有所据守也。(《二程粹言》卷一，页十八上)

国秀[4]问：上蔡[5]说“横渠以礼教人，其门下稍头低，只溺于刑名度数之间，行得来困，无所见处”[6]，如何？朱子曰：观上蔡说得又自偏了，这都看不得礼之大体，所以都易得偏。如上蔡说横渠之非，以为“欲得正容谨节”[7]。这自是好。如何废得这个？如专去理会刑名度数，固不得。又全废了这个，也不得。(《语类》卷一〇一，第五十二条，页四〇七五至四〇七六／二五六四)

①“一副当”为关中方言，不见各种词书。茅星来（《近思录集注》卷二，页四十九上）谓“‘一副’，总括之词”，不知所据。日本注家或作“一种”，或作“一段”，或作“一切”，或作“一个”，或作“一具”，莫衷一是。 ②《二程粹言》通常作伊川语。然泽田武冈（《近思录说略》卷二，页七十二下，总页三二〇）则以为明道语。 ③子厚乃横渠（张载）之字。 ④宋杰之字，宋杰乃朱子门人。参看拙著《朱子门人》页八十七。 ⑤上蔡指谢良佐。 ⑥《上蔡语录》上，页四上下，总页七至八。 ⑦《上蔡语录》上，页四上下，总页七至八。

97 须放心宽快，公平以求之，乃可见道。况德性自广大。《易》曰：“穷神知化，德之盛也。”[1]岂浅心可得？(《横渠易说》，《张子全书》卷十一，页二十二上，《释系辞下传》第五章)

茅星来曰：道以事物之所当由者而言，德性则道之得于己而为性者也。(《近思录集注》卷二，页四十九下)

①《易经·系辞下传》第五章。

98 人多以老成则不肯下问，故终身不知。又为人以道义先觉处之，不可复谓有所不知，故亦不肯下问。从不肯问，遂生百端欺妄人我，宁终身不知。（《横渠论语说》，《张子全书》卷十四，《近思录拾遗》页三下）

茅星来曰：此因《论语》“不耻下问”[①]之言而论之如此。（《近思录集注》卷二，页四十九下）

①《论语·公冶长第五》第十四章，“敏而好学，不耻下问，是以谓之文也”。

99 多闻不足以尽天下之故。苟以多闻而待天下之变，则道足以酬其所尝知。若劫之不测，则遂穷矣。（《横渠孟子说》，《张子全书》卷十二，《近思录拾遗》页四上）

茅星来曰：“故”，事故也。“酬”，应也。“劫”，以力胁取也。心通乎道，则随事物之来而顺其所当然之道以应之，故可以肆应不穷，若徒事乎记问之末，则见闻有限，而事变无穷。卒然临之以所未尝知，则穷矣。（《近思录集注》卷二，页四十九下至五十上）

100 为学大益，在自求变化气质。不尔，皆为人之弊，卒无所发明，不得见圣人之奥。（《张子语录》中，页六下；《张子全书》卷六，《义理》，页三上；卷十二，《语录抄》页三上）

或问：东莱[①]谓变化气质，方可言学[②]。朱子曰：此意甚善。

但如鄙意，则以为学乃能变化气质耳。若不读书穷理，主敬存心，而徒切切计较于昨非今是之间，恐亦劳而无补也。（《语类》卷一二二，第五条，页四七一九／二九四九）

①即吕祖谦。参看引言，注②。 ②《东莱吕太史文集·别集》卷十，《与陈君举》页一上。

101 文要[①]密察，心要洪放。（《张子全书》卷五，《礼乐》页四上）

朱子曰：便是看义理难，又要宽着心，又要紧着心。这心不宽，则不足以见规模之大；不紧，则不足以察其文理[②]之细密。若拘滞于文义，少间又不见它大规模处。（《语类》卷九，第七十七条，页二五一／一五八）

叶采曰：文不密察，则见理粗疏。心不洪放，则所存狭滞。（《近思录集解》卷二，页四十二）

①茅星来据宋本作"理"。 ②一本作"义"。

102 不知疑者，只是不便实作。既实作则须有疑。必有不行处是疑也。（《张子全书》卷五，《气质》页六上）

朱子曰：读书无疑者，须教有疑。有疑者，却要无疑。到这里方是长进。（《语类》卷十一，第七十八条，页二九六／一八六）

103 心大则百物皆通，心小则百物皆病。（《张子全书》卷五，《气质》页六下）

朱子曰："心大则百物皆通"。通，只是透得那道理去；病，则是窒碍了。(《语类》卷九十八，第一一一条，页四〇一九/二五二九)。

居甫①问："心小则百物皆病。"如何是小？曰：此言狭隘，则事有窒碍不行。仁则流于姑息，义则入于残暴。皆见此不见彼。(《语类》卷九十八，第一一二条，页四〇一九/二五二九)。

又曰：此心小是卑陋狭隘，事物来却没奈何打不去，只管见碍，皆是病。如要敬则碍和，要仁则碍义，要刚则碍柔。这里只看得一个，更着两个不得。为敬便一向拘拘，为和便一向放肆没理会，仁便煦煦姑息，义便粗暴决裂。心大便能容天下万物。(《语类》卷九十五，第一四五条，页三八九三/二四五一)。

潘子善②以书问：横渠云，"心要洪放"③。又曰："心大则百物皆通，心小则百物皆病。"孙思邈云："胆欲大而心欲小。"④窃谓横渠之说，是言心之体，思邈之说，是言心之用。未知是否？答曰：心自存要大处，有合要小处。若只着题目断了，则便无可思量矣。(《文集》卷六十，《答潘子善第三书》页二十六下至二十七上)

①居甫，徐寓之字。参看卷一，第十三条，注③。②即潘时举，子善乃其字，朱子门人。录《语类》近四百条，问答亦七八十处。参看拙作《朱子门人》页三二八。③参看本卷，第一〇一条。④参看本卷，第四十条。

104 人虽有功，不及于学，心亦不宜忘。心苟不忘，则虽接人事即是实行，莫非道也。心若忘之，则终身由之，则是俗事。(《张子全书》卷六，《义理》页一下)

江永曰：学不止读书。接人事无非道，即无非学。实行与俗事，特以心之所存者不同耳。（《近思录集注》卷二，页二十三下）

105 合内外，平物我，此见道之大端。（《张子全书》卷六，《义理》页二上）

叶采曰：合内外者，表里一致，就己而为言也。平物我者，物我一体，合人己而为言也。（《近思录集解》卷二，页四十二）

106 既学而先有以功业为意者，于学便相害。既有意，必穿凿创意作起事端也。德未成而先以功业为事，是代大匠斫[1]，希不伤手也。（《张子全书》卷六，《学大原上》页六下）

佐藤一斋曰：功业专指事功，非兼指文章，此条似道荆公[2]一辈人。（《近思录栏外书》卷二，"既学"条）

①《老子》第七十四章。 ②即王安石（一〇二一——一〇八六），字介甫。早有盛名，参知政事，行青苗等"新法"。撰《诗经》《书经》《周礼》注，号称"新义"。封荆国公。卒后谥曰文。参看《宋史》卷三二七本传。《宋元学案》卷九十八述其"新学"。

107 窃尝病孔孟既没，诸儒[1]嚣然，不知反约穷源，勇于苟作。持不逮之资，而急知后世。明者一览，如见肺肝然。多见其不知量也。方且创艾其弊，默养吾诚。顾所患日力不足，而未果他为也。[2]（《张子全书》卷十四，《近思录拾遗》页四上）

叶采曰：不知反约穷源，故浅浮而无实。默养吾诚，则反约穷源之事也。（《近思录集解》卷二，页四十三）

①据茅星来（《近思录集注》卷二，页五十二上），诸儒指汉唐以下之儒者。②又据茅氏，此乃《张子与赵大观书》（《宋文鉴》卷一一九，页六下至七上）。赵氏不详。“创艾”，惩治也。“未果”，未暇之意。

108 学未至而好语变者，必知终有患。盖变不可轻议。若骤然语变，则知操术已不正。（《张子全书》卷六，《义理》页一上）

茅星来曰：变者正道所不能行，用此以通之也。盖古人或不得已而出于此。自非义精仁熟，有变化从心之妙者，不能与也。若学未至而轻于语变，未有不流为邪妄者，如王安石之新法是也。（《近思录集注》卷二，页五十二下）

109 凡事蔽盖不见底，只是不求益。有人不肯言其道义，所得所至不得见底。又非于“吾言无所不说”[①]。（《张子全书》卷六，《义理》页一下）

茅星来曰：行得以知言，所至以行言。颜子于圣人之言，无所不说。所以默然听受如愚人。今非于吾言无所不说，而使人不

得见底，如此总以见其不求益之意。（《近思录集注》卷二，页五十二下）

①《论语·先进第十一》第三章。

110 耳目役于外。揽外事者，其实是自堕，不肯自治。只言短长，不能反躬者也。（《张子全书》卷六，《义理》页二下）

江永曰：好揽外事，则自治轻。徒言短长，则躬行缓。（《近思录集注》卷二，页二十四上）

111 学者大不宜志小气轻。志小则易足，易足则无由进。气轻则以未知为已知、未学为已学。（《张子全书》卷七，《学大原下》页四下）

江永曰：志小者恒自画，气轻者多虚夸。（《近思录集注》卷二，二十四上）

佐藤一斋曰：志小，是规模狭小。气轻，是气性轻浮。愚谓，规远大则终身而不息。气性敦厚，则望道而未见。[①]（《近思录栏外书》卷二“学者”条）

①《孟子·离娄第四下》第二十章，言志愿于道而犹若未见。

卷之三

格物穷理

【致知】

凡七十八条

1 伊川先生《答朱长文书》[1]曰：心通乎道，然后能辨是非，如持权衡以较轻重。孟子所谓“知言”[2]是也。心不通于道，而较古人之是非，犹不持权衡而酌轻重。竭其目力，劳其心智，虽使时中，亦古人所谓“亿则屡中”[3]。君子不贵也。（《河南程氏文集》卷五，页七下）

江永曰：此言心未通道，未可轻论古人是非也。欲通乎道，穷理而已。后言穷理者，或论古今人物而辨其是非，又即以此为穷理。[4]意与此异。盖彼欲究其是非之实，而此则亿度较量，理未明而强辨论也。亦因长文之失而告之。（《近思录集注》卷三，页一上）

①据茅星来（《近思录集注》卷三，页一下至二上），长文来书云：“上能探古先之陈迹，综群言之是非，欲其心通默识，固未能也。”故伊川以通与不通之得失告之。《伊川文集》卷五，页六下，《答朱长文书》下有注云：“或云明道先生之文。” ②赵岐（二〇一年卒）注“知言”谓“我闻人言，能知其情所趋”。朱子则云：“知言者，尽心知性，于凡天下之言，无不有以究极其理，而识其是非得失之所以然也。”（《孟子集注·公孙丑第二上》第二章） ③《论语·先进第十一》第十八章。忆，通臆。 ④详见本卷，第九条。

2 伊川先生答门人曰：孔孟之门，岂皆贤哲？固多众人。以众人观圣贤[1]，弗识者多矣。惟其不敢信己而信其师，是故求而后得。今诸君于颐言，才不合则置不复思，所以终异也。不可便放下，更且思之，致知之方也。（《河南程氏文集》卷五，页十七上）

朱子曰：学者未能有得，当谨守圣贤训戒，以为根基。如程子所谓“不敢信己而信其师者，始有寄足之地。不然，则飘摇没溺，终不能有以自立也”。（《文集》卷四十九，《答滕德粹第二书》页二十一下）

①指孔孟。

3 伊川先生答横渠先生曰：所论大概，有苦心极力之象，而无宽裕温厚[①]之气。非明睿所照，而考索至此。故意屡偏而言多窒，小出入时有之。（明所照者，如目所睹，纤微尽识之矣。考索至者，如揣料于物，约见仿佛尔，能无差乎？[②]）**更愿完养思虑，涵泳义理。他日自当条畅。**（《河南程氏文集》卷五，页四上）

朱子曰：答书之中云，“非明睿所照，而考索至此”。盖横渠却只是一向苦思求将向前去，却欠涵泳以待其义理自形见处。如云“由气化有道之名”[③]，说得是好，终是生受辛苦。圣贤便不如此说。（《语类》卷九十九，第三条，页四〇二三/二五三二）

①一本作“和”。②细字为《伊川文集》本注。③《正蒙·太和篇第一》，《张子全书》卷二，页三下。

4 欲知得与不得，于心气上验之。思虑有得，中心悦豫。沛然有裕者，实得也。思虑有得，心气劳耗者，实未得也，强揣度耳。尝有人言，“比因学道，思虑心虚”。曰：人之血气，固有虚实。疾病之来，圣贤所不免。然未闻自古圣贤，因学而致心疾者。（《河南程氏遗书》卷五，页四上）

茅星来曰：此因上言心气有宽裕劳耗之不同，而类记之也。盖尝有人言于程子，而程子语之如此。“比”，近也。心，五脏之一也。与他处解作神明主宰者不同。学道思虑心虚者，言因学道而思虑以至心虚也。血气平和则无疾。虚是不足之疾，实是有余之疾。心疾即心虚也。心过用则虚，虚则成疾，故曰心疾。（《近思录集注》卷三，页三上）

5 今日杂信鬼怪异说者，只是不先烛理。若于事上一一理会，则有甚尽期？须只于学上理会。（《河南程氏遗书》卷二下，页三上下）

朱子曰：神怪之说，学者未能自明，鲜有不惑者。学者惟当以正自守，而穷理之有无，久久当自见得。（《语类》卷九十七，第九十四条，页三九六八／二四九八）

6 学原于思。（《河南程氏遗书》卷六，页一上）

朱子曰：“学原于思。”思所以起发其聪明。（《语类》卷九十六，第二条，页三九〇七／二四六〇）

7 所谓“日月至焉”[①]，与久而不息者，所见规模虽略相似，其意味气象迥别。须潜心默识，玩索久之，庶几自得。学者不学圣人则已。欲学之，须熟玩味圣人之气象。不可只于名上理会。如此只是讲论文字。（《河南程氏遗书》卷十五，页十二上）

问：伊川谓"'日月至焉'，与久而不息者，所见规模虽略相似，其意味气象迥别"。看来日月至与不息者全然别。伊川言"略相似"，何也？朱子曰：若论到至处，却是唤久不息底一般。只是日月至者，至得不长久。不息者，纯然无间断。（《语类》卷三十一，第四十三条，页一二六八/七九〇至七九一）

①《论语·雍也第六》第五章，孔子谓颜渊三月不违仁。其余则或日一至或月一至，惟不能久。三月则言其久而不息也。

8 问：忠信进德之事，固可勉强。然致知甚难。伊川先生曰：学者固当勉强，然须是知了方行得。若不知，只是觑却尧，学他行事。无尧许多聪明睿智，怎生得如他动容周旋中礼？如子所言，是笃信而固守之，非固有之也。未致知，便欲诚意，是躐等也。勉强行者，安能持久？除非烛理明，自然乐循理。性本善。循理而行，是顺理事，本亦不难。但为人不知，旋安排着，便道难也。知有多少般数，煞有深浅。学者须是真知，才知得是，便泰然行将去也。某年二十时，解释经义，与今无异。然思今日，觉得意味与少时自别。（《河南程氏遗书》卷十八，页四下至五上）

朱子曰：本末精粗，虽有先后，然一齐用做去。且如致知格物而后诚意，不成说自家物未格知未至，且未要诚意。须待格了知了，却去诚意，安有此理？圣人亦只说大纲自然底次序是如此。（《语类》卷十五，第九十五条，页四八〇/三〇〇）

又曰：至论知之浅深，则从前未有人说到此。（《语类》卷十八，第三

条，页六二五/三九〇）

又曰：程子晚而自言如此。此温故知新[①]之大者。学者当以是为的而深求之。（同上）

茅星来曰：称某者，以出门人纪录，不敢名其师也。（《近思录集注》卷三，页五下）

①《论语·为政第二》第十一章。

9 凡一物上有一理，须是穷致其理。穷理亦多端：或读书，讲明义理；或论古今人物，别其是非；或应接事物而处其当；皆穷理也。或问格物须物物格之，还只格一物而万理皆知？曰：怎得便会贯通？若只格一物便通众理，虽颜子亦不敢如此道。须是今日格一件，明日又格一件。积习既多，然后脱然自有贯通处。（又曰[①]：所务于穷理者，非道尽穷了天下万物之理，又不道是穷得一理便到。只要积累多后自然见去。）（《河南程氏遗书》卷十八，页五下；卷二上，页二十二下）

朱子曰：所谓穷理者，事事物物，各自有个事物底道理。穷之须要周尽。若见得一边，不见一边，便不该通。穷之未得，更须款曲推明。（《语类》卷十五，第三十五条，页四六三/二八九）

又曰：格物。格，犹至也。如“舜格于文祖”[②]之“格”，是至于文祖处。（同上，第九条，页四五三/二八三）

又曰：物理无穷，故他说得来亦自多端。如读书以讲明道义，则是理存于书。如论古今人物以别其是非邪正，则是理存于古今人物。如应接事物而审处其当否，则是理存于应接事物。所存既非一物能专，则所格亦非一端而尽。如曰“一物格而万理通，虽颜子亦未至此。但当今日格一件，明日又格一件。积习既多，然后脱然自有贯通处”。此一项尤有意味。向非其人善问，则亦何以得之哉？（同上，卷十八，第七条，页六二七/三九一）

叔文[③]问：格物最是难事，如何尽格得？曰：程子谓“今日格一件，明日又格一件。积习既多，然后脱然自有贯通处”。某尝谓他此语便是真实做工夫来。他也不说格一件后便会通，也不说尽格天下物理后方始通，只云：“积习既多，然后脱然自有贯通处。”（同上，第九条，页六二八/三九二）

又曰：若其用力之方，则或考之事为之著，或察之念虑之微，或求之文字之中，或索之讲论之际。使于身心性情之德，人伦日用之常，以至天地鬼神之变，鸟兽草木之宜，自其一物之中，莫不有以见其所当然而不容已，与其所以然而不可易者，必其表里精粗，无所不尽。（《大学或问》第五章，页二十上下，总页三十九至四十）

①“又曰”以下为《近思录》本注。 ②《书经·舜典》第十四节。 ③叔文，江埙之字，江埙乃真德秀（一一七八—一二三五）弟子。叔文为江默之子。参看拙著《朱子门人》页八十一至八十二《江默传》。

10 思曰睿[①]。思虑久后，睿自然生。若于一事上思未得，且别换一事思之。不可专守着这一事。盖人之知识，于这里蔽着。虽强思亦不通也。（《河南程氏遗书》卷十八，页四上）

问：伊川论致知处云，“若一事上穷不得，且别穷一事”[②]。

窃谓致之为言，推而致之以至于尽也。于穷不得处正当努力，岂可迁延逃避，别穷一事耶？……朱子曰：这是言随人之量，非曰迁延逃避也。盖于此处既理会不得，若专一守在这里，却转昏了。须着别穷一事，又或可以因此而明彼也。（《语类》卷十八，第二十四条，页六三七/三九七）

问：程子“若一事上穷不得，且别穷一事”之说，与《中庸》“弗得弗措”[③]相发明否？曰：看来有一样底。若弗得弗措，一向思量这个，少间便会担阁了。若谓穷一事不得，便掉了别穷一事，又轻忽了，也不得。程子为见有恁地底，不得已说此话。（同上，第二十五条，页六三七至六三八/三九七）

①《书经·洪范》第六节。②《河南程氏遗书》卷十五，页十一上。③《中庸》第二十章，言有所学而不能，问而不知，思而不得，辨而不明，则不肯废置。

11 问人有志于学，然知识蔽固，力量不至，则如之何？曰：只是致知。若知识明，则力量自进。（《河南程氏遗书》卷十八，页五下）

泽田武冈曰：知识犹目之视，力量犹足之行。视之明，则足力自进此。（《近思录说略》卷三，页五下，总页三三八）

12 问：观物察己，还因见物反求诸身否？曰：不必如此说。物我一理，才明彼，即晓此。此合内外之道也。又问致知先求之四端，如何？曰：求之情性，固是切于身。然一草一木皆有理，须是察。（又曰[①]：自一身之中，以至万物之理，但理会得多，相次[②]自然豁然，有觉处。）（《河南程氏遗

书》卷十八，页八下，卷十七，页六上）

朱子曰：上而无极太极，下而至于一草一本一昆虫之微，亦各有理。一书不读，则阙了一书道理。一事不穷，则阙了一事道理。一物不格，则阙了一物道理。须着逐一件与他理会过。（《语类》卷十五，第六十五条，页四七三/二九五）

叔文问：格物莫须用合内外否？曰：不须恁地说。物格后，他内外自然合。盖天下之事，皆谓之物，而物之所在，莫不有理，且如草木禽兽，虽是至微至贱，亦皆有理。（同上，第六十六条，页四七三/二九五）

问：格物须合内外始得？曰：他内外未尝不合。自家知得物之理如此，则因其理之自然而应之，便见合内外之理。（同上，第六十七条，页四七四/二九六）

又曰：合内外，平物我。此见道之大端。盖道只是致一公平之理而已。（《语类》卷九十八，第一一三条，页四〇一九/二五二九）

①以下是《河南程氏遗书》本注。 ②一本作“胸次”。

13 “思曰睿”，“睿作圣”。致思如掘井，初有浑水，久后稍引动得清者出来。人思虑始皆浑浊，久自明快。（《河南程氏遗书》卷十八，页三十三上）

朱子曰：思索譬如穿井，不解便得清水，先亦须是浊。渐渐刮将去，却自会清。（《语类》卷九，第八十三条，页二五二/一五九）

叶采曰：致思则能通乎理，故明睿生。充其睿则可以入圣域，故睿作圣。然致思之始，疑虑方生，所以溷浊。致思之久，疑虑既销，自然明快。此由思而生睿也。（《近思录集解》卷三，页六）

14 问如何是近思？曰：以类而推。（《河南程氏遗书》卷二十二上，页五上）

蜚卿问：伊川谓“近思只是以类推去”。朱子曰：程子说得推字极好。问：以类，莫是比这一个意思推去否？曰：固是。如为子则当止于孝，为臣当止于忠。自此节节推去，然一爱字虽出于孝，毕竟千头万绪，皆当推去须得。（《语类》卷四十九，第二十五条，页一九〇七/一二〇二）

杨[①]问：程子曰：“近思以类而推。”何谓类推？曰：此语道得好。不要跳越望远，亦不是纵横陡顿。只是就这里近傍那晓得处挨将去。如这一件事理会得透了，又因这件事推去做那一件事，知得亦是恁地。如识得这灯有许多光，便因这灯推将去，识得那烛亦恁地光。（同上，第二十七条，页一九〇八/一二〇三）

①同卷二，第四十三条，注④。

15 学者先要会[①]疑。（今不见《河南程氏遗书》，惟在《河南程氏外书》卷十一，页二下）

朱子曰：学者讲学，多是不疑其所当疑，而疑其所不当疑。不疑其所当疑，故眼前合理会处多蹉过。疑其所不当疑，故枉费了工夫。（《语类》卷一二一，第三十三条，页四六八二/二九二七至二九二八）

又曰：书始读，未知有疑。其次渐有疑。又其次节节有疑。过了此一番后，疑渐渐释，以至融会贯通，都无可疑，方始是学。（叶采，《近思录集解》卷三，页六，引此语。注家多沿之，惟皆未详出处。不知是否佚文。）

①“会”字普通解作“能”。樱田虎门（《近思录摘说》卷三，页九上）则解作“领悟”。

16 横渠先生答范巽之曰：所访物怪神奸，此非难语。顾语未必信耳。孟子所论“知性知天”[①]，学至于知天，则物所从出，当源源自见。知所从出，则物之当有当无，莫不心谕，亦不待语而后知。诸公[②]所论[③]，但守之不失，不为异端所劫，进进不已，则物怪不须辨，异端不必攻，不逾期年，吾道胜矣。若欲委之无穷，付之以不可知，则学为疑挠，知为物昏。交来无间，卒无以自存，而溺于怪妄必矣。（《文集佚存》，《张子全书》卷十三，页一上）

朱子曰：横渠所谓“物怪神奸不必辨”，且只“守之不失”。如“精气为物，游魂为变”[④]，此是理之常也。“守之勿失”者，以此为正，且恁地去，他日当自见也。若“委之无穷，付之以不可知”，此又溺于茫昧，不能以常理为主者也。（《语类》卷九十八，第一一五条，页四〇一九/二五二九）

问：横渠“物怪神奸”书，先生提出“守之不失”一句。曰：且要守那定底。如“精气为物，游魂为变”，此是鬼神定说。又如孔子说“非其鬼而祭之，谄也”[⑤]，“敬鬼神而远之”[⑥]等语，皆是定底。其他变处，如未晓得，且当守此定底，如前晚说怪，便是变处。（同上，第一一四条，页四〇一九/二五二九）

①《孟子·尽心第七上》第一章。 ②筑田胜信（《近思录集解便蒙详说》页三八四）等注家，包括范巽之在内以为是指横渠门人。饭岛忠夫（《现代语译近思录》页九十八）解为孔门诸儒。加藤常贤（《现代语译近思录》页一〇九）以为是指古圣贤。樱田虎门（《近思录摘说》卷三，页七下）解为当时之诸公。 ③茅星来（《近思录集注》卷三，页八下）云："诸公所论，如孔孟之言是也。" ④《易经·系辞上传》第四章。 ⑤《论语·为政第二》第二十四章。 ⑥《论语·雍也第六》第二十章。

17 **子贡[1]谓"夫子之言性与天道，不可得而闻"。[2]既言夫子之言，则是居常语之矣。圣门学者"以仁为己任"[3]。不以苟知为得，必以了悟为闻。因有是说。**（《张子语录》上，页一下；《张子全书》卷十二，页一上）

朱子曰："性与天道"。性，是就人物上说。天道，是阴阳五行。（《语类》卷二十八，第七十八条，页一一六三/七二五）

又曰：子贡性与天道之叹，见得圣门之教不躐等。又见其言及此，实有不可以耳闻而得之者。（同上，第七十七条，页一一六三/七二四）

①子贡，姓端木，名赐，孔子弟子。尝相鲁卫。善商业，家累千金。孔子死，庐墓六年。 ②《论语·公冶长第五》第十二章。 ③《论语·泰伯第八》第七章。

18 **义理之学，亦须深沉[1]方有造，非浅易轻浮之可得也。**（《张子全书》卷六，页二下）

朱子曰：圣人言语，一重又一重，须入深去看。若只要皮肤，便有差错。须深沉方有得。（《语类》卷十，第十一条，页二五七/一六二）

又曰：横渠谓“义理深沉方有造，非浅易轻浮所可得也”。此语最佳。（同上，卷十一，第一二八条，页三〇八/一九四）

①一作“玩”。

19 学不能推究事理，只是心粗。至如颜子未至于圣人处，犹是心粗。（《张子全书》卷六，页三下）

朱子曰：《近思录》云：颜子心粗。颜子尚有此语。人有一毫不是，便是心粗。（《语类》卷九十八，第一一七条，页四〇二〇/二五三〇）

问：颜子心粗之说，恐太过否？曰：颜子比之众人纯粹，比之孔子便粗。（同上，第一一六条，页四〇二〇）

陈埴问：《近思录》“学不能……心粗”如何？曰：心粗是暗处多，明处少。故只见得明白道理。若精微处，则分析不去，只为有寸而无分也。圣人心如百分称，谓体统光明，渣滓浑化。故分毫处皆照。颜子未到渣滓浑化地位，犹未免有暗处。故谓之心粗。（《近思录杂问》卷三，页二十下）

20 博学于文者，只要得“习坎心亨”①。盖人经历险阻艰难，然后其心亨通。（《张子全书》卷十四，《近思录拾遗》页四上）

问：横渠谓“博学于文者，只要得‘习坎心亨’”，何也？朱子曰：难处见得事理透，便处断无疑，行之又果决，便是“习坎心亨”。凡事皆如此。且以看文字一节论之。见这说好，见那说又好。如此说有碍，如彼说又有碍，便是险阻处。到这里须讨一路去方透，便是“习坎心亨”。(《语类》卷三十三，第三十七条，页一三三九/八三六)

又曰：“博学于文者，只是要‘习坎心亨’。”如应事接物之类皆是文。但以事理切磨讲究，自是心亨。且如读书，每思索不通处，则翻来覆去，倒横直竖，处处窒塞。然其间须有一路可通。只此便是许多艰难险阻，习之可以求通，通处便是亨也。(同上，第三十八条，页一三三九至一三四〇/八三六)

①《易经·坎卦第二十九·彖辞》云：“习坎，重险也。水流而不盈，行险而不失其信，维心亨。”

21 义理有疑，则濯去旧见，以来新意。心中有所开，即便札记，不思则还塞之矣。更须得朋友之助。一日间朋友论著，则一日间意思差别。须日日如此讲论，久则自觉进也。[①] (《张子全书》卷七，页三下。“新意”以上，又见《张子语录》中，页七上，与《张子全书》卷十二，页三上)

朱子曰：横渠云，“濯去旧见，以来新意。”此说甚当。若不濯去旧见，何处得新意来？今学者有二种病，一是主私意，一是旧有先入之说。虽欲摆脱，亦被他自来相寻。(《语类》卷十一，第七十三条，页二九四/一八六)

①叶采（《近思录集解》卷三，页八）谓泉州本此条与第三十三条，同在本卷之末，并谓此两条总论致知，不当在卷末。乃从旧本而以此条为第二十一，其他一条为第三十三，惟旧本只有“新意”以上十三字。在叶采之意，“心中”以下乃后人添入，惟无“一日间朋友论著则”八字。叶采从旧本，日本注家皆沿之。茅星来（《近思录集注》卷三，页十上）则从宋本。此条只有“新意”以上十三字，

而以“心中”以下诸语，包括“一日间朋友论著则”八字，附在卷末第七十八条。

22 凡致思到说不得处，始复审思明辨，乃为善学也。若告子[①]则到说不得处遂已，更不复求。（《横渠孟子说》，（《张子全书》卷十四，《近思录拾遗》页四上）

茅星来曰：横渠学问，于苦心极力中得来。故往往于难着力处不肯放过。如所云到峭峻之处，要刚决果敢以进，经历险阻艰难，然后其心亨通[②]。此又云“到说不得处，始复审思明辨”。皆是如此。盖此关一过，乃可深造自得也。（《近思录集注》卷三，页十下）

①告子谓“不得于言，勿求于心。不得于心，勿求于气”。孟子辟为不知言。参看《孟子 · 公孙丑第二上》第二章。 ②述本卷第二十条意。

23 伊川先生曰：凡看文字，先须晓其文义，然后可求其意。未有文义不晓而见意者也。（《河南程氏遗书》卷二十二上，页十四上）

朱子曰：读得通贯后，义理自出。（《语类》卷十，第八十六条，页二七四/一七三）

又曰：读书不可只专就纸上求理义，须反来就自家身上（以手自指）推究。（同上，卷十一，第三十九条，页二八七/一八一）

东正纯曰：朱子注诸经，先释其词，而后及其义。盖据程子此语为定本也。（《近思录参考》卷三，总页七四〇）

24 学者要自得。“六经”浩渺，乍来难尽晓。且见得路径后，各自立得一个门庭，归而求之可矣。（《河南程氏遗书》卷二十二上，页十四上）

问：如何是门庭？朱子曰：是读书之法。如读此一书，须知此书当如何读，伊川教人看《易》，以王辅嗣、胡翼之、王介甫三人《易》解看[①]。此便是读书之门庭，缘当时诸经都未有成说。学者乍难捉摸，故教人如此。或问：如诗是吟咏性情。读诗者便当以此求之否？曰：然。（《语类》卷九十六，第三条，页三九〇七/二四六〇）

①《河南程氏遗书》卷十九，页一下。三人《易》解指王弼之《周易注》、胡瑗之《周易口义》与王安石之《易义》。

25 凡解文字，但易[①]其心，自见理。理只是人理甚分明，如一条平坦底道路。《诗》曰：“周道如砥，其直如矢。”[②]此之谓也。或曰：圣人之言，恐不可以浅近看他。曰：圣人之言，自有近处，自有深远处。如近处怎生强要凿教深远得？扬子[③]曰：“圣人之言远如天，贤人之言近如地。”[④]颐与[⑤]改之曰：圣人之言，其远如天，其近如地。（《河南程氏遗书》卷十八，页十七下至十八上）

朱子曰：今之谈经者，往往有四者之病，本卑也而抗之使高，本浅也而凿之使深，本近也而推之使远，本明也而必使至于晦。此今日谈经之大患也。（《语类》卷十一，第一二二条，页三〇七/一九三）

①音“异”。 ②《诗经·小雅·谷风之什·大东》。 ③扬雄（前五三——一八），字子云。《汉书》卷八十七有其传。 ④《法言》卷八，页四下。 ⑤一本作“要”。 174

26 学者不泥文义者，又全背却远去。理会文义者，又滞泥不通。如子濯孺子为将[①]之事，孟子只取其不背师之意。人须就上面理会事君之道如何也。又如万章[②]问舜完廪浚井事[③]。孟子只答他大意。人须要理会浚井如何出得来，完廪又怎生下得来。若此之学，徒费心力。（《河南程氏遗书》卷十八，页十八上）

泽田武冈曰：“学者不泥文义者，又全背却远去。理会文义者，又滞泥不通。”此二事，古今学者之通病。全背却远去者，是粗略之弊。滞泥不通者，却用意之太深，不能活看。二者虽详略不同，其害于文义也一矣。（《近思录说略》卷三，页十下，总页三四八）

①《孟子·离娄第四》下，第二十四章，言子濯孺子为郑将，侵卫。卫将庾公之斯善射，奉命追击之。追者至，而子濯孺子病，不能执弓，必死，但当他得知追者为庾公之斯时，断定自己不会被杀。庾公之斯追及之，知其为自己的师祖时，果然放走了他。后人议论此事，有人认为庾公之斯对师祖有礼，但对国君不忠。 ②万章，孟子弟子。 ③《孟子·万章第五上》第二章，言父母使舜修理仓库。其父瞽叟移梯而以火烧仓库，将以杀舜也；不成。又使舜浚井使深，却以土填井，亦欲以杀舜也，又不成。这些原都是舜之异母弟象的主谋。但当象意外地发现舜还活着时，却装出一副高兴的样子来问候舜，舜也就愉快地让他当自己的助手。万章问：“舜果然不知象在谋杀自己么？”孟子曰：“奚而不知也？象忧亦忧，象喜亦喜。”后世总有人一再琢磨舜逃脱两次谋杀的细节。

27 凡观书不可以相类泥其义。不尔，则字字相梗。当观其文

势上下之意，如“充实之谓美”[1]与诗之“美”不同。（《河南程氏遗书》卷十八，页四十七下，又见《张子语录》中，页九上，与《张子全书》卷十二，页三下）

朱子曰：凡读书，须看上下文意是如何，不可泥着一字。如扬子[2]“于仁也柔，于义也刚”[3]，到《易》中又将刚来配仁，柔来配义[4]。如《论语》“学不厌，智也。教不倦，仁也”[5]。到《中庸》又谓“成己，仁也。成物，智也”[6]。此等须是各随本文意看，便自不相碍。（《语类》卷十一，第一一三条，页三〇六/一九二至一九三）

叶采曰：充实之美在己，诗之称美在人。如此之类，岂可泥为一义？（《近思录集解》卷三，页十）

①《孟子·尽心第七下》第二十五章。 ②即扬雄。 ③《法言·君子第十二》页一上。 ④《易经·说卦传》第二章，阴阳，柔刚，仁义，与此不同。朱子必是大概而言，乾卦刚，以仁为元。坤卦柔，重敬义。 ⑤《论语·述而第七》第二章。 ⑥《中庸》第二十五章。

28 问：莹中[1]尝爱《文中子》[2]“或问学《易》。子曰：终日乾乾[3]可也”，此语最尽。文王[4]所以圣，亦只是个不已。先生曰：凡说经义，如只管节节推上去，可知是尽。夫“终日乾乾”，未尽得《易》。据此一句，只做得九三使。若谓乾乾是不已，不已又是道，渐渐推去，自然是尽。只是理不如此。（《河南程氏遗书》卷十九，页三下）

江永曰：此言道理各有地头，经义各有指归。不可抗之使高也。（《近思录集注》卷三，页六上）

①即陈瓘（一〇六二——一二六），莹中乃其字，学者称了斋先生，二程私淑弟子。任太学博士、著作郎、给事中等职。弟子遍东南。《宋史》卷三四五与《宋元学案》卷三十五均有传。 ②王通（五八四—六一七）为六世纪至七世纪间最重要之儒者。不喜仕。效法孔子，著《续六经》。《续六经》已佚，后儒以拟经为妄。《中说》十卷尚存。门人谥曰文中子。 ③《易经·乾卦第一·九三文言》。 ④周朝创立者武王之父，被儒家尊为圣人。

29 子在川上曰："逝者如斯夫！"[①]言道之体如此。这里须是自见得。张绎[②]曰：此便是无穷。先生曰：固是道无穷。然怎生一个无穷，便道了得他？（《河南程氏遗书》卷十九，页三下）

茅星来曰："道之体""体"字，犹云体质，与体用"体"字别。能自见得，则无时无处，而非道体之所在也。（《近思录集注》卷三，页十三下）

朱子曰：天地之化，往者过，来者续，无一息之停，乃道体之本然也。然其可指而易见者，莫如以流。故于此发以示人，欲学者时时省察，而无毫发之间断也。（《论语集注·子罕第九》第十六章）

徐[③]问：张思叔说，"此便是无穷"。伊川曰："一个无穷，如何便了得？"何也？曰：固是无穷，然须看因甚恁地无穷。须见得所以无穷处，始得。若说天只是高，地只是厚，便也无说了。须看所以如此者是如何。（《语类》卷三十六，第一二二条，页一五五九/九七六）

①《论语·子罕第九》第十六章。 ②参看卷二，第七十三条，注①。 ③此徐必是徐容，字仁父，徐寓之弟。录辛亥（一一九一）在漳州所闻三条，问答十余则。此条为陈淳所录，徐寓所录同。陈淳与徐寓于一一九一年在漳州同学。参看拙作《朱子门人》页一七九。

30 今人不会读书。如“诵《诗》三百，授之以政，不达。使于四方，不能专对，虽多，亦奚以为？”[①]须是未读《诗》时，不达于政，不能专对。既读《诗》后，便达于政，能专对四方，始是读《诗》。“人而不为《周南》《召南》，其犹正墙面”[②]，须是未读《诗》时如面墙。到读了后便不面墙。方是有验。大抵读书只此便是法。如读《论语》，旧时未读，是这个人。及读了，后来又只是这个人，便是不曾读也。（《河南程氏遗书》卷十九，页十一上）

亚夫[③]问：诵《诗》三百，何以见其必达于政？朱子曰：其中所载可见。如小夫贱隶闾党之间，至鄙俚之事，君子平日耳目所不曾闻见者，其情状皆可因此而知之。而圣人所以修德于己，施于事业者，莫不悉备。于其间所载之美恶，读诵而讽咏之。如是而为善，如是而为恶。吾之所以自修于身者，如是是合做底事，如是是不合做底事。待得施以治人，如是而当赏，如是而当罚，莫不备见。如何于政不达？若读《诗》而不达于政，则是不曾读也。又问：如何使于四方，必能专对？曰：于《诗》有得，必是于应对言语之间，委曲和平。（《语类》卷四十三，第二十五条，页一七五五／一一〇一至一一〇三）

又曰：“为”，犹学也。《周南》《召南》，诗首篇名。所言皆修身齐家之事。“正墙面而立”，言即其至近之地，而一物无所见，一步不可行。（《论语集注·阳货第十七》第十章）

①《论语·子张第十三》第五章。 ②《论语·阳货第十七》第十章。《周南》为《诗经》国风之首篇，

共十一首。《召南》次之，共十四首。③亚夫为叕渊之字。详见卷二，第八十条，注①。

31 凡看文字，如七年、一[①]世、百年之事，皆当思其如何作为，乃有益。（《河南程氏遗书》卷二十二上，页十三下）

叶采曰：《论语》，子曰："善人教民七年，亦可以即戎矣。"[②]又曰："如有王者，必世而后仁。"[③]又曰："善人为邦百年，可以胜残去杀矣。"[④]观圣贤治效，迟速浅深之殊，要必究其规模之略，施为之方，乃于己有益。此致知之法也。（《近思录集解》卷三，页十二）

①江永（《近思录集注》卷三，页六下）因《论语》原文为"必世"，于是改"一"为"必"。②《论语·子路第十三》第二十九章。③《论语·子路第十三》第十二章。④《论语·子路第十三》第十一章。

32 凡解经不同无害，但紧要处不可不同尔。（今不见《河南程氏外书》）

朱子曰：天下之理万殊，然其归则一而已矣，不容有二三也。知所谓一，则言行之间，虽有不同，不害其为一。不知其一而强同之，犹不免于二三。况遂以二三者为理之固然而不必同，则其为千里之谬，将不俟举足而已迷错于庭户间矣，故明道先生[①]有言："经解有不同处不妨，但紧要处不可不同耳。"此言有味也。（《文集》卷六十三，《答余正甫第一书》页二十五下）

又曰：凡看文字，诸家说有异同处最可观。谓如甲说如此，且挦扯住甲，穷尽其词。乙说如此，且挦扯住乙，穷尽其词。两家之说既尽，又参考而穷究之，必有一真是者出矣。（《语类》卷十一，第

一〇八条，页一二〇五/一九二）

茅星来曰：紧要处如道体之大，求道之方，学术之邪正得失系焉。故不可不同。（《近思录集注》卷三，页十四下）

贝原益轩曰：朱子解经，虽与程子不同者多，然其紧要处如合符节。亦此章之意也。（《近思录备考》卷三，页九下，总页二三〇）

①《近思录》以此为伊川语。

33 焞[①]初到，问为学之方。先生曰：公要知为学须是读书。书不必多看，要知其约。多看而不知其约，书肆耳。颐缘少时读书贪多，如今多忘了。须是将圣人言语玩味，入心记着，然后力去行之，自有所得。（今不见《河南程氏外书》）

叶采曰：以上总论读书之法，以下乃分论读书之序。（《近思录集解》卷三，页十三）

朱子曰：读书不可贪多，且要精熟。如今日看得一板，且看半板，将那精力来更看前半板。两边如此，方看得熟。直须看得古人意思出方好。（《语类》卷十，第四十条，页二六二/一六六）

江永曰：尹子之学，要约而笃实，盖终身守此言者。（《近思录集注》卷三，页六下）

①尹焞，参看卷二，第七十五条，注①。

34 初学入德之门，无如《大学》。其他莫如《语》《孟》。（《河南程

氏遗书》卷二十二上，页一上）

朱子曰：某要人先读《大学》，以定其规模。次读《论语》，以立其根本。次读《孟子》，以观其发越。次读《中庸》，以求古人之微妙处。《大学》一篇有等级次第，总作一处。易晓，宜先看。《论语》却实，但言语散见，初亦难看。《孟子》有感激兴发人心处。《中庸》亦难读。看三书后方宜读之。（《语类》卷十四，第三条，页三九七/二四九）

又曰：看这一书（《大学》），又自与看《语》《孟》不同。《语》《孟》中只一项是一个道理。如孟子说仁义处，只就仁义上说道理。孔子答颜渊以克己复礼，只就克己复礼上说道理。若《大学》，却只统说。论其功用之极，至于平天下。然天下之所以平，却先须治国。国之所以治，却先须齐家。家之所以齐，却先须修身。身之所以修，却先须正心。心之所以正，却先须诚意。意之所以诚，却先须致知。知之所以至，却先须格物，……格物两字，是指个路头，须是自去格那物始得。（同上，第三十七条，页四〇六至四〇七/二五五）

35 学者先须读《论》《孟》。穷得《论》《孟》，自有要约处。以此观他经甚省力。《论》《孟》如丈尺权衡相似。以此去量度事物，自然见得长短轻重。（《河南程氏遗书》卷十八，页十八上）

朱子曰：孟子教人多言义理大体，孔子则就切实做工夫处教人。（《语类》卷十九，第十二条，页六九一/四二九）

又曰:《论语》之书，无非操存涵养之要。七篇(《孟子》)之书，莫非体验扩充之端。盖孔子大概使人优游厌饫，涵泳讽味。孟子大概是要人探索力讨，反己自求。(同上，第一〇〇条，页七一六/四四四)

又曰：看《孟子》与《论语》不同。《论语》要冷看，《孟子》要熟读。《论语》逐文逐意各是一义，故用子细静观。《孟子》成大段，首尾通贯。熟读文义自见，不可逐一句一字上理会也。(同上，第二十八条，页六九五/四三二)

又曰：某于《论》《孟》，四十余年理会。中间逐字称等，不教偏些子。学者将注处宜子细看。(同上，第六十一条，页七〇四/四三七)

语吴仁父[①]曰：某《语孟集注》，添一字不得，减一字不得。公子细看。又曰：不多一个字，不少一个字。(同上，第五十九条，页七〇三/四三七)

①吴仁父，朱子弟子，余不详。参看拙著《朱子门人》页八十九。

36 读《论语》者，但将诸弟子问处便作己问，将圣人答处便作今日耳闻，自然有得。若能于《论》《孟》中深求玩味，将来涵养成甚生[①]气质。(《河南程氏遗书》卷二十二上，页二上)

朱子曰:《论语》难读。日只可看一二段，不可只道理会文义得了便了。须是子细玩味，以身体之，见前后晦明生熟不同，方是切实。(《语类》卷十九，第三十九条，页六九八/四三三)

又曰：讲习孔孟书。孔孟往矣，口不能言。须以此心比孔孟之心，将孔孟心作自己心。要须自家说时，孔孟点头道是，方

得。（同上，第三十三条，页六九六／四三二至四三三）

①“甚生”乃洛阳俗语。叶采（《近思录集解》卷三，页十三）解作“非常”，日本注家从之。茅星来（《近思录集注》卷三，页十六上）谓“甚生”犹“怎生”。“怎生”，如何也。亦“非常”之意。

37 凡看《语》《孟》，且须熟读玩味，将圣人之言语切己。不可只作一场话说。人只看得此二书切己，终身尽多也。（《河南程氏遗书》卷二十二上，页六下）

王子充[1]曰：读书未见亲切，须见之行事方切。朱子曰：不然。且如《论语》，第一教人学，便是孝弟求仁，便戒人巧言令色，便三省[2]，也可谓甚切。（《语类》卷十九，第四十五条，页六九九／四三四至四三五）

德先[3]问孟子。曰：孟子说得段段痛快，如检死人相似，必有个致命痕。孟子段段有个致命处。看得这般处出，方有精神。须看其说与我如何，与今人如何，须得其切处。（同上，第五十一条，页七〇一／四三六）

①王子充，朱子弟子。余不详。参看拙作《朱子门人》页五十九。②《论语·学而第一》第一至第四章。③朱子门人无德先者，疑是德元之误。德元为郭友仁之字。友仁好问《四书》，朱子训友仁，亦侧重读书（《语类》卷一一六，第四十八至五十五条，页四四六九至四四七四／二八〇三至二八〇六）。此条为包扬所录。扬与友仁同时师事朱子。参看《朱子门人》页二〇三至二〇四。

38 《论语》有读了后全无事者，有读了后其中得一两句喜者，

有读了后知好之者，有读了后不知手之舞之足之蹈之者。（《河南程氏遗书》卷十九，页十一上）

叶采曰："全无事者"，全无所得。朱子曰："'有得一二句喜者'，这一二句喜处，便是入头处。从此着实理会去，将可自解。倏然悟时，圣贤格言，自是句句好。"（《近思录集解》卷三，页十四。朱子语待查出处。岂佚文耶？）

朱子曰：人读书如人饮酒相似。若是爱饮酒人，一盏了又要一盏吃。若不爱吃，勉强一盏便休。（《语类》卷十，第九十二条，页二七五/一七四）

39 **学者当以《论语》《孟子》为本。《论语》《孟子》既治，则"六经"可不治而明矣。读书者当观圣人所以作经之意，与圣人所以用心，与圣人所以至圣人，而吾之所以未至者，所以未得者，句句而求之，昼诵而味之，中夜而思之。平其心，易其气，阙其疑。则圣人之意见矣。**（《河南程氏遗书》卷二十五，页五下）

朱子曰：《语》《孟》工夫少，得效多。"六经"工夫多，得效少。（《语类》卷十九，第一条，页六八九/四二八）

又曰："平其心"，只是放教虚平。"易其气"，只是放教宽慢。"阙其疑"，只是莫去穿凿。今人多要硬捉教住，如何得？（茅星来，《近思录集注》卷三，页十七上引此语。出处待查）

叶采曰："未至"以所行言，"未得"以所知言。（《近思录集解》卷三，页十四）

40 **读《论语》《孟子》而不知道，所谓“虽多，亦奚以为”[①]。**（《河南程氏遗书》卷六，页六下） 184

朱子曰：知道是方理会得为人之道。从此实下工夫，更有多少事？但到此地所见不差，真有广居可居，正位可立，大道可行[②]，向上自然有进步处耳。（茅星来，《近思录集注》卷三，页十七下）

①《论语·子路第十三》第五章。②《孟子·滕文公第三下》第三章。

41 **《论语》《孟子》只剩读着便自意足，学者须是玩味。若以语言解着，意便不足。某始作此二书文字，既而思之又似剩。只有些先儒错会处，却待与整理过。**（《河南程氏外书》卷五，页一下）

朱子曰：《孟子》要熟读，《论语》却费思索。《孟子》熟读易见，盖缘是他有许多答问发扬。（《语类》卷十九，第二十七条，页六九五／四三二）

又曰：沉浸专一于《论》《孟》，必待其自得。（同上，第二十九条，页六九五／四三二）

贝原益轩曰：“二书文字”，愚谓《论》《孟》之解[①]也。“先儒”指何晏、赵岐[②]等。（《近思录备考》卷三，页十一下，总页二三四）

①指《论语解》（《伊川经说》卷六）与《孟子解》（同上，卷七，已佚）。②何晏（一九〇—二四九）著《论语集解》，赵岐著《孟子注》，皆见《十三经注疏》。

42 **问：且将《语》《孟》紧要处看，如何？伊川曰：固是好。然**

若有得，终不浃洽。盖吾道非如释氏，一见了便从空寂去。（《河南程氏遗书》卷十二，页十六下）

朱子曰：莫云《论语》中有紧要底，有泛说底，且要着力紧要底，便是拣别。若如此，则《孟子》一部，可删者多矣。圣贤言语，粗说细说，皆着理会教透彻。盖道理至广至大，故有说得易处，说得难处。说得大处，说得小处。若不尽见，必定有窒碍处。（《语类》卷十九，第四十六条，页六九九至七〇〇／四三五）

43 “兴于《诗》”①者，吟咏性情，涵畅道德之中而歆动之，有“吾与点”②之气象。（又曰：“兴于诗”是兴起人善意。③汪洋浩大，皆是此意。）（《河南程氏遗书》卷三，页一上；《河南程氏遗书》卷二上，页二十一上）

朱子曰：兴，起也。诗本性情，有邪有正。其为言既易知，而吟咏之间，抑扬反复，其感人又易入。故学者之初，所以兴起其好善恶恶之心，而不能自已者，必于此而得之。（《论语集注·泰伯第八》，第八章）

贝原益轩曰：“涵畅”，涵养条畅于道德之中。“歆动之”者，歆动于善意也。“吾与点”之气象者，从容优游而自然进德之谓也。（《近思录备考》卷三，页十一上，总页二三五）

①《论语·泰伯第八》第八章。②《论语·先进第十一》第二十五章。参看卷二，第三十二条。

③施璜（《五子近思录发明》卷三，页三十四上）以此为明道语。“又曰”以下为《近思录》本注。

44 谢显道云：明道先生善言《诗》。他又浑不曾章解句释，但

优游玩味，吟哦上下，便使人有得处。“瞻彼日月，悠悠我思。道之云远，曷云能来？”[1]思之切矣。终曰：“百尔君子！不知德行。不忮不求，何用不臧？”归于正也。又云：伯淳常谈《诗》，并不下一字训诂。有时只转却一两字，点掇地[2]念过，便教人省悟。又曰：古人所以贵亲炙之也。[3]（《河南程氏外书》卷十二，页四下，六上）

朱子曰：读《诗》之法，只是熟读涵味，自然和气从胸中流出。其妙处不可得而言，不待安排措置，务自立说。只恁平读着，意思自足。（《语类》卷八十，第七十五条，页三三一五/二〇八六）

①《诗经·国风·邶·雄雉》 ②一作“他”。 ③一本“又云”“又曰”以下作注。

45 明道先生曰：学者不可以不看《诗》，看《诗》便使人长一格价。（《河南程氏外书》卷十二，页七上）

朱子曰：“读《诗》便长人一格。”如今人读《诗》，何缘会长一格？《诗》之兴，最不紧要。然兴起人意处，正在兴。会得诗人之兴，便有一格长。（《语类》卷八十，第七十条，页三三一〇至三三一一/二〇八四）

46 “不以文害辞。”[1]文，文字之文。举一字则是文，成句是辞。《诗》为解一字不行，却迁就他。说如“有周不显”[2]，自是作文当如此。（《河南程氏外书》卷一，页二上下）

叶采曰：“有周不显”，言周家岂不显乎？盖言其显也。苟直

谓之不显，则是以文害辞。（《近思录集解》卷三，页十六）

①《孟子·万章第五上》第四章。 ②《诗经·大雅·文王之什·文王》。

47 看《书》须要见二帝三王[①]之道，如二《典》[②]，即求尧所以治民，舜所以事君。[③]（《河南程氏遗书》卷二十四，页一下）

朱子问可学[④]近读何书？曰：读《尚书》。曰：《尚书》如何看？曰：须要考历代之变。曰：世变难看。唐虞三代事，浩大阔远，何处测度？不若求圣人之心。如尧则考其所以治民，舜则考其所以事君。（《语类》卷七十八，第二十二条，页三一五二/一九八三）

①唐代之尧、虞代之舜为二帝。三代之王，即夏朝之禹王、商朝之汤王、周朝之文王，亦有文王、武王并举者。 ②《书经》（即《尚书》）之《尧典》《舜典》。 ③《河南程氏遗书》卷二十四，页一下，以此为伊川语。 ④即郑可学（一一五二—一二一二），字子上，朱子弟子。录《语类》四百余条。参看拙作《朱子门人》页三四〇至三四一。

48 《中庸》之书，是孔门传授。成于子思、孟子。其书虽是杂记，更不分精粗，一滚说了。今人语道，多说高便遗却卑，说本便遗却末。（《河南程氏遗书》卷十五，页十四上）

叶采曰：《中庸》子思所述，而传之孟子者也。（《近思录集解》卷三，页十七）

问《中庸》。朱子曰：而今都难恁理会。某说个读书之序，须是且着力去看《大学》，又着力去看《论语》，又着力去看《孟子》，看得三书了，这《中庸》半截都了。不用问人，只略略恁看过。不可掉了易底，却先去攻那难底。《中庸》多说无形影，如鬼神，如天地参等类。说得高。说下学处少，说上达处多。若且理会文义，则可矣。问:《中庸》精粗本末无不兼备否？曰：固是如此。然未到精粗本末无不备处。(《语类》卷六十二，第四条，页二三四七/一四七九)

江永曰:《中庸》语道，高卑本末皆兼之。(《近思录集注》卷三，页八下)

49 伊川先生《易传序》曰:《易》，变易也，随时变易以从道也。其为书也，广大悉备，将以顺性命之理，通幽明之故，尽事物之情，而示开物成务之道也。圣人[①]之忧患后世，可谓至矣。去古虽远，遗经尚存。然而前儒[②]失意以传言，后学诵言而忘味。自秦而下，盖无传矣。予生千载之后，悼斯文之湮晦，将俾后人沿流而求源，此《传》所以作也。“《易》有圣人之道四焉：以言者尚其辞[③]，以动者尚其变，以制器者尚其象，以卜筮者尚其占。”[④]吉凶消长之理，进退存亡之道，备于辞。推辞考卦，可以知变，象与占在其中矣。“君子居则观其象而玩其辞，动则观其变而玩其占。”[⑤]得于辞不达其意者有矣，未有不得于辞而能通其意者也。至微者，理也。至著者，象也。体用一源，显微无间。[⑥]“观会通以行其典礼”[⑦]，则辞无所不备。故善学者求言必自近。《易》于近者，非知言者也。予所传者辞也。由辞以得意，则在乎人焉。(《河南程氏文集》，今见《周易程氏传》页三上)

朱子曰:“《易》，变易也，随时变易以从道”，正谓伊川这般说话难说。盖他把这书硬定做人事之书。他说圣人做这书，只为世间人事本有许多变样，所以做这书出来。(《语类》卷六十七，第三十五条，页二六三〇至二六三一/一六五三)

又曰："至微者，理也。至著者，象也。体用一源，显微无间。'观会通以行其典礼'，则辞无所不备。"此是一个理，一个象，一个辞。然欲理会理与象，又须辞上理会。辞上所载，皆"观会通以行其典礼"之事。凡于事物须就其聚处理会，寻得一个通路行去。若不寻得一个通路，只蓦地行去，则必有碍。典礼只是常事，会是事之合聚交加分别处。如庖丁解牛，固是"奏刀騞然，莫不中节"[⑧]，若至那难处，便着些气力，方得通。故庄子又说："虽然，每至于族，吾见其难为，怵然为戒，视为止，行为迟。"[⑨]庄子说话虽无头当，然极精巧，说得到。今学者却于辞上看"观其会通以行典礼"也。(同上，第三十六条，页二六三一/一六五三至一六五四)

又曰："体用一源"，体虽无迹，中已有用。"显微无间"者，显中便具微。天地未有，万物已具，此是体中有用。天地既立，此理亦存，此是显中有微。(同上，第三十七条，页二六三一/一六五四)

问："观会通行其典礼"，是就会聚处寻一个通路行将去否？曰：此是两件。会是观众理之会聚处。如这一项君臣之道也有，父子兄弟之道也有。须是看得周遍，始得通。便是一个通行底路，都无窒碍。典礼犹言常礼常法。又曰：礼便是节文，升降揖逊是也。但这个礼字又说得阔。凡事物之常理皆是。(《语类》卷七十五，第八条，页三〇四一/一九一二)

①指文王、周公与孔子。传统以三人为《易经》各部之著者。②樱田虎门（《近思录摘说》卷

三，页二十七下）谓指王弼与韩康伯（三三二—三八〇）之注。③叶采（《近思录集解》卷三，页十八）以“辞”为《易经·系辞》，朱子则以为《卦辞》《爻辞》（《语类》卷六十七，第二十三条，页二六二六）。朱子是也。④《易经·系辞上传》第十章。⑤《易经·系辞上传》第二章。⑥贝原益轩（《大疑录》页四下）谓语出清凉大师澄观（约七六〇—八三八）《华严经注》，但未详出处。日本注家与《大汉和辞典》均从之，注家谓“体用一源”决是澄观语。然据太田锦城（一七六五—一八二五）（《疑问录》上，页六）谓澄观《清凉大疏》百卷、《清凉录》五卷、《清凉玄义》二十卷皆无此语。查《华严经注》原有一百二十卷。今卷二十一至七十，卷九十一至一百，卷一一一与一一二均佚。其余载《续藏经》第一辑第八十八套。岂语本在佚文耶？澄观注言体用显微者多（尤其是卷三，页三十五上下）。且归元直指（同上，第一辑，第二编，第十三套）引此语为清凉语。太田谓“显微无间”为贤首大师法藏（六四三—七一二）之语，然不言出处。十一世纪以后，儒者、佛者均常用之。唐顺之（荆川，一五〇七—一五六〇）《中庸辑略》序云：“儒者曰体用一原（源），佛者曰体用一原。儒者曰显微无间，佛者曰显微无间。孰从而辨之？”⑦《易经·系辞上传》第八章。⑧《庄子·养生主第三》卷二，页二上。原文“莫不中音”。⑨《庄子·养生主第三》卷二，页四上。交错聚结为“族”。

50 **伊川先生答张闳中[①]书曰：《易传》未传，自量精力未衰，尚觊有少进尔。来书云：“《易》之义本起于数。”谓义起于数[②]则非也。有理而后有象，有象而后有数。《易》因象以明理，由象以知数。得其义，则象数在其中矣。**（理无形也，故因象以明理。理既见乎辞矣，则可由辞以观象。故曰“得其义，则象数在其中矣”[③]。）**必欲穷象之隐微，尽数之毫忽，乃寻流逐末，术家之所尚，非儒者之所务也。**（《河南程氏文集》卷五，页十六上）

朱子曰：以前解《易》，多只说象数。自程门以后，人方都

作道理说了。(《语类》卷六十七，第十五条，页二六二四/一六四九)

又曰:《易传》义理精，字数是，无一毫欠阙。他人着工夫补缀，亦安得如此自然?只是于本义不相合。《易》本是卜筮之书，《卦辞》《爻辞》无所不包。看人如何用。程先生只说得一理。(同上，第二十三条，页二六二六/一六五一)

问:《易传》如何看?曰：且只恁地看。又问:《程易》于本义如何?曰:《程易》不说《易》文义，只说道理极处，好看。(同上，第二十四条，页二六二六/一六五一)

又曰:《易传》言理甚备，象数却欠在。(同上，第二十六条，页二六二八/一六五二)

①据《伊洛渊源录》卷十四，页一下，张闳中，名字不详。 ②叶本无此五字。茅星来(《近思录集注》卷三，页二十三上)依《伊川文集》加入。 ③"理无形"以下为程子本注。"故曰"乃程子本人之语。

51 知时识势，学《易》之大方也。(《周易程氏传》卷三，页四十六下，释《夬卦第四十三·九二象传》)

朱子曰：大率天下之道，只是善恶而已，但所居之位不同，所处之时既异，而其几甚微。只为天下之人不能晓会，所以圣人因此占筮之法以晓，使人居则观象玩辞，动则观变玩占，不迷于是非得失之途。(《语类》卷六十七，第五条，页二六一九/一六四六)

52 《大畜》初、二，乾体刚健而不足以进，四、五阴柔而能

止。时之盛衰，势之强弱，学《易》者所宜深识也。（《周易程氏传》卷二，页四十上，释《大畜卦第二十六·九二象传》）

张伯行曰：此取大畜卦爻以明识时势之义也。乾上艮下为大畜。“大”，阳也。“畜”，止也。乾之三爻皆为艮所畜，故以四畜初，以五畜二。初、二虽刚健而不足以进者，时不利于进势，又必不能进也。四、五两爻皆柔，所应初、二皆刚，似当以初、二为善，四、五为邪。乃谓阴柔足以止刚者，盖畜之时主乎止，而四、五位据乎上，又有可以止之之势。则其象为以柔善而止夫刚恶也。（《近思录集解》卷三，页二十四上）

53 **诸卦二、五，虽不当位，多以中为美。三、四虽当位，或以不中为过。中常重于正也。盖中则不违于正，正不必中也。天下之理莫善于中，于九二、六五[1]可见。**（《周易程氏传》卷四，页十九上，释《震卦第五十一·六五爻辞》）

叶采曰：二者内卦（下卦）之中，五者外卦（上卦）之中，皆中也。三为内卦之上，四为外卦之下，皆不中也。六爻之位，初（一）、三、五为阳，二、四、上（六）为阴。以阳爻居阳位，阴爻居阴位为当位，反此者为不当位。当位者正也，不当位者非正也。（《近思录集解》卷三，页二十）

林安卿[2]问伊川云：“中无不正，正未必中”，如何？朱子曰：“君子而时中”[3]，则是“中无不正”。若君子有时不中，即“正未必中”。盖正是骨子好了，而所作事有未恰好处，故未必

中也。(《语类》卷六十七，第一一二条，页二六五七/一六六九)

又曰:“中重于正，正未必中。”盖事之斟酌得宜合理处便是中，则未有不正者。若事虽正，而处之不合时宜，于理无所当，则虽正而不合乎中。此中未有不正而正未必中也。(同上，第一一三条，页二六五七/一六六九至一六七〇)

又曰:“中重于正，正不必中。”中能度量，而正在其中。(同上，第一一六条，页二六五七/一六七〇)

①阳爻由下而上称“初九”“九二”“九三”“九四”“九五”“上九”；阴爻则称“初六”“六二”“六三”“六四”“六五”“上六”。 ②即林学履，安卿乃其字。林学履是朱子门人，录《语类》百余条，问答约十则，详见拙著《朱子门人》页一五六。 ③《中庸》第二章。

54 问：胡先生[①]解九四作太子[②]，恐不是卦义。先生云：亦不妨，只看如何用。当储贰则做储贰使。九四近君，便作储贰，亦不害。但不要拘一。若执一事，则三百八十四爻[③]只作得三百八十四件事便休了。(《河南程氏遗书》卷十九，页二上)

问：伊川《易说》理太多。朱子曰：伊川言“圣人有圣人用，贤人有贤人用”[④]“若一爻止做一事，则三百八十四爻止做得三百八十四事”也说得极好。然他解依旧是三百八十四爻，止做得三百八十四事用也。(《语类》卷六十七，第二十八条，页二六二九/一六五二)

①即胡瑗（九九三—一〇五九），字翼之，学者称安定先生。教授二十余年，立“经义”“治事”二斋。后为国子监直讲。伊川等从学。著《易解》十卷、《系辞说卦》三卷、《周易口义》十卷。今唯

《周易口义》存。《宋元学案》以其学案为首。《宋史》卷四三二有传。 ②《周易口义》卷一，页九上。初爻为未仕者，二爻为士，三爻为大夫，四爻为公卿诸侯，五爻为天子，上爻为无位或去位者。四爻近君，故可为太子。 ③六十四重卦之爻。 ④见本卷，第五十五条。

55 **看《易》且要知时。凡六爻，人人有用。圣人自有圣人用，贤人自有贤人用。众人自有众人用，学者自有学者用。君有君用，臣有臣用。无所不通。因问坤卦是臣之事，人君有用处否？先生曰：是何无用？如“厚德载物”[①]，人君安可不用？**（《河南程氏遗书》卷十九，页二上）

问：《程传》大概将三百八十四爻做人说，恐通未尽否？朱子曰：也是。则是不可装定做人说，看占得如何。有就事言者，有以时节言者，有以位言者。吉凶言之则为事，以初终言之则为时，以高下言之则为位。随所值而看皆通。《系辞》云：“不可为典要，惟变所适。”[②]岂可装定做人说？（《语类》卷六十七，第二十九条，页二六二九/一六五二）

①《易经·坤卦第二·象传》。 ②《易经·系辞下传》第八章。

56 **《易》中只是言反复往来上下。**[①]（《河南程氏遗书》卷十四，页二上）

朱子曰：程子言“《易》中只是言反复往来上下”，这只是一个道理。阴阳之道，一进一退，一长一消，反复往来上下，于此见之。（《语类》卷六十五，第二十五条，页二五五五/一六〇八）

①《河南程氏遗书》卷十四皆明道语。

57 作《易》自天地幽明，至于昆虫草木微物，无不合。（《河南程氏外书》卷七，页二下）

朱子曰：《易》最难看。其为书也，广大悉备，包涵万理，无所不有。（《语类》卷六十七，第六十一条，页二六四三/一六六一）

58 今时人看《易》，皆不识得《易》是何物。只就上穿凿。若念得不熟，与上添一德亦不觉多，就上减一德亦不觉少。譬如不识此兀子，若减一只脚，亦不知是少。若添一只，亦不知是多。若识则自添减不得也。（《河南程氏外书》卷五，页一上）

叶采曰：学者当体此意，使于卦象辞义，皆的然见其不可易，而后为得也。（《近思录集解》卷三，页二十一）

59 游定夫[①]问伊川"阴阳不测之谓神"。[②]伊川曰：贤是疑了问？是拣难底问？（《河南程氏外书》卷十二，页十七下）

叶采曰：游氏或未之深思，特以此语艰深，而率尔请问，故伊川不答，而直攻其心，欲使反己而致思也。（《近思录集解》卷三，页二十一）

①游酢，同卷二，第八十九条，注⑱。 ②《易经·系辞上传》第五章。

60 伊川以《易传》示门人曰：只说得七分。后人更须自体究。（《河南程氏外书》卷十一，页六上）

朱子曰：其曰“只说得七分”者，亦言沈酣浸渍，自信自得之功，更在学自着力耳。岂是更要别添外科，酿玄酒而和大羹也耶？（《文集》卷五十六，《答赵子钦第一书》页一下）

张伯行曰：《易》理无穷，经数圣人[①]而后成书，包含天地万物。今虽熟读精思，作为《易传》，岂遂了无余义，俟后人推求？故只说得七分。盖理本生于人心，加一番体究，必更一番明透。亦是虚心，亦是实话。（《近思录集解》卷三，页二十六上）

江永曰：此程子不自足之意。然义理无穷，非可以言尽。故朱子又有《本义》[②]，以补《程传》之所未备。（《近思录集注》卷三，页十一下）

①传说伏羲作八卦，文王作《卦辞》《爻辞》，孔子作《十翼》。 ②《周易本义》十二卷，以《上下经》为二卷，《十翼》为十卷。

61 伊川先生《春秋传序》曰：天之生民，必有出类之才，起而君长之。治之而争夺息，导之而生养遂，教之而伦理明。然后人道立，天道成，地道平。二帝[①]而上，圣贤世出。随时有作，顺乎风气之宜。不先天以开人，各因时而立政。暨乎三王[②]迭兴，三重[③]既备，子丑寅之建正[④]，忠质文之更尚[⑤]。人道备矣，天运周矣。圣王既不复作，有天下者，虽欲仿古之迹，亦私意妄为而已。事之缪，秦至以建亥为正[⑥]。道之悖，汉专以智力持世。岂复知先王之道也？夫子当周之末，以圣人不复作也，顺

天应时之治，不复有也。于是作《春秋》，为百王不易之大法。所谓“考诸三王而不谬，建诸天地而不悖，质诸鬼神而无疑。百世以俟圣人而不惑”[7]者也。先儒之《传》曰：“游、夏不能赞一辞。”[8]辞不待赞也，言不能与于斯耳。斯道也，惟颜子尝闻之矣。“行夏之时，乘殷之辂，服周之冕，乐则《韶》舞。”[9]此其准的也。后世以史视《春秋》，谓褒善贬恶而已。至于经世之大法，则不知也。《春秋》大义数十。其义虽大，炳如日星，乃易见也。惟其微辞隐义，时措从宜者，为难知也。或抑或纵，或与或夺，或进或退，或微或显。而得乎义理之安，文质之中，宽猛之宜，是非之公，乃制事之权衡，揆道之模范也。夫观百物然后识化工之神，聚众材然后知作室之用。于一事一义，而欲窥圣人之用心，非上智不能也。故学《春秋》者必优游涵泳，默识心通，然后能造其微也。后王知《春秋》之义，则虽德非禹、汤，尚可以法三代[10]之治。自秦而下，其学不传。予悼夫圣人之志不明于后世也，故作《传》以明之。俾后之人，通其文而求其义，得其意而法其用，则三代可复也。是《传》也，虽未能极圣人之蕴奥，庶几学者得其门而入矣。（《河南程氏文集》，现载《河南程氏经说》卷四，页一上下）

问：《春秋传序》引夫子答颜子为邦之语，为颜子尝闻《春秋》大法，何也？朱子曰：此不是孔子将《春秋》大法向颜子说。盖三代制作极备矣。孔子更不可复作，故告以四代[11]礼乐，只是集百王不易之大法。其作《春秋》，善者则取之，恶者则诛之。意亦只是如此。故伊川引以为据耳。（《语类》卷八十三，第三十九条，页三四一三 /

二一五三)

或问：伊川《春秋传序》后条。曰：四代之礼乐，此是经世之大法也。《春秋》之书，亦经世之大法也。然四代之礼乐是以善者为法，《春秋》是以不善者为戒。(同上，第四十一条，页三四一四/二一五四)

又曰:《春秋序》云:“虽德非汤武[12]，亦可以三王之治。”如是，则无本者亦可措之治乎？语有欠。因云：伊川甚么样子细，尚如此！(同上，第四十二条，页三四一四/二一五四)

又曰：今日得程《春秋解》。中间有说好处。如难理会处，他亦不为决然之论。(同上，第四十三条，页三四一三/二一五四)

①二帝指尧、舜。 ②参看本卷，第四十七条，注①。 ③《中庸》第二十九章谓王天下有三重要事，郑玄(一二七—二〇〇)注三王之礼。叶采(《近思录集解》卷三，页二十二)及日本许多注家从之。吕大临之《中庸解》(《河南程氏经说》卷八，页八下)解作议礼(议论礼法)、制度与考文(考核文字)。朱子(《中庸章句》第二十九章)沿之。中国注家皆从朱子。以《中庸》之文义而言，吕氏是也。 ④周朝以子(十一月)建正(为正月)，谓之天正。商朝以丑(十二月)建正为地正，夏朝以寅(一月)建正为人正。 ⑤夏尚忠，商尚质，周尚文。 ⑥秦以亥(十月)建正。秦以周为火德，秦为水德，故以水灭火。然十月雨少，故其事谬。 ⑦《中庸》第二十九章。 ⑧先儒指司马迁(前一四五—前八六?)。见其《史记》卷四十七《孔子世家》页二十八上。 ⑨《论语·卫灵公第十五》第十章。殷商以木为大车，故重质。周朝祭服之冠，华而非奢，故重文。舜之乐韶舞，尽善尽美(《论语·八佾第三》第二十五章)。 ⑩禹汤指夏之大禹、商之成汤。三代指夏、商、周。 ⑪虞与三代。 ⑫商之汤王、周之武王。此与《春秋传序》之“德非禹汤”异，然皆指古圣而已。

62 《诗》《书》载道之文，《春秋》圣人之用。[1]《诗》《书》如药方，《春秋》如用药治病。圣人之用，全在此书，所谓“不如载

之行事，深切著明”[2]者也。有重叠言者，如征伐、盟会之类。盖欲成书，势须如此。不可事事各求异义，但一字有异，或上下文异，则义须别。（《河南程氏遗书》卷二上，页四下至五上）

朱子曰：春秋只是直载当时之事，要见当时治乱兴衰。非是于一字上定褒贬。（《语类》卷八十三，第四条，页三三九八/二一四四）

问：春秋。曰：此是圣人据鲁史以书其事，使人自观之以为鉴戒。（同上，第五条，页三三九九/二一四五）

①《河南程氏遗书》此下以第六十三条为本注。 ②《史记》卷一三〇，《太史公自序》页九上。司马贞《索隐》云："孔子之言见《春秋纬》。"此书已佚，只余数语，而此语不在其内也。

63 “五经”[1]之有《春秋》，犹法律之有断例也。律令唯言其法。至于断例，则始见其法之用也。（《河南程氏遗书》卷二上，页四下）

叶采曰：律令者，立法以应事。断例者，因事以用法。（《近思录集解》卷三，页二十五）

①《诗》《书》《礼》《易》《春秋》。

64 学《春秋》亦善，一句是一事，是非便见于此，此亦穷理之要。然他经岂不可以穷理[1]？但他经论其义，《春秋》因其行事，是非较著，故穷理为要。尝语学者，且先读《论语》《孟子》，更读一经，然后看《春秋》。先识得个义理，方可看《春秋》。《春

秋》以何为准？无如《中庸》。欲知《中庸》，无如权，须是时而为中。若以手足胼胝[②]、闭户不出[③]二者之间取中，便不是中。若当手足胼胝，则于此为中。当闭户不出，则于此为中。权之为言，秤锤之义也。何物为权？义也，时[④]也。只是说得到义，义以上更难说，在人自看如何。（《河南程氏遗书》卷十五，页十六上）

叔重[⑤]问：程子云："权者，言秤锤之义也。何物以为权？义是也。然也只是说到义，义以上更难说，在人自看如何。"此意如何看？朱子曰：比如有人犯一罪，性之刚者以为可诛，性之宽者以为可恕。概之以义，皆未是合宜。此则全在权量之精审，然后亲审不差。欲其权量精审，是他平日涵养本原，此心虚明纯一，自然权量精审。伊川常云："敬以直内，则义以方外。义以为质，则礼以行之。"[⑥]（《语类》卷三十七，第三十七条，页一五七五/九八八）

①《河南程氏遗书》原文无此"理"字。 ②大禹治水，手足劳动皮厚。宇都宫遁庵（《鳌头近思录》卷三，页三十三下）与泽田武冈（《近思录说略》卷三，页二十二上，总页三九一）均谓此乃列子赞禹之语，惟查不见现存《列子》。此语今见《史记》卷二，赞词。 ③颜子居陋巷，不改其乐。参看卷一，第三十条，注②。 ④《河南程氏遗书》原文此下三字作"然也只"。 ⑤即董铢（一一五二—一二一四），叔重乃其字，人称槃涧先生，朱子弟子。朱子命其掌竹林精舍事。录《语类》三四百条。参看拙著《朱子门人》页二七七。 ⑥《河南程氏遗书》卷十一，页七下。敬、义出自《易经·坤卦第二·文言》。义、礼出自《论语·卫灵公第十五》第十七章。

65 《春秋》传[①]为按，经为断。（又云：某年二十时看《春秋》，黄聱隅[②]问某如何看，某答曰：以传考经之事迹，以经别传之真伪。[③]）（《河南程氏遗书》卷十五，页十六上；卷二十二

上，页二下）

问：春秋当如何看？朱子曰：只如看史样看。曰：程子所谓“以传考经之事迹，以经别传之真伪”如何？曰：便是亦有不可考处。曰：其间不知是圣人果有褒贬否？曰：也见不得。……圣人光明正大，不应以一二字加褒贬于人。若如此屑屑求之，恐非圣人之本意。（《语类》卷八十三，第十六条，页三四〇四／二一四八）

①《春秋》三传为《左传》《公羊传》《穀梁传》。《左传》传为春秋时人左丘明作，叙事详密。《公羊传》为战国齐人子夏弟子公羊高撰。《穀梁传》为战国鲁人穀梁赤撰，亦子夏门人。两传均重义理。 ②黄聱隅，名晞，字景征。少年通经，藏书数千卷。学者多从之。旋为太学助教，一日而卒。《宋史》卷四五八有传。日本各本误“聱”为“聲”。 ③“某年二十”以下为《近思录》本注，中村习斋（《近思录讲说》卷三，页十八下）谓此段为伊川答刘质夫来书，但查不见《伊川文集》，亦不见《伊洛渊源录》卷八刘质夫传。据茅星来（《近思录集注》卷三，页三十三上），此乃伊川答黄棣《春秋》当如何看之问也。茅氏考据精详，决然可信。

66 凡读史，不徒要记事迹，须要识其治乱安危、兴废存亡之理。且如读《高帝纪》[①]，便须识得汉家四百年终始治乱当如何。是亦学也。（《河南程氏遗书》卷十八，页三十七上）

朱子曰：读史当观大伦理、大机会、大治乱得失。（《语类》卷十一，第一三七条，页三一二／一九六）

①《史记》卷八，《高祖本纪》；《汉书》卷一，《高帝纪》。

67 先生每读史，到一半，便掩卷思量，料其成败，然后却看。有不合处，又更精思。其间多有幸而成，不幸而败。今人只见成者便以为是，败者便以为非。不知成者煞有不是，败者煞有是底。（《河南程氏遗书》卷十九，页九上）

朱子曰：读史亦易见作史者意思。后面成败处，他都说得意思在前面了。（《语类》卷十一，第一四二条，页三一三/一九七）

68 读史须见圣贤所存治乱之机，贤人君子出处进退，便是格物。（《河南程氏遗书》卷十九，页九上）

张伯行曰：古今治乱，必有其机。机者，治乱虽未至而动于几微之间。圣贤存之于史，以为千古得失之镜。读史者须于此处加意。如贤人君子出而在朝，则世将治之机也。若退而在野，则世将乱之机也。有以见其机，便是格物。若不能格物，则无贵读之矣。（《近思录集解》卷三，页三十二上）

金长生曰："存"乃圣贤以治乱之机，存之于心而戒谨者也。（《近思录释疑》卷三，《沙溪先生全书》卷十九，页五上）

69 元祐[①]中，客有见伊川者，几案间无他书，惟印行《唐鉴》[②]一部。先生曰：近方见此书。三代以后，无此议论。[③]（《河南程氏外书》卷十二，页十七下）

朱子曰：《唐鉴》议论弱，又有不相应处。前面说一项事，末

又说别处去。(《语类》卷一三四，第三十九条，页五一四七/三二〇七)

又曰：居今之世，若欲尽除今法，行古之政，则未见其利，而徒有烦扰之弊。又事体重大，阻格处多，决然难行。要之，因祖宗之法而精择其人，亦足以治，只是要择人。范淳甫《唐鉴》，其论亦如此。以为因今郡县，足以为治。某少时常鄙之以为苟简因循之论。以今观之，信然。(同上，卷一〇八，第二十条，页四二六六/二六八二)

①元祐，宋哲宗年号(一〇八六——一〇九四)。 ②北宋史学家、政论家范祖禹所撰之史论名著。范祖禹(一〇四一——一〇九八)，字淳甫，为司马光(一〇一九——一〇八六)通鉴局编修官，分掌《唐史》。以其所自得者著《唐鉴》十二卷。 ③茅星来(《近思录集注》卷三，页三十四下)谓《河南程氏外书》卷十一亦有此条，惟查不见。

70 横渠先生曰：序卦[1]不可谓非圣人之蕴。今欲安置一物，犹求审处。况圣人之于《易》！其间虽无极至精义，大概皆有意思。观圣人之书，须遍布细密如是。大匠岂以一斧可知哉。(《横渠易说》，《张子全书》卷十一，序卦，页三十一上)

问：序卦，或以为非圣人之书，信乎？朱子曰：此沙随程氏[2]之说也。先儒[3]以为非圣人之蕴。某以为谓之非圣人之精则可，谓非《易》之蕴则不可。周子分精与蕴字甚分明[4]。序卦却正是《易》之蕴。事事夹杂，都有在里面。问：如何谓《易》之精？曰："易有太极，是生两仪。两仪生四象，四象生八卦。"[5]这是《易》之精。问：如序卦中亦见消长进退之义，唤作不是精不得。曰：此正是事事夹杂，有在里面，正是蕴。须是自一个生出来以

至于无穷，便是精。(《语类》卷七十七，第六十五条，页三一三七/一九七五)

①《易经·十翼第八》，分上下两篇。 ②即程迥（一一六三进士），字可久，沙随乃其号。 ③指韩康伯（三三二—三八〇），韩注《易经·序卦》，下篇。 ④《通书》第三十章云："圣人之精，画卦以示。圣人之蕴，因卦以发。" ⑤《易经·系辞上传》第十一章。两仪为阴阳；四象为太阳、少阳、太阴、少阴；八卦为乾、坤、震、巽、坎、离、艮、兑。

71 天官[1]之职，须襟怀洪大方看得，盖其规模至大。若不得此心，欲事事上致曲穷究，凑合此心如是之大，必不能得也。释氏锱铢天地，可谓至大。然不尝为大，则为事不得。若畀之一钱，则必乱矣。又曰：太宰[2]之职难看，盖无许大心胸包罗。记得此，复忘彼。其混混天下之事，当如捕龙蛇、搏虎豹。用心力看方可。其他五官便易看，止一职也。(《张子全书》卷四，《周礼》页一下，六下)

朱子曰：天官之职，是总五官者。若其心不大，如何包得许多事？且冢宰内自王之饮食衣服，外至五官庶事，自大至小，自本至末，千头万绪，若不是大其心者区处应付，事到面前，便且区处不下。况于先事措置，思患预防，是着多少精神！所以记得此，复忘彼。佛氏只合下将那心顿在无用处，才动步便疏脱。所以吾儒贵穷理致知，便须事事物物理会过。(《语类》卷八十六，第二十条，页三五〇六/二二〇九)

①《周礼》分六官，即天官、地官、春官、夏官、秋官、冬官。 ②太宰即冢宰，亦即天官。

72 古人能知《诗》者惟孟子，为其以意逆志也[①]。夫诗之志至平易，不必为艰险求之。今以艰险求诗，则已丧其本心。何由见诗人之志？（诗人之情性温厚，平易老成。本平地上道著言语。今须以崎岖求之，先其心已狭隘了。则无由见得诗人之情本乐易。只为时事拂着他乐易之性，故以诗道其志。）[②]（《张子全书》卷四，《诗书》，页七上）

朱子曰："以意逆志"，此句最好。逆是前去追迎之之意。盖自将自家意思去前面等候诗人之志来。又曰：谓如等人来相似。今日等不来，明日又等。须是等得来，方自然相合。不似而今人，便将意去捉志也。（《语类》卷五十八，第九条，页二一五六至二一五七/一三五九）

①《孟子·万章第五上》第四章。 ②"诗人之情"以下，乃《近思录》本注。张伯行（《近思录集解》卷三，页三十三下）与施璜（《五子近思录发明》卷三，页三十五上）及其他注家以为张子之言，然查不见张子遗著。

73 《尚书》[①]难看，盖难得胸臆如此之大。只欲解义，则无难也。（《张子全书》卷四，《诗》《书》页七下）

问："《尚书》难读，盖无许大心胸。"他书亦须大心胸，方读得。如何程子只说《尚书》？朱子曰：他书却有次第。且如《大学》，自格物致知以至平天下，有多少节次！《尚书》只合下便大。如《尧典》自"克明俊德，以亲九族"，至"黎民于变时雍"[②]，展开是大小大！分命四时成岁，便是心中包一个三百六十五度四分度之一大天[③]，方见得恁地。若不得一个大底

心胸，如何了得？（《语类》卷七十八，第十八条，页三一五〇/一九八二）

①《尚书》即《书经》。尚者，上也。言上代以来之书。 ②《书经·尧典》第二节。 ③《书经·尧典》第四节至第八节，尧命羲仲等分管四时。天体极圆，周围三百六十五度四分度之一，绕地左旋。

74 读书少，则无由考校得义精。盖书以维持此心。一时放下，则一时德性有懈。读书则此心常在，不读书则终看义理不见。（《张子全书》卷六，《义理》页三下至四上）

朱子曰：人常读书，庶几可以管摄此心，使之常存。横渠有言："书所以维持此心。一时放下，则一时德性有懈。"其何可废？（《语类》卷十一，第三条，页二七九/一七六）

75 书须成诵。精思多在夜中，或静坐得之。不记则思不起。但通贯得大原后，书亦易记。所以观书者，释己之疑，明己之未达。每见每知新益[①]，则学进矣。于不疑处有疑，方是进矣。[②]（《张子语录》中，页七上；《张子全书》卷六，《义理》页四上）

朱子曰：读书须是成诵，方精熟。今所以记不得，说不去，心下若存若亡，皆是不精不熟之患。若晓得义理，又皆记得，固是好。若晓文义不得，只背得，少间不知不觉，自然相触发，晓得这义理。盖这一段文义横在心下，自是放不得，必晓而后已。若晓不得，又记不得，更不消读书矣。横渠说："读书须是成诵。"今人所以不如古人处，只争这些子。古人记得，故晓得。今人卤莽，记不得，故晓不得。紧要处、慢处，皆须成诵，自然晓得也。(《语类》卷一二一，第三条，页四六六三/二九一七)

又曰：横渠云："书须成诵。精思多在夜中，或静坐得之。不记则思不起。"今学者看文字，若记不得，则何缘贯通？时举[3]曰：缘资性鲁钝，全记不起。曰：只易贪多，故记不得。(同上，卷八十，第七十九条，页三三一八/二〇八八)。

又曰：读书无疑者，须教有疑。有疑者，却要无疑。到这里方是长进。(同上，卷十一，第七十八条，页二九六/一八六)

①《张子全书》作"所益"。《张子语录》作"新意"。 ②茅星来(《近思录集注》卷三，页三十八上)据宋本将此条与前条合并为一条。 ③即潘时举，字子善。同卷二，第一〇三条，注②。

76 "六经"须循环理会，义理尽无穷。待自家长得一格，则又见得别。(《张子全书》卷六，《义理》页五下至六上)

茅星来曰：此即《论语》"温故知新"[1]之意。然必于一经理会已到，然后再理会一经。若徒循环泛涉，非根柢务实之学

也。(《近思录集注》卷三，页三十八下)

①《论语·为政第二》第十一章。

77 如《中庸》文字辈，直须句句理会过，使其言互相发明。(《张子全书》卷七，《学大原下》页二上)

朱子曰：《中庸》一书，枝枝相对，叶叶相当。不知怎生做得一个文字齐整。(《语类》卷六十二，第一条，页二三四七/一四七九)

78《春秋》之书，在古无有，乃仲尼所自作，惟孟子能知之。非理明义精，殆未可学。先儒未及此而治之，故其说多凿。（《张子全书》卷十四，《近思录拾遗》页四上）

朱子曰：《春秋》所书，如某人为某事，本据鲁史旧文笔削而成。今人看《春秋》，必要谓某字讥某人。如此，则是孔子专任私意，妄为褒贬。孔子但据直书而善恶自著。今若必要如此推说，须是得鲁史旧文，参校笔削异同，然后为可见，而亦岂复可得也。（《语类》卷八十三，第七条，页三四〇〇/二一四六）

卷之四

存养

【存养】

凡七十条

1 或问：圣可学乎？濂溪先生曰：可。有要乎？曰：有。请问焉。曰：一为要。一者，无欲也，无欲则静虚动直。静虚则明，明则通。动直则公，公则溥。明通公溥庶矣乎！（《通书》，第二十章）

问：一是纯一静虚，是此心如明鉴止水，无一毫私欲填于其中。故其动也，无非从天理流出，无一毫私欲挠之。静虚是体，动直是用。曰：也是如此。静虚易看，动直难看。静虚，只是伊川云“中有主则虚，虚则邪不能入”[①]是也，若物来夺之，则实。实则暗，暗则塞。动直，只是其动也，更无所碍。若少有私欲，便碍便曲。要恁地做，又不要恁地做，便自有窒碍，便不是直。曲则私，私则狭。（《语类》卷九十四，第一九一条，页三八一八至三八一九/二四六)

或问：“圣可学乎云云。一为要。”（曰：）这个是分明底一，不是鹘突底一。问：如何是鹘突底一？曰：须是理会得敬落着处。若只块然守一个敬字，便不成个敬。这个亦只是说大概。明通，在己也。公溥，接物也。须是就静虚中涵养始得。明通方能公溥。若便要公溥，定不解得。静虚明通，“精义入神”[②]也。动直公溥，“利用安身”[③]也。又曰：一即所谓太极，静虚明通，即图之阴静。动直公溥，即图之阳动。（同上，第一九二条，页三八一九/二四〇六)

①《河南程氏遗书》卷十五，页十九下。②《易经·系辞下传》第五章。③《易经·系辞下传》第五章。

2 伊川先生曰：阳始生甚微，安静而后能长。故《复》之《象》

曰："先王以至日闭关。"[①]（《周易程氏传》卷二，页三十三上，释《复卦第二十四·象传》）

张伯行曰：此释复卦象义也。"至日"，谓冬至也。冬至之日，积阴之下，阳始生而甚微。不安静以养之，则其气不固，无以为发生之本。故先王以是日闭道路之关，使商旅不行，取安静以养微阳之义，而易象以之为训也。（《近思录集解》卷四，页二上）

施璜曰：先王以冬至之日，闭道路之关，使商旅不行。王公于是日亦不巡省方。国上下皆安静，以养微阳也。（《五子近思录发明》卷四，页二下）

问：天地之心，虽静未尝不流行。何为必于复乃见？朱子曰：三阳之时，万物蕃新，只见物之盛大。天地之心却不可见。惟是一阳初复，万物未生，冷冷静静。而一阳既动，生物之心闯然而见。虽在积阴之中，自藏掩不得。此所以必于复见天地之心也。……大象所谓"至日闭关"者，正是于已动之后，要以安静养之。盖一阳初复，阳气甚微，劳动他不得。故当安静以养微阳。如人善端初萌，正欲静以养之，方能盛大。（《语类》卷七十一，第四十四条，页二八五〇至二八五一/一七九〇至一七九一）

①《易经·复卦第二十四·象传》。

3 动息节宣，以养生也。饮食衣服，以养形也。威仪行义，以养德也。推己及物，以养人也。（《周易程氏传》卷二，页四十二上，释《颐卦第二十七》）

泽田武冈曰：动与息对，节与宣对。节者，节制之“节”，宣者，发畅舒缓之意，犹语所谓申申，字意相似。如人之俨然危坐者，节也；悠悠便坐者，宣也。盖人身动而不息，息而不动，节而不宣，宣而不节，皆伤其生。医书言久立伤骨，久坐伤肉，久行伤筋，久寝伤气是已。只其一动一息，一节一宣，变化循环，而后其生自养也。(《近思录说略》卷四，页二下，总页四〇四)

4 慎言语以养其德，节饮食以养其体。事之至近而所系至大者，莫过于言语饮食也。(《周易程氏传》卷二，页四十三上，释《颐卦第二十七·象传》)

或云：谚有“祸从口出，病从口入”，甚好。朱子曰：此语前辈曾用以解《颐》之《象》，“慎言语，节饮食”。(《语类》卷七十一，第九十九条，页二八七二/一八〇四)

5 “震惊百里，不丧匕鬯。”[①]临大震惧，能安而不自失者，惟诚敬而已，此处震之道也。(《周易程氏传》卷四，页十六下至十七上，释《震卦第五十一·象传》)

朱子曰：震，未便说到诚敬意，只是说临大震惧而不失其常。主器之事，未必《彖辞》便有此意。看来只是《传》中方说。(《语类》卷七十三，第三十九条，页二九四二/一八四九至一八五〇)

①见《易经·震卦第五十一·彖辞》。匕，以载鼎实也。鬯，秬酒也。

6 人之所以不能安其止者，动于欲也。欲牵于前而求其止，不可得也。故艮之道，当“艮其背”[①]。所见者在前，而背乃背之，是所不见也。止于所不见，则无欲以乱其心，而止乃安。“不获其身”[②]，不见其身也。谓忘我也，无我则止矣。不能无我，无可止之道。“行其庭，不见其人”[③]，庭除之间至近也。在背则虽至近不见，谓不交于物也。外物不接，内欲不萌。如是而止，乃得止之道。于止为无咎也。（《周易程氏传》卷四，页二十上，释《艮卦第五十二·彖辞》）

朱子曰：《易传》谓“艮其背”为“止于所不见”，窃恐未然。……“止”是当止之处。……“所”即至善之地，如君之仁，臣之敬之类。“不获其身”是无与于己，“不见其人”是亦不见人。无己无人，但见此道理，各止其所也。（《语类》卷七十三，第五十四条，页二九四六/一八五二）

问：《易传》云：“止于所不见，则无欲以乱其心。”又云：“外物不接，内欲不萌。如是而止，乃得止之道。”窃恐外物无有绝而不接之理。若拘拘然务绝乎物，而求以不乱其心，是在我都无所守，而外为物所动，则奈何？曰：此一段亦有可疑。外物岂能不接？但当于非礼勿视、勿听、勿言、勿动[④]四者用力。（同上，第六十二条，页二九五五至二九五六/一八五七至一八五八）

陈沆曰：《针灸书》云：“人之五脏，皆系于背。”故虽不动而为众动所由系。艮背之学，非定性者不能也。（《近思录补注》卷四，页三上）

①《易经·艮卦第五十二·彖辞》。 ②同上。 ③同上。 ④《论语·颜渊第十二》第一章。

7 明道先生曰：若不能存养，只是说话。（《河南程氏遗书》卷一，页三下）

朱子曰：心若不存，一身便无主宰。（《语类》卷十二，第四条，页三一七/一九九）

又曰：存得此心，便是要在这里常常照管。若不照管，存养要做甚么用？（同上，第三十八条，页三二四/二〇三）

胡居仁曰："若不能存养，只是说话"，言人不能操存涵养，则所讲究之理。无有诸己，适为口语而已。盖能主敬涵养，则天理本原在内，聪明自生。所穷之理得于己而不失。（《居业录》卷二，《学问》，页二上）

8 圣贤千言万语，只是欲人将已放之心，约之使反复入身来，自能寻向上去，下学而上达也。（《河南程氏遗书》卷一，页四上）

朱子曰：明道说，"圣贤千言万语"云云，只是大概说如此。若"已放之心"，这个心已放去了，如何会收得转来？只是莫令此心逐物去，则此心便在这里。不是如一件物事，放去了又收回来。且如浑水自流过去了，如何会收得转？后来自是新底水。（《语类》卷五十九，第一五七条，页二二四一/一四一一至一四一二）

问：程子说，"圣人千言万语"云云，此下学上达工夫也。窃谓心若已放了，恐未易收拾，不审其义如何？曰：孟子谓"出入无时，莫知其乡"[①]。心岂有出入？出只指外而言，入只指内而言。只是要人操而存之耳。非是如物之散失而后收之也。（同上，第一六二条，页二二四四/一四一三）

①《孟子·告子第六上》第八章。

9 李籲[1]问：每常遇事，即能知操存之意。无事时如何存养得熟？曰：古之人，耳之于乐，目之于礼，左右起居，盘盂几杖，有铭有戒。动息皆有所养。今皆废此，独有理义之养心耳。但存此涵养意，久则自熟矣。“敬以直内”[2]，是涵养意。（《河南程氏遗书》卷一，页五下）

东正纯曰：《学》《庸》《语》《孟》，其说静存之方详矣。而汉以来圣学湮灭，仅止省察一边。而及程、朱诸大儒出，始说涵养之方。圣学大明于世。在今日无此等之间，程、朱之泽大矣。（《近思录参考》卷四，页七五三）

①李籲，字端伯，二程弟子。元祐年间为秘书省校书郎。《伊洛渊源录》卷八、《宋史》卷四二八、《宋元学案》卷三十均有传。 ②《易经·坤卦第二·文言》。

10 吕与叔[1]尝言患思虑多，不能驱除。曰：此正如破屋中御寇，东面一人来未逐得，西面又一人至矣。左右前后，驱逐不暇。盖其四面空疏，盗固易入。无缘作得主定。又如虚器入水，水自然入。若以一器实之以水，置之水中，水何能入来？盖中有主则实，实则外患不能入，自然无事。（《河南程氏遗书》卷一，页六上）

问：“有主则实”。又曰“有主则虚”[2]。如何分别？朱子曰：只是有主于中，外邪不能入。自其有主于中言之，则谓之实。自其外邪不入言之，则谓之虚。……又曰“有主则实”。既言有主，便已是实了，却似多了一“实”字。看来这个“实”字，谓中有主则外物不能入矣。（《语类》卷九十六，第三十四条，页三九一七/二四六六至二四六七）

贝原益轩曰：与叔之心，专欲除去思虑。程子之意，要中有主则不除思虑而自然无思虑纷扰。程子曰“欲除思虑则不除”[3]，亦此意也。（《近思录备考》卷四，页五上，总页二六九）

①即吕大临，详见卷一，第五十一条，注①。②《河南程氏遗书》卷十五，页一下，又页十七上。③《河南程氏遗书》卷十五，页二下。

11 邢和叔[1]言[2]：“吾曹常须爱养精力。精力稍不足则倦，所临事皆勉强而无诚意。”接宾客语言尚可见，况临大事乎？（《河南程氏遗书》卷一，页八上）

泽田武冈曰：此章所言，自是一义。世人多为诚意不足，而厌倦之意生。此是非精力之足，不真好之也。又有一种人，虽有好之而精力不足，则自不得不倦。如此常须爱养精力而为用功之资耳。亦存养之一事也。（《近思录说略》卷四，页六上，总页四一一）

①即邢恕，和叔乃其字，二程门人。历任侍郎尚书、属知州县。喜功名，性狡猾。《伊洛渊源录》卷十四、《宋史》卷四七一、《宋元学案》卷三十均有传。②中国注家皆谓此为邢和叔之言。茅星来（《近思录集注》卷四，页五下）谓程子不以人废言云。若然，则与程子引尧夫言（卷五，第十五条）同例。惟日本有的注家，如贝原益轩（《近思录备考》卷四，页五上）、中井竹山（《近思录标记》卷四）、佐藤一斋（《近思录栏外书》卷四，“邢和”条）、泽田武冈（《近思录说略》卷四，页

六上，总页四一一）、东正纯（《近思录参考》卷四，页七五四）、宇都宫遁庵（《鳌头近思录》卷四，页五下）皆谓《二程先生类语》“邢”字上有“与”字。如是则程子对邢和叔而言。然《河南程氏遗书》无此“与”字，且《二程先生类语》为明唐伯元（一五四〇—一五九八）所编，序于万历乙酉（一五八五），成书甚晚，较《河南程氏遗书》迟四百年，未可为据。泽田武冈未知孰是。佐藤一斋则谓邢恕叛师，不应加入《近思录》云。 218

12 明道先生曰：学者全体此心，学虽未尽，若事物之来，不可不应。但随分限应之，虽不中不远矣。（《河南程氏遗书》卷二，页二上）

朱子曰：“学者全体此心，学虽未尽，若事物之来，不可不应”，此亦只是言其大概。且存得此心在这里，“若事物之来，不可不应。且随自家力量应之，虽不中不远矣”。更须下工夫，方到得细密的当，至于至善处。此亦且是为初学言。（《语类》卷九十六，第四条，页三九〇七/二四六〇）

又曰：“学者全体此心”，只是全得此心，不为私欲汩没。非是更有一心能体此心也。此等当以意会。（同上，第五条，页三九〇八/二四六〇）

13 “居处恭，执事敬，与人忠。”[①]此是彻上彻下语。圣人元无二语。（《河南程氏遗书》卷二，页一上）

再问存心。朱子曰：非是别将事物存心。孔子曰“居处恭，执事敬，与人忠”，便是存心之法。如说话觉得不是，便莫说。做事觉得不是，便莫做。亦是存心之法。（《语类》卷十二，第三十七条，页三二四/二〇三）

亚夫问“居处恭，执事敬”一章。曰：这个道理，须要到处皆在，使生意无少间断，方好。譬之木然，一枝一叶，无非生意。才有一毫间断，便枝叶有不茂处。时举云：看来此三句，动静出处，待人接物，无所不该。使私意自无容处。（朱子）因兼仲弓问仁一章[②]说曰：大抵学问只要得个门户子入。若入得门了，便只要理会个仁。其初入底门户，不必只说道如何如何。若才得个门户子入，须便要入去。若只在外面说道如何，也不济事。（同上，卷四十三，第四十四条，页一七六二/一一〇七）

又曰：告樊迟三语，便与告颜渊[③]仲弓都无异。故程子曰：“此是彻上彻下语。”（《文集》卷六十一，《答欧阳希逊书》页十七上）

①《论语·子路第十三》第十九章，孔子答樊迟问仁之语。②《论语·颜渊第十二》第二章。仲弓问仁，子曰：“出门如见大宾，使民如承大祭，己所不欲，勿施于人。在邦无怨，在家无怨。”③《论语·颜渊第十二》第一章。颜渊问仁，子曰：“克己复礼为仁。”

14 伊川先生曰：学者须敬守此心，不可急迫。当栽培深厚，涵泳于其间。然后可以自得。但急迫求之，只是私己，终不足以达道。（《河南程氏遗书》卷二上，页二上）

朱子曰：“学者须敬守此心，不可急迫，当栽培深厚。”栽，只如种得一物在此。但涵养持守之功继继不已，是谓栽培深厚。如此而优游涵泳于其间，则浃洽而有以自得矣。苟急迫求之，则此心已自躁迫纷乱，只是私己而已，终不能优游涵泳以达于道。（《语类》卷十二，第五十三条，页三二六/二〇五）

15 明道先生曰："思无邪"[①]"毋不敬"[②]，只此二句，循而行之，安得有差？有差者皆由不敬不正也。

问："思无邪""毋不敬"，是一意否？朱子曰："思无邪"有辨别，"毋不敬"却是浑然好底意思。大凡持敬，程子所谓敬如有个宅舍。讲学如游骑，不可便相离远去。须于知处求行，行处求知，斯可矣。（《语类》卷二十三，第五十三条，页八八二/五四六）

①《论语·为政第二》第二章。 ②《礼记·曲礼上》第一节。

16 今学者敬而不见[①]得，又不安者，只是心生。亦是太以敬来做事得重。此"恭而无礼则劳"[②]也。恭者，私为恭[③]之恭也。礼者，非体之礼，是自然底道理也。只恭而不为自然底道理，故不自在也。须是"恭而安"[④]。今容貌必端，言语必正者，非是道独善其身，要人道如何。只是天理合如此。本无私意，只是个循理而已。（《河南程氏遗书》卷二上，页十六上）

朱子曰："只是心生"，言只是敬心不熟也。"恭者，私为恭"，言恭只是人为。"礼者，非体之礼"，言只是礼，无可捉摸。故人为之恭，必循自然底道理，则自在也。（《语类》卷九十六，第六条，页三九〇八/二四六一）

①近本俱作"自"，诚如茅星来所云（《近思录集注》卷四，页七上），若作"自"字则与下语"不安"重复。三宅尚斋曾指出（《近思录笔记》卷四），朱子于《语类》卷四十二（第二十一条，页一七一六）已用"见"矣。 ②《论语·泰伯第八》第二章。 ③中村习斋（《近思录讲说》卷四，页四

上）谓"私为恭"是古语，无据。④《论语·述而第七》第三十七章。

17 今志于义理而心不安乐者，何也？此则正是剩一个助之长[①]。虽则心"操之则存，舍之则亡"[②]，然而持之太甚，便是"必有事焉而正之"[③]也。亦须且恁去，如此者只是德孤。德不孤，必有邻[④]。到德盛后，自无窒碍，左右逢其原[⑤]也。（《河南程氏遗书》卷二上，页二十一下）

朱子曰：明道曰："虽则心'操之则存，舍之则亡'，然而持之太甚，便有'必有事焉而正之'也。亦须且恁去。"其说盖曰：虽是"必有事焉而勿正"，亦须且恁地把捉操持，不可便放下了。（《语类》卷九十六，第七条，页三九〇八／二四六一）

茅星来曰："如此"者指上"恁"字而言。"孤"谓所得孤单，别无所有也。德盛则不孤矣。至于左右逢原，则有邻矣。与《论语》本文意别。（《近思录集注》卷四，页八上）。

①《孟子·公孙丑第二上》第二章云："必有事焉而勿正，心勿忘，勿助长也。" ②《孟子·告子第六上》第八章。 ③《孟子·公孙丑第二上》第二章。 ④《论语·里仁第四》第二十五章。 ⑤《孟子·离娄第四下》第十四章。

18 敬而无失[①]便是"喜怒哀乐未发谓之中"[②]。敬不可谓中，但敬而无失，即所以中也。[③]（《河南程氏遗书》卷二上，页二十三下）

问："敬而无失。"朱子曰：把持不定便是失。[④]（《语类》卷四十二，

第四十七条，页一七二七/一〇八三）

又曰：“敬而无失，即所以中也。”敬而无失，本不是中。只是敬而无失，便见中底气象。此如公不是仁，然公而无私则仁。（同上，卷九十六，第七条，页三九〇八/二四六一）

“敬而无失”，问：莫是心纯于敬，在思虑无一毫之不敬，在事为则无一事之不敬。曰：只是常敬。敬即所以中。（同上，第九条，页三九〇九至三九一〇/二四六二）

又曰：“喜怒哀乐未发谓之中。”程子云：“敬不可谓之中，敬而无失，即所以中也”，未说到义理涵养处。（同上，卷六十二，第一二九条，页二三九九/一五一一）

①《论语·颜渊第十二》第五章。②《中庸》第一章。③《近思录》以此为明道语，然朱子亦以为伊川语（《文集》卷六十四，《与湖南诸公论中和第一书》页二十九上）。④《论语集注·颜渊第十二》第五章，注“敬而无失”，云：“故又言苟能持己以敬而不间断。”间断亦是失之一端。

19 司马子微[①]尝作《坐忘论》[②]，是所谓坐驰[③]也。[④]（《河南程氏遗书》卷二上，页二十四下）

朱子曰：司马子微《坐忘论》，是所谓坐驰也。他只是要得恁地虚静都无事。但只管要得忘便不忘，是驰也。（《语类》卷九十六，第七条，页三九〇八/二四六一）

又曰：要得坐忘，便是坐驰。（同上，卷十二，第一五八条，页三五一/二二〇）

施璜曰：盖欲息思虑，便是不能息思虑。有意于坐忘，即是坐驰。（《五子近思录发明》卷四，页八上）

①即司马承祯（六五五—七四四），子微乃其字。②叶采云（《近思录集解》卷四，页六）：“尝著论八篇，言清净无为、坐忘遗驰之道。”据茅星来考证（《近思录集注》卷四，页八下），“开元（七一三—七四一）中被召至都，玄宗（七一二—七五六在位）诏于王屋山，置坛室以居”。茅氏又举《坐忘论》八篇之目：一曰神仙，二曰易简，三曰渐门，四曰斋戒，五曰安处，六曰存想，七曰坐忘，八曰神解。③“坐驰”出自《庄子·人间世第四》卷二，页十四下。④茅星来（同上）与张伯行（《近思录集解》卷四，页九上）均以此为伊川语。

20 伯淳昔在长安仓[①]中间坐，见长廊柱，以意数之。已尚不疑。再数之不合，不免令人一一声言数之，乃与初数者无差。则知越着心把捉，越不定。[②]（《河南程氏遗书》卷二上，页二十四下）

朱子曰：人心至灵，主宰万变，而非物所能宰。故才有执持之意，即是此心先自动了。此程子所以每言坐忘即是坐驰。又因默数仓柱发明其说。而其指示学者操存之道，则必曰“敬以直内”[③]，而又有“以敬直内，便不直矣”[④]之云也。（《文集》卷四十六，《答潘叔度第三书》页十八下）

①三宅尚斋（《近思录笔记》卷四）、佐藤一斋（《近思录栏外书》卷四，“伯淳”条）与Graf神父（Djin-si lu，第二册，页三四六）等均解“仓”为仓库。仓库未必有长廊。然一斋指出往日日本仓库另有楼宇为宾客之用。宋代有仓司，岂谷仓亦有长廊之客居耶？一斋以默数廊柱，非大儒之所为，故此条可疑。东正纯（《近思录参考》卷四，总页七五六）则直以此为儿戏，决非明道之所为，应删之云。②茅星来（《近思录集注》卷四，页九上）与张伯行（《近思录集解》卷四，页九下）均以此为伊川语。③《易经·坤卦第二·文言》。④《河南程氏遗书》卷十一，页三上。

21 人心作主不定，正如一个翻车[①]，流转动摇，无须臾停，所感万端。若[②]不做一个主，怎生奈何？张天祺[③]昔尝言："自约数年，自上着床[④]，便不得思量事。"不思量事后[⑤]，须强把他这心来制缚。亦须寄寓在一个形象，皆非自然。君实[⑥]自谓："吾得术矣。只管念个中字。"此又为中所系缚。且中亦何形象！有人胸中常若有两人焉。欲为善，如有恶以为之间。欲为不善，又若有羞恶之心者。本无二人，此正交战之验也。持其志，使气不能乱，此大可验。要之，圣贤必不害心疾。（《河南程氏遗书》卷二下，页三下至四上）

朱子曰：明道说，"张天祺不思量事后，须强把他这心来制缚，亦须寄寓在一个形象，皆非自然。君实又只管念个中字，此又为中所制缚。且中字亦何形象？"他是不思量事，又思量个不思量底，寄寓一个形象在这里。如释氏教人，便有些是这个道理。如曰"如何是佛"[⑦]云云，胡乱掉一语，教人只管去思量。又不是道理，又别无可思量。心只管在这上行思坐想。久后忽然有悟。中字亦有何形象？又去那处讨得个中？心本来是错乱了，又添这一个物事在里面。这头讨中又不得，那头又讨不得。如何会讨得？天祺是硬捉，又且把定得一个物事在这里。温公只管念个中字，又更生出头绪多。他所以说终夜睡不得。又曰：天祺是硬截，温公是死守，旋旋去寻讨个中。伊川[⑧]即曰："持其志"，所以教人且就里面理会。譬如人有个家，不自作主，却请别人来作主。（《语类》卷九十六，第七条，页三九〇八至三九〇九／二四六一）

茅星来曰：天祺欲制其外来者，使不以动吾之心。温公欲守

其在中者，使不为外物所动。朱子所谓“硬截”“死守”是也。（《近思录集注》卷四，页九下）

①翻车乃农家所用以引水溉田者也。佐藤一斋（《近思录栏外书》卷四，“人心”条）。②《河南程氏遗书》原文“若”上有“心”字，意义无别。③即张戬，天祺乃其字，横渠之弟。历治六七邑，又任太常博士、监察御史等职。常争辨王安石新政。其传详见《伊洛渊源录》卷六末。④中村惕斋（《近思录示蒙句解》页一八九）、井上哲次郎（《近思录》卷四，页六）、秋月胤继（《近思录》页一五三）、加藤常贤（《现代语译近思录》页一五六）均不作上床睡眠而误作静坐。⑤茅星来本无“后”字。⑥即司马光（一〇一九—一〇八六），君实乃其字，赠太师温国公，故称温公，谥文正。其传与教义详见《宋史》卷三三六、《宋元学案》卷七至八。⑦波罗提答南天竺国王之问。见《景德传灯录》卷三，页四下。⑧上言明道，此言伊川，语似冲突。然兄弟二人思想有相同之处。属彼属此，无关重要。

22 明道先生曰：某写字时甚敬。非是要字好，只此是学。（《河南程氏遗书》卷三，页二上）

朱子曰：握管濡毫，伸纸行墨。一在其中点点画画。放意则荒，驭妍则惑。必有争焉，神明厥德。（《文集》卷八十五，《书字铭》页四上）。

邓䌹问：明道先生曰：“某写字时甚敬。非是要字好，只此是学。”䌹谓此正在勿忘勿助之间也。今作字匆匆，则不复成字，是忘也。或作意令好，则愈不能好，是助也。以此知持敬者，正勿忘勿助之间也。朱子答曰：若如此说则只是要字好矣。非明道先生之意也。（《文集》卷五十八，页三十四下，《答邓卫老第一书》）

施璜曰：须知“只此是学”，是学何事？又非是欲字好，即此事以存养也。存养乃时时刻刻事。一息不存，则天理即便间断。惟敬则心便为，理便在。故曰“即此是学”也。(《五子近思录发明》卷四，页九上)

薛瑄曰：程子作字甚敬，曰：“只此是学。”盖事有大小，理无大小。大事谨而小事不谨，则天理即有欠缺间断。故作字事虽小而必敬者，所以存天理也。(《读书录》卷五，《论敬》页十三下至十四上)

23 伊川先生曰：圣人不记事，所以常记得。今人忘事，以其记事。不能记事，处事不精，皆出于养之不完固。(《河南程氏遗书》卷三，页四下)

问：“圣人不记事，所以常记得。今人忘事，以其记事”，何也？朱子曰：圣人之心虚明，便能如此。常人记事忘事，只是着意之故。(《语类》卷九十六，第十条，页三九一〇/二四六二)

24 明道先生在澶州[①]日，修桥少一长梁，曾博求之民间。后因出入，见林木之佳者，必起计度之心。因语以戒学者，心不可有[②]一事。(《河南程氏遗书》卷三，页五上)

李德之[③]问：明道因修桥寻长梁。后每见林木之佳者，必起计度之心。因语学者，“心不可有一事”。某窃谓凡事须思而后通。安可谓“心不可有一事”？朱子曰：事如何不思？但事过则不留于心可也。明道肚里有一条梁，不知今人有几条梁柱在肚里？佛家有“流注想”。水本流将去，有些渗漏处便留滞。(《语类》卷

九十六，第十一条，页三九一〇/二四六二）

陈埴问：“明道先生……不可有一事”，毋乃死灰其心邪？曰：只为滞着在胸次，虽事过之后，犹复萌动。正所谓“心有好乐，则不得其正”④。若事往即化，则得其正矣。（《近思录杂问》卷四，页二十一上）

①今河南濮阳县。熙宁三年（一〇七〇）至四年（一〇七一）明道为镇宁军节度判官。②宇都宫遁庵（《鳌头近思录》卷四，页十上）解“有”为泥着系累。③李德之，朱子弟子，余不详。参看拙作《朱子门人》页一二七至一二八。④《大学》第七章。

25 伊川先生曰：入道莫如敬。未有能致知而不在敬者。今人主心不定，视心如寇贼而不可制。不是事累心，乃是心累事。当知天下无一物是合少得者，不可恶也。（《河南程氏遗书》卷三，页五下至六上）

问：“入道莫如敬。未有能致知而不在敬者。”朱子曰：故则此心惺惺。（《语类》卷十八，第四十八条，页六四五/四〇二）

又曰：伊川谓“学莫先于致知。未有致知而不在敬者”。致知是主善而师之也。敬是克一而协之也。（同上，第四十九条，页六四五/四〇二）

问：程子云，“未有能致知而不在敬者”。盖敬则胸次虚明，然后能格物而判其是非。曰：虽是如此，然亦须格物，不使一毫私欲得以为之蔽，然后胸次方得虚明。只一个持敬，也易得做病。若只持敬，不时时提撕者，亦易以昏困。须是提撕，方见有私欲底意思来，便屏去。且谨守着，到得复来，又屏去。时时提撕，私意自当去也。（同上，第五十一条，页六四五/四〇二）

又曰：盖欲应事，先须穷理。而欲穷理，又须养得心地本原，虚静明澈，方能察见几微，剖析烦乱而无所差。若只如此终日驰骛，何缘见得事理分明？程夫子所谓“学莫先于致知，又未有致知而不在敬者”，正为此也。（《文集·别集》卷三，《答彭子寿第一书》页七下）

26 人只有一个天理，却不能存得。更做甚人也？（《河南程氏遗书》卷十八，页二十四下至二十五上）

茅星来曰：《河南程氏遗书》或问人与禽兽甚悬绝矣。孟子言人之所以异于禽兽者几希[①]。“莫是只在去之存之上有不同处”？伊川答以“固是”，而因语之以此也。（《近思录集注》卷四，页十一下）

①见《孟子·离娄第四下》第十九章。

27 人多思虑，不能自宁。只是做他心主不定。要作得心主定，惟是止于事。“为人君止于仁”[①]之类。如舜之诛四凶[②]。四凶已[③]作恶，舜从而诛之。舜何与焉？人不止于事，只是揽他事，不能使物各付物。物各付物，则是役物。为物所役，则是役于物。“有物必有则”[④]，须是止于事。（以上并伊川语。）（《河南程氏遗书》卷十五，页一下）

叶采曰：应事而不止其所当止，是以一己私智揽他事，而不能物各付物者也。所谓“物各付物”者，物来而应，不过其则；物往而化，不滞其迹。是则役物而不为物所役。（《近思录集解》卷四，页八）

①《大学》第三章。②《书经·舜典》第十二节，舜流共工于幽州，放驩兜于崇山，窜（锢）三苗于三危，殛（诛）鲧于羽山。③一作“他”。④《诗经·大雅·荡之什·烝民》;《孟子·告子第六上》第六章。

28 **不能动人，只是诚不至。于事厌倦，皆是无诚处。**（《河南程氏遗书》卷五，页二上）

东正纯曰：于事厌倦处，亦是不能动人处。（《近思录参考》，总页七五八）

29 **静后见万物自然皆有春意。**（《河南程氏遗书》卷六，页四上）

朱子曰：“万物皆有春意”，此天命之流行也。静后此心光明莹净，与天无间。生生不已之机，触目皆是。“乐意相关禽对语，生香不断树交花”[1]，谓此也。（此为陈沆《近思录补注》卷四，页十下所引）

又曰：天地以生物为心，而万物皆具此心以生焉。则是虽枯槁肃杀之极，亦莫不有此生意也。然众人之心，常躁扰纷杂，无有定时，故方秋冬之时，只见其枯槁肃杀，而不见其生意流行，未尝有间断者也。若夫圣贤存养之熟，人欲顿消，天理方行，其心澹然虚明，若明镜止水。然则我之与万物，自然相照映，所以能见其有春意。（同上）

张横浦[2]曰：明道书窗前有茂草覆砌。或劝之芟。曰：“不可。欲常见造物生意。”置盆池，畜小鱼数尾，时时观之。或问其故。曰：“欲观万物自得意。”草之与鱼，人所共见，惟明道见草则知

生意，见鱼则知自得意。此岂流俗之见可同日而语？（《宋元学案》卷五，《明道学案》下，页五下）

樱田虎门曰：此静字是通动静而言，犹言心定也。不专指无事时。（《摘说》卷四，页二十一上）

张伯行曰：天地生物之心，逐时逐物，发现呈露。无问于大小精粗，皆自然而然者，是谓春意，非独以四时之首春为春也。人在大化鼓动中，杂感纷纭，所以不见天地生物之心。若涵养得久，凝神定虑，静与天通，随处体验，觉飞跃蠕动，碧绿青黄，眼前看底，耳边闻底，自然皆有勃勃生机之发，昭昭天理之行。明道诗云："万物静观皆自得"[③]，即此意也。（《近思录集解》卷四，页十二下至十三上）

①《语类》卷一四〇，第三十八条，页五三四七。此是石延年（九九四——一〇四一）名句，朱子盛赞此句。又谓"可惜不见其全集，多于小说诗话中略见一二尔"。②即张九成（一〇九二——一一五九），字子韶，自号横浦居士，亦称无垢居士。杨时门人，二程再传弟子。学说见《宋元学案》卷四十，《横浦学案》。③《明道文集》卷一，页六下。

30 孔子言仁，只说"出门如见大宾，使民如承大祭"[①]。看其气象，便须"心广体胖"[②]，"动容周旋中礼"[③]自然。惟慎独便是守之之法。（《河南程氏遗书》卷六，页一上）

程子言仁，只说"出门……中礼"。问：孔子告仲弓，方是持敬底事。程子如此说，岂不有自然勉强之异乎？朱子曰：程子之言，举敬之极致而言也。（《语类》卷四十二，第二十条，页一七一五/一〇七五）

或问：伊川云，“孔子言仁，只说‘出门’云云至‘中礼’，惟慎独便是守之之法”。曰：亦须先见得个意思，方慎独以守之。又曰：此前面说敬而不见得，此便是见得底意思，便是见得敬之气象功效恁地。若不见得，即黑淬淬地守一个敬，也不济事。（同上，第二十一条，页一七一六/一〇七五至一〇七六）

或问：伊川未出门，未使民时如何？曰：此“俨若思”[④]时也。圣人之言，得他恁地说，也好。但使某答那人，则但云，“公且去‘出门如见大宾，使民如承大祭’”。因曰：那未出门使民时，自是当敬。不成未出门使民时不敬。却待出门时，旋旋如见大宾，使民时，旋旋如承大祭。却成甚举止？圣人所以只直说“出门如见大宾，使民如承大祭”，更不说那未出门使民时如何。如今恁地说，却较淡了。（同上，第二十三条，页一七一七/一〇七六）

①《论语·颜渊第十二》第二章。②《大学》第六章。③《孟子·尽心第七下》第三十三章。④《礼记·曲礼上》第一节。

31 圣人“修己以敬，以安百姓”[①]，“笃恭而天下平”[②]。惟上下一于恭敬，则天地自位，万物自育[③]。气无不和。四灵[④]何有不至？此“体信达顺”[⑤]之道。聪明睿智皆由是出。以此事天飨帝。[⑥]（《河南程氏遗书》卷六，页一上下）

朱子曰：“惟上下一于恭敬。”这却是上之人有以感发兴起之。体信是忠，达顺是恕。体信是无一毫之伪。达顺是发而皆中节，

无一物不得其所。“聪明睿智皆由此出”。这是自诚而明。(《语类》卷四十四，第一二三条，页一八一八/一一四五)

问：“体信达顺。”曰：体信是实体此道于身，达顺是发而中节，推之天下而无所不通也。(同上，第一二五条，页一八一九/一一四五)

问：“体信达顺。”曰：信只是实理。顺只是和气。体信是致中底意思，达顺是致和底意思。此是《礼记》中语言。能恭敬则能体信达顺。“聪明睿智由此出”者，言能恭敬自然心便开明。(同上，第一二七条，页一八一九/一一四五)

又曰：程子曰“君子‘修己以安百姓’，‘笃恭而天下平’”，至“以此事天飨帝”。此语上下不难晓。惟中间忽云，“聪明睿智皆由此出”，则非容易道得。是他曾因此出些聪明睿智来。(同上，第一三一条，页一八二〇/一一四六)

中村惕斋曰：因天下气和，四灵祥瑞，乃应运而至。(《近思录示蒙句解》卷四，页一九五)

①《论语·宪问第十四》第四十五章。②《中庸》第三十三章。③《中庸》第一章。④龙、凤、龟、麟。见《礼记·礼运》第二十六节。⑤《礼记·礼运》第三十五节。⑥各本有并此条与上条为一条，或并第五十四与五十五为一条而分第六十五为两条，以足本卷七十条之数者。

32 存养熟后，泰然行将去。便有进。(《河南程氏遗书》卷六，页三上)

朱子曰：心存时少，亡时多。存养得熟后，临事省察，不费力。(《语类》卷十二，第四十三条，页三二五)

叶采曰：所养厚，则行有余力。(《近思录集解》卷四，页十)

33 不愧屋漏，则心安而体舒。（《河南程氏遗书》卷六，页十下）

朱子曰：心无不敬，则四体自然收敛。不待十分着意安排，而四体自然舒适。（《文集》卷五十六，《答朱飞卿书》页二十四上）

34 心要在腔子[①]里。只外面有些隙罅，便走了[②]。（《河南程氏遗书》卷七，页一上）

问："心要在腔子里"，若虑事应物时，心当如何？朱子曰：思虑应接，亦不可废。但身在此，则心合在此。曰：然则方其应接时，则心在事上。事去则此心亦合管着。曰：固是要如此。（《语类》卷九十六，第十三条，页三九一〇/二四六二）

或问："心要在腔子里"，如何得在腔子里？曰：敬便在腔子里。又问：如何得会敬？曰：只管恁地滚做甚么？才说到敬，便是更无可说。（同上，第十五条，页三九一一/二四六三）

高攀龙曰："心要在腔子里"，是在中之义。不放于外，便是在中，非有所着也。（《高子遗书》卷一，《语》，页八上）

贝原益轩曰："外面有隙"言耳目口鼻之欲，有徇物于外，则心便走了而不在腔子里。故曰："制于外，所以养其内也。"[③]（《近思录备考》卷四，页十二上，总页二八三）

①"腔子"犹言躯壳，亦即身子。 ②此处朱子以此条为伊川语，而在《小学》（卷五，页十七上）则作明道语。此为兄弟二人思想相同（《河南程氏遗书》卷七为"二先生语"），无分彼此之证。张伯行（《近思录集解》卷四，页十四上下）分此条为两条。 ③《二程粹言》卷二，页二十二下。

35 人心常要活，则周流无穷而不滞于一隅。（《河南程氏遗书》卷五，页一上）

问："人心要活，则周流无穷而不滞于一隅。"如何是活？朱子曰：心无私便可推行。活者不死之谓。（《语类》卷九十六，第十六条，页三九一一/二四六三）

36 明道先生曰："天地设位，而易行乎其中。"[①]只是敬也。敬则无间断。（《河南程氏遗书》卷十一，页二上）

李丈[②]问："'天地设位，而易行乎其中'，只是敬也"，如何？朱子曰：易是自然造化。圣人本意只说自然造化流行，程子是将来就人身上说。敬则这道理流行，不敬便间断了。前辈引经文，多是借来说己意。如"必有事焉而勿正，心勿忘，勿助长"[③]，孟子意是说做工夫处。程子却引来"鸢飞鱼跃"处，说自然道理。若知得"鸢飞鱼跃"，便了此一语。（《语类》卷九十六，第十七条，页三九一一/二四六二）

问："'天地设位，而易行乎其中'，只是敬也。敬则无间断。"不知何以言敬。曰：伊川们说得阔，使人难晓。曰：下面云，"诚，敬而已矣"。恐是说天地间一个实理如此。曰：就天地之间言之，是实理。就人身上言之，惟敬然后见得心之实处流行不息。敬才间断，便不诚。不诚便无物，[④]是息也。（同上，第十八条，页三九一二/二四六三）

①《易经·系辞上传》第七章。 ②此条为陈淳所录。李唐咨，字尧卿，乃陈淳岳父，故称"李

丈”。唐咨与淳两次同事朱子。参看拙作《朱子门人》页一二二。③《孟子·公孙丑第二上》第二章。④《中庸》第二十五章。

37 **“毋不敬”[1]，可以“对越上帝”[2]。**（《河南程氏遗书》卷十一，页二上）

问：敬何以用工？朱子曰：只是内无妄思，外无妄动。（《语类》卷十二，第一〇四条，页三三六）

茅星来曰：不妄思，则心之所存，无非天理。不妄动，则外之所为，无非天理。故可以对越上帝。（《近思录集注》卷四，页十四上）

①《礼记·曲礼上》第一节。②《诗经·周颂·清庙之什·清庙》。

38 **敬胜百邪。**（《河南程氏遗书》卷十一，页二下）

朱子曰：学者常用提省此心，使如日之升，则群邪自息。（《语类》卷十二，第二十四条，页三二〇/二〇一）

39 **“敬以直内，义以方外”[1]，仁也。若以敬直内，则便不直矣。“必有事焉而勿正”[2]则直也。**（《河南程氏遗书》卷十一，页三上）

问：程子曰：“‘敬以直内，义以方外’，仁也。”如何以此便谓之仁？朱子曰：亦是仁也。若能到私欲净尽，天理流行处，皆可谓之仁。如“博学笃志，切问近思”[3]，能如是，则仁亦在其中。……看从那路入。但从一路入，做到极处皆是仁。（《语类》卷

九十六，第二十条，页三九一三/二四六四）

施璜曰："敬以直内"，是无纤毫私意，胸中洞然。彻上彻下，表里如一。"义以方外"，是见得是处，决定是恁地。不是处，决定不恁地。截然方方正正。如此则人欲净尽，天理流行，而心德全矣。故曰仁也。然不曰"以敬直内"，而曰"敬以直内"。盖有意欲以之而直内，则此心已有所偏倚，而非直矣。"必有事焉而勿正"者，敬所当为，而无期必计效之意，所以谓之直也。（《五子近思录发明》卷四，页十三上）

①《易经·坤卦第二·文言》。②《孟子·公孙丑第二上》第二章。③《论语·子张第十九》第六章。

40 涵养吾一。（《河南程氏遗书》卷十五，页一上）

朱子曰：只敬则心便一。（《语类》卷十二，第九十一条，页三三五/二一〇）

茅星来曰：一，不二不杂，指心之本体言也。有以涵养之，而此心湛然虚明，不至有昏昧放逸之患矣。（《近思录集注》卷四，页十四下）

张伯行曰：一者诚也，无欲也。无欲则一，有欲则二三。其谓之吾一者，人心一太极。太极本具于吾心。所以不自外面捉搦个一来。只好涵泳持养，"勿贰以二，勿参以三"[1]，则此心纯乎天理而无人欲之私矣。要其所谓涵养者，非一朝一夕之事也。（《近思录集解》卷四，页十五下至十六上）

①《语类》卷一〇五，第五〇条，页四一八七。又《文集》卷八十五，《敬斋箴》页六上。

41 子在川上曰："逝者如斯夫！不舍昼夜。"[①]自汉以来，儒者皆不识此义。此见圣人之心，"纯亦不已"[②]也。纯亦不已，天德也。有天德，便可语王道。其要只在慎独。（《河南程氏遗书》卷十四，页一下）

问："逝者如斯。"朱子曰："逝"只训"往"。"斯"字方指川流处。（《语类》卷三十六，第一一〇条，页一五五四/九七三）

或问：明道云："自汉以来，诸儒皆不识此义"，如何？曰：是他不识，如何却要道他识？此事除了孔孟，犹是佛老见得些形象。譬如画人一般，佛老画得些模样。后来儒者于此全无相著。如何教他两个不做大！（同上，第一一四条，页一五五六/九七四）

又问："有天德，便可语王道。"曰：有天德，则便是天理，便做得王道。无天德，则做王道不成。又曰：无天德，则是私意，是计较。后人多无天德，所以做王道不成。（同上，第一二三条，页一五五九/九七六）

问：人之不能不息者有二：一是不知后行不得。二是役于欲后行不得。人须是下穷理工夫，使无一理之不明，下克己工夫，使无一私之或作。然此两段工夫皆归在敬上。故明道云，"其要只在慎独"。曰：固是。若不慎独，便去隐微处间断了。能慎独，然后无间断。若或作或辍，如何得与天地相似？（同上，第一一二条，页一五五五/九七四）

至之[③]问："逝者如斯夫，不舍昼夜。"使是"纯亦不已"意思否？曰：固是。然此句在吾辈作如何使？杨[④]曰："学者当体之以自强不息。"曰：只是要得莫间断。程子谓"此天德也。有天德，

便可语王道。其要只在慎独”。慎独与这里何相关？只少有不慎，便断了。（同上，第一二五条，页一五六〇/九七七）

①《论语·子罕第九》第十六章。②《中庸》第二十六章。③即杨至，详见卷二，第四十三条，注③。④即杨至，至之乃其字。

42 “不有躬，无攸利。”[①]不立己，后虽向好事，犹为化物，不得以天下万物挠己。己立后，自能了当得天下万物。[②]（《河南程氏遗书》卷六，页二上）

叶采曰：己未能自立，则心无所主。虽为善事，犹为逐物而动。若能自立，则应酬在我，物皆听命。何挠之有？（《近思录集解》卷四，页十一）

问：“不立己，后虽向好事，犹为化物”，何也？朱子曰：己不立，则在我无主宰矣。虽向好事，亦只是见那事物好，随那事物去，便是为物所化。（《语类》卷九十六，第二十二条，页三九一四/二四六四）

又曰：程子说“不得以天下万物挠己。己立后，自能了得天下万物”。今自家一个身心，不知安顿去处，而谈王说霸，将经世事业，别作一个伎俩商量讲究，不亦误乎？（《文集》卷四十七，《答吕子约第二十七书》页三十一上）

①《易经·蒙卦第四·六三爻辞》。②《近思录》以此条为明道语，惟《语类》（卷九十六，第二十一条，页三九一三）则以为伊川语。

43 **伊川先生曰：学者患心虑纷乱，不能宁静。此则天下公病。学者只要立个心。此上头尽有商量。**（《河南程氏遗书》卷十五，页四上）

退溪曰：能立个心，然后其上头可以商量。譬如立屋者，若无基址，岂有商量立屋之事乎？（《近思录释疑》卷四，《沙溪先生全书》卷十九，页十一下）

44 **闲邪则诚自存。[①]不是外面捉一个诚将来存着。今人外面役役于不善，于不善中寻个善来存着。如此则岂有入善之理？只是闲邪则诚自存。故孟子言性善[②]皆由内出。只为诚便存。闲邪更着甚工夫？但惟是动容貌、整思虑，则自然生敬。敬只是主一也。主一则既不之东，又不之西。如是则只是中。既不之此，又不之彼。如是则只是内。存此则自然天理明。学者须是将"敬以直内"[③]涵养此意。直内是本。**（尹彦明曰：敬有甚形影？只收敛身心，便是主一。且如人到神祠中致敬时，其心收敛，更着不得毫发事。非主一而何？）[④]（《河南程氏遗书》卷十五，页五上下）

问：主一。朱子曰：做这一事，且做一事。做了这一事，却做那事。今人做一事未了，又要做那事，心下千头万绪。（《语类》卷九十六，第二十三条，页三九一四/二四六四）

或谓主一不是主一事。如一日万几，须要并应。曰：一日万几，也无并应底道理。须还他逐一件理会。但只是聪明底人见得快。（同上，第二十六条，页三九一四至三九一五/二四六五）

又曰：主一兼动静而言。（同上，第二十七条，页三九一五/二四六五）

① 《易经·乾卦第一·九二文言》。 ② 《孟子·公孙丑第二上》第二章；《孟子·告子第六上》第六章。 ③ 《易经·坤卦第二·文言》。 ④ "尹彦明"以下乃《近思录》本注。尹氏之言，见《伊洛渊源录》卷十一，页五下至六上。《文集》卷五十四，《答陈正己第一书》页十八上略论此注。

45 闲邪则固一矣。然主一则不消言闲邪。有以一为难见，不可下工夫，如何？一者无他，只是整齐严肃，则心便一。一则自是无非僻之干。此意但涵养久之，则天理自然明。（《河南程氏遗书》卷十五，页六下）

问："闲邪则固一矣。主一则更不消言闲邪。"朱子曰：只是觉见邪在这里，要去闲他，则这心便一了。所以说道"闲邪则固一矣"。既一则邪便自不能入，更不消说又去闲邪。恰如知得外面有贼，今夜用须防他，则便醒了。既醒了，不须更说防贼。（《语类》卷九十六，第二十八条，页三九一五/二四六五）

或问：闲邪主一如何？曰：主一似"持其志"[①]，闲邪似"无暴其气"[②]。闲邪只是要邪气不得入，主一则守之于内。二者不可有偏，此内外相养之道也。（同上，第二十九条，页三九一五/二四六五）

① 《孟子·公孙丑第二上》第二章。 ②同上。

46 有言："未感时，知[①]何所寓？"曰："操则存，舍则亡。出入无时，莫知其乡"[②]，更怎生寻所寓？只是有操而已。操之之道，"敬以直内"[③]也。（《河南程氏遗书》卷十五，页七上）

用之[④]问："有言未感时知何所寓？"朱子曰："操则存，舍则亡。出入无时，莫知其乡。"更怎生寻所寓？只是有操而已。朱子曰：这处难说，只争一毫子。只是看来看去，待自见得。若未感时，又更操这所寓，便是有两个物事。所以道"只有操而已"。只操便是主宰在这里。（《语类》卷九十六，第三十条，页三九一五／二四六五至二四六六）

①"知"，诚如茅星来所云（《近思录集注》卷四，页十七上），"'知'指心之知觉而言。"郑晔（《近思录释疑》卷四，页十上下）强解"知"为"不知"，而金长生（《近思录释疑》，《沙溪先生全书》卷十九，页十二下）沿之。《河南程氏遗书》原文"知"下有"如"字。"何"与"如何"意义相同。②《孟子·告子第六上》第八章。③《易经·坤卦第二·文言》。④即刘砺，同卷二，第四十四条，注③。

47 敬则自虚静。不可把虚静唤做敬。（《河南程氏遗书》卷十五，页十一上）

朱子曰：圣人定之以中正仁义而主静，正是要人静定其心，自作主宰。程子又恐只管静去，遂与事物不相交涉，却说个敬，云，"敬则自虚静。"须是如此做工夫。（《语类》卷九十四，第一〇一条，页三七八七至三七八八／二三八五）

张伯行曰：程子恐人误认周子主静[①]之旨，故言此以示学者。（《近思录集解》卷四，页十九上下）。

①周敦颐，《太极图说》（《周子全书》卷一，页二十三）。

48 学者先务，固在心志。然有谓欲屏去闻见知思，则是“绝圣弃智”[①]。有欲屏去思虑，患其纷乱，则须坐禅入定。如明鉴在此，万物毕照，是鉴之常。难为使之不照。人心不能不交感万物，难为使之不思虑。若欲免此，惟是心有主。如何为主？敬而已矣。有主则虚，虚谓邪不能入；无主则实，实谓物来夺之。大凡人心不可二用。用于一事，则他事更不能入者，事为之主也。事为之主，尚无思虑纷扰之患。若主于敬，又焉有此患乎？所谓敬者，主一之谓敬。所谓一者，无适之谓一。且欲涵泳主一之义，不一则二三矣。至于不敢欺，不敢慢，尚不“愧于屋漏”，皆是敬之事也。（《河南程氏遗书》卷十五，页十九下至二十上）

朱子曰：“外邪不能入”，是“有主则虚”也。自家心里只有这个为主，别无物事，外邪从何处入？岂不谓之虚乎？然他说“有主则虚”者，实字便已在有主上了。“无主则实”者，自家心里既无以为之主，则外邪却入来实其中，此又安得不谓之实乎？（《语类》卷九十六，第三十二条，页三九一六/二四六六）

又曰：“主一之谓敬，无适之谓一。”敬主于一。做这件事，更不做别事。无适是不走作。（《语类》卷九十六，第三十五条，页三九一八/二四六七）

道夫[②]曰：伊川云，“主一之谓敬，无适之谓一”。又曰：“人心要常活，则周流无穷而不滞于一隅。”[③]或者疑主一则滞，滞不能周流无穷矣。道夫窃谓主一则此心便存。心存则物来顺应，何有乎滞？曰：固是。然所谓主一者，何尝滞于一事？不主一则方理会此事，而心留于彼，却是滞于一隅。（《语类》卷九十六，第三十九条，页

三九一九/二四六八）

陈埴问：《近思录》明道言“盖中有主则实，实则外患不能入”[④]。伊川云“心有主则虚，虚则邪不能入。无主则实，实则物来夺之”。所主不同，何也？曰：“有主则实”，谓有主人在内，先实其屋，外客不能入。故谓之实。“有主则虚”，谓外客不能入。只有主人自在。故又谓之虚耳。知惟实故虚。盖心既诚敬，则自然虚明。（《近思录杂问》卷四，页二十上）

薛瑄曰：程明道曰，“中有……不能入”，此实字指敬而言。主敬则天理存，而心实，外患自不能入。伊川曰：“中有……不能入。”此中有主，即主敬之主。敬则理虽实而心体常虚。虚谓外邪不能入。（《读书录》卷五《论敬》页十三下）

茅星来曰：“不敢欺”，以内而言。“不敢慢”，以外而言。“不愧屋漏”，又兼内外而言之也。（《近思录集注》卷四，页十八下）

①《老子》第十九章。②即杨道夫，详见卷二，第十二条，注①。③《河南程氏遗书》卷五，页一上。④《河南程氏遗书》卷一，页六上。

49 “严威俨恪”[①]，非敬之道。但致敬须自此入。（《河南程氏遗书》卷十五，页二十一上）

问敬。朱子曰：不用解说。只整齐严肃便是。（《语类》卷十二，第一〇五条，页三三六至三三七/二一一）

叶采曰：敬存于中。严威俨恪，著于外者。然未有外貌弛慢而心能敬。（《近思录集解》卷四，页十四）

①《礼记·祭义》第十四节。

50 舜孳孳为善。[①]若未接物，如何为善？只是主于敬，便是为善也。以此观之。圣人之道，不是但嘿然无言。（《河南程氏遗书》卷十五，页二十一上）

用之问："舜孳孳为善。未接物时，只主于敬，便是为善。"以此观之，圣人之道不是默然无言。圣人之心"纯亦不已"[②]。虽无事时，也常有个主宰在这里，固不是放肆，亦不是如槁木死灰。朱子曰：这便如夜来说只是有操而已一段。如今且须常存个诚敬做主，学问方有所归着。如有屋舍了，零零碎碎方有顿处。不然，却似无家舍人，虽有千万之宝，亦无安顿处。今日放在东边草里，明日放在西边草里，终非己物。（《语类》卷六十，第一二七条，页二二九五至二二九六/一四四六）

①《孟子·尽心第七上》第二十五章，"鸡鸣而起，孳孳为善者，舜之徒也"。②《中庸》第二十六章。

51 问：人之燕居，形体怠惰，心不慢，可否？曰：安有箕踞[①]而心不慢者？昔吕与叔[②]六月中来缑氏[③]，闲居中某尝窥之，必见其俨然危坐，可谓敦笃矣。学者须恭敬，但不可令拘迫。拘迫则难久。（《河南程氏遗书》卷十八，页七上下）

或问：主敬只存之于心，少宽四体，亦无害否？朱子曰：心无不敬，则四体自然收敛。不待十分着意安排，而四体自然舒

适。着意安排，则难久而生病矣。(《语类》卷十二，第一〇七条，页三三七/二一一至二一二)

①箕踞，两腿前伸，以手据膝，形如箕也。②即吕大临，同卷一，第五十一条，注①。③今河南偃师。

52 思虑虽多，果出于正，亦无害否？曰：且如在宗庙则主敬，朝廷主庄，军旅主严，此是也。如发不以时，纷然无度，虽正亦邪。(《河南程氏遗书》卷十八，页七下)

茅星来曰：敬以事言，庄以客言，严以法言。三者亦非截然分属。盖程子特各就其重者言之耳。(《语类》卷四，页二十上)

53 苏季明[①]问喜怒哀乐未发[②]之前求中，可否？曰：不可。既思于喜怒哀乐未发之前求之，又却是思也。既思即是已发。(思与喜怒哀乐一般。)[③]才发便谓之和，不可谓之中[④]也。又问：吕学士[⑤]言当求于喜怒哀乐未发之前，如何？曰：若言存养于喜怒哀乐未发之前则可，若言求中于喜怒哀乐未发之前则不可。又问：学者于喜怒哀乐发时，固当勉强裁抑。于未发之前当如何用功？曰：于喜怒哀乐未发之前，更怎生求？只平日涵养便是。涵养久，则喜怒哀乐发自中节。曰：当中之时，耳无闻，目无见否？曰：虽耳无闻，目无见，然见闻之理在始得。贤且说静时如何。曰：谓之无物[⑥]则不可，然自有知觉处。曰：既有知觉，却是动也。怎生言静？人说"《复》其见天地之心"[⑦]，皆以谓至静能见天地之心[8]，非也。《复》之卦下面一画[9]，便是动也。安得谓之静？或曰：莫是于动上求静否？曰：固是。然最难。释氏多言定，圣人便言止，如“为人君，止于仁。为人臣，止于敬”[10]之类是也。《易》之《艮》言止之义曰：“艮其止，止其所也。”[11]人多不能止，盖人万物皆备，遇事时各因其心之所重者更互而出。才见得这事重，便有这事出。若能物各付物，便自不出来也。或曰：先生于喜怒哀乐未发之前，下动字？下静字？曰：谓之静则可。然静中须有物始得。这里便是难处。学者莫若且先理会[12]得敬，能敬则知此矣。或曰：敬何以用功？曰：莫若主一。季明曰：昞尝患思虑不定。或思一事未了，他事如麻又生。如何？曰：不可。此不诚之本也。须是习。习能专一时便好。不拘思虑与应事，皆要求一。(《河南程氏遗书》卷十八，页十四下至十五下)

问：旧看程先生所答苏季明喜怒哀乐未发，耳无闻，目无见之说，亦不甚晓。昨见先生答吕子约书，以为目之有见，耳之有闻，心之有知未发，与目之有视，耳之有听，心之有思已发不同，[13]方晓然无疑。不知足之履，手之持，亦可分未发已发否？朱子曰：便是书不如此读。圣人只教你去喜怒哀乐上讨未发已发，却何尝教你去手持足履上分未发已发？都不干事。且如眼见一个物事，心里爱，便是已发，便属喜。见个物事恶之，便属怒。若见个事物心里不喜不怒，有何干涉？(《语类》卷九十六，第四十一条，页三九二〇/二四六八)

用之问：“苏季明问喜怒哀乐未发之前求中”一条。曰：此条记得极好。只中间说“谓之无物则不可，然静中须有个觉处”，此二句似反说。“无物”字恐当作“有物”字……“虽耳无闻，目无见，然见闻之理在始得”。虽是耳无闻，目无见，然须是常有个主宰执持底在这里始得。不是一向放倒，又不是一向空寂了。……下面说复卦，便是说静中有动。不是如瞌睡底静。中间常自有个主宰执持。后又说艮卦，又是说动中要静。（同上，第四十三条，页三九二〇至三九二一／二四六九）

问：前日论“既有知觉，却是动也”，某彼时一□□言句了，及退而思，大抵心本是个活物，无间于已发未发，常恁地活。伊川所谓“动”字，只似“活”字。其曰“怎生言静”，而以复说证之，只是明静中不是寂然不省故尔。不审是否？曰：说得已是了，但“寂”字未是。寂含活意，感则便动，不只是昏然不省也。（同上，第四十五条，页三九二二至三九二三／二四七〇）

问：苏季明问喜怒哀乐未发之前，下动字？下静字。伊川曰：“谓之静则可。静中须有物始得。”所谓“静中有物”者，莫是喜怒哀乐虽未形，而含喜怒哀乐之理否？曰：喜怒哀乐乃是感物而有，犹镜中之影。镜未照物，安得有影？曰：然则“静中有物”，乃镜中之光明。曰：此却说得近似。但只是此类。所谓“静中有物”者，只是知觉便是。曰：伊川却云，“才说知觉，便是动”。曰：此恐伊川说得太过。若云知个甚底，觉个甚底，如知得寒，觉得暖，便是知觉一个物事。今未尝知觉甚事，但有知觉在，何妨其为静？不成静坐便只是瞌睡。（同上，第四十七条，页三九二三／二四七〇）

问：伊川言，“静中须有物始得”。此物云何？曰：只太极

也。(同上，第五十条，页三九二四/二四七一)

又曰："苏季明尝患思虑不定。…… 皆要专一。"而今学问，只是要一个专一。若参禅修养，亦皆是专一，方有功。(同上，第五十一条，页三九二四/二四七一)

①苏季明，名昞。初学于横渠而卒业于二程。自布衣召为太常博士。后以上书讦邪党遭贬。参看《伊洛渊源录》卷九、《宋史》卷四二八、《宋元学案》卷三十一。②《中庸》第一章。③此八字为《河南程氏遗书》本注。④《中庸》第一章。朴履坤(《近思录释义》卷四，页七上)谓《中庸》言发而中节，方谓之和。故"才发便谓之和"必是记者之误。然伊川只言已发未发，非言已发之程度也。⑤即吕大临，详见卷一，第五十一条，注①。⑥朱子谓"无物"当作"有物"。茅星来(《近思录集注》卷四，页二十一下)指出《二程粹言》(卷一，页六上)的作"有物"。筑田胜信(《近思录集解便蒙详说》页五四一)谓"无物"之"无"为误是也。⑦《易经·复卦第二十四·彖辞》。⑧王弼《周易注》，注"《复》其见天地之心乎"曰："寂然至无，是其本也。"⑨参看本卷，第二条。⑩《大学》第三章。⑪《易经·艮卦第五十二·彖辞》。⑫"理会"，诚如筑田胜信(《近思录集解便蒙详说》页五四四)指出，应解作持守。⑬《文集》卷四十八，《答吕子约第三十九书》页十三上至十四上。

54 人于梦寐间，亦可以卜自家所学之浅深。如梦寐颠倒，即是心志不定、操存不固。(《河南程氏遗书》卷十八，页十六上)

朱子曰：魂与魄交而成寐。心在其间，依旧能思虑，所以做成梦。(《语类》卷一一四，第四十五条，页四四一〇/二七六八)。叶采(《近思录集解》卷四，页十七)引此语后自云："若心神安定，梦寐亦不至颠倒。"而江永(《近思录集注》卷四，页十下)与张伯行(《近思录集解》卷四，页二十六下)均误以叶氏语为朱子之语。

55 问：人心所系着之事果善，夜梦见之，莫不害否？曰：虽是善事，心亦是动。凡事有征兆入梦者却无害。舍此皆是妄动。人心须要定，使他思时方思，乃是。今人都由心。曰：心谁使之？曰：以心使心则可。人心自由，便放去也。（《河南程氏遗书》卷十八，页十六上下）

叶采曰：吉凶云为之兆，见于梦者，则此心之神，应感之理，却不为害。苟无故而梦者，皆心妄动。人心操之，则在我。放而不知求，则任其所之。以心使心，非二心也，体用而言之耳。（《近思录集解》卷四，页十八）

问："以心使心"此句有病否？朱子曰：无病。其意只要此心有所主宰。（《语类》卷九十六，第五十二条，页三九二五）

陈淳曰：上"心"字即是道心，专以理义言之也。下"心"字即是人心，而以形气言之也。"以心使心"，则是道心为一身之主，而人心其听命也。朱子批曰：亦是如此。然观程先生之意，只是说自作主宰耳。（《文集》卷五十七，《陈安卿问目第二书》页二十九上下）

56 持其志，无暴其气[①]。内外交相养也。（《河南程氏遗书》卷十八，页十八下）

朱子曰："持其志，无暴其气"，是两边做工夫。志只是心之所向。而今欲做一件事，这便是志。持其志，便是养心。不是持志外别有个养心。问：志与气如何分别？曰：且以喜怒言之。有一件事，这里便当审处。是当喜，是当怒？若当喜，也须喜。若当怒，也当怒。这便持其志。若喜得过分，一向喜，怒得过分，一向怒，则气便粗暴了。便是“暴其气”，志却反为所动。（《语类》卷五十二，第三十五条，页一九六二至一九六三/一二三八）

又曰：“持其志，无暴其气”，此是言养气工夫。内外须是交尽。不可靠自己自守其志，便谓无事。气才不得其平，志亦不得其安。（《语类》卷五十二，第三十六条，页一九六三/一二三八）

叶采曰：“持其志”者，有所守于中。“无暴其气”者，无所纵于外。然中有所守，则气自完。外无所纵，则志愈固。故曰“交相养”。（《近思录集解》卷四，页十八）

①《孟子·公孙丑第二上》第二章。

57 问：“出辞气”①，莫是于言语上用工夫否？曰：须是养乎中，自然言语顺理。若是慎言语，不妄发，此却可着力。（《河南程氏遗书》卷十八，页二十上）

泽田武冈曰：此章之意，欲内外兼用其力，而又要见得这里有本末轻重之等。盖心犹印文也。印文正，打过千张纸万张纸俱正。若印文不正，则千张万张俱不正。故唯中有所养而后发于外者，自然罔悖。然又不可谓用力于中，则于言语上全不省。故曰：“若是慎言语，不妄发，此却可着力。”（《近思录说略》卷四，页三十一下，总页四六二）

①《论语·泰伯第八》第四章。

58 先生谓绎[①]曰：吾受气甚薄，三十而浸盛，四十、五十而后完。今生七十二年矣。校其筋骨，于盛年无损也。绎曰：先生岂以受气之薄，而厚为保生耶？夫子默然曰：吾以忘生徇欲为深耻。（《河南程氏遗书》卷二十一上，页二下）

张南轩[②]曰：若他人养生要康强，只是利。伊川说出来，纯是天理。（中国注家皆引张氏。出处待查）

①即张绎，详见卷二，第七十三条，注①。②即张栻（一一三三——一一八〇），字敬夫，又称钦夫，自号南轩，与朱子为莫逆之交，湘湖学派领袖。传详见朱子《右文殿修撰张公神道碑》（《文集》卷八十九），学说详见《宋元学案》卷五十。

59 大率把捉不定，皆是不仁。（《河南程氏外书》卷一，页一下）

张伯行曰：仁者纯乎天理，其心存而不放。固不须着力把捉，自安所止而有定者也。把捉不定，则是理不胜欲，而心为物夺。故程子以为皆是不仁。（《近思录集解》卷四，页二十八上）

60 伊川先生曰：致知在所养，养知莫过于“寡欲”二字。（《河南程氏外书》卷二，页四上）

朱子曰：“致知在所养，养知莫过于‘寡欲’”二句。致知者，推致其知识而至于尽也。将致知者，必先有以养其知。有以养之，则所见益明，所得益固。欲养其知者，惟寡欲而已矣。欲寡

则无纷扰之杂，而知益明矣。无变迁之患，而得益固矣。（《语类》卷十八，第六十三条，页六五〇至六五一/四〇五）

61 心定者其言重以舒，不定者其言轻以疾。（《河南程氏外书》卷十一，页三下）

朱子曰："心定者其言重以舒"两句。言发于心。心定则言必审。故的确而舒迟。不定则内必纷扰，有不待思而发，故浅易而急迫。此亦志动气之验也。（《语类》卷九十六，第五十五条，页三九二六/二四七二）

62 明道先生曰：人有四百四病[①]，皆不由自家。则是心须教由自家。（《河南程氏外书》卷十二，页六下）

叶采曰：只有此心，操之在我，不可任其所之也。（《近思录集解》卷四，页十九）

①佛家以地、水、火、风四大为身，常相侵害。四大各有百零一病。其中水、风之二百零二病为冷病，地、火之二百零二病为热病。

63 谢显道从明道先生于扶沟[①]。明道一日谓之曰：尔辈在此相从，只是学颢言语，故其学心口不相应，盍若行之。请问焉。曰：且静坐。伊川每见人静坐，便叹其善学。（《河南程氏外书》卷十二，页九下）

朱子曰：明道在扶沟时，谢、游[2]诸公皆在彼问学。明道一日曰："诸公在此，只是学某说话。何不去力行？"一公云："某等无可行者。"明道曰："无可行时，且去静坐。"盖静坐时，便涵养得本原稍定。虽是不免逐物，及自觉而收敛归来，也有个着落。譬如人出外去，才归家时，便自有个着身处。若是不曾存养得个本原，茫茫然逐物在外，便要收敛归来，也无个着身处也。（《语类》卷九十六，第五十六条，页三九二六/二四七二）

伊川见人静坐，如何便叹其善学？曰：这却是一个总要处。（同上，第五十七条，页三九二六/二四七二）

①在河南省。明道神宗元丰元年（一〇七八）至三年（一〇八〇）知扶沟县。②游酢。参看卷二，第八十九条，注⑱。

64 横渠先生曰：始学之要，当知"三月不违"与"日月至焉"[1]内外宾主之辨。使心意勉勉循循而不能已。过此几非在我者。（《张子全书》卷十四，《近思录拾遗》页四上）

至之问：横渠言，"始学之要，当知'三月不违'止。过此几非在我者"。朱子曰：且以屋喻之，"三月不违"者，心常在内。虽间或有出时，然终是在外不稳便，才出即便入。盖安于内，所以为主。"日月至焉"者，心常在外。虽间或有入时，然终是在内不安，才入即便出。盖心安于外，所以为宾。日至者，一日一至此。月至者，一月一至此，自外而至也。不违者，心常存。日月至者，有时而存。此无他，知有至未至，意有诚未诚。知至矣，虽驱使为不善，亦不为。知未至，虽轧勒使不为，此意终迸出来。故贵于见得透，则心意勉勉循循，自不能已矣。“过此几非在我者”，犹言“过此以往，未之或知”[2]。言过此则自家着力不得，待他自长进去。(《语类》卷三十一，第十八条，页一二五七/七八四) 254

①《论语·雍也第六》第五章，孔子赞颜回之心三月不违仁，其余则日月至焉而已。②《易经·系辞下》第五章。

65 心清时少，乱时常多。其清时视明听聪，四体不待羁束而自然恭谨。其乱时反是。如此何也？盖用心未熟，客虑多而常心少也。习俗之心未去，而实心未完也。人又要得刚。太柔则入于不立。亦有人生无喜怒者，则又要得刚。刚则守得定不回，进道勇敢。载则比他人自是勇处多。[1] (“始学”至“未完也”，载《张子全书》卷七，《学大原下》页一下；“未完也”以下，载《张子全书》卷十四，《近思录拾遗》页四上下)

问：横渠说，“客虑多而常心少，习俗之心胜而实心未完”。所谓客虑与习俗之心，有分别否？朱子曰：也有分别。客虑是泛泛思虑。习俗之心，便是从来习染偏胜底心。实心是义理底心。(《语类》卷九十八，第一一八条，页四〇二〇/二五三〇)

①参看本卷，第三十一条，注⑤。茅星来（《近思录集注》卷四，页二十六上）谓两段意思相承，不应分作两条云。

66 戏谑不惟害事，志亦为气所流。不戏谑亦是持气之一端。(《张

子全书》卷六，《学大原上》页七上）

朱子曰：横渠学力绝人，尤勇于改过。独以戏谑为无伤。一日忽曰："凡人之过，犹有出于不知而为之者。至戏谑则皆有心为之。其为害尤甚。"遂作《东铭》。（叶采，《近思录集解》卷四，页二十，引此语，但未详出处。岂佚文耶？）

又曰：所喻戏谑本欲词之巧而然。…… 不惟害事，而所以害于心术者尤深。昔横渠先生尝言之矣。（《文集》卷三十五，《与刘子澄第十书》，页二十一上）

67 正心之始，当以己心为严师。凡所动作，则知所惧。如此一二年守得牢固，则自然心正矣。（《张子全书》卷六，《学大原上》页七上下）

朱子曰：正心却不是将此心去正那心。但存得此心在这里，所谓忿懥恐惧好乐忧患，自来不得。（《语类》卷十六，第一三六条，页五四八／三四四）

68 定，然后始有光明。若常移易不定，何求光明？《易》大抵以艮为止。止乃光明。[①]故《大学》定而至于能虑[②]，人心多则无由光明。（《易说》，《张子全书》卷九，页三十二上，释《大畜卦象传》）

问：艮之象，何以为光明？朱子曰：定则明。凡人胸次烦扰，则愈见昏昧。中有定止，则自然光明。庄子所谓"泰宇定而天光发"[③]是也。（《语类》卷七十三，第五十条，页二九四四／一八五一）

①《易经·艮卦第五十二·彖辞》云："艮，止也。时止则止，时行则行。动静不失其时，其道光明。" ②《大学》经文，"知止而后有定。定而后能静，静而后能安，安而后能虑"。 ③《庄子·庚桑楚第二十三》卷八，页九下。 256

69 "动静不失其时，其道光明"[①]。学者必时其动静，则其道乃不蔽昧而明白。今人从学之久，不见进长，正以莫识动静。见他人扰扰非关己事，而所修亦废。由圣学观之，冥冥悠悠，以是终身。谓之光明可乎？（《张子全书》卷十，页二十二下，释《艮卦彖辞》）

张伯行曰：欲学者慎动而自发其光明也。《易·艮卦·彖辞》言动静因时，则道自光明。故学者惟时行时止，动静不失，则心无淆杂，灵明自生。（《近思录集解》卷四，页三十一下）

①《易经·艮卦第五十二·彖辞》。

70 敦笃虚静者，仁之本。不轻妄，则是敦厚也。无所系阂昏塞，则是虚静也。此难以顿悟。苟知之，须久于道实体之，方知其味。夫仁亦在乎熟之而已。（《孟子说》，《张子全书》卷十四，《近思录拾遗》页四下）

问：“敦笃虚静者，仁之本。”朱子曰：敦笃虚静是为仁之本。（《语类》卷九十八，第一一九条，页四〇二〇/二五三〇）

李孝述[①]问：仁恐为动之始。……礼恐为动之极。……义恐为静之始。……智恐为静之极。……不知是否？朱子批曰：横渠先生曰：“虚静者，仁之本”，亦此意。（《文集·续集》卷十，《答李孝述继善问目》页三下）

①李孝述，字继善。各书均列为朱子门人。恐终未会面，可以私淑待之。参看拙著《朱子门人》页一一七。

卷之五

改过迁善克己复礼

【克己】

凡四十一条

1 濂溪先生曰：君子乾乾不息于诚，[①]然必惩忿窒欲，迁善改过[②]而后至。《乾》之用其善是，损益之大莫是过，圣人之旨深哉！吉、凶、悔、吝生乎动。[③]噫！吉一而已。动可不慎乎？（《通书》，第三十一章）

朱子曰：此以乾卦爻辞，损益大象，发明思诚之方。盖乾乾不息者，体也。去恶迁善者，用也。无体则用无以行，无用则体无所措。故以三卦合而言之。或曰："'其'字亦是'莫'字。"（吉、凶、悔、吝）四者一善而三恶。故人之所值，福常少而祸常多，不可不谨。（《通书注》第三十一章，《周子全书》卷十，页一八六至一八七）

问：此章前面"惩忿窒欲，迁善改过"皆是自修底事。后面忽说动者，何故？曰：所谓"惩忿窒欲，迁善改过"，皆是动上有这般过失。须于方动之时审之，方无凶、悔、吝。所以再说个动。（《语类》卷九十四，第二一七条，页三八二八/二四一二）

①《易经·乾卦第一·九三文言》述意。 ②同上，《损卦第四十一》与《益卦第四十二》之《象传》。 ③同上，《系辞下传》第一章。

2 濂溪先生曰：孟子曰："养心莫善于寡欲。"[①]予谓养心不止于寡而存耳。盖寡焉以至于无，无则诚立明通。诚立，贤也；明通，圣也。（《遗文》，《周子全书》卷十七，页三三四）

朱子曰：濂溪言"寡欲以至于无"，盖恐人以寡欲为便得了，故言不止于寡欲而已，必至于无而后可耳。然无底工夫，则由于能寡欲。到无欲，非圣人不能也。曰：然则“欲”字如何？曰：不同。此寡欲，则是合不当如此者，如私欲之类。若是饥而欲食，渴而欲饮，则此欲亦岂能无？但亦是合当如此者。（《语类》卷九十四，第二二一条，页三八三〇/二四一四）

又曰：“诚立明通”，“立”字轻，只如“三十而立”[②]之“立”。“明”字就见处说，如“知天命”以上之事。（同上，第二二二条，页三八三〇/二四一四）

陈埴问：周濂溪云：“养心不止于寡欲。盖寡焉以至于无。”曰：此谓私欲耳。克去私欲，当自寡而至于无。若饮食男女之欲，发而中节者，是理义之当然。虽大圣不能无。濂溪即非寂灭之谓也。（《近思录杂问》卷五，页二十五上）

①《孟子·尽心第七下》第三十五章。 ②《论语·为政第二》第四章，孔子自述，“吾十有五而志于学，三十而立，四十而不惑，五十而知天命，六十而耳顺，七十而从心所欲，不逾矩”。

3 伊川先生曰：颜渊问克己复礼之目，夫子曰：“非礼勿视，非礼勿听，非礼勿言，非礼勿动。”[①]四者身之用也。由乎中而应乎外，制于外所以养其中也。颜渊请事斯语[②]，所以进于圣人。后之学圣人者，宜服膺而勿失也。因箴以自警。《视箴》曰：“心兮本虚，应物无迹。操之有要，视为之则。蔽交于前，其中则迁。制之于外，以安其内。克己复礼，久而诚矣。”《听箴》曰：“人有秉彝，本乎天性。知诱物化，遂亡其正。卓彼先觉，知止有定。[③]闲邪存诚[④]，非礼勿听。”《言箴》曰：“人心之动，因言以宣。发禁躁妄，内斯静专。矧是枢机，兴戎出好。[⑤]吉凶

荣辱，惟其所召。伤易则诞，伤烦则支。己肆物忤，出悖来违。非法不道，钦哉训辞。”《动箴》曰：“哲人知几，诚之于思。志士厉行，守之于为。顺理则裕，从欲惟危。造次克念，战兢自持。习与性成[⑥]，圣贤同归。”（《河南程氏文集》卷四，页四上下）

朱子曰：“由乎中而应乎外”，这是势之自然，“制于外所以养其中”，这是自家做工夫处。（《语类》卷四十一，第六十八条，页一六九一/一〇六〇）

问：“由乎中而应乎外，制于外所以养其中。”克己工夫从内面做去，反说“制于外”，如何？曰：制却在内。又问：《视箴》何以特说心，《听箴》何以特说性？曰：互换说，也得。然谚云：“开眼便错。”视所以就心上说。“人有秉彝，本乎天性。”道理本自好在这里，却因杂得外面言语来诱化。听所以就理上说。（同上，第七十三条，页一六九二至一六九三/一〇六一）

又曰：“操之有要，视为之则。”只是人之视职言动，视最在先，为操心之准则。此两句不是不好。至“蔽交于前”，方有非礼而视。故“制之于外，以安其内”，则克己而复礼也。如是工夫无间断，则久而自从容不勉矣。故曰“久而诚矣”。（同上，第七十四条，页一六九三/一〇六一）

问：四箴。曰：视是将这里底引出去，所以云“以安其内”。听是听得外面底来，所以云“闲邪存诚”。又问：四者还有次第否？曰：视为先，听次之。又曰：“哲人知几，诚之于思”，此是动之于心。“志士厉行，守之于为”，此是动之于身。（同上，第七十七条，页一六九四/一〇六二）

问：“知诱物化，遂亡其正”，这个知是如何？曰：《乐记》

云："人生而静，天之性也。感于物而动，性之欲也。物至知知，然后好恶形焉。好恶无节于内，知诱于外，不能反躬，天理灭矣。"[⑦]人莫不有知。知者，所当有也。物至，则知足以知之而有好恶，这是自然如此。到得"好恶无节于内，知诱于外"，方始不好去。（同上，第七十九条，页一六九五/一〇六二）

问：承诲，《言箴》自"人心之动，因言以宣"，至"吉凶荣辱，惟其所召"，是谨诸己。以下是说接物许多病痛。曰：上四句是就身上最紧要处须是不躁妄，方始静专。才不静专，自家这心自做主不成，如何去接物？下云"矧是枢机，兴戎出好"四句，却是说谨言底道理。下四句却说四项病，"伤易则诞，伤烦则支。己肆则物忤，出悖则来违"。（同上，第八十一条，页一六九六至一六九七/一〇六三）

问："哲人知几，诚之于思。志士厉行，守之于为"，此是两般人否？曰：非也。只是"诚之于思"底，却觉得速。"守之于为"者，乃其形于事为，早是见得迟了。此却是觉得有迟速，不可道有两般，却两脚做工夫去。（同上，第八十二条，页一六九九/一〇六四）

①《论语·颜渊第十二》第一章。②见《论语·颜渊第十二》第一章。③《大学》经文。④《易经·乾卦第一·九二文言》。⑤《书经·大禹谟》第十七节。⑥《书经·太甲上》第九节。⑦《礼记·乐记》第十一节。

4 《复》之初九曰："不远复，无祇悔，元吉。"[①]《传》曰：阳，君子之道。故复为反善之义。初，复之最先者也，是不远而复也。失而后有复，不失则何复之有？惟失之不远而复，则不至于悔，大善而吉也。颜子无形显之过，夫子谓其庶几，乃"无祇

悔”也。过既未形而改，何悔之有？既未能不勉而中，所欲不逾矩，是有过也。然其明而刚，故一有不善，未尝不知。既知，未尝不遽改。故不至于悔，乃“不远复”也。学问之道无他也。惟其知不善，则速改以从善而已。（《周易程氏传》卷二，页三十三下，释《复卦第二十四·初九爻辞》与《象传》）

朱子曰："颜子有不善未尝不知，知之未尝复行。"[②]今人只知“知之未尝复行”为难，殊不知“有不善未尝不知”是难处。今人亦有说道知得这个道理。及事到面前，又却只随欲做将去，前所知都自忘了。只为是不曾知。（《语类》卷七十六，第五十八条，页三〇九八/一九四九）

①《易经·复卦第二十四·初九象传》。 ②《易经·系辞下传》第五章。

5 《晋》之上九："晋其角，维用伐邑。厉吉，无咎，贞吝。"[①]《传》曰：人之自治，刚极则守道愈固，进极则迁善愈速。如上九者，以之自治，则虽伤于厉，而吉且无咎也。严厉非安和之道，而于自治则有功也。虽自治有功，然非中和之德。故于贞正之道为可吝也。（《周易程氏传》卷三，页十七上，释《晋卦第三十五·上九爻辞》）

朱子曰："晋"，进也。……角，刚而居上。上九刚进之极，有其象矣。占者得之，而以伐其私邑，则虽危而吉且无咎。然以极刚治小邑，虽得其正，亦可吝矣。（《周易本义》，注《晋卦·上九爻辞》）

问："晋其角，维用伐邑。"本义作伐其私邑，《程传》以为自治，如何？曰：便是《程传》多不肯说实事，皆以为取喻。伐

邑如堕费堕郈[2]之类是也。(《语类》卷七十二，第四十六条，页二九〇七/一八二五至一八二六)

①《易经·晋卦第三十五·上九爻辞》。②《左传·定公十二年》，孔子为鲁司寇，命子路堕三都，即毁季孙氏之费邑、叔孙氏之郈邑与仲孙氏之郕邑。

6 损者，损过而就中，损浮末而就本实也。天下之害，无不由末之胜也。峻宇雕墙[1]，本于宫室。酒池肉林，本于饮食。淫酷残忍，本于刑罚。穷兵黩武，本于征讨。凡人欲之过者，皆本于奉养。其流之远，则为害矣。先王制其本者，天理也。后人流于末者，人欲也。损之义，损人欲以复天理而已。(《周易程氏传》卷三，页三十七上，释《损卦第四十一·彖辞》)

张伯行曰：高峻其宇，雕饰其墙，是本于宫室而过焉者。(《近思录集解》卷五，页六下)

①《书经·五子之歌》第六节。

7 《夬》九五曰："苋陆[1]，夬夬，中行无咎。"《象》曰："中行无咎。中未光也。"[2]《传》曰：夫人心正意诚，乃能极中正之道，而充实光辉。若心有所比，以义之不可而决之，虽行于外，不失其中正之义，可以无咎。然于中道未得为光大也。盖人心一有所欲，则离道矣。夫子于此，示人之意深矣。(《周易程氏传》卷三，页四十八上，释《夬卦第四十三·九五象传》)

张伯行曰：此释夬卦九五爻象也。苋陆今马齿苋，感阴气之多者。夬夬，决而又决也。《夬》之卦体，下乾上兑，五阳决一阴。而九五又以刚居刚，为夬之主，必不系累于阴柔者。但与上六切近，如苋陆得阴气之多，恐不能无所比。虽迫于众阳之合力，且已有阳刚中正之德，必能决而决之，不失中正之道，可以无咎。而《象》谓中未光者，程子释其意，以为人必心正无私昵，意诚无勉强，乃能极大中至正之道，充实于内，而光辉于外。今九五比于上爻狎习亲昵，心未必正。特以迫于义之不可而勉强决去之，则其意亦非尽出于诚。虽所行中正，有无咎之道。然胜人之邪者，必先自胜其邪。邪念一分未尽，天理便一分未光何也？人有所欲，则离道矣。（《近思录集解》卷五，页七上）

①朱子以为苋陆是两物，苋者马齿苋，陆者章陆。（《语类》卷七十二，第一一三条，页二九二五/一八三七） ②夬卦九五《爻辞》与《象传》。

8 方说而止，《节》之义也。（《周易程氏传》卷四，页四十六下，释《节卦第六十·象传》）

朱子曰：说则欲进而有险在前，进去不得，故有止节之义。又曰：节，便是阻节之意。（《语类》卷七十三，第一一五条，页二九六七/一八六五至一八六六）

叶采曰：兑下坎上为节。兑，说也。坎，险也。见险则止矣。人惟说则易流。方说而能止，是节之义也。（《近思录集解》卷五，页六）

9 《节》之九二，不正之节也。以刚中正为节。如惩忿窒欲，损过抑有余是也。不正之节，如啬节于用；懦节于行是也。（《周易程氏传》卷四，页四十七下，释《节卦·九二爻辞》）

茅星来曰：九二以刚居柔[①]，在节卦是为不正之节也。刚中谓九五[②]也。啬节于用二者，程子亦偶举以见意耳。他如待人之节而失之薄，处己之节而失之固皆是。（《近思录集注》卷五，页八上下）

①二为阳爻而居阴位，是以不正。②阳爻居阳位。

10 人而无克、伐、怨、欲，惟仁者能之。有之而能制其情不行焉，斯亦难能也，谓之仁则未可也。此原宪[①]之问，夫子答以知其为难，而不知其为仁。此圣人开示之深也。（《河南程氏经说》）

问：克、伐、怨、欲不行，何以未足为仁，必克己复礼[②]，乃得为仁？朱子曰：克己者，一似家中捉出个贼，打杀了，便没事。若有克、代、怨、欲，而但禁制之，使不发出来，犹关闭所谓贼者在家中。只是不放出外头作过，毕竟窝藏。（《语类》卷四十四，第十四条，页一七七七/一一一八）

①原宪，亦称原思，字子思，孔子门人。孔子为鲁司寇时，使原宪为邑宰。孔子死后，原宪隐居卫国。《论语·宪问第十四》第二章，问曰："克、代、怨、欲，不行焉，可以为仁矣。"子曰："可以为难矣。仁则吾不知也。" ②《论语·颜渊第十二》第一章。

11 明道先生曰：义理与客气[①]常相胜。只看消长分数多少，为君子、小人之别。义理所得渐多，则自然知得客气消散得渐少。消尽者是大贤。（《河南程氏遗书》卷一，页三下）

叶采曰：义理者，性命之本然；客气者，形气之使然。（《近思录集解》卷五，页七）

①茅星来（《近思录集注》卷五，页九上）解作“血气，以其非心性之本然，故曰客气”。宇都宫遁庵（《鳌头近思录》卷五，页十上）云：“义理者道心之谓也。客气者人心之谓也。”泽田武冈（《近思录说略》卷五，页九下，总页四九〇）以“所欲者以其自外入以动其气，故谓之客气”。中村惕斋（《近思录示蒙句解》卷五，页二三三）亦以人欲由形气之私以生，如客之往来。其他日本注家如秋月胤继（《近思录》页一八六）、井上哲次郎（《近思录》卷五，页七）等，皆以客气为私欲如客之外来。

12 或谓：人莫不知和柔宽缓，然临事则反至于暴厉。曰：只是志不胜气，气反动其心也。（《河南程氏遗书》卷十七，页三下，卷十七为伊川语）

江永曰：不能持志，则客气用事，故多暴厉。能持其志，则不为气所胜，而临事自然从容。（《近思录集解》卷五，页四上）

13 人不能祛思虑，只是吝。吝，故无浩然之气[①]。（《河南程氏遗书》卷十五，页二上。）

江永曰：思虑者，心多计较私意小智也。不能祛者，只是心

有系吝，故无浩然正大之气。(《近思录集注》卷五，页四上)

①《孟子·公孙丑第二上》第二章。

14 治怒为难，治惧亦难。克己可以治怒，明理可以治惧。(《河南程氏遗书》卷一，页八下)

胡叔器[①]问：每常多有恐惧，何由可免？朱子曰：须是自下工夫，看此事是当恐惧不当恐惧。《河南程氏遗书》云："治怒为难，治惧亦难。克己可以治怒，明理可以治惧。"若于道理见得了，何惧之有？(《语类》卷一二〇，第十四条，页四六〇七/二八八五)

①胡叔器，名安之，朱子晚年弟子，录《语类》问答七十余条。参看拙著《朱子门人》页一六八至一六九。

15 尧夫[①]解"他山之石，可以攻玉"[②]。玉者温润之物。若将两块玉来相磨，必磨不成。须是得他个粗砺底物，方磨得出。譬如君子与小人处，为小人侵陵，则修省畏避，动心忍性，增益豫防[③]。如此便道理出来。[④](《河南程氏遗书》卷二上，页十六上下)

江永曰：君子与小人，不并立者也。然或有时不幸而与之处，善修己者，正资之以为进德之助，如粗石能磨玉也。(《近思录集注》卷五，页四上)

①即邵雍，尧夫乃其字，谥康节。著《皇极经世书》《伊川击壤集》《渔樵问答》。与《近思录》四先生为北宋五子。学说见《宋元学案》卷九、卷十一。 ②《诗经·小雅·鸿雁之什·鹤鸣》。 ③《孟子·告子第六下》第十五章。 ④此条为明道引尧夫之言。《近思录》通篇，只此处引尧夫而已。

16 目畏尖物。此事不得放过，便与克下。室中卒[①]置尖物，须以理胜他。尖必不刺人也，何畏之有？（《河南程氏遗书》卷二下，页二上）

安卿[②]问：伊川言，“目畏尖物，此理须克去。室中率置尖物，必不刺人”。此是如何？朱子曰：疑病每如此。尖物元不曾刺人。他眼病只管见尖物来刺人耳。伊川又一处[③]说此稍详。有人眼病，尝见狮子。伊川教他见狮子则捉来，其人一面去捉。捉来捉去，捉不着。遂不见狮子了。（《语类》卷九十六，第五十八条，页三九二六至三九二七/二四七二）

又曰：人有目畏尖物者。明道先生[④]教以室中率置尖物，使见之熟而知尖之不刺人也。则知畏者忘而不复畏矣。（《文集》卷六十一，《答曾光祖第五书》页三十二下）

①“卒”字注家解释不一，或作“常”，或作“遽”，或作“皆”。然以“常”字为最适当。 ②朱子有两门人字安卿。一为陈淳，一为林学履。此条为徐寓庚戌（一一九〇）以后所录。陈、林俱于庆元五年（一一九九）从学朱子，故此条可能为陈淳或林学履所问。然陈淳所问逾百条，而学履所问只约十则。且学履所问，关于《易》之问题为多，而陈淳所问，则重修养，故此处安卿当指陈淳。参看拙作《朱子门人》页一五六与二二〇至二二一。 ③《河南程氏外书》卷十一，页四下。 ④卷二下为二先生语，未指明为谁。兄弟思想有相同之处，故可作伊川，亦可作明道。

17 明道先生曰：责上责下而中自恕己，岂可任职分？（《河南程氏遗书》卷五，页一下）

茅星来曰：程子平日解“恕”字最分晓。[①]此云恕己，疑记录者之误。专务责人而不知责己，则于自己职分必不能尽，故不可任以职分。（《近思录集注》卷五，页十上下）

东正纯曰：明道此语，似暗指王安石者矣。（《近思录参考》卷五，页七七〇）

①“恕”乃对人而言而不可以恕己。

18 “舍己从人”[①]，最为难事。己者，我之所有。虽痛舍之，犹惧守己者固，而从人者轻也。（《河南程氏遗书》卷九，页三上）

或问：程子有言，“‘舍己从人’，最为难事。己者，我之所有。虽痛舍之，犹惧守己者固，而从人者轻也”。此说发明得好。朱子曰：此程子为学者言之。若圣人分上，则不如此也。“无适也，无莫也。义之与比”[②]。曰痛舍，则大段费力矣。（《语类》卷九十六，第六十条，页三九二七/二四七二至二四七三）

①《孟子·公孙丑第二上》第八章。 ②《论语·里仁第四》第十章。

19 九德[①]最好。（《河南程氏遗书》卷七，页二下）

朱子曰：九德分得细密。(《语类》卷七十八，第二三四条，页三二〇八/二〇一九)

①《书经·皋陶谟》第三节："宽而栗（敬谨），柔而立，愿（谨厚）而恭，乱（治）而敬，扰（顺）而毅，直而温，简而廉，刚而塞（笃实），疆（强）而义。"

20 "饥食渴饮，冬裘夏葛"[①]，若致些私吝心在，便是废天职。(《河南程氏遗书》卷六，页二下)

问："饥食渴饮，冬裘夏葛"，何以谓之天职？朱子曰：这是天教我如此。饥便食，渴便饮，只得顺他。穷口腹之欲，便不是。盖天只教我饥则食，渴则饮，何曾教我穷口腹之欲？(《语类》卷九十六，第六十一条，页三九二七/二四七三)

①《韩昌黎全集》卷十一，《原道》页三下。

21 猎，自谓今无此好。周茂叔曰："何言之易也？但此心潜隐未发。一日萌动，复如前矣。"后十二年因见，果知未也。(一本注云：明道先生年十六七时好田猎。十二年暮归，在田野间见田猎者，不觉有喜心。)(《河南程氏遗书》卷七，页一上)

或问明道五十年犹不忘游猎之心。朱子曰：人当以此自点检。须见得明道气质如此，至五十年犹不能忘。在我者当益加操守方是，不可以此自恕。(《语类》卷九十三，第六十九条，页三七四六/二三六〇)

22 伊川先生曰：大抵人有身，便有自私之理。宜其与道难。（《河南程氏遗书》卷三，页六上）

问：此为理之自然，何也？朱子曰：饥饱劳逸，身自知之，而于他人则不之知也。喜惧爱恶，身自知之，而于他人则不之知也。惟其如此，故"有身便有自私之理，而与道难一"。是以君子必尽己之心而推以及物，庶几心公理得，而道可一也。（茅星来，《近思录集注》卷五，页十一下，引此语。出处未详）

23 罪己责躬不可无，然亦不当长留在心胸为悔。（《河南程氏遗书》卷三，页五下）

问：程子曰："自讼不置，能无改乎？"[①]又曰："罪己责躬不可无，然亦不当长留在心胸为悔。"今有学者，幸知自讼矣。心胸之悔，又若何而长不留耶？朱子曰：改了便无悔。又问：已往之失却如何？曰：自是无可救了。（《语类》卷二十九，第一三〇条，页一二一七/七五九）

①《河南程氏经说》卷六，《论语》页五下。

24 所欲不必沉溺，只有所向便是欲。（《河南程氏遗书》卷十五，页二下）

朱子曰：欲，如口鼻耳目四肢之欲，虽人之所不能无。然多而不节，未有不失其本心者，学者所宜当深戒也。程子曰："所欲

不必沉溺，只有所向便是欲。”（《孟子集注·注尽心第七下》第三十五章）

25 明道先生曰：子路①亦百世之师。（人告之以有过则喜。）②（《河南程氏遗书》卷三，页六下）

朱子曰：喜其得闻而改之，其勇于自修如此。周子曰：“仲由喜闻过，令名无穷焉。今人有过，不喜人规。如讳疾而忌医，宁灭其身而无悟也。噫！”③程子曰：“子路人告之以有过则喜，亦可谓百世之师矣。”（《孟子集注·注公孙丑第二上》第八章）

①子路，姓仲，名由，又称季路，孔子弟子。为鲁国、卫国邑宰。②“人告”以下为《河南程氏遗书》本注，引《孟子·公孙丑第二上》第八章。③《通书》，第二十六章。

26 人语言紧急，莫是气不定否？曰：此亦当习。习到言语自然缓时，便是气质变也。学至气质变，方是有功。（《河南程氏遗书》卷十八，页七上。卷十八为伊川语）

朱子曰：人之为学，却是要变化气禀。……须知气禀之害，要力去用功克治，时其胜而归于中乃可。（《语类》卷四，第五十九条，页六一/六九）

27 问：“不迁怒，不贰过”①，何也？《语录》有怒甲不迁乙之说②，是否？伊川先生曰：是。曰：若此则甚易，何待颜子而后能？曰：只被说得粗了。诸君便道易，此莫是最难。须是理会

得，因何不迁怒？如舜之诛四凶[3]，怒在四凶，舜何与焉？盖因是人有可怒之事而怒之。圣人之心本无怒也。譬如明镜，好物来时便见是好，恶物来时便见是恶，镜何尝有好恶也？世之人固有怒于室而色于市[4]。且如怒一人，对那人说话，能无怒色否？有能怒一人而不怒别人者，能忍得如此，已是煞知义理。若圣人因物而未尝有怒，此莫是甚难。君子役物，小人役于物。今见[5]可喜可怒之事，自家著一分陪奉他，此亦劳矣。圣人之心如止水。（《河南程氏遗书》卷十八，页二十二上）

敬之[6]问：颜子"不迁怒，不贰过"，莫只是静后能如此否？朱子曰：圣贤之意不如此。如今卒然有个可怒底事在眼前，不成说且教我去静！盖颜子只是见得这个道理透，故怒于甲时，虽欲迁于乙，亦不可得而迁也。见得道理透，则既知有过，自不复然。（《语类》卷三十，第三十七条，页一二三六至一二三七/七七一至七七二）

①《论语·雍也第六》第二章。孔子赞颜子之语。 ②此说或是伊川说"不迁不贰"之语，惟今不见《河南程氏经说》。 ③四凶，同卷四，第二十七条，注②。 ④《左传·昭公十九年》。 ⑤《河南程氏遗书》原文"见"上有"人"字。 ⑥即张显父，敬之乃其字。同卷二，第四十八条，注③。

28 人之视最先。非礼而视，则所谓开目便错了。次听，次言，次动，有先后之序。人能克己，则心广体胖。仰不愧，俯不怍。其乐可知。有息则馁矣。[1]（《河南程氏外书》卷三，页一下）。

朱子曰：如今见得直如此说得好。（《语类》卷四十一，第八十四条，页

一七〇〇/一〇六五)

茅星来曰:《洪范》以人生本然者而言,故先貌,次言,次视,次听。夫子以日用当然者而言,故先视,次听,次言,次动。犹《易》八卦方位之有先后天也。独不言思者,盖说一“非”字“勿”字,而思已立于其中,亦犹四端不言信之意。(《近思录集注》卷五,页十三下)

①参看本卷,第三条。

29 圣人责己感也处多,责人应也处少。[①] (《河南程氏外书》卷七,页一下)

贝原益轩曰:感者,吾诚意使人感也。应者,他人应吾感之也。感者,工夫也。应者,效验也。(《近思录备考》卷五,页十二下,总页三二六)

①参看《语类》卷四十五,第四十条,页一八四〇/一一五九。

30 谢子[①]与伊川别一年,往见之。伊川曰:相别一年,做得甚工夫?谢曰:也只去个矜字。曰:何故?曰:子细检点得来,病痛尽在这里。若按伏得这个罪过,方有向进处。伊川点头,因语在坐同志者曰:此人为学,切问近思[②]者也。(《河南程氏外书》卷十二,页五上)

问:人之病痛不一,各随所偏处去。上蔡才高,所以病痛尽在矜字。朱子曰:此说是。(《语类》卷一〇一,第三十九条,页四〇七二/二五六二)

又曰：谢氏谓去得矜字。后来矜依旧在，说道理扬扬地。（同上，第四十条，页四〇七二/二五六二）

①即同卷二，第二十七条，注④。②《论语·子张第十九》第六章。

31 思叔[①]诟詈仆夫。伊川曰：何不“动心忍性”[②]？思叔惭谢。（《河南程氏外书》卷十二，页八上）

朱子曰：动心忍性者，动其仁义礼智之心，忍其声色臭味之性。（《语类》卷五十九，第一八八条，页二二五四/一四二〇）

①即张绎，详见卷二，第七十三条，注①。②《孟子·告子第六下》第十五章。

32 见贤便思齐[①]，有为者亦若是[②]。见不贤而内自省[③]，盖莫不在己。[④]（《河南程氏外书》卷二，页一下，明道语）

江永曰：“莫不在己”，谓反躬自省，人之不善，己皆有之也。（《近思录集注》卷五，页六下）

①《论语·里仁第四》第十七章。②《孟子·滕文公第三上》第一章。③《论语·里仁第四》第十七章。④张伯行（《近思录集解》卷五，页十五上）将此句误作伊川语。

33 横渠先生曰：湛一，气之本。攻取，气之欲。口腹于饮食，鼻口于臭味，皆攻取之性也。知德者属厌而已。不以嗜欲

累其心，不以小害大、末丧本焉尔。（《正蒙·诚明篇第六》，《张子全书》卷二，页十八下）

问："湛一，气之本。攻取，气之欲。"朱子曰：湛一是未感物之时，湛然纯一。此是气之本。攻取如目之欲色，耳之欲声，便是气之欲。曰：攻取是攻取那物否？曰：是。（《语类》卷九十八，第一二〇条，页四〇二〇/二五三〇）

34 **纤恶必除，善斯成性矣。察恶未尽，虽善必粗矣。**（《正蒙·诚明篇第六》，《张子全书》卷二，页二十下）

朱子曰：横渠言"成性"，与古人不同。他所说性，虽是那个性，然曰"成性"，则犹言"践形"[①]也。又曰：他是说去气禀物欲之私以成其性。（《语类》卷七十四，第一七八条，页三〇三七/一九一〇）

必大[②]曰：张子曰："纤恶必除，善斯成性矣。察恶未尽，虽善必粗矣。"学者须是毫发不得放过，德乃可进。曰：若能如此，善莫大焉。以小恶为无伤，是诚不可。（同上，卷一一七，第十八条，页四四八三/二八一二）

①《孟子·尽心第七上》第三十八章。②即吴必大，详见卷一，第四十二条，注②。

35 **恶不仁，故不善未尝不知[①]。徒好仁而不恶不仁[②]，则习不察、行不著。[③]是故，徒善未必尽义，徒是未必尽仁。好仁而恶不仁，然后尽仁义之道。**（《正蒙·中正篇第八》，《张子全书》卷二，页二十五上）

叶采曰：人能恶不仁，则其察己也精，有不善必知之矣。苟徒知仁之可好，而不知不仁之可恶，则所习者或未之察，所行者或未之明。虽有好仁之心，而卒陷于不仁而莫之觉矣。（《近思录集解》卷五，页十二）

①见《易经·系辞下传》第五章。②《论语·里仁第四》第六章。③《孟子·尽心第七上》第五章。

36 责己者，当知无天下国家皆非之理。故学至于不尤人，学之至也。（《正蒙·中正篇第八》，《张子全书》卷二，页二十五下）

茅星来曰：此君子所以贵反求诸己也。不尤人，则必能自反而愈修其德，故曰学之至。（《近思录集注》卷五，页十六上）

37 有潜心于道，匆匆为他虑引去者，此气也。旧习缠绕，未能脱洒，毕竟无益。但乐于旧习耳。古人欲得朋友与琴瑟简编，常使心在于此。惟圣人知朋友之取益为多，故乐得朋友之来。[①]（《横渠论语说》，《张子全书》卷十四，《近思录拾遗》页四下）

叶采曰：朋友有讲习责善之益，琴瑟有调适性情之用，简编有前言往行之识。朝夕于是，则心有所养，而习俗放僻之念不作矣。然三者之中，朋友之益尤多。故"有朋自远方来"，所以乐也。（《近思录集解》卷五，页十三）

①《论语·学而第一》第一章。

38 矫轻警惰。(《张子全书》卷五,《气质》页八上)

朱子曰:知有此病,必去其病。此便是疗之之药。如觉言语多,便用简默。意思疏阔,便加细密。觉得轻浮浅易,便须深沉重厚。程先生所谓"矫轻警惰"盖如此。(《语类》卷九,第二十四条,页二三九/一五一)

茅星来曰:轻则不能厚重以自持,惰则不能振作而有为。二者为学之大患,故必有以矫之警之,而后可以进于学。(《近思录集注》卷五,页十六下)

薛瑄曰:矫轻警惰,只当于心志言动上用力。(《读书录》卷五,《警戒》页二十二上)

39 仁之难成久矣。人人失其所好。[①]盖人人有利欲之心,与学正相背驰。故学者要寡欲。(《张子全书》卷六,《学大原上》页八上)

东正纯曰:寡欲之欲与利欲之欲不同。如利欲之欲必要无之,岂止寡哉?盖此亦以存养功夫言之耳。(《近思录参考》卷五,页七七五)

①《礼记·表记》第九节。

40 君子不必避他人之言,以为太柔太弱。至于瞻视亦有节。视有上下。视高则气高,视下则心柔。故视国君者,不离绅带之中。[①]学者先须去其客气。其为人刚行,终不肯进。"堂堂乎张也,难与并为仁矣。"[②]盖目者人之所常用,且心常托之。视之上下,且试之。己之敬傲,必见于视。所以欲下其视者,欲

柔其心也。柔其心，则听言敬且信。人之有朋友，不为燕安，所以辅佐其仁。今之朋友，择其善柔以相与，拍肩执袂以为气合，一言不合，怒气相加。朋友之际，欲其相下不倦。故于朋友之间，主其敬者。日相亲与，得效最速。仲尼尝曰："吾见其居于位也，与先生并行也。非求益者，欲速成者。"③则学者先须温柔，温柔则可以进学。诗曰："温温恭人，惟德之基。"④盖其所益之多。（《张子全书》卷五，《气质》页六上下）

张伯行曰：此欲人存恭谨之心也。……此言交友以谦恭为主。……此言进学以温柔为主。（《近思录集解》卷五，页十八上至十九上）

①《礼记·曲礼下》第二十五节。盖谓视高则近于轻扬，视下则近于柔顺。 ②《论语·子张第十九》第十六章。子张，姓颛孙，名师，孔子弟子。 ③《论语·宪问第十四》第四十七章，孔子之语。 ④《诗经·大雅·荡之什·抑》。

41 世学不讲，男女从幼便骄惰坏了，到长益凶狠。只为未尝为子弟之事，则于其亲已有物我，不肯屈下。病根常在。又随所居而长，至死只依旧。为子弟，则不能安洒扫应对。在朋友，则不能下朋友。有官长，则不能下官长。为宰相，不能下天下之贤。甚则至于徇私意，义理都丧。也只为病根不去，随所居所接而长。人须一事事消了病，则义理常胜。[①]（大部分见《张子全书》卷七，《学大原上》页四上）

张伯行曰：此言教子弟者当慎之于始也。（《近思录集解》卷五，页十九下）

①茅星来（《近思录集注》卷五，页十九上）此下据宋本增多一条，曰："凡所当为一事，意不过则推类。如此善也。一事意得过，以为且休，则百事废。"此条其他各本皆无。语见《张子全书》卷七，《学大原下》页四上，在上条"病常在"之前。

卷之六

齐家之道

【家道】

凡二十二条

1 伊川先生曰：弟子之职，力有余则学文[①]。不修其职而学，非为己之学也。（《论语解》，《河南程氏经说》卷六，页一上下）

问：《集注》云："力行而不学文，则无识事理之当然。"[②]且上五件条目[③]，皆是天理人伦之极致，能力行，则必能识事理之当然矣。如《集注》之说，则是学文，在力行之先。朱子曰：若不学文，则无以知事理之当否。如为孝为弟亦有不当处。孝于事亲，然事父之敬与事母之爱便别了。（《语类》卷二十一，第八十三条，页八〇七/四九九）

①《论语·学而第一》第六章。"文"指"六经"，即朱子《论语集注》所谓"《诗》《书》六艺之文"，亦即《诗》《书》等六艺之文。注家多只云"《诗》《书》六艺"，其余皆误作《诗》、《书》、礼、乐、射、御、书、数，惟宇都宫遁庵（《鳌头近思录》卷六，页一上）谓"言此六艺为礼、乐、射、御、书、数、者，非也。此所谓六艺指'六经'也"。遁庵又引韩愈之言，"凡载于《诗》《书》六艺者，鸣之善者也"（《韩昌黎全集》卷十九，《送孟东野序》页八上），以证其说。 ②《论语集注·学而第一》第六章。 ③指入孝、出弟、谨信、爱众、亲仁。

2 孟子曰："事亲若曾子，可也。"[①]未尝以曾子之孝为有余也。盖子之身所能为者，皆所当为也。（《周易程氏传》卷一，页二十七下至二十八上，释《师卦第七·九二爻辞》）

程子曰：子之事父，其孝虽过于曾子，毕竟是以父母之身做出来，岂是分外事？若曾子仅可以免责耳。（《河南程氏遗书》卷十八，页四十上）

朱子曰：程子论曾子事，先儒所不到。（江永《近思录集注》卷六，页一上引之）

①《孟子·离娄第四上》第十九章。曾子详见卷二，第二十六条，注①。

3 **“干母之蛊，不可贞。”子之于母，当以柔巽辅导之，使得于义。不顺而致败蛊，则子之罪也。从容将顺，岂无道乎？若伸己刚阳之道，遽然矫拂则伤恩，所害大矣。亦安能入乎？在乎屈己下意，巽顺相[①]承。使之身正事治而已。刚阳之臣事柔弱之君，义亦相近。**（《周易程氏传》卷二，页十三下，释《蛊卦第十八·九二爻辞》）

朱子曰：“干母之蛊”，伊川说得是。（《语类》卷七十，第一九六条，页二八二六/一七七五）

陈芝[②]拜辞，先生赠以《近思录》，曰：公事母，可检“干母之蛊”看，便自见得那道理。因言：《易传》自是成书，伯恭[③]都摭来作阃范，今亦载在《近思录》。某本不喜他如此，然细点检来，段段皆是日用切近功夫而不可阙者。于学者甚有益。（同上，卷一一九，第二十一条，页四五九二/二八七四至二八七五）

①一本“相”作“将”。②陈芝，字庭秀，朱子门人。录《语类》十条。参看拙著《朱子门人》页二一四。③伯恭，吕祖谦之字。

4 **《蛊》之九三，以阳处刚而不中[①]，刚之过也。故小有悔。然在《巽》体，不为无顺。顺，事亲之本也。又居得正[②]，故无**

大咎。然有小悔，已非善事亲也。（《周易程氏传》卷二，页十四上，释《蛊卦第十八·九三爻辞》）

问：九三“干父之蛊，小有悔，无大咎。”言“小有悔”，则无大悔矣。言“无大咎”，则不免有小咎矣。但《象》曰“终无咎”，则以九三虽过刚不中，然在巽体不为无顺而得正，故虽悔而无咎。朱子曰：九三有悔而无咎，由凶而趋吉也。（《语类》卷七十，第一八八条，页二八二三至二八二四/一七七三）

施璜曰：此言干父之蛊，不可过刚，亦当以承顺为主也。盖承顺，事亲之本也。九三过刚不中，未免有拂戾之嫌。然《巽》体得正，《巽》则可以制其刚，正则可以救其不中。有过而不过之意虽小，有悔则无大咎也。然善事亲者，柔声下气，愉色婉容，毫无拂戾之意。今过刚而有小悔，则于事亲之道，未得为尽善者也。（《五子近思录发明》卷六，页三上）

①蛊卦巽下艮上。巽之第三位（九三）为阳，故刚。巽之卦为顺，故柔。刚柔相抵，是以不中。

②九三以阳居阳位，故正。

5 正伦理，笃恩义，家人之道也。（《周易程氏传》卷三，页二十一上，释《家人卦第三十七》）

或问：《易传》云：“正家之道，在于正伦理，笃恩义。”今欲正伦理则有伤恩义，欲笃恩义又有乖于伦理，如何？朱子曰：须是于正伦理处笃恩义，笃恩义而不失伦理方可。（《语类》卷七十二，第六十

条，页二九一二/一八二九）

6 人之处家，在骨肉父子之间，大率以情胜礼，以恩夺义。惟刚立之人，则能不以私爱失其正理。故《家人》卦大要以刚为善。（《周易程氏传》卷三，页二十二下，释《家人卦第三十七·六二象传》）

问：父母之于子，有无穷怜爱，欲其聪明，欲其成立。此谓之诚心邪？朱子曰：父母爱其子，正也。爱之无穷，而必欲其如何，则邪矣。此天理人欲之间，正当审决。（《语类》卷十三，第六十八条，页三六九/二三二）

7 《家人》上九爻辞，谓治家当有威严[1]，而夫子[2]又复戒云："当先严其身也。"[3]威严不先行于己，则人怨而不服。（《周易程氏传》卷三，页二十四上，释《家人卦第三十七·上九象传》）

叶采曰：所贵治家之威者，非徒绳治之严。盖必正己为本。使在我持身谨严，而无少纵弛，则家人自然有所严惮，而不敢逾越，有所观感，而率归于正。凡御下之道皆然。齐家本于修身，则尤为切近。（《近思录集解》卷六，页三）

①上九爻辞曰："有孚威如，终吉。" ②指孔子。 ③孔子上九《象传》曰："威如之吉，反身之谓也。"

8 《归妹》九二，守其幽贞[1]，未失夫妇常正之道。世人以媟

狎为常，故以贞静为变常。不知乃常久之道也。（《周易程氏传》卷四，页二十九上，释《归妹卦第五十四·九二象传》）

叶采曰：静正乃相处可久之道，媟狎则玩侮乖离所自生。（《近思录集解》卷六，页三）

①《归妹》九二爻辞曰："利幽人之贞。"

9 世人多慎于择婿，而忽于择妇。其实婿易见，妇难知。所系甚重，岂可忽哉？（《河南程氏遗书》卷一，页五下）

张伯行曰：夫男子在外，言辞晋接之间，其品行犹易见。女子居内，闺门幽邃之中，其德性则难知。且娶妇所以承宗祧。古人有以妇之贤否卜其家之兴废者。其所系甚重，宁可轻易不择哉？（《近思录集解》卷六，页四上）

陆世仪（一六一一—一六七二）曰：择婿易，择妇难。婿露头角，选择可凭。妇在深闺，风闻难据也。（《思辨录辑要》卷十，页九上）

10 人无父母，生日当倍悲痛，更安忍置酒张乐以为乐？若具庆[①]者，可矣。（《河南程氏遗书》卷六，页七下）

陈淳[②]问：程子曰："人无父母，生日当倍悲痛。"如先生旧时亦尝有寿母生朝及大硕人生朝。与向日贺高倅[③]词，恐非先生笔。不审又何也？岂在人子自己言，则非其所宜，而为父母待亲朋，则其情又有不容已处否？然恐为此则是人子以礼律身，而以非礼事其亲，以非礼待于人也。其义如何？朱子答曰：此等事是力量不足，放过了处，然亦或有不得已者，其情各不同也。（《文集》卷五十七，《答陈安卿第一书》页二十九上）

①具庆，父母俱存也。②陈淳，同卷五，第十六条，注②。③高倖，不知何许人。此词不见《文集》。

11 问：《行状》[①]云，“尽性至命，必本于孝弟。”不识孝弟，何以能尽性至命也？曰：后人便将性命别作一般事说了。性命孝弟，只是一统底事。就孝弟中，便可尽性至命。如洒扫应对与尽性至命，亦是一统底事。无有本末，无有精粗。却被后来人言性命者，别作一般高远说。故举孝弟，是于人切近者言之。然今时非无孝弟之人，而不能尽性至命者，由之而不知也。（《河南程氏遗书》卷十八，页三十二上）

问：“尽性至命，必本于孝弟。”尽性至命是圣人事，然必从孝弟做起否？朱子曰：固是。又问：伊川说，“就孝弟中，便可尽性至命。今时非无孝弟人，而不能尽性至命者，由之而不知也”。谓即孝弟便可至命，看来孝弟上面更有几多事，如何只是孝弟便至命？曰：知得这孝弟之理，便是尽性至命，也只如此。若是做时，须是从孝弟上推将去，方始知得性命。（《语类》卷九十六，第八十二条，页三九三三至三九三四/二四七七）

胡居仁曰：程子以“尽性至命，必本于孝弟”，盖孝弟是性

命中事，至亲至切而要者。此处能精察而力行之，则性命不外是矣。（《居业录》卷八，《经传》页十三上）

①伊川所撰《明道先生行状》，载《伊川文集》卷七，页一上至页七上。语见页六上。

12 问："第五伦[①]视其子之疾与兄子之疾不同。自谓之私[②]。如何？"曰："不待安寝与不安寝。只不起与十起，便是私也。父子之爱本是公。才著些心做，便是私也。"又问："视己子与兄子有间否？"曰："圣人立法，曰：'兄弟之子犹子也。'[③]是欲视之犹子也。"又问："天性自有轻重，疑若有间然？"曰："只为今人以私心看了。孔子曰：'父子之道，天性也。'[④]此只就孝上说，故言父子天性。若君臣、兄弟、宾主、朋友之类，亦岂不是天性？只为今人小看却，不推其本所由来故尔。己之子与兄之子，所争几何？是同出于父者也。只为兄弟异形，故以兄弟为手足。人多以异形故，亲己之子异于兄弟之子，甚不是也。"又问："孔子以公冶长不及南容，故以兄之子妻南容，以己之子妻公冶长。[⑤]何也？"曰："此亦以己之私心看圣人也。凡人避嫌者，皆内不足也。圣人至公，何更避嫌？凡嫁女，各量其才而求配。或兄之子不甚美，必择其相称者为之配。己之子美，必择其才美者为之配。岂更避嫌耶？若孔子事，或是年不相若，或时有先后，皆不可知。以孔子为避嫌，则大不是。如避嫌事，贤者且不为，况圣人乎？"[⑥]（《河南程氏遗书》卷十八，页三十八下至三十九上）

问：公冶长可妻。伊川以避嫌之事，"贤者不为，况圣人乎？”自今观之，闺门中安知无合着避嫌处？朱子曰：圣人正大。道理合做处便做。何用避嫌？问：古人“门内之治恩掩义，门外之治义断恩”[⑦]。寓[⑧]恐闺门中主恩，怕亦有避嫌处。曰：固是主恩，亦须是当理方可。某看公浙人，多要避嫌。程子所谓“年之长幼，时之先后”，正是解或人之说。未必当时如此。大抵二人都是好人，可托。或先是见公冶长，遂将女妻他。后来见南容亦是个好人，又把兄之女妻之，看来文势恐是孔子之女年长，兄之女少，在后嫁，亦未可知。程子所谓“凡人避嫌者皆内不足”，实是如此。（《语类》卷二十八，第四条，页一一三九至一一四〇/七〇九至七一〇）

叔蒙[⑨]问：程子说：“避嫌之事，贤者且不为，况圣人乎？”若是有一项合委曲而不可以直遂者，这不可以为避嫌。曰：自是道理合如此。如避嫌者，却是又怕人道如何，这却是私意。如十起与不起，便是私，这便是避嫌。只是他见得这意思，已是大段做工夫，大段会省察了。（同上，卷十三，第一一七条，页三九一/二三九至二四〇）

宋杰[⑩]问：宋杰尝于亲爱而辟上用功。如兄之子，常欲爱之如己子。每以第五伦为鉴，但爱己子之心，终重于爱兄之子。答曰：“常欲”二字，即十起之心也。须见得天理发见之本然，则所处厚薄，虽有差等，而不害其理之一也。（《文集》卷六十二，《答李敬子余国秀》页三十六下）

佐藤一斋曰：第五伦事未知其在当时事体如何。兄子有病，若看护无人，则虽十起而非私；其子有病，看护有人，则不起亦非私。于今竟不可识也。但程子因此事论其理，非论第五伦。（《近思录栏外书》卷六，“问第”条）

①第五伦，姓第五，名伦，字伯鱼。仕至司空。《后汉书》卷七十一有传。②尝谓，“吾兄子常病，一夜十往，退而安寝。吾子有疾，虽不省视而竟夕不眠。若是者，岂可谓无私乎？”（《后汉书》卷七十一，页九上）。③《礼记·檀弓上》第六十四节。④《孝经》第九章。⑤《论语·公冶长第五》第一章。公冶，名长，字子长。南容，姓南宫，名括，字子容，俱孔子弟子。⑥此条编《近思录》时不知去取。参看《文集》卷三十三，《答吕伯恭第四十一书》页二十八下。⑦《礼记·丧服四制》第四节。⑧即徐寓，同卷一，第十三条，注③。⑨蒋叔蒙，朱子门人。参看拙著《朱子门人》页三三七。⑩余宋杰，字国秀，朱子弟子，参看《朱子门人》页八七至八八。

13 问：孀妇，于理似不可取，如何？曰：然。凡取以配身也。若取失节者以配身，是已失节也。又问：或有孤孀贫穷无托者，可再嫁否？曰：只是后世怕寒饿死，故有是说。然饿死事极小，失节事极大。[1]（《河南程氏遗书》卷二十二下，页三上）

朱子曰：自世俗观之，诚为迂阔。然自知经识理之君子观之，当省以知其不可易也。（《文集》卷二十六，页二十六，《与陈师中书》页二十六上）

又曰：夫死而嫁，固为失节。然亦有不得已者，圣人不能禁也。故为之制礼以处其子，而母不得与其祭焉。其贬之亦明矣。（《文集》卷六十二，《答李敬子书》页三十三下）

叶采曰：妇人从一而终者也。再嫁为失节。（《近思录集解》卷六，页六）

刘宗周曰：“饿死事小，失节事大”，吾今而后，知孟子所言“无以饥渴之害为心害，则不及人不为忧矣”[2]。明乎此者，其于道也几乎。（《刘子全书》卷十三，《会录》页五十三上）

江绂（一六九二—一七五九）曰：孀妇不可娶，以自修君子言之。若市井小人，何能问此？然或疑程子此章之言为过，则程子此言非过也，常理而已。孀妇怕寒饿死而失节，何异于臣怕战而降贼哉？孀妇再嫁，孀妇亦羞之。羞而可为，则亦何不为之有？可以知人道之大防矣。(《读近思录》页三十五上)

佐藤一斋曰：出妇于前夫义绝，嫁固可矣。娶亦无不可。孀妇则义不绝，嫁娶两失节也。世儒一概谓妇人不可再嫁，则无出妇孀妇之辨，甚误。然世往往有孀妇真怕寒饿再嫁者，在贱人不必深责。但在士君子则断断不可而已。(《近思录栏外书》卷六，"问孀"条)

①张伯行《近思录集解》删此条，而以《河南程氏遗书》卷十八，页四十五上，"今人多不知兄弟之爱"一段代之。何以如此，张氏并无解释。参看第十七条，朱子问答。②《孟子·尽心第七上》第二十七章。

14 病卧于床，委之庸医，比之不慈不孝。事亲者，亦不可不知医。(《河南程氏外书》卷十二，页七上，明道语)

问：人子事亲学医如何？程子曰：最是大事。……今人视父母疾，乃一任医者之手，岂不害事？必须识医药之道理，别病是如何，药当如何，故可任医者也。(《河南程氏遗书》卷十八，页四十七上，伊川语)

15 程子葬父，使周恭叔[①]主客。客欲酒，恭叔以告先生。曰：勿陷人于恶。[②](《河南程氏外书》卷七，页一下。)

朱子曰：行吊而遇酒食，此须力辞。必不得已而留，亦须数辞。先起，不可醉饱。(《文集》卷五十七，《答陈安卿第一书》页十四下)

又曰：有服则不但吊日不饮酒食肉矣，其他则视情分之厚薄可也。(《文集》卷五十八，《答徐居甫第一书》页三十一下)

茅星来曰：礼行吊之日不饮酒食。(《近思录集注》卷六，页七上)

①周恭叔，名行己，二程门人。官至秘书省正字。行实见《伊洛渊源录》卷十四与《宋元学案》卷三十二。②朱子曾移书吕祖谦谓“丧礼两条，承疏示幸甚”(《文集》卷三十三，《答吕伯恭第四十九书》页三十五上)或即指此条。

16 买乳婢多不得已。或不能自乳，必使人。然食己子而杀人之子，非道。必不得已，用二子乳食三子，足备他虞。或乳母病且死，则不为害，又不为己子杀人之子。但有所费。若不幸致误其子，害孰大焉。(《河南程氏外书》卷十，页四上)

茅星来曰：“不得已者”，如晚年得子或母有疾之类。然则世之非有不得已而买乳婢者固非矣。(《近思录集注》卷六，页七下)

17 先公太中[①]讳珦，字伯温。前后五得任子[②]，以均诸父[③]子孙。嫁遣孤女，必尽其力。所得俸钱，分赡亲戚之贫者。伯母刘氏寡居，公奉养甚至。其女之夫死，公迎从女兄以归。教养其子，均于子侄。既而女兄之女又寡。公惧女兄之悲思，又取甥女以归嫁之。时小官禄薄，克己为义，人以为难。公慈恕而刚断。平居与幼贱处，惟恐有伤其意。至于犯义理，则不假也。左右使令之人，无日不察其饥饱寒燠。娶侯氏[④]。侯夫人事舅姑，以孝谨称。与先公相待如宾客。先公赖其内助，礼敬尤至。

而夫人谦顺自牧，虽小事未尝专，必禀而后行。仁恕宽厚，抚爱诸庶，不异己出。从叔幼孤，夫人存视，常均己子。治家有法，不严而整，不喜笞扑奴婢。视小臧、获[⑤]如儿女。诸子或加呵责，必戒之，曰："贵贱虽殊，人则一也。汝如是大时，能为此事否？"先公凡有所怒，必为之宽解。唯诸儿有过，则不掩也。常曰："子之所以不肖者，由母蔽其过，而父不知也。"夫人男子六人，所存惟二[⑥]。其爱慈可谓至矣。然于教之之道，不少假也。才数岁，行而或踣。家人走前扶抱，恐其惊啼。夫人未尝不呵责，曰："汝若安徐，宁至踣乎？"饮食常置之坐侧。尝食絮羹，即叱止之，曰："幼求称欲，长当何如？"虽使令辈，不得以恶言骂之。故颐兄弟平生，于饮食衣服无所择，不能恶言骂人，非性然也，教之使然也。与人争忿，虽直不右，曰："患其不能屈，不患其不能伸。"及稍长，常使从善师友游。虽居贫，或欲延客，则喜而为之具。夫人七八岁时，诵古诗曰："女子不夜出，夜出秉明烛。"[⑦]自是日暮则不复出房阁。既长，好文而不为辞章，见世之妇女以文章笔札传于人者，则深以为非。（《伊川文集》卷八，页二上至七下）

问：取甥女归嫁一段，与前孤孀不可再嫁相反[⑧]，何也？朱子曰：大纲恁地。但人亦有不能尽者。（《语类》卷九十六，第六十二条，页三九二八/二四七三）

茅星来曰：此编皆《文集》居先而此独在后者，盖以是章乃统叙治家之道，凡事上抚下，睦族恤孤之道，无弗具焉。故系之此也。（《近思录集注》卷六，页十上）

①太中，太中大夫，有禄无职。②任子，即荫生，谓借父庇荫得官也。③诸父，即从父。④县令侯道济之女。⑤男仆曰臧，女仆曰获。⑥伊川与其兄明道。其他四人，长应昌、次天锡、五韩奴、六蛮奴，皆早夭。⑦《礼记·内则》第十一节述意。⑧参看本卷，第十三条。

18 **横渠先生尝曰：事亲奉祭，岂可使人为之。**（《行状》，《张子全书》卷十五，《附录》页十二下）

张伯行曰：事亲所以尽子之道，奉祭所以达己之诚。此二事岂是人可以代的？（《近思录集解》卷六，页十下）

19 **舜之事亲有不悦者，为父顽母嚚，不近人情。[1]若中人之性，其爱恶若无害理，姑必顺之。亲之故旧，所喜者，当极力招致，以悦其亲。凡于父母宾客之奉，必极力营办，亦不计家之有无。然为养，又须使不知其勉强劳苦。苟使见其为而不易，则亦不安矣。**（《横渠易说》，《张子全书》卷十四，《近思录拾遗》页四下）

陈沆曰：此即曾子养志[2]之事，更说得委曲精详。其实只是一顺字。（《近思录补注》卷六，页九下）

①《书经·尧典》第十二节。②《孟子·离娄第四上》第十九章。

20 **《斯干》诗言："兄及弟矣，式相好矣，无相犹矣。"[1]言兄弟宜相好，不要相学。犹，似也。人情大抵患在施之不见报则辍，故恩不能终。不要相学，己施之而已。**（《诗说》，《张子全书》卷十四，《近思录

拾遗》页四下至五上）

包扬[2]问：横渠说《斯干》“兄弟宜相好，不要相学”，指何事而言？朱子曰：不要相学不好处。且如先去友弟，弟却不能恭其兄，兄变可学弟之不恭，而遂亦不友为兄者？但当尽其友可也。为弟能恭其兄，兄乃不友其弟，为弟者岂可亦学兄之不友，而遂忘其恭？为弟者但当知其尽恭而已。（《语类》卷八十一，第一一六条，页三三六六/二一二二至二一二三）

①《诗经·小雅·鸿雁之什·斯干》。②包扬，字显道，学于陆象山。陆死后率其生徒就学于朱子。《语类》问答三十余条。参看拙作《朱子门人》页六十九至七十。

21 人“不为《周南》《召南》，其犹正墙面而立”[1]。常深思此言诚是。不从此行，甚隔着事。向前推不去。盖至亲至近，莫甚于此。故须从此始。（《张子全书》卷十四，《近思录拾遗》页五上）

亚夫[②]问:“不为《周南》《召南》,其犹正墙面而立。”朱子曰:不知所以修身齐家,则不待出门,便已动不得了。所以谓之“正墙面”者,谓其至近之地,亦行不得故也。(《语类》卷四十七,第三十一条,页一八八三/一一八六)

①同卷三,第三十条,注②。 ②曌渊之字,同卷二,第八十条,注①。

22 婢仆始至者[①],本怀勉勉敬心,若到所提掇更谨则加谨。慢则弃其本心,便习以成性[②]。故仕者入治朝则德日进,入乱朝则德日退。只观在上者有可学无可学尔。(《张子全书》卷六,《义理》页八下)

江永曰:“提掇更谨”者,莅之以庄,御之以道,令其自不敢惰慢。非徒尚威严之谓也。(《近思录集注》卷六,页五上)

①一本无“者”字。 ②一本作“性成”。“习与性成”,出自《书经·太甲上》第九节。

卷之七

出处进退辞受之义

【出处】

凡三十九条

1 伊川先生曰："贤者在下，岂可自进以求于君？苟自求之，必无能信用之理。古人之所以必待人君致敬尽礼而后往者，非欲自为尊大。盖其尊德乐道之心，不如是，不足与有为也。[①]"（《周易程氏传》卷一，页十七上，释《蒙卦第四·彖辞》）

叶采曰：贤者之进，将以行其道也。自非人君有好贤之诚心，则谏不行，言不听，岂足以有为哉？（《近思录集解》卷七，页一）

①《孟子·公孙丑第二下》第二章。

2 君子之需时也，安静自守。志虽有须而恬然若将终身焉，乃能用常也。虽不进而志动者，不能安其常也。（《周易程氏传》卷一，页二十一上，释《需卦第五·初九象传》）

茅星来曰：上条言贤者不可急于求进，此条言虽不进而志或不能不动，则亦不能守其常也。所以足上条未尽之意。（《近思录集注》卷七，页一下）

3 《比》："吉，原筮，元、永、贞，无咎。"《传》曰：人相亲比，必有其道。苟非其道，则有悔咎。故必推原占决其可比者而比之。所比得元、永、贞，则无咎。元谓有君长之道，永谓可以常久，贞谓得正道。上之比下，必有此三者。下之从上，必求此三者。则无咎也。（《周易程氏传》卷一，页二十九下，释《比卦第八·彖辞》）

江永曰：朱子《本义》谓“筮得此卦者，当为人所亲辅。然必再筮以自审，有元善长永正固之德，然后可以当众之归而无咎”[①]。与《程传》意异。《传》专以君臣相比言之。(《近思录集注》卷七，页一上下)

①《周易本义》，注比卦第八之卦辞。

4 《履》之初九曰：“素履，往无咎。”《传》曰：夫人不能自安于贫贱之素，则其进也，乃贪躁而动，求去乎贫贱耳。非欲有为也。既得其进，骄溢必矣。故往则有咎。贤者则安履其素。其处也乐，其进也将有为也。故得其进，则有为而无不善。若欲贵之心与行道之心交战于中，岂能安履其素乎？(《周易程氏传》卷一，页三十八上下，释《履卦第十·初九爻辞》与《象传》)

叶采曰：欲贵之心胜，则必不能安行乎素位，而亦卒无可行之道也。(《近思录集解》卷七，页二)

5 大人于否之时，守其正节，不杂乱于小人之群类，身虽否而道之亨也。故曰：“大人否亨。”不以道而身亨，乃道否也。(《周易程氏传》卷一，页四十五下，释《否卦第十二·六二象传》)

叶采曰：身之否亨由乎时，道之否亨由乎我。大人者，自有否而道无否也。盖否之时，小人群集。君子不入其党，身则否矣。然直道而行，无所挠屈，道则亨也。(《近思录集解》卷七，页二)

6 人之所随，得正则远邪，从非则失是。无两从之理。《随》之六二，苟系初，则失五矣。故《象》曰："弗兼与也。"所以戒人从正，当专一也。（《周易程氏传》卷二，页十上，释《随卦第十七·六二象传》）

张伯行曰：人之所随，邪正是非，无两从之理。《随》之六二曰："系小子，失丈夫。"盖初阳在下，小子之象。五阳在上，丈夫之象。初于二为近。五虽正应而远六二阴柔，则见理不明，持守不固。又阴性躁急，不能自守。将苟且以自比。其势必遗五之远而就初之近。安能兼与之乎？易之取象如此。以此戒人当择其正者而从之，专一靡他。（《近思录集解》卷七，页三上下）

7 君子所贵，世俗所羞。世俗所贵，君子所贱。故曰："《贲》其趾，舍车而徒。"[①]（《周易程氏传》卷二，页二十七上，释《贲卦第二十二·初九爻辞》）

江永曰：世俗以势位为荣，君子以道义为贵。故宁舍非道之车而安于步行。（《近思录集注》卷七，页一下）

①《易经·贲卦第二十二·初九爻辞》。

8 《蛊》之上九曰："不事王侯，高尚其事。"《象》曰："不事王侯，志可则也。"《传》曰：士之自高尚，亦非一道。有怀抱道德，不偶于时，而高洁自守者；有知止足之道，退而自保者；有量能度分，安于不求知者；有清介自守，不屑天下之事，独洁其身者。所处虽有得失小大之殊，皆自高尚其事者也。《象》

所谓“志可则者，进退合道”者也。（《周易程氏传》卷二，页十五上，释《蛊卦第十八·上九爻辞和象传》）

朱子曰：“不事王侯”，无位之地，如何出得来？更干个什么？（《语类》卷七十，第一九七条，页二八二六/一七七五）

问：上九传“知止足之道，退而自保者”，与“量能度分，安于不求知者”，何以别？曰：知止足，是能做底。量能度分，是不能做底。（同上，第一九八条，页二八二六/一八七五）

贝原益轩曰：“怀抱道德”云云者，得而大者也。独洁其身者，失而小也。知止足与量能度分者，亦比之“怀抱道德”云云者为小。（《近思录备考》卷七，页三上下，总页三四九至三五〇）

9 《遁》者，阴之始长。君子知微，故当深戒。而圣人之意，未便遽已也。故有“与时行”“小利贞”[①]之教。圣贤之于天下，虽知道之将废，岂肯坐视其乱而不救？必区区致力于未极之间，强此之衰，艰彼之进。图其暂安，苟得为之，孔孟之所屑为也。王允[②]、谢安[③]之于汉、晋是也。（《周易程氏传》卷三，页九上，释《遁卦第三十三·彖传》）

朱子曰：伊川说“小利贞”，云尚可以有为。阴已浸长，如何可以有为？所说王允、谢安之于汉、晋，恐也不然。王允是算杀了董卓，谢安是乘王敦[④]之老病，皆是他衰微时节，不是浸长之时也。兼他是大臣，亦如何去！此为在下位有为之兆者，则可以去，大臣任国安危。君在与在，君亡与亡。如何去？（《语类》卷

七十二，第三十三条，页二九〇三/一八二三）

①《易经·遁卦第三十三·象辞》。②王允（一三七—一九二），字子师。董卓谋篡汉，允时为司徒，拥护王室，杀董卓。事详见《后汉书》卷九十六《王允传》。③谢安（三二〇—三八五），字安石。东晋孝武帝八年（三八三），前秦军入攻，京师震恐。安为总指挥，破前秦军。晋室以安。详见《晋书》卷七十九《谢安传》。④王敦（二六六—三二四），字处仲。平乱有功，遂欲专制朝廷。后病死。参看《晋书》卷九十八《王敦传》。

10 《明夷》初九，事未显而处甚艰，非见几之明不能也。如是，则世俗孰不疑怪？然君子不以世俗之见怪而迟疑其行也。若俟众人尽识，则伤已及而不能去矣。（《周易程氏传》卷三，页十八下，释《明夷卦第三十六·初九爻辞》）

张伯行曰：夷，伤也。为卦离下坤上。离火之明，入坤之地中，明而见伤曰明夷。初九伤犹未显。人不及察，处之甚难。非见几之明者，不能避之早而去之决。（《近思录集解》卷七，页五上）

11 《晋》之初六，在下而始进，岂遽能深见信于上？苟上未见信，则当安中自守，雍容宽裕，无急于求上之信也。苟欲信之心切，非汲汲以失其守，则悻悻以伤于义矣。故曰："晋如、摧如，贞吉。罔孚，裕，无咎。"[①]然圣人又恐后之人不达宽裕之义，居位者废职失守以为裕。故特云"初六，裕则无咎"[②]者，始进未受命当职任故也。若有官守，不信于上而失其职，一日不可居也。然事非一概。久速唯时，亦容有为之兆者。（《周易程氏传》

卷三，页十五上下，释《晋卦第三十五·初六爻辞》与《象传》)

张伯行曰："晋"，进也。……"摧"，挫折也。"贞"，正也。"孚"，信也。"裕"，宽裕也。贞以行言，裕以心言。所行者正，庶乎见信于上而可以获吉矣。(《近思录集解》卷七，页六上)

①《易经·晋卦第三十五·初六爻辞》。 ②同上。

12 不正而合，未有久而不离者也。合以正道，自无终睽之理。故贤者顺理而安行，智者知几而固守。(《周易程氏传》卷三，页二十七上，释《睽卦第三十八·六三象传》)

江永曰：顺理安行者，随时之宜，无心遇合也。知几固守者，知事之微，不来苟合也。(《近思录集注》卷七，页二下)

13 君子当困穷之时，既尽其防虑之道而不得免，则命也。当推致其命以遂其志。知命之当然也，则穷塞祸患，不以动其心，行吾义而已。苟不知命，则恐惧于险难，陨获于穷厄，所守亡矣。安能遂其为善之志乎？(《周易程氏传》卷四，页二上，释《困卦第四十七·象传》)

李敬子[1]问："致命遂志"。朱子曰："致命"如《论语》"见危授命"[2]与"士见危致命"[3]一般，是送这命与他。自家但遂志循义，都不管生死，不顾身命。犹言致死生于度外也。(《语类》卷七十三，第三条，页二九三二/一八四二)

①即李燔，敬子乃其字。参看卷二，第七十九条，注④。②《论语·宪问第十四》第十三章。③《论语·子张第十九》第一章。

14 寒士之妻，弱国之臣，各安其正而已。苟择势而从，则恶之大者，不容于世矣。(《周易程氏传》卷四，页三下，释《困卦第四十七·九四象传》)

施璜曰：处困之时，只是各安其正，不可择势而从。苟能坚苦以安其正，则势终不足以胜理，终得相遇而有与也。(《五子近思录发明》卷七，页七下)

15 《井》之九三，渫治而不见食，乃人有才智而不见用，以不得行为忧恻也。盖刚而不中，故切于施为。异乎"用之则行，舍之则藏"[1]者矣。(《周易程氏传》卷四，页七上，释《井卦第四十八·九三象传》与《爻辞》)

张伯行曰："渫"，水不停。九三以阳刚之德，居下之上，未为时用，为井已渫治清洁而不人食之象。犹人有才智不见用者，以不得行于时为忧恻也。夫君子出处，当以时为权衡，乃合乎道之中。九三有刚德而不得中，但知切于施为而以不行为忧恻，则与圣贤行藏无心，得用舍之宜者异矣。(《近思录集解》卷七，页七下)

①《论语·述而第七》第十章。

16 《革》之六二，中正则无偏蔽，文明则尽事理。应上则得权势，体顺则无违悖。时可矣，位得矣，才足矣，处革之至善者

也。必待上下之信，故“已日乃革之”[①]也。如二之才德，当进行其道，则吉而无咎也。不进则失可为之时，为有咎也。（《周易程氏传》卷四，页九下至十上，释《革卦第四十九·六二爻辞》）

张伯行曰：革卦离下兑上，水火相息而为革。而六二一爻居中得正，则无偏蔽之病。又当离体，其内文明，则尽事理之实。五为正应，有应于上，则得权势之资。爻位皆阴，其体柔顺，则无违悖之嫌。是故以其时言，当变革之世，则其时可。以其位言，应上得权，则其位得。以其才言，中正文明而柔顺，则其才足。无一不善，故曰“处革之至善”者也。然必已日而后革者……谓可革之日，足以自信，而未必上下之信。须已信之日而后革也。（《近思录集解》卷七，页八上下）

①《易经·革卦第四十九·六二爻辞》。

17 **《鼎》之有实，乃人之有才业也。当慎所趋向。不慎所往，则亦陷于非义。故曰：“鼎有实，慎所之也。”[①]**（《周易程氏传》卷四，页十四上下，释《鼎卦第五十·九二象传》）

茅星来曰：此为人之有才业而急于自见者言之也。（《近思录集注》卷七，页八下）

①《易经·鼎卦第五十·九二象传》。

18 士之处高位，则有拯而无随。在下位则有当拯，有当随，有拯之不得而后随。（《周易程氏传》卷四，页二十一下，释《艮卦第五十二·六二象传》）

江永曰：拯者救其弊，随者随其失，处高位，不可坐视其失。在下位，则有职所不及，力所不能者矣。（《近思录集注》卷七，页三上）

19 "君子思不出其位"①，位者，所处之分也。万事各有其所，得其所则止而安。若当行而止，当速而久，或过或不及，皆出其位也。况逾分非据乎？（《周易程氏传》卷四，页二十一上，释《艮卦第五十二·象传》）

叶采曰：位者，所处当然之分也。处之不逾其分，是不出其位也。所谓止者，当其分而已。当行而止，当速而久，或过或不及，皆为出位，而非得其止者也。况逾越常分，"据非所据"②者，乃出位之尤者也。（《近思录集解》卷七，页七）

①《论语·宪问第十四》第二十八章。②《易经·系辞下传》第五章，注家皆不诠释"据"字，大概以其可作多种解释之故。"据"字可作执持、依据、居处等解，皆通。卷七专言出处之道，故当以"居位"为上。

20 人之止，难于久终，故节或移于晚，守或失于终，事或废于久。人之所同患也。《艮》之上九，敦厚于终。止道之至善也。故曰："敦艮，吉。"（《周易程氏传》卷四，页二十二下，释《艮卦第五十二·上九爻辞》）

叶采曰：人之止，易于暂而难于久，易于始而难于终。艮之上九，止之终也。止道愈厚，是以吉也。（《近思录集解》卷七，页七）

21《中孚》之初九曰："虞吉。"《象》曰："志未变也。"《传》曰：当信之始，志未有所从，而虞度所信，则得其正，是以吉也。志有所从，则是变动，虞之不得其正矣。（《周易程氏传》卷四，页五十上，释《中孚卦第六十一·初九爻辞和象传》）

施璜曰：此程子教人相信之道也。虞，度也。相信之道，贵审之于初。当《中孚》之初，未有他志，能度其可信而信之，则是为吾之倚仗而吉。若复有他志焉，则其可信者，不信于其不可信者。信之则失其所度之正。非惟彼之心不乐乎我，而所有之人，亦不是为吾之倚仗矣。（《五子近思录发明》卷七，页九下）

22贤者惟知义而已，命在其中。中人以下，乃以命处义。如言"求之有道，得之有命"①，是求无益于得。知命之不可求，故自处以不求。若贤者则求之以道，得之以义。不必言命。②（《河南程氏遗书》卷二上，页四下）

朱子曰：程子言义不言命之说，有功于学者，亦前圣所未发之一端。（江永，《近思录集注》卷七，页三下所引。出处未详）

①《孟子·尽心第七上》第三章。 ②宇都宫遁庵（《鳌头近思录》卷七，页十下）与泽田武冈（《近思录说略》卷七，页九上，总页五四七）均谓此条为明道语，然《河南程氏遗书》卷二上为二先生语，

未指明是谁。

23 人之于患难，只有一个处置。尽人谋之后，却须泰然处之。有人遇一事，则心心念念不肯舍。毕竟何益？若不会处置了放下，便是“无义无命”[①]也。（《河南程氏遗书》卷二上，页十九上）

叶采曰：人遇患难，但当审所以处之之道，所谓义也。若夫处之之后，在己无阙则亦安之而已。成败利钝，亦无如之何，所谓命也。或遇事而不能处，是无义也。或处置了而不能放下，是无命也。（《近思录集解》卷七，页九）

①《孟子·万章第五上》第八章。

24 门人[①]有居太学而欲归应乡举者。问其故，曰：蔡人鲜习《戴记》，决科之利也。先生曰：汝之是心，已不可入于尧舜之道矣。夫子贡之高识，曷尝规规于货利哉？特于丰约之间，不能无留情耳。且贫富有命。彼乃留情于其间，多见其不信道也。故圣人谓之“不受命”[②]。有志于道者，要当去此心而后可语也。[③]（《河南程氏遗书》卷四，页一上）

叶采曰：“鲜”，甚少也。得失有命。妄起计度之私，是利心也。故不可入尧舜之道。（《近思录集解》卷七，页九）

朱子尝论科举云：非是科举累人，自是人累科举。若高见远识之士，读圣贤之书，据吾所见而为文以应之，得失利害，置之度外，虽日日应举，亦不累也。居今之世，使孔子复生，也不免应举，然岂能累孔子邪？（《语类》卷十三，第一五七条，页三九二/二四六）

①此门人为谢良佐。参看卷二，第二十七条，注④。②《论语·先进第十一》第十八章。孔子谓子贡曰："赐不受命，而货殖焉。亿则屡中。"③《河南程氏遗书》此段"决利"以上曰："人有习他经，既而舍之，习《戴记》。问其故。曰'决科'云云。"与此条异。又《河南程氏遗书》有注"一本云：明道知扶沟县事，伊川侍行。谢显道将归应举。伊川曰：'何不止试于太学？'显道对曰：'蔡人鲜习《礼记》，决科之利也。'先生云云，显道乃止。是岁登第。"

25 人苟有"朝闻道，夕死可矣"[①]之志，则不肯一日安于所不安也。何止一日，须臾不能。如曾子易箦[②]，须要如此乃安。人不能若此者，只为不见实理。实理者，实见得是，实见得非。凡实理得之于心自别。若耳闻口道者，心实不见。若见得，必不肯安于所不安。人之一身，尽有所不肯为，及至他事又不然。若士者，虽杀之，使为穿窬必不为。其他事未必然。至如执卷者，莫不知说礼义。又如王公大人，皆能言轩冕外物。及其临利害，则不知就义理，却就富贵。如此者只是说得，不实见。及其蹈水火，则人皆避之。是实见得。须是有"见不善如探汤"[③]之心，则自然别。昔曾经伤于虎者，他人语虎，则虽三尺童子，皆知虎之可畏。终不似曾经伤者，神色慑惧，至诚畏之。是实见得也。得之于心，是谓有德，不待勉强，然学者则须勉强。古人有损躯殒命者，若不实见得，则乌能如此？须是实见得。生不重于义，生不安于死也。故有"杀身成仁"[④]。只是成就一个"是"而已。（《河南程氏遗书》卷十五，页三下至四上）

问："朝闻道，夕死可矣。"朱子曰：所谓夕死可者，特举其大者而言耳。盖苟得闻道，则事无大小，皆可处得。富贵贫贱，无所往而不可。故虽死，有死之道也。(《语类》卷二十六，第八十七条，页一〇六二/六六一)

贺孙[⑤]问：曾子易箦，当时若差了这一着，涣做闻道不闻道。曰：不论易箦与不易箦，只论他平日是闻道与不闻道。平日已是闻道，那时万一有照管不到也无奈何。问：若果已闻道，到那时也不会放过。曰：那时是正终大事。既见得，自然不放过。(同上，第九十一条，页一〇六四/六六二)

又曰：伊川曰："实理者，实见得是，实见得非。"实理与实见不同。今合说，必记录有误。盖有那实理，人须是实见得。见得恁地确定，便有实见得，又都闲了。(同上，卷九十七，第一〇四条，页三九七四/二五〇一)

先生顾陈安卿[⑥]曰：伊川说实见，有不可晓处。云："实见得是，实见得非。"恐是记者之误。"见"字上必有漏落。理自是理，见自是见。盖物物有那实理。人须是实见得。义刚[⑦]曰：理在物，见在我。曰：是如此。(同上，第一〇五条，页三九七四。又卷二十六，第九十条，页三九七四/二五〇一)

①《论语·里仁第四》第八章。 ②《礼记·檀弓上》第十八节，曾子病革，举扶而易以身分相应之箦。反席未安而没。 ③《论语·季氏第十六》第十一章。 ④《论语·卫灵公第十五》第八章。 ⑤即叶味道（嘉定十三年进士），初讳贺孙，朱子门人。录《语类》问答达三四百条，问答亦在百条以上。为永嘉学派之始。参看拙著《朱子门人》页二七九至二八〇。 ⑥即陈淳。同卷五，第十六条，注②。 ⑦即黄义刚，字毅然。录《语类》问答六七百条，问答亦过百条。参看拙著《朱子门

人》页二六〇至二六一。

26 孟子辨舜、跖之分，只在义利之间。[1]言间者，谓相去不甚远，所争毫末尔。义与利只是个公与私也。才出义，便以利言也。只那计较，便是为有利害。若无利害，何用计较？利害者，天下之常情也。人皆知趋利而避害。圣人则更不论利害。惟看义当为不当为，便是命在其中也。（《河南程氏遗书》卷十七，页二下）

泽田武冈曰：程子以“义”字换“善”字，盖“善”字泛，“义”字切。且对利字最当也。（《近思录说略》卷七，页十二上，总页五五三）

或问义利之别。朱子曰：只是为己为人之分。才为己，这许多便自做一边去。义也是为己。天理也是为己。若为人，那许多便自做一边去。（《语类》卷十三，第三十七条，页三六一/二二七）

①《孟子·尽心第七上》第二十五章：“欲知舜（圣人）与跖（大贼）之分，无他，利与善之间也。”

27 大凡儒者，未敢望深造于道。且只得所存正，分别善恶，识廉耻。如此等人多，亦须渐好。（《河南程氏遗书》卷十七，页二上）

茅星来曰：“所存正”谓所存于心者正也。如利禄不以动其心，耳目口体之欲不以系其怀皆是。此以体之存而言。“分别善恶”二句，以用之发而言。盖所存正则其本立，分别善恶则知所择，识廉耻则能自守。（《近思录集注》卷七，页十二下）

28 赵景平问："子罕言利"[①]，所谓利者何利？曰：不独财利之利。凡有利心，便不可。如作一事，须寻自家稳便处，皆利心也。圣人以义为利，义安处便为利。如释氏之学，皆本于利，故便不是。（《河南程氏遗书》卷十六，页一上）

问：程子曰"义安处便为利"，只是当然而然，便安否？朱子曰：是。也只万物各得其分，便是利。君得其为君，臣得其为臣，父得其为父，子得其为子，何利如之！此"利"字，即《易》所谓"利者义之和"[②]，利便是义之和处。然那句解得不似此语却亲切，正好去解那句。义初似不和而却和。截然不可犯，似不和。分别后，万物各得其所便是和。不和生于不义，义则和而无不利矣。（《语类》卷九十六，第六十三条，页三九二八/二四七三）

①《论语·子罕第九·第一章》。 ②《易经·乾卦第一·文言》。

29 问：邢七[①]久从先生，想都无知识，后来极狼狈。[②]先生曰：谓之全无知则不可。只是义理不能胜利欲之心，便至如此也。（《河南程氏遗书》卷十九，页十一上）

朱子曰：此言以责人言之则恕，以教人言之则切。（引自江永《近思录集注》卷七，页五下。）

①即邢恕，同卷四，第十一条，注①。 ②据《伊洛渊源录》卷十四，页五上，此是谢良佐之问。

30 谢湜自蜀之京师[①]，过洛而见程子。子曰：“尔将何之？”曰：“将试教官。”子弗答。湜曰：“何如？”子曰：“吾尝买婢，欲试之，其母怒而弗许。曰：‘吾女非可试者也。’今尔求为人师而试之，必为此媪笑也。”湜遂不行。（《河南程氏遗书》卷二十一上，页二上）

有少年试教官。朱子曰：公如何须要去试教官？如今最没道理，是教人怀牒来试讨教官。某尝经历诸州。教官都是许多小儿子，未生髭须。入学底多是老大底人，如何服得？某思量，须是立个定制，非四十以上不得任教官。（《语类》卷一〇九，第三十三条，页四二九七/二七〇〇）

①河南开封。

31 先生在讲筵，不曾请俸。诸公[①]遂牒户部，问不支俸钱。户部索前任历子[②]。先生云：某起自草莱，无前任历子。（旧例，初入京官时，用下状出给料钱历。先生不请。其意谓朝廷起我，便当“廩人继粟、庖人继肉”[③]也。）**遂令户部自为出券历。又不为妻求封。范纯甫[④]问其故。先生曰：某当时起自草莱，三辞然后受命。岂有今日乃为妻求封之理？问：今人陈乞恩例，义当然否？人皆以为本分，不为害。先生曰：只为而今士大夫道得个乞字惯，却动不动又是乞也。因问：陈乞封父祖如何？先生曰：此事体又别。再三请益，但云：其说甚长，待别时说。**（《河南程氏遗书》卷十九，页九上下）

朱子曰：某因说“甚长”之意思之。后来人只是投家状，便是陈乞了。以至入仕，事事皆然。古者人有才德，即举用。当时这般封赠，朝廷自行之。何待陈乞？程先生之意恐然也。观后来郊恩都不曾为太中[5]陈请，则乞封赠，程先生亦不为之矣。（《语类》卷九十七，第八十五条，页三九六四至三九六五／二四九六）

问：伊川于陈乞封父母之问云"待别时说"。过[6]谓此自出朝廷合行之礼，当令有司检举行下，亦不必俟陈乞也。答云：如此，名义却正。（同上，第八十六条，页三九六五／二四九六）

叶采曰：封亲与封妻，事体不同。显荣其亲，亦人子之至情。谓之不当求，则不可，谓之当求，则先生特召，与常人异。故难为言也。（《近思录集解》卷七，页十三）

①大臣司马光、吕公著等。 ②前任之俸禄与给料。 ③《孟子·万章第五下》第六章。"旧例"以下至"继肉也"为《河南程氏遗书》本注。金子霜山《近思录提要》谓《孟子》引语，乃记录者所加云。 ④即范祖禹，同卷三，第六十九条，注②。泽田武冈（《近思录说略》卷七，页十五上，总页五五九）谓"范纯甫未详"，盖不知范纯甫即范祖禹也。 ⑤伊川之父，程珦，太中大夫。 ⑥即王过，字幼观，朱子门人。录《语类》五六十则。问答六七次。参看拙作《朱子门人》页六十三。

32 汉策贤良，犹是人举之。[1]如公孙弘[2]者，犹强起之，乃就对。至如后世贤良，乃自求举尔。若果有曰"我心只望廷对，欲直言天下事"，则亦可尚已。若志在富贵，则得志便骄纵，失志则便放旷与悲愁而已。（《河南程氏遗书》卷一，页五下）

张伯行曰：此言士君子出处宜正也。……虽弘之为人奸诈，无足取，而其始进之初，犹知自重如此。（《近思录集解》卷七，页十六下）

①汉取士之科有四，贤良其一也。对策为在天子之前，答其所问国家大事。应对者由人推荐之。

②公孙弘（前二〇〇一前一二一），少时家贫。年四十余乃学《春秋杂说》。武帝初即位，招贤良。是时弘年六十，以贤良征为太学博士。旋使匈奴，以上奏不合天子意，乃以病归。元光五年（前一三〇）复征贤良。国人力推，乃就对。传见《汉书》卷五十八。

33 **伊川先生曰：人多说某不教人习举业。某何尝不教人习举业也？人若不习举业而望及第，却是责天理[①]而不修人事。但举业既可以及第即已。若更去上面尽力求必得之道，是惑也。**[②]（《河南程氏遗书》卷十八，页三上下）

朱子曰：举业亦不害为学。前辈何尝不应举？只缘今人把心不定，所以有害。才以得失为心，理会文字，意思都别了。（《语类》卷十三，第一五六条，页三九二/二四六）

①郑晔解"天理"作"天"（《近思录释疑》卷七，页八下）。②此条与下列两条，或即是张栻所欲添入之举业三段。（参看《文集》卷三十四《答吕伯恭第五十六书》页四下；卷三十二《答张钦夫第三十二书》页三下）

34 **问："家贫亲老，应举求仕，不免有得失之累。何修可以免此？"伊川先生曰："此只是志不胜气。若志胜，自无此累。家贫亲老，须用禄仕。然'得之不得为有命'**[①]**。"曰："在己固可，为亲奈何？"曰："为己为亲，也只是一事。若不得，其如命何？孔子曰：'不知命，无以为君子。'**[②]**人苟不知命，见患难必避，遇得丧必动，见利必趋，其何以为君子？"**（《河南程氏遗书》卷

十八，页九下）

朱子曰：以科举为为亲，而不为为己之学，只是无志。以举业为妨实学，不知曾妨饮食否？只是无志也。（《语类》卷十三，第一五四条，页三九二/二四六）

又曰：父母责望，不可不应举。如遇试则入去，据己见写了出来。（同上，第一五九条，页三九三/二四七）

①《孟子·万章第五上》第八章。②《论语·尧曰第二十》第三章。

35 或谓科举事业夺人之功，是不然。且一月之中，十日为举业，余日足可为学。然人不志此，必志于彼。故科举之事，不患妨功，惟患夺志。（《河南程氏外书》卷十一，页五上）

朱子曰：科举累人不浅，人多为此所夺。但有父母在，仰事俯育，不得不资于此，故不可不勉尔。其实甚夺人志。（《语类》卷十三，第一五二条，页三九一/二四六）

问：科举之业妨功。曰：程先生有言，“不恐妨功，惟恐夺志。若一月之间，着十日事举业，亦有二十日修学”。若被他移了志，则更无医处矣。（同上，第一五三条，页三九一/二四六）

36 横渠先生曰：世禄之荣，王者所以录有功，尊有德。爱之厚之，示恩遇之不穷也。为人后者，所宜乐职劝功，以服勤事任。长廉远利，以似述世风。而近代公卿子孙，方且下比布衣，

工声病，售有司。不知求仕非义，而反羞循理为无能。不知荫袭为荣，而反以虚名为善继。诚何心哉？（《文集》，《张子全书》卷十三，《策问第五》页三下）

张伯行曰：此为世家子弟不务循理者戒也。自古以来，仕有世禄之典。盖念其上世功德在民，故恩遇及于子孙，以见其爱之厚之，而思所以报之不穷也。为人子孙者，席祖宗之积绪，受国家之宠眷，正宜乐职劝功，以服习其所当为之事，勤效其所见居之任，长廉远利，以比似于先世之人，嗣述于阀阅之风，方为守义循理。（《近思录集解》卷七，页十八下）

叶采曰："声病"，诗律有四声①八病②，今进士诗赋之学是也。"求仕非义"，谓投牒觅举之类。"循理"谓服勤事任，似述世风者也。（《近思录集解》卷七，页十四）

①四声，平上去入。 ②八病：平头、上尾、蜂腰、鹤膝、大韵、小韵、旁纽、正纽。

37 不资其力而利其有，则能忘人之势。（《孟子说》，《张子全书》卷三，《正蒙·作者篇第十》页五下）

叶采曰：人之歆动乎势位者，皆有待于彼也。惟不借其力而

利其所有，则己自重而彼自轻。(《近思录集解》卷七，页十五)

38 人多言安于贫贱，其实只是计穷力屈，才短不能营画耳。若稍动得，恐未肯安之。须是诚知义理之乐于利欲也，乃能。(《张子语录》，《张子全书》卷五，《气质》页八上)

朱子曰：人之所以戚戚于贫贱，汲汲于富贵，只缘不见这个道理。若见得这个道理，贫贱不能扛得，富贵不曾添得，只要知这道理。(《语类》卷十三，第一二五条，页三八四/二四一)

39 天下事，大患只是畏人非笑。不养车马，食粗衣恶，居贫贱，皆恐人非笑。不知当生则生，当死则死。今日万钟[①]，明日弃之。今日富贵，明日饥饿亦不恤，"惟义所在"[②]。(《张子全书》卷七，《自道》，页七上)

茅星来曰：张子因始持期丧，恐人非笑，己亦若有羞色者。后虽大小功亦服之，人亦熟之不以为怪矣。因言此以见人非笑之不必畏也。(《近思录集注》卷七，页十九上)

①一钟六石四斗。 ②《孟子·离娄第四下》第十一章。

卷之八

治国平天下之道

【治体】

凡二十五条

1 濂溪先生曰：治天下有本，身之谓也。治天下有则，家之谓也。本必端，端本，诚心而已矣；则必善，善则和亲而已矣。家难而天下易，家亲而天下疏也。家人离，必起于妇人，故《睽》次《家人》，以"二女同居而志不同行"[①]也。尧所以厘降二女于妫汭，"舜可禅乎？吾兹试矣"。是治天下观于家，治家观身而已矣。身端，心诚之谓也。诚心，复其不善之动而已矣。不善之动，妄也。妄复则无妄矣，无妄则诚焉。故《无妄》次《复》，而曰"先王以茂对时育万物"[②]，深哉！（《通书》，第三十二章）

朱子曰："则"，谓物之可视以为法者，犹俗言则例、则样也。心不诚，则身不可正。亲不和则家不可齐，亲者难处，疏者易裁。然不先其难，亦未有能其易者。《睽》次《家人》，《易》卦之序。"二女"以下，睽《彖传》文。二女，谓《睽》卦兑下离上。兑，少女，离，中女也。[③]阴柔之性，外和悦而内猜嫌，故同居而异志。"厘"，理也。"降"，下也。妫，水名。汭，水北，舜所居也。尧理治，下嫁二女于舜，将以试舜而授之天下也。不善之动息于外，则善心之生于内者，无不实矣。程子曰："无妄之谓诚。"[④]《无妄》次《复》，亦卦之序。"先王"以下，引《无妄》卦大象，以茂对时育物，唯至诚者能之，而赞其旨之深也。此章发明四卦，亦皆所谓"圣人之蕴"[⑤]。（《通书》家人、睽、复、无妄第三十二，《周子全书》页一八八至一八九）

①《易经·睽卦第三十八·彖辞》。②《易经·无妄卦第二十五·象传》。③兑卦上爻为阴，为少女之象。离卦中爻亦为阴，为中年妇女之象。④《河南程氏遗书》卷六，页八下。⑤《通

书》第二十九章。

2 **明道先生言于神宗曰：得天理之正，极人伦之至者，尧舜之道也。用其私心，依仁义之偏者，霸者之事也。“王道如砥”[①]，本乎人情，出乎礼义，若履大路而行，无复回曲。霸者崎岖反侧于曲径之中，而卒不可与入尧舜之道。故诚心而王，则王矣。假之而霸，则霸矣。二者其道不同，在审其初而已。《易》所谓“差若毫厘，谬以千里”[②]者，其初不可不审也。惟陛下稽先圣之言，察人事之理，知尧舜之道备于己，反身而诚之，推之以及四海，则万世幸甚。**（《河南程氏文集》卷一，页一上下）

问：宣帝[③]杂王霸之说。朱子曰：须晓得如何是王，如何是霸，方可论此。宣帝也不识王霸，只是把宽慈底便唤做王，严酷底便唤做霸。明道《王霸札子》说得后。自古论王霸，至此无余蕴矣。（《语类》卷一三五，第五十三条，页五一八二/三二二八）

①《诗经·小雅·谷风之什·大东》，原文作“周道如砥”。 ②《易纬通卦验》，上，页五上。

③即汉宣帝（前七三—前四九在位）。皇太子以宣帝持刑太严，宜用儒生。帝作色曰：“汉家自有制度，本以霸王道杂之。”（《汉书》卷九，《元帝本纪》页一上）

3 **伊川先生曰：当世之务，所尤先者有三：一曰立志，二曰责任，三曰求贤。今虽纳嘉谋，陈善算，非君志先立，其能听而用之乎？君欲用之，非责任宰辅，其孰承而行之乎？君相协心，非贤者任职，其能施于天下乎？此三者，本也；制于事者，**

用也。三者之中，复以立志为本。所谓立志者，至诚一心，以道自任，以圣人之训为可必信，先王之治为可必行。不狃滞于近规[①]**，不迁惑于众口。必期致天下如三代之世也。**[②]（《伊川文集》卷一，页三上）

至之问：程先生当初进说，只以“圣人之训为可必信，先王之治为可必行。不狃滞于近规，不迁惑于众口。必期致天下如三代之世也”，何也？朱子曰：也不得不恁地说。如今说与学者，也只得教他依圣人言语恁地做去，待他就里面做工夫有见处，便自知得圣人底是确然恁地。（《语类》卷九十三，第七十三条，页三七四七／二三六〇至二三六一）

①“近规”，近臣规谏。佐藤一斋（《近思录栏外书》卷八，“伊川”条，误解作“近世规则”。“近规”出自《国语》卷一《周语上》页五上之“近臣尽规”。②此为治平二年（一〇六五）伊川三十三岁代父应诏上书之一部。书中所陈，皆未见施行。

4 《比》之九五曰：“显比。王用三驱，失前禽。”[①]**《传》曰：人君比天下之道，当显明其比道而已。如诚意以待物，恕己以及人。发政施仁，使天下蒙其惠泽，是人君亲比天下之道也。如是，天下孰不亲比于上？若乃暴其小仁，违道干誉，欲以求天下之比，其道亦已狭矣。其能得天下之比乎？王者显明其比道，天下自然来比。来者抚之，固不煦煦然求比于物。若田之三驱，禽之去者，从而不追，来者则取之也。此王道之大，所以其民皞皞而莫知为之者也。非惟人君比天下之道如此，大率**

人之相比莫不然。以臣于君言之，竭其忠诚，致其才力，乃显其比君之道也。用之与否，在君而已。不可阿谀逢迎，求其比己也。在朋友亦然，修身诚意以待之。亲己与否，在人而已。不可巧言令色，曲从苟合，以求人之比己也。于乡党、亲戚，于众人，莫不皆然。“三驱，失前禽”之义也。（《周易程氏传》卷一，页三十二上下，释《比卦第八·九五爻辞》）

问：伊川解“显比。王用三驱，失前禽”。所谓来者掩之，去者不追，与失前禽而杀不去者，所譬颇不相类，如何？朱子曰：田猎之礼，置旃以为门，刈草以为长围。田猎者自门驱而入。禽兽向我而出者皆免，惟被驱而入者皆获。故以前禽比去者不追，获者譬来则取之。大意如此。无缘得一一相似。（《语类》卷七十，第七十五条，页二七九四至二七九五/一七五四）

叶采曰：“煦煦”，日出微温之貌。……“皞皞”，广大自得之意。（《近思录集解》卷八，页五）

①《易经·比卦第八·九五爻辞》，显明亲辅之道。王者不四面合围而开一面，去者不追，来者取之，宁失去一面之禽兽，以喻与人相亲辅之时，来者不拒，往者不追，而依靠得以适当也。

5 古之时，公卿大夫而下，位各称其德，终身居之，得其分也；位未称德，则君举而进之；士修其学，学至而君求之。皆非有预于己也。农工商贾，勤其事而所享有限。故皆有定志，而天下之心可一。后世自庶士至于公卿，日志于尊荣。农工商贾，日志于富侈。亿兆之心，交骛于利，天下纷然，如之何其

可一也？欲其不乱难矣。（《周易程氏传》卷一，页三十八上，释《履卦第十·象传》）

茅星来曰：此以见上下各有定分，但当尽力于其所当为，而不可有慕乎其外之心也。（《近思录集注》卷八，页五下）

6 《泰》之九二曰："包荒，用冯河。"《传》曰：人情安肆，则政舒缓，而法度废弛，庶事无节。治之之道，必有包含荒秽之量，则其施为宽裕详密，弊革事理，而人安之。若无含弘之度，有忿疾之心，则无深远之虑，有暴扰之患。深弊未去，而近患已生矣。故在包荒也。自古泰治之世，必渐至于衰替，盖由狃习安逸因循而然。自非刚断之君、英烈之辅，不能挺特奋发以革其弊也。故曰"用冯河"。或疑上云"包荒"，则是包含宽容。此云"用冯河"，则是奋发改革，似相反也。不知以含容之量，施刚果之用，乃圣贤之为也。（《周易程氏传》卷一，页四十一下至四十二上，释《泰卦第十一·九二爻辞》）

宇都宫遁庵曰：冯河，谓其刚果，足以济深越险也。（《鳌头近思录》卷八，页七上）

江永曰：神宗用王安石更新法，而宋室以否。有冯河之果，而无包荒之量故也。（《近思录集注》卷八，页三上）

7 《观》："盥而不荐，有孚颙若。"[①]《传》曰："君子居上，为天下之表仪，必极其庄敬。"[②]如始盥之初，勿使诚意少散。如既荐之后，则天下莫不尽其孚诚，颙然瞻仰之矣。（《周易程氏传》卷二，

页十八下，释《观卦第二十·卦辞》）

问："盥而不荐"，是取未荐之时诚意浑全而未散否？朱子曰：祭祀无不荐者，此是假设来说。荐是毕便过了，无复有初意也。诗云："心乎爱矣，遐不谓矣。中心藏之，何日忘之！"③楚辞云："思公子兮未敢言"④，正是此意。说出这爱了，则都无事可把持矣。惟其不说，但藏在心中，所以常见其不忘也。（《语类》卷七十，第二〇五条，页二八二九/一七七七）

①《易经·观卦第二十·卦辞》。②据《河南程氏遗书》卷二，页十八下，此是胡翼之（胡瑗）之言，或是伊川从学时所闻。③《诗经·小雅·鱼藻之什·隰桑》。④《楚辞》卷二，《九歌·湘君》。

8 凡天下至于一国一家，至于万事，所以不和合者，皆由有间也，无间则合矣。以至天地之生，万物之成，皆合而后能遂；凡未合者，皆有间也。若君臣、父子、亲戚、朋友之间，有离贰怨隙者，盖谗邪间于其间也。去其间隔而合之，则无不和且治矣。《噬嗑》者，治天下之大用也。（《周易程氏传》卷二，页二十一下至二十二上，释《噬嗑卦第二十一》）

朱子曰：噬，啮也。嗑，合也。物有间者，啮而合之也。（《周易本义》，注《噬嗑》卦辞）

9 《大畜》之六五曰："豶豕之牙，吉。"《传》曰：物有总摄，事有机会。圣人操得其要，则视亿兆之心犹一心。道之斯行，

止之则戢，故不劳而治。其用若“豮豕之牙”也。豕，刚躁之物，若强制其牙，则用力劳而不能止；若豮去其势，则牙虽存，而刚躁自止。君子法豮豕之义，知天下之恶不可以力制也，则察其机，持其要，塞绝其本原。故不假刑法严峻，而恶自止也。且如止盗，民有欲心，见利则动。苟不知教，而迫于饥寒，虽刑杀日施，其能胜亿兆利欲之心乎？圣人则知所以止之之道，不尚威刑而修政教。使之有农桑之业，知廉耻之道，“虽赏之不窃”[①]矣。（《周易程氏传》卷二，页四十一上下，释《大畜卦第二十六·六五爻辞》）

茅星来曰：“豮，豕去势也。”“道之斯行”，谓导之为善也。“止之则戢”，谓禁其为恶也。“势”，外肾也。此条言圣人化强暴之法，贵察其机要而治其本原，不徒威刑之是尚也。（《近思录集注》卷八，页八下）

①《论语·颜渊第十二》第十八章。

10 《解》：“利西南。无所往，其来复，吉。有攸往，夙吉。”[①]《传》曰：西南，坤方。[②]坤之体，广大平易。当天下之难方解，人始离艰苦，不可复以烦苛严急治之。当济以宽大简易，乃其宜也。既解其难而安平无事矣，是“无所往”也。则当修复治道，正纪纲，明法度，进复先代明王之治，是“来复”也，谓反正理也。自古圣王救难定乱，其始未暇遽为也。既安定，则为可久可继之治。自汉以下，乱既除，则不复有为，姑随时维持而已，故不能成善治，盖不知“来复”之义也。

"有攸往，夙吉"，谓尚有当解之事，则早为之，乃吉也。当解而未尽者，不早去则将复盛。事之复生者，不早为则将渐大。故夙则吉也。（《周易程氏传》卷三，页三十二下至三十三上，释《解卦第四十·卦辞》）

先生举"无所往，其来复，吉"。《程传》以为"天下之难已解，而安平无事，则当修复治道，正纪纲，明法度，复先代明王之治"。夫祸乱既平，正合修明治道，求复三代之规模，却只便休了。两汉以来，人主还有理会正心诚意否？须得人主如穷闾陋巷之士，治心修身，讲明义理，以此应天下之务，用天下之才，方见次第。因言：神庙[③]大有为之主，励精治道，事事要理会过，是时却有许多人才。若专用明道为大臣，当大段有可观。明道天资高，又加以学。诚意感格，声色不动，而事至立断，当时用人参差如此，亦是气数舛逆。（《语类》卷七十二，第七十六条，页二九一六至二九一七/一八三一至一八三二）

①《易经·解卦第四十·卦辞》。蹇卦第三十九为艮下坎上。坎为水，居文王八卦方位之北，艮为山，居方位之东北。山高水深，故不利于东北。解卦坎下震上。震为雷，在方位之东。坎为水，在北。雷雨交作而郁热解散，故卦名解而利西南。②坤卦在文王八卦方位之西南。③指宋神宗（一〇六八—一〇八五在位）。神宗用人如富弼（一〇〇四—一〇八三）、王安石等，参看《语类》卷一二七，神宗朝。

11 夫有物必有则。[①]父止于慈，子止于孝。君止于仁，臣止于敬。[②]万物庶事，莫不各有其所。得其所则安，失其所则悖。圣人所以能使天下顺治，非能为物作则也，惟止之各于其所而

已。（《周易程氏传》卷四，页二十下，释《艮卦第五十二·彖辞》）

朱子曰：伊川又却于解“艮其止，止其所也”[③]，又自说得分明。（《语类》卷七十三，第五十三条，页二九四六/一八五二）

又曰：《易传》云：“能使天下顺治，非能为物作则也。惟止之各于其所而已。”此说甚当。（同上，第五十四条，页二九四六/一八五二）

张伯行曰：此言圣人因物付物之治也。物必有则，则者，理也。即至善之所在而为物所当止者也。以其各有是当然之理言之谓之则。以其当然之理一定不可易言之谓之所，以其适合于一定不易之理言之谓之止。如父子君臣，物也。慈孝仁敬，则也。止于慈孝仁敬，于其所也。（《近思录集解》卷八，页十一上）

①《诗经·大雅·荡之什·烝民》 ②《大学》第三章。 ③《易经·艮卦第五十二·彖辞》。

12 《兑》，说而能贞，是以上顺天理，下应人心，说道之至正至善者也。若夫“违道以干百姓之誉”[①]者，苟说之道。违道不顺天，干誉非应人，苟取一时之说耳，非君子之正道。君子之道，其说于民，如天地之施，感之于心而说服无斁。（《周易程氏传》卷四，页四十下，释《兑卦第五十八·彖辞》）

茅星来曰：“干”，求也。“违道干誉”，如所谓私恩小惠是也。“斁”，厌也。此言说之所以顺天应人者也。（《近思录集注》卷八，页十上）

①《书经·大禹谟》第六节。

13 **天下之事，不进则退，无一定之理。济之终，不进而止矣，无常止也。衰乱至矣，盖其道已穷极也。圣人至此奈何？曰：唯圣人为能通其变于未穷，不使至于极也，尧舜是也。故有终而无乱。**（《周易程氏传》卷四，页五十五下，释《既济卦第六十三·彖辞》）

叶采曰：盛止必衰者，天下之常势。有盛无衰者，圣人之常道。常人苟安于既济，乃衰乱之所由生。圣人通变于未穷，故有终而无乱。《易大传》曰“尧舜氏作通其变，使民不倦”[①]是也。（《近思录集解》卷八，页九）

①《易经·系辞下传》第二章。

14 **为民立君，所以养之也。养民之道，在爱其力。民力足则生养遂，生养遂则教化行而风俗美，故为政以民力为重也。《春秋》凡用民力必书。其所兴作，不时害义，固为罪也。虽时且义必书，见劳民为重事也。后之人君知此义，则知慎重于用民力矣。**[①]**然有用民力之大而不书者，为教之意深矣。僖公**[②]**修泮宫，复闷宫，非不用民力也。然而不书。二者，复古兴废之大事，为国之先务，如是而用民力，乃所当用也。人君知此义，知为政之先后轻重矣。**（《河南程氏经说》卷四，《春秋传》页八下）

东正纯曰：《春秋》之义，未必若是。但程子之意如此耳。（《近思录参考》卷八，页七八三）

叶采曰：“泮”，半也。诸侯之学，乡射之官，其东南西方有水，形如半壁。以其半于天子之辟雍，故曰泮宫也。“閟”，闭也。幽阴之义。“宫”，庙也。……泮宫者所以教育贤材，閟宫者所以尊事祖先。二者皆为国之先务。以是而用民力，故无议焉。（《近思录集解》卷八，页十）

①若干版本缺“后之”以下一句。 ②即鲁僖公，前六五九至前六二七在位。

15 治身齐家以至平天下者，治之道也。建立治纲，分正百职，顺天时以制事，至于创制立度，尽天下之事者，治之法也。圣人治天下之道，唯此二端而已。（《河南程氏经说》卷二，《书解》页三下）

朱子曰：圣人治天下之道，固不外此二端。然必人主之心术，公平正大，无偏党反侧之私，而后治之法可得而行。必亲贤远佞，讲明义理之归，闭塞私邪之路，而后治之道可得而尽，又不可以不知也。（引自茅星来《近思录集注》卷八，页十二下。）

16 明道先生曰：先王之世，以道治天下。后世只是以法把持天下。（《河南程氏遗书》卷一，页三上）

茅星来曰：先王以道治天下，道尽而法已具。法固不外于道也。后世以法把持天下，法立而道已多不合矣。观后世之天下而曰把持，盖亦不足以言治也。（《近思录集注》卷八，页十二下）

17 为政须要有纪纲文章。“先有司”①、乡官、读法②、平价、

谨权量[3]，皆不可阙也。人各亲其亲，然后能不独亲其亲。[4]仲弓[5]曰："焉知贤才而举之？"子曰："举尔所知，尔所不知，人其舍诸？"[6]便见仲弓与圣人用心之大小。推此义，则"一心可以丧邦，一心可以兴邦"[7]。只在公私之间尔。（《河南程氏遗书》卷十一，页十二下）

叶采曰：大曰纲，小曰纪。文章，谓文法章程也。有司，众职也。必先正有司而后考其成，会其要。乡官，如党正族师，闾胥比长之属。读法，如州长于正月之吉，及岁时祭祀，各属其州之民而读法，以考其德行道艺而劝之，以纠其过恶而戒之是也。平价，如贾师各掌其次之货贿之治，辨其物而均平之，展其成而奠其贾之类是也。权五，铢、两、斤、钧、石也。量五，龠、合、升、斗、斛也。（《近思录集解》卷八，页十一）

朱子曰：程子曰："为政须要有纲纪文章，谨权审量、读法平价，皆不可阙。"所谓文章者，便是文饰那谨权审量、读法平价之类耳。（《语类》卷九十六，第六十四条，页三九二八/二四七三）

又曰：仲弓虑无以尽知一时之贤才，故孔子告之以此。（《论语集注·注子路第十三》第二章）

问：程子曰："便见仲弓与圣人用心之大小。推此义，则'一心可以兴邦，一心可以丧邦'。只在公私之间尔。"所谓公私者，岂非仲弓必欲人材皆由己举，圣人则使人各得而举之否？曰：仲弓只是见不到。才见不到，便陷于私。学者见程子说"兴邦""丧邦"，说得甚险，故多疑于此，然程子亦曰"推其义"尔。（《语类》卷四十三，第七条，页一七四九/一〇九八）

佐藤一斋曰：此条宜分两节。前节言治法，后节言治道。治法在纪纲文章，《周官》[8]制度不可阙。治道在亲亲尊贤。宜推此心，公以致之远。“人各”二句属后节。（《近思录栏外书》卷八，“为政”条）

①《论语·子路第十三》第二章。②读法，如邦法乡约之类。③谨权量，谓同其数器，壹其度量（周礼，夏官司马，合方氏）。④《礼记·礼运》第一节。⑤仲弓，姓冉，名雍，孔子弟子，曾为季康子之家臣，亦为费邑长官。⑥同本条注①。⑦《论语·子路第十三》第十五章。⑧即《周礼》。“读法、平价，谨权量”皆出周礼。

18 治道亦有从本而言，亦有从事而言。从本而言，惟从格君心之非[1]，“正心以正朝廷，正朝廷以正百官”[2]。若从事而言，不救则已；若须救之，必须变。大变则大益，小变则小益。（《河南程氏遗书》卷十五，页十七上。卷十五为伊川语）。

朱子曰：故人主之心正，则天下之事无一不出于正。人主之心不正，则天下之事无一得由于正。……然邪正之验着于外者，莫先于家人，而次及于左右，然后有以达于朝廷而及于天下焉。……此则家之正也。……此则左右之正也。此所以朝廷百官六军万民，无敢不出于正而治道毕也。（《文集》卷十一，《戊申封事》，页十八下至二十上）

①见《孟子·离娄第四上》第二十章。②董仲舒之语，见《汉书》卷五十六，页六下。

19 唐有天下，虽号治平，然亦有夷狄之风。三纲[1]不正，无君

臣、父子、夫妇。其原始于太宗[2]也。故其后世子弟皆不可使。君不君，臣不臣。故藩镇不宾，权臣跋扈。陵夷有五代[3]之乱。汉之治过于唐。汉大纲正，唐万目举。本朝[4]大纲正，万目亦未尽举。（《河南程氏遗书》卷十八，页四十下。卷十八皆伊川语）

东正纯曰：三代而下，唯汉、唐、宋可论也。汉唐立国犹强，宋则不振矣。汉承统尤正，唐次之，宋则几篡，较优五代诸氏耳。宋之所以并汉唐，惟在学术正而风俗厚耳。（《近思录参考》卷八，页七八四）

①君为臣纲，父为子纲，夫为妇纲。②唐太宗（六二七—六四九在位）以其父之宫人自侍。③后梁、后唐、后晋、后汉、后周。九〇七至九六〇。④指宋朝。

20 教人者，养其善心而恶自消。治民者，导之敬让而争自息。（《河南程氏外书》卷十一，页二上）

泽田武冈曰：不曰消其恶心而曰“养其善心”，不曰禁其争夺而曰“导之敬让”。学者须要念所以养之导之者。只能养之导之，则恶消争息者，盖有不期然而然者。（《近思录说略》卷八，页十八上，总页五九九）

21 明道先生曰：必有《关雎》《麟趾》之意，然后可行《周官》[1]之法度。（《河南程氏外书》卷十二，页七上，《孟子集注·离娄第四上》第一章引之）

张伯行曰：此言徒法不能自行也。《关雎》《麟趾》，皆《周南》[②]之诗。文王后妃，有幽闲贞静之德。故宫人作《关雎》以美之。文王之子孙宗族，有仁爱忠厚之性。故诗人咏《麟趾》以比之。《周官》，《周礼》之六官。法度，礼乐制度也。德化为治之本，法度为治之具。二者交致，则治业盛。然必先有其意，而后可以行其法。否则内多欲而外施仁义，未见其能行也。（《近思录集解》卷八，页十五下至十六上）

问："必有《关雎》《麟趾》之意，然后可行《周官》之法度"，只是要得诚意素孚否？朱子曰：须是自闺门衽席之微，积累到薰蒸洋溢，天下无一民不被其化，然后可以行《周官》之法度。（《语类》卷九十六，第六十五条，页三九二八/二四七三）。

①《周官》，又名《周礼》。 ②参看卷三，第三十条，注②。

22 "君仁莫不仁，君义莫不义。"[①]天下之治乱，系乎人君仁不仁耳。离是而非，则"生于其心，必害于其政"[②]，岂待乎作之于外哉？昔者，孟子三见齐王而不言事，门人疑之。孟子曰："我先攻其邪心。"[③]心既正，然后天下之事可从而理也。夫政事之失，用人之非，知者能更之，直者能谏之。然非心存焉，则一事之失，救而正之。后之失者，将不胜救矣。"格其非心"[④]，使无不正。非大人其孰能之？（《河南程氏外书》卷六，页十上。明言伊川之语）

朱子曰：惟有大人之德，则能格其君心之不正以归于正，而国无不治矣。大人者，大德之人，正己而物正者也。（《孟子集注·离娄第四上》第二十章）

①《孟子·离娄第四上》第二十章。②《孟子·公孙丑第二上》第二章。③《荀子》卷十九,《大略篇第二十七》,页十三上。④《孟子·离娄第四上》第二十章。

23 横渠先生曰:道千乘之国,不及礼乐刑政,而云“节用而爱人,使民以时”[①]。言能如是,则法行。不能如是,则法不徒行。礼乐刑政,亦制数而已耳。(《正蒙·有司篇第十三》,《张子全书》卷三,页十一下)

茅星来曰:张子言此,一以见夫子之言,尚未及其法,使后之人,知所以求之也。一以见治国之道,不当徒恃其法,使后之人,知所以先之也。亦即孟子“徒善不足以为政,徒法不能以自行”[②]之意。(《近思录集注》卷八,页十九上下)

①《论语·学而第一》第五章。②《孟子·离娄第四上》第一章。

24 法立而能守,则德可久、业可大。郑声佞人,能使为邦者丧所以守,故放远之[①]。(《正蒙·三十篇第十一》,《张子全书》卷三,页八上)

叶采曰:郑声者,郑国之俗淫邪。其作之诗,著于乐者,声皆淫靡。佞人者,口给面谀之人也。夫子既告颜子以四代之礼乐[②],而必欲放郑声,远佞人,盖二者荡心之原,败法乱纪之要也。(《近思录集解》卷八,页十四)

①《论语·卫灵公第十五》第十章:“放郑声,远佞人。” ②即行夏之时、乘殷之辂、服周之冕、乐

则舜之韶舞。

25 横渠先生答范巽之书曰：朝廷以道学、政术为二事，此正自古之可忧者。巽之谓孔孟可作，将推其所得而施诸天下耶？将以其所不为而强施之于天下欤？大都君相以父母天下为王道。不能推父母之心于百姓，谓之王道可乎？所谓父母之心，非徒见于言，必须视四海之民如己之子。设使四海之内皆为己之子，则讲治之术，必不为秦汉之少恩，必不为五伯[①]之假名。巽之为朝廷言，“人不足与适也，政不足与间也”[②]，能使吾君爱天下之人如赤子，则治德必日新。人之进者必良士。帝王之道，不必改途而成。学与政不殊心而得矣。（《文集》，《张子全书》卷十三，页一上下）

施璜曰：此言学术不可分而为二也。分而为二，则学与政皆非矣。孔孟之学术，即孔孟之事功。明德为本，新民为末。本末原是一贯。有全体必有大用，有天德然后可以行王道也。君相以父母天下为王道，则爱百姓如赤子。制田里薄赋敛以富之，兴校明礼义以教之。必不为秦汉之惨刻少恩，必不为五霸之假义图利。诚爱之心，恳恻切至，则治德日新，所任之人皆良士。今日之政术，即平日之学问。非有二心也。（《五子近思录发明》卷八，页十四下）

①春秋时代之齐桓公、晋文公、秦穆公、楚庄王、宋襄王。 ②《孟子·离娄第四上》第二十章。

卷之九

制度

【治法】

凡二十七条

1 濂溪先生曰：古者圣王制礼法，修教化。三纲正，九畴[①]叙。百姓大和，万物咸若。乃作乐以宣八风[②]之气，以平天下之情。故乐声淡而不伤，和而不淫。入其耳，感其心，莫不淡且和焉。淡则欲心平，和则躁心释。优柔平中，德之盛也。天下化中，治之至也。是谓道配天地[③]，古之极也。后世礼法不修，政刑苛紊。纵欲败度，下民困苦。谓古乐不足听也，代变新声。妖淫愁怨，导欲增悲，不能自止。故有贼君弃父，轻生败伦，不可禁者矣。呜呼！乐者，古以平心，今以助欲。古以宣化，今以长怨。不复古礼，不变今乐，而欲至治者远矣。（《通书》，第十七章）

朱子曰："纲"，网上大绳也。三纲者，夫为妻纲、父为子纲、君为臣纲也。"畴"，类也。九畴，见《洪范》。"若"，顺也。此所谓理而后和也。八音[④]以宣八方之风，见《国语》。宣所以达其理之分，平所以节其和之流。淡者，理之发。和者，和之为。先淡后和，亦主静之意也。然古圣贤之论乐曰和而已。此所谓淡，盖以今乐形之，而后见其本于庄正齐肃之意尔。欲心平，故平中。躁心释，故优柔。言圣人作乐，功化之盛如此。或云"化中"当作"化成"。废礼败度，故其声不淡而妖淫。政苛民困，故其声不和而愁怨。妖淫，故导欲，而至于轻生败伦。愁怨，故增悲而至于贼君弃父。古今之异，淡与不淡，和与不和而已。复古礼，然后可以变今乐。（《通书注》第十七章，《周子全书》卷九，页一六一至一六二）

①九畴：一、五行；二、五事；三、八政；四、五纪；五、皇极；六、三德；七、稽疑；八、庶征；九、五福六极。九畴详见《书经·洪范》第五节至三十三节。 ②八风者，八方之风。东北方曰

条风，东方曰明庶风，东南方曰清明风，南方曰景风，西南方曰凉风，西方曰阊阖风，西北方曰不周风，北方曰广莫风。详见《易纬通卦验》卷下。③《老子》第六十八章。④八音，金、石、丝、竹、匏、土、革、木八类乐器。

2 **明道先生言于朝曰：治天下，以正风俗得贤才为本。宜先礼命近侍贤儒及百执事，悉心推访有德业充备、足为师表者。其次有笃志好学、材良行修者。延聘敦遣，萃于京师，俾朝夕相与讲明正学。其道必本于人伦，明乎物理。其教自小学洒扫应对以往，修其孝弟忠信，周旋礼乐。其所以诱掖激厉、渐摩成就之道，皆有节序。其要在于择善修身，至于化成天下。自乡人而可至于圣人之道。其学行皆中于是者为成德。取材识明达、可进于善者，使日受其业。择其学明德尊者为太学之师，次以分教天下之学。择士入学。县升之州，州宾兴于太学。太学聚而教之，岁论其贤者、能者于朝。凡选士之法，皆以性行端洁、居家孝悌、有廉耻、礼逊、通明学业、晓达治道者。**[1]（《河南程氏文集》卷二，页二下至三上）

朱子曰：盖尝思之，必欲乘时改制，以渐复先王之旧，而善今日之俗。则必如明道先生熙宁之议，然后可以大正其本而尽革其末流之弊。如曰未暇，则莫若且均诸州之解额，以定其志。立德行之科，以厚其本。罢去词赋而分诸经子史时务之年，以齐其业。又使治经者必守家法，命题者必依章句，答义者必通贯经文。条举众说而断以己意。学校则遴选实有道德之人，使专教导，以来实学之士。裁减解额，舍选谬滥之恩，以塞利诱之涂。至于制科词科武举之属，亦皆究其利病而颇重其制，则有定志而无奔竞之风，有实行而无空言之弊，有实学而无不可用之材矣。(《文集》卷六十九，《学校贡举私议》页十九上下)

叶采曰：以此选士，则通于理而适于用，本于身而及于天下。其与后世以文词记诵取士者有间矣。(《近思录集解》卷九，页三)

①此是《请修学校尊师儒取士札子》之一部，作于宋神宗熙宁元年（一〇六八）。时为监察御史里行。

3 明道先生论十事：一曰师傅，二曰六官[①]，三曰经界，四曰乡党，五曰贡士，六曰兵役，七曰民食，八曰四民[②]，九曰山泽，(修虞衡之职)[③]**，十曰分数。**(冠、婚、丧、祭、车服、器用等差。)**其言曰：无古今，无治乱，如生民之理有穷，则圣王之法可改。后世能尽其道则大治，或用其偏则小康。此历代彰灼著明之效也。苟或徒知泥古而不能施之于今，姑欲徇名而遂废其实，此则陋儒之见，何足以论治道哉？然傥谓今人之情皆已异于古，先王之迹不可复于今。趣便目前，不务高远，则亦恐非大有为之论，而未足以济当今之极弊也。**[④](《河南程氏文集》卷二，页六上)

胡居仁曰：明道十事，他便是要举一世而甄陶之。此只是大纲目。若下手做时，想又精密。(《居业录》卷三，页六下)

又曰：明道所论十事，条理详备。先王之法，尽于此矣。当时若能用之，从容三代之法。(《居业录》卷五，页三下)

①即天官、地官、春官、夏官、秋官、冬官六官。 ②士、农、工、商。 ③此细字及释“分数”之

细字皆《近思录》本注。若干版本每项引述《明道文集》卷二《论十事札子》，页六下至七下明道之语。 ④此为《论十事札子》之一部。此疏熙宁二年（一〇六九）上奏神宗。时明道三十八岁，授太子中允，权监察御史里行。 342

4 伊川先生上疏曰：三代之时，人君必有师、傅、保之官。师，道之教训。傅，傅之德义。保，保其身体。后世作事无本。知求治而不知正君，知规过而不知养德。傅德义之道，固已疏矣。保身体之法，复无闻焉。臣以为传德义者，在乎防见闻之非，节嗜好之过。保身体者，在乎适起居之宜，存畏慎之心。今既不设保、傅之官，则此责皆在经筵。欲乞皇帝在宫中言动服食，皆使经筵官知之。有翦桐之戏，则随事箴规。违持养之方，则应时谏止。（《河南程氏遗书》云：某尝进说，欲令上于一日之中，亲贤士大夫之时多，亲宦官宫人之时少。所以涵养气质，薰陶德性。）[①]（《伊川文集》卷二，页三上。本注载页二下，词句稍异）

薛瑄曰：伊川经筵疏皆格心之论。三代以下，为人臣者，但论政事人才而已。未有直从本原，如程子之论也。（《读书录》卷三，页十八上）。

朱子曰：古先圣王兢兢业业，持守此心。虽在纷华波动之中，幽独得肆之地，而所以精之一之，克之复之，如对神明，如临渊谷，未尝敢有须臾之怠。然犹恐其隐微之间，或有差失而不自知也。是以建师保之官以自开明，列谏诤之职以自规正。而凡其饮食酒浆、衣服次舍、器用财贿，与夫宦官宫妾之政，无一不领于冢宰之官。使其左右前后，一动一静，无不制以有司之法。而无纤芥之隙，瞬息之顷，得以隐其毫发之私。盖虽以一人之尊，深居九重之邃，而懔然常若立乎宗庙之中，朝廷之上。此先王之治，所以由内而外，自微至著，精粹纯白，无少瑕翳，而其遗风余烈，犹可以为后世法程也。（《文集》卷十一，《戊申封事》，页二十上下）

①“《河南程氏遗书》云”以下为《近思录》本注。本文为伊川《论经筵第二札子》之摘录。哲宗元祐元年（一〇八六），伊川五十四岁。充西京国子监教授，上《论经筵札子》凡三。

5 伊川先生《看详三学[①]条制》云：旧制公私试补，盖无虚月。学校礼义相先之地，而月使之争，殊非教养之道。请改试为课。有所未至，则学官召而教之，更不考定高下。制尊贤堂，以延天下道德之士。及置待宾吏师斋，立检察士人行检等法。又云：自元丰[②]后，设利诱之法，增国学解额至五百人。来者奔凑。舍父母之养，忘骨肉之爱。往来道路，旅寓他土。人心日偷，士风日薄。今欲量留一百人，余四百人分在州郡解额窄处，自然士人各安乡土。养其孝爱之心，息其奔趋流浪之志，风俗亦当稍厚。又云：三舍[③]升补之法，皆案文责迹。有司之事，非庠序育材论秀之道。盖朝廷授法，必达乎下。长官守法而不得有为，是以事成于下，而下得以制其上，此后世所以不治也。或曰：“长、贰[④]得人则善矣。或非其人，不若防闲详密可循守也。”殊不知先王制法，待人而行，未闻立不得人之法也。苟长、贰非人，不知教育之道，徒守虚文密法，果足以成人才乎[⑤]？（《伊川文集》卷三，页一上，二上下，七下至八上，九下）

茅星来曰：伊川时以通直郎充崇政殿说书。元祐元年五月，差同孙觉、顾临等。看详国子监条例。三学，太学、律学、武学也。旧制谓王安石与其党邓绾、李定辈所定学校科举之制也。学官各以其经试士。不待命于上曰私试，必待命于上而后试曰公试。盖私试学官自考，而公试则降敕差官也。凡私试孟月经义，仲月论，季月策。公试初场以经义，次场以论策，如省试法。公私试补者，外舍生月一私试，岁一公试，补内舍。内舍生间岁一舍试，补上舍也。云“更不考定高下”者，盖旧制糊名考校，排定高下故也。(《近思录集注》卷九，页三十九下)

朱子曰：今日学制近出崇观，专以月书季考为升黜，使学者屑屑然较计得失于毫厘间。而近岁之俗，又专务以文字新奇相商，不复根据经之本义。以故学者益骛于华靡，无复探索根源，敦劝名检之志。大抵所以破坏其心术者，不一而足。盖先王所以明伦善俗，成就人材之意，扫地尽矣。惟元祐(一〇八六——一〇九四)间伊川程夫子在朝与修学制，独有意乎深革其弊。而当时咸谓之迂阔，无所施行。今其书具在。意者后之君子，必有能举而行之。(《文集》卷三十七，《与芮国器第一书》页十八下)

又曰：夫所以必均诸州之解额者，今之士子，不安于乡举而争趋太学试者，以其本州解额窄而试者多，太学则解额阔而试者少。本州只有解试一路，太学则兼有舍选之捷径，又可以智巧而经营也。……然则今日欲救其弊，而不以大均解额为先务，虽有良法，岂能有所补哉？……又损太学解额，舍选取人分数，使与诸州不至大段殊绝。则士安其土而无奔趋流浪之意矣。(同上，卷六十九，《学校贡举私议》，页十九下至二十上)

①三学，《伊川文集》卷三，页八上至九上，明言为太学、律学、武学。惟注家多误，纷纷其说。或作太学、宗学、武学（樱田虎门《近思录摘说》卷九，页三十二下；熊刚大《近思录集解》卷九，页一上）。或作文学、宗学、武学（Graf 神父 Djin-si lu，第三册，页四二三）。或作县学、州学、太学（佐藤一斋，《近思录栏外书》卷九，“伊川”条；秋月胤继《近思录》页二七〇）。或作三舍（浅见䌹斋《近思录师说》；落合东堤《近思录讲义》卷九；泽田武冈《近思录说略》卷九，页七下，总页六一六）等。或作尊贤堂、待宾斋、吏师斋（筑田胜信《近思录便蒙详说》页七七五）。或作国子监大学之四门（金长生《近思录释疑》，《沙溪先生全书》卷十九，页三十二下）。或以为三间学校（溪百年《近思录余师》卷九）。叶采、江永、张伯行、陈沆虽无注释，然其深明伊川所指，则可无疑。茅星来（《近思录集注》卷九，页四十下）、三宅尚斋（《近思录笔记》卷九）、千叶重斋（《近思录口义》卷九）、中村惕斋（《近思录示蒙句解》页三三六）、近藤饭万嶋（《近思录讲义》）、林泰辅（《近思录》页二七四）等，则直言太学、律学、武学矣。 ②元丰乃宋神宗年号之一，一〇七八至一〇八五。 ③太学之外舍、内舍、上舍。生徒初入外舍。月一私试，岁一公试，及格升入内舍。间岁一舍试，升入上舍。上舍上等授官。详见《宋史》卷一五七，《选举三·学校试》。 ④长官与副佐之者。 ⑤此为哲宗元祐元年（一〇八六）上奏《三学看详文》之一小部分，由全文摘录而成。是年伊川五十四岁。礼部尚书决不施行，谓伊川不宜使在朝廷。

6 《明道先生行状》云：先生为泽州晋城令，[①]民以事至邑者，必告之以孝悌忠信，入所以事父兄，出所以事长上。度乡村远近为伍保，使之力役相助，患难相恤，而奸伪无所容。凡孤茕残废者，责之亲戚乡党，使无失所。行旅出于其涂者，疾病皆有所养。诸乡皆有校，暇时亲至，召父老与之语。儿童所读书，亲为正句读。教者不善，则为易置。择子弟之秀者，聚而教之。乡民为社会，为立科条。旌别善恶，使有劝有耻。[②]（《伊川文集》卷七，页二下）

泽田武冈曰：此章所言教养之道，明且备矣。唯一邑之治，而可推之于邦国天下也。且其事为平易温厚，见有德者气象。读者宜潜玩焉。（《近思录说略》卷九，页九上，总页六一九）

①宋英宗治平二年（一〇六五）至宋神宗熙宁元年（一〇六八），明道为晋城（在今山西）县令。

②此为《明道先生行状》一小部分。行状，乃没后叙状其行事者，元丰八年（一〇八五）六月明道卒，八月其弟伊川撰之。

7 《萃》："王假有庙。"[①]《传》曰：群生至众也，而可一其归仰。人心莫知其乡也，而能致其诚敬。鬼神之不可度也，而能致其来格。天下萃合人心、总摄众志之道非一，其至大莫过于宗庙，故王者萃天下之道至于有庙，则萃道之至也。祭祀之报，本于人心，圣人制礼以成其德耳。故豺獭[②]能祭，其性然也。（《周易程氏传》卷三，页五十二上下，释《萃卦第四十五·彖辞》）

朱子曰："王假有庙"，是祖考精神聚于庙。又为人必能聚己之精神，然后可以呈于庙而承祖考。今人择日祀神，多取神在日，亦取聚意也。（《语类》卷七十二，第一三九条，页二九二八/一八四〇）

佐藤一斋曰：豺獭非有心于祭，然其如有祭者，出于其性，援此以证其理之自然。（《近思录栏外书》卷九，"萃王"条）

①"萃"，聚也。"假"，至也。 ②《礼记·月令》第二节孟春獭祭鱼；第七十五节季秋豺祭兽。食鱼兽之一部后围之而行，有如祭礼。

8 古者戍役，再期而还。今年春暮行，明年夏代者至。复留备秋，至过十一月而归；又明年中春遣次戍者。每秋与冬初，两番戍者皆在疆圉，乃今之防秋也。（《河南程氏经说》卷三，《诗解》页十九下）

施璜曰：此言疆圉防秋之法，狎狁畏暑耐寒，又秋气折胶则弓弩可用。故秋冬易为侵害，必留戍以防之。（《五子近思录发明》卷九，页七下）

张伯行曰：古者戍边之卒徒，每阅再期而后还。再期，两周年也。如今年春暮三月中行，明年夏代者方至戍所。前之戍卒复留而未还，以备秋时之警。至过十一月而归，还家却是再期。又明年二月中春即遣次番之戍者。如此周而复始，是每秋一番归，而在道正值冬月。如此更番戒备，乃与今之另设秋防者无异也。（《近思录集解》卷九，页十上）

9 圣人无一事不顺天时，故至日闭关。[①]（《河南程氏外书》卷三，页一上）

《白虎通》曰：冬至所以休兵，不举事，闭关，商旅不行。何？此日阳气微弱。王者承天理物，故卒天下静，不复行役。扶助微气成万物也。（《白虎通》卷四，《诛伐》页七下）

①参看卷四，第二条。

10 韩信多多益办[①]，只是分数明。（《河南程氏遗书》卷七，页三上）

叶采曰：分者，管辖阶级之分。数者，行伍多寡之数，分数明则上下相临，统纪不紊。所御者愈众，而所操者常寡。（《近思录集解》卷九，页八）

人杰[2]问：淮阴多多益办，程子谓"分数明"，如何？朱子曰：此御众以寡之法。且如十万人分作十军，则每军有一万人。大将之所辖者，十将而已。一万又分为十军，一军分作十卒，则一将所管者，十卒而已。卒正自管二十五人，则所管者，三卒正耳。推而下之，两司马虽管二十五人，然所自将者五人，又管四伍长。伍长所管，四人而已。至于大将之权，专在旗鼓。大将把小旗，拨发官执大旗，三军视之以为进退。（《语类》卷一三六，第二十一条，页五一九八至五一九九/三三三八至三三三九）

①韩信（前一九六年卒）初属楚王项羽。羽不用，亡楚归汉。助汉高祖立国有功，封齐王，旋徙楚王。谋反，被赦为淮阴侯。以谋袭吕后，为吕后所杀。尝对高祖口夸，谓能将兵，多多益善。详见《史记》（卷九十二，页十八上）及《汉书》（卷三十四，页十二下）。 ②即万人杰，字正淳，朱子弟子。录《语类》逾四百条，问答无数。参看拙作《朱子门人》页二四八至二四九。

11 伊川先生曰：管辖人亦须有法，徒严不济事。今帅千人，能使千人依时及节得饭吃，只如此者，亦能有几人？尝谓军中夜惊，亚夫[1]坚卧不起。不起善矣，然犹夜惊何也？亦是未尽善。（《河南程氏遗书》卷十，页四上）

江永曰：举此一事，以明管辖有法之难。（《近思录集注》卷九，页四下）

①即周亚夫（前一四三年卒）。汉景帝时七王反，景帝遣亚夫将兵击之。军中夜惊，扰至帐下。亚夫坚卧不起，有顷遂定。事见《史记》（卷五十七，页九上）及《汉书》（卷四十，页二十八上）。

12 管摄天下人心，收宗族，厚风俗，使人不忘本，须是明谱系、收世族、立宗子法。[①]（一年有一年工夫。）[②]（《河南程氏遗书》卷六，页四下）

叶采曰：谱，籍录也。系，联属也。明之者辨著其宗派。古者诸侯之适子适孙，继世为君。其余庶子，不得祢其先君。因各自立为本派之始祖。其子孙百世皆宗之。所谓太宗也。族人虽五世外，皆为之齐衰三月。太宗之庶子，又别为小宗。而小宗有四。其继高祖之适长子，则与三从兄弟为宗。继曾祖之适长子，则与再从兄弟为宗，继祖之适长子，则与同堂兄弟为宗。继祢之适长子，则与亲兄弟为宗。盖一身凡事四宗，与太宗为五宗也。（《近思录集解》卷九，页九）

张伯行曰：言在上者欲统摄天下人心，收拾宗族亲爱之情，以厚风俗之化，使人不遗忘根本所由来，须是修明谱牒，以辨其支派之系属，收世代族氏之人，而立宗子之法。庶几人人知尊祖敬宗，各有所统，而情意不至于涣散已。（《近思录集解》卷九，页十一上）

江永曰：后世不行封建，则所谓别子为祖，继别为宗者，唯有官职荫袭者可行。若士庶之家，传世既久，恐有窒碍难行者矣。今世间有推大宗子主祭者，然无法以维之。其宗子或贫困绝嗣，或流寓四方，或身为败类，不足为族人宗，则难以持久。唯立祠堂，明谱系，使人知尊祖敬宗而收族，则宗子虽不行，庶乎犹有统纪，不至于涣散，则风俗可厚也。（《近思录集注》卷九，页四下）

①《张子全书》卷四，《宗法》页九上，亦有此条。 ②《河南程氏遗书》本注。

13 宗子法坏，则人不自知来处，以至流转四方，往往亲未绝，不相识。今且试以一二巨公之家行之。其术要得拘守得，须是且如唐时立庙院，[①]仍不得分割了祖业，使一人主之。[②]（《河南程氏遗书》卷十五，页六下）

朱子曰：宗子法，虽宗子庶子孙死，亦许其子孙别立庙。（《语类》卷九十，第六十三条，页三六六三/二三〇八）

①唐制庙有斋院，在庙垣东门之外。 ②参看《河南程氏遗书》卷十五，页十五上。

14 凡人家法，须月为一会以合族。古人有花树韦家宗会法，[①]可取也。每有族人远来，亦一为之。吉凶嫁娶之类，更须相与为礼，使骨肉之意常相通。骨肉日疏者，只为不相见，情不相接尔。（《河南程氏遗书》卷一，页五上下）

泽田武冈曰：古人方春花之发，宗族相会，以为花下之饮，此谓花树法。（《近思录说略》卷九，页十四上，总页六二九）

①王应麟（《困学纪闻》卷十八，评诗，页八上）云："宗会法，今不传。岑参有《韦员外家花树歌》。"岑参诗曰："今年花似去年好，去年人到今年老。始知人老不如花，可惜落花君莫扫。君家兄弟不可当，列卿御史尚书郎。朝回花底恒会客，花扑玉缸春酒香。"（《岑嘉州诗》卷二，页一上）。近藤饭万嶋（《近思录讲义》）谓花树为樱树，无据。

15 **冠婚丧祭，礼之大者，今人都不理会。豺獭皆知报本，今士大夫家多忽此。厚于奉养而薄于先祖，甚不可也。某尝修六礼**[①]**。大略：家必有庙，**（庶人立影堂[②]。）**庙必有主。**（高祖以上，即当祧也。主式见《文集》[③]。又云：今人以影祭，或一髭发不相似，则所祭已是别人，大不便。）**月朔必荐新。**（荐后方食。）**时祭用仲月，止于高祖。旁亲无后者，祭之别位。冬至祭始祖，**（冬至，阳之始也。始祖，厥初生民之祖也。无主，于庙中正位设一位，合考妣享之。）**立春祭先祖，**（立春，生物之始也。先祖，始祖而下，高祖而上，非一人也。亦无主，设两位分享考妣。）**季秋祭祢**[④]**，**（季秋，成物之时也。）**忌日迁主，祭于正寝。凡事死之礼，当厚于奉生者。人家能存得此等事数件，虽幼者可使渐知礼义。**（《河南程氏遗书》卷十八，页四十三下至四十四上）

张伯行曰：凡人家必立庙，以为奉先之所。庙必有主，以为栖身之位。……月朔，每月之朔也。子孙之于祖宗，月必勿敢忘焉。因思每月各有物之新出者，供而荐之。……时祭者，四时之祭也。……必用仲月者，盖以其时之中也。……冬至，祭以此时者，取报本返始之义也。……忌日，当死之日，而子孙所忌讳者也。（《近思录集解》卷九，页十二下至十三上）

朱子曰：伊川木主制度，其剡刻开窍处，皆有阴阳之数存焉。信乎其有制礼作乐之具也。（《语类》卷九十，第七十七条，页三六六九/二三一一）

又曰：诸家礼皆云，荐新月朔。朔新如何得合？但有新即荐于庙。（《语类》卷九十，第九十八条，页三六七四/二三一五）。

又曰：伊川时祭止于高祖。高祖而上，则于立春设二位统祭之，而不用主。此说是也。（《语类》卷九十，第一二一条，页三六八一/二三一九）

①即冠礼、婚礼、丧礼、祭礼、乡饮酒礼、士相见之礼。见《礼记·王制》第五十七节。②画像之堂。以下细字皆《河南程氏遗书》本注。③《伊川文集》卷六，页六上下。④祢，父庙也。 352

16 **卜其宅兆，卜其地之美恶也。地美则其神灵安，其子孙盛。然则曷谓地之美者？土色之光润，草木之茂盛，乃其验也。而拘忌者，惑以择地之方位，决日之吉凶，甚者不以奉先为计，而专以利后为虑，尤非孝子安厝之用心也。惟五患者不得不慎：须使异日不为道路，不为城郭，不为沟池，不为贵势所夺，不为耕犁所及。**（一本所谓五患者：城郭、沟渠、道路、避村落、远井窑。）[①]（《河南程氏文集》卷六，页二下）

胡伯量[②]问：某窃谓程先生所谓道路、窑井之类，固不可不避。土色生物之美，固不可不择。然欲尽人子之心，则再求众山拱揖，水泉环绕，藏风聚气之地。朱子答曰：伊川先生力破俗说，然亦自言须是风顺地厚之处乃可。然则亦须稍有形势，拱揖环抱，无空阙处，乃可用也。但不用某山某水之说耳。（《河南程氏文集》卷六十三，《答胡伯量第一书》，页一下）

又曰：某家中自先人以来，不用浮屠法。今谨用。但卜地未能免俗，然亦只求一平稳处。尚未有定论，计不出今冬也。（同上，《别集》卷三，《答程允夫第二书》页四上）

①一本本注无“城郭”二字而分井、窑为二，以足五患之数。②即胡泳，伯量乃其字。录《语类》约二百条，问答十则。参看拙作《朱子门人》页一六九。

17 **正叔[①]云：某家治丧，不用浮图[②]。在洛，亦有一二人家化**

之。(《河南程氏遗书》卷十，页四上)

或问：亲死遗嘱教用僧道，则如何？朱子曰：便是难处。或曰：也可以不用否？曰：人子之心有所不忍，这事须子细商量。(《语类》卷八十九，第四十七条，页三六一八/二二八一)

或问：设如母卒，父在，父要循俗制丧服，用僧道火化，则如何？曰：公如何？曰：只得不从。曰：其他都是皮毛外事。若决如此做，从之也无妨，若火化则不可。泳曰：火化则是残父母之遗骸。曰：此话若将与丧服浮屠一道说，便是未识轻重在。(《语类》卷八十九，第四十八条，页三六一八/二二八一)

问：治丧不用浮屠，或亲意欲用之，不知当如何处？曰：且以委曲开释为先。如不可回，则又不可咈亲意也。(《文集》卷六十三，《答胡伯量第一书》页一上)

①伊川之字。②"浮图""浮屠"，皆指佛僧。

18 **今无宗子，故朝廷无世臣。若立宗子法，则人知尊祖重本。人既重本，则朝廷之势自尊。古者子弟从父兄，今父兄从子弟，由不知本也。且如汉高祖欲下沛时，只是以帛书与沛父老，其父兄便能率子弟从之。[1]又如相如使蜀，亦移书责父老，然后子弟皆听其命而从之。[2]只有一个尊卑上下之分，然后顺从而不乱也。若无法以联属之，安可？且立宗子法，亦是天理。譬如木，必有从根直上一干，亦必有旁枝。又如水，虽远必有正源，亦必有分派处。自然之势也。然又有旁枝达而为干者。故曰："古**

者天子建国[3]，诸侯夺宗云[4]。”（《河南程氏遗书》卷十八，页四十四下至四十五上）

朱子曰：今要立宗，亦只在人。有甚难处？只是而今时节，更做事不得。奈何！奈何！（《语类》卷九十，第五十七条，页三六六二/二三〇七）

又曰：大宗法既立不得，亦当立小宗法，祭自高祖以下，亲尽则请出高祖就伯叔位，服未尽者祭之。嫂则别处，令其子私祭之。今世礼全乱了。（《语类》卷九十，第五十九条，页三六六三/二三〇八）

又曰：祭祀须是用宗子法，方不乱。不然，前面必有不可处置者。（《语类》卷九十，第六十条，页三六六三/二三〇八）

①秦二世元年（前二〇九），汉高祖欲下沛城。沛令闭城固守。高祖乃射书帛城上与沛父老。父老乃率子弟共杀沛令，迎高祖。沛，今江苏沛县。事详见《汉书》卷一上，《高帝纪》页五下。 ②元光五年（前一三〇），汉武帝遣唐蒙通西南。唐蒙动员数万，发巴蜀（今成都）。军中有逃亡者，唐蒙用军法诛其大率。巴蜀民大惊恐。武帝乃使司马相如移檄责唐蒙，因喻告巴蜀民以非上意，并劝父老教诲子弟。参看卷二，第五十七条。 ③《左传·桓公二年》。 ④《白虎通》卷八，页六上《宗族》。又《汉书》卷六十七，页十三下《梅福传》。

19 邢和叔叙明道先生事云：尧、舜、三代帝王之治，所以博大悠远，上下与天地同流[1]者，先生固已默而识之。至于兴造礼乐、制度文为，下至行师用兵，战阵之法，无所不讲，皆造其极。外之夷狄情状，山川道路之险易，边鄙防戍、城寨斥候、控带之要，靡不究知。其吏事操决，文法簿书，又皆精密详练。若先生，可谓通儒全才矣。（《河南程氏遗书·附录》，页四上）

佐藤一斋曰：邢恕推服明道如此，而于伊川则盖有所未满者，故社友多责其叛师耳。然恕不足责。但于此足视伯叔两子之优劣。（《近思录栏外书》卷九，“邢和”条）

①《孟子·尽心第七上》第十三章。

20 介甫[①]言“律是八分书”，是他见得。（《河南程氏外书》卷十，页三下）

朱子曰：“律是八分书”，言“八分”方是。（《语类》卷九十六，第六十七条，页三九二九/二四七四）

又曰：“律是八分书”，是欠些教化处。（《语类》卷九十六，第六十八条，页三九二九/二四七四）

邓䌹问：介甫言“律是八分书”。䌹谓八分者，岂王氏谓其深刻，犹未及十分也？答曰：律所以明法禁，非有助于教化。但于根本上少有欠阙耳，八分是其所长，二分乃其所阙。此言“是他见得”者，盖许之之词，非讥之也。（《文集》卷五十八，页三十五上，《答邓卫老第一书》）

佐藤一斋曰：八分书体混篆隶，言篆二分，隶八分也。荆公以律为八分书，言谓今法十分之八，古法仅存二分。盖谤其与古法相远也。愚案，意与注文[②]反。（《近思录栏外书》卷九，“介甫”条）

朱子又曰：律是《刑统》。此书甚好，疑是历代所有传袭下来。至周世宗（九五四—九五九在位）命窦仪（九一四—九六六）注解过，名曰《刑统》，即律也。今世却不用，律只用敕令。大概敕令之法，皆重于《刑统》。《刑统》与古法相近，故曰“八分书”。（《语类》卷一二八，

第七十五条，页四九三九/三〇八一至三〇八二）

问：介甫言律一条，何意也？曰：伯恭以凡事皆具，惟律不说。偶有此条，遂谩载之。（《语类》卷九十六，第六十六条，页三九二九/二四七四）

①即王安石。 ②注文指叶采之注。叶氏乃引朱子答邓絅之语。

21 横渠先生曰：兵谋师律，圣人不得已而用之。其术见三王方策历代简书。惟志士仁人，为能识其远者大者，素求预备而不敢忽忘。（《张子全书》卷十四，《近思录拾遗》页五上）

江永曰：志士仁人，有任天下之志，有忧天下之心，故兵事亦留意焉。横渠先生少年喜谈兵，所谓“素求预备而不敢忽忘”者。（《近思录集注》卷九，页七下）

22 肉辟[①]，于今世死刑中取之，亦足宽民之死。过此，当念其散之之久[②]。（《张子全书》卷十四，《近思录拾遗》页五上）

李公晦[③]问：恕字前辈多作爱人意思，如何？朱子曰：毕竟爱人意思多。因云：人命至重，官司何故斩之于市？盖为此人曾杀那人，不斩他，则那人之冤无以伸。这爱心便归在被杀者一边了。然古人“罪疑惟轻。……与其杀不辜，宁失不经”[④]。虽爱心只在被杀者一边，却又溢出这一边些子。（《语类》卷一一〇，第三十四条，页四三一七/二七一二）

茅星来曰：朱子于井田封建，皆以为不可复。独肉刑则谓徒流之法，不足以止穿窬淫放之奸。其过于重者，又有不当死而死。而欲采陈群[⑤]之议，一以宫剕等辟当之。愚谓古先王政教，荡然无存，而独欲留肉刑。一旦用刑失当，断者不可复属，恐非仁人所以用心也。(《近思录集注》卷九，页六十八下至六十九上)

①肉辟有五。刻颡而涅之曰墨辟，割鼻曰劓辟，刖足曰剕辟，男子割势、妇人幽闭曰宫辟，死刑曰大辟。 ②《论语·子张第十九》第十九章："上失其道，民散久矣。" ③李公晦，名方子，嘉定七年（一二一四）进士，朱子门人。录《语类》二百余条，问答有十余处。其《朱子年谱》三卷不传，但为以后年谱所本。参看拙著《朱子门人》页一一三至一一四。 ④《书经·大禹谟》第十二节。 ⑤陈群（二三七年卒），字长文，为魏司空。其议见《文集》卷三十七，《答郑景望第二书》页二十二上。

23 吕与叔撰《横渠先生行状》云：先生慨然有意三代之治。论治人先务，未始不以经界为急。尝曰：仁政必自经界始。贫富不均，教养无法。虽欲言治，皆苟而已。世之病难行者，未始不以亟夺富人之田为辞。然兹法之行，悦之者众。苟处之有术，期以数年，不刑一人而可复。所病者特上之未行耳。乃言曰："纵不能行之天下，犹可验之一乡。"方与学者议古之法，共买田一方，画为数井。上不失公家之赋役，退以其私正经界、分宅里、立敛法、广储蓄、兴学校、成礼俗。救菑恤患，敦本抑末，足以推先王之遗法，明当今之可行。此皆有志未就。(《张子全书》卷十，《附录》页十三上下)

问：横渠谓："世之病难行者，以亟夺富人之田为辞。然处之有术，期以数年，不刑一人而可复。"不审井议之行于今，果如何？朱子曰：讲学时且恁讲，若欲行之，须有机会。经大乱之后，天下无人，田尽归官，方可给与民。如唐口分世业，是从魏晋积乱之极，至元魏及北齐后周，乘此机方做得。（《语类》卷九十八，第一二一条，页四〇二〇至四〇二一/二五三〇）

安卿[1]问：横渠复井田之说如何？曰：这个事，某皆不曾深考。而今只是差役，尚有万千难行处。莫道便要夺他田，他岂肯？（《语类》卷九十八，第一二二条，页四〇二一/二五三一）

又曰：横渠若制井田，毕竟繁。使伊川为之，必简易通畅。（《语类》卷九十八，第一二三条，页四〇二二/二五三一）

①同卷五，第十六条，注②。

24 横渠先生为云岩[1]令，政事大抵以敦本善俗为先。每以月吉，具酒食，召乡人高年会县庭，亲为劝酬。使人知养老事长之义。因问民疾苦，及告所以训戒子弟之意。（《行状》，《张子全书》卷十五，《附录》页十一上下）

茅星来曰：亲为劝酬者，以身率先也。问民问疾苦者，欲有以养之也。告以训戒子弟者，欲有以教之也。（《近思录集注》卷九，页七十一上）

①今陕西延安县东南。横渠嘉祐二年（一〇五七）中进士后为云岩县令。

25 横渠先生曰：古者“有东宫，有西宫，有南宫，有北宫，异宫而同财”[①]。此礼亦可行。古人虑远，目下虽似相疏，其实如此乃能久相亲。盖数十百口之家，自是饮食衣服难为得一。又异宫乃容子得伸其私，所以“避子之私也。子不私其父，则不成为子”[②]。古之人曲尽人情，必也同宫。有叔父伯父，则为子者何以独厚于其父？为父者又乌得而当之？父子异宫，为命士[③]以上，愈贵则愈严。故异宫，犹今世有逐位[④]，非如异居也。（《乐说》，《张子全书》卷十四，《近思录拾遗》页五上）

朱子曰：古谓之宫，只是墙。盖古人无今廊屋。（《语类》卷九十一，第四十二条，页三七〇七/二三三四）

又曰：古父子异宫。宫如今人四合屋。虽各一处，然四面共墙围。（同上，第四十一条，页三七〇七/二三三四）

又曰：古者宗法有南宫、北宫。便是不分财，也须异爨。今若同爨，固好。只是少间人多了，又却不齐整，又不如异爨。（《语类》卷九十，第六十四条，页三六六三/二三〇八）

①《仪礼·丧服》世父母叔父母传。原文“异居而同财”。横渠恐人疑如后世之异居，故改“居”为“宫”。②《仪礼·丧服》。③命士，爵位最低之第九级。④逐位者，犹兄东弟西之意。

26 治天下不由井地，终无由得平，周道[①]止是均平。（《张子全书》卷四，《周礼》页一上）

茅星来曰："不由井地"，则富者田连阡陌，贫者至于流离失所，故云"终无由得平"。"周道"犹言大道也。"止是均平"，言必当力行井地也。（《近思录集注》卷九，页七十二上）

①《诗经·小雅·谷风之什·大东》："周道如砥。"

27 井田卒归于封建，乃定。（《张子全书》卷四，《周礼》页三上）

朱子曰：井田之法要行，须是封建，令逐国各自去理会。如王畿之内，亦各有都鄙、家鄙。汉人尝言，郡邑在诸国之外，而远役于中都，非便。（《语类》卷一〇八，第十二条，页四二六〇/二六七九）

又曰：封建实是不可行。若论三代世，则封建好处，便是君民之情相亲，可以久安而无患。不似后世郡县，一二年辄易。虽有贤者，善政亦做不成。（《语类》卷一〇八，第十三条，页四二六〇至四二六一/二六七九）

又曰：封建井田，乃圣王之制，公天下之法。岂敢以为不然？但在今日恐难下手，设使强做得成，亦恐意外别生弊病。反不如前，则难收拾耳。（《语类》卷一〇八，第十八条，页四二六二/二六八〇）

又曰：程先生幼年屡说须要井田封建，到晚年又说难行。见于畅道潜录[①]。想是他经历世故之多，见得事势不可行。（《语类》卷九十七，第八十二条，页三九六四/二四九五）

①《河南程氏遗书》卷二十五，页八上。

卷之十

君子处事之方

【政事】

凡六十四条

1 **伊川先生上疏[①]曰：夫钟，怒而击之则武，悲而击之则哀[②]，诚意之感而入也。告于人亦如是。古人所以斋戒而告君也。臣前后两得进讲，未尝敢不宿斋预戒，潜思存诚，觊感动于上心。若使营营于职事，纷纷其思虑，待至上前，然后善其辞说，徒以颊舌感人，不亦浅乎？**（《河南程氏文集》卷二，页七下至八上）

伊川前后进讲，未尝不斋戒，潜思存诚。如此则未进讲已前，还有间断否？朱子曰：不然。寻常未尝不诚。只是临见君时，又加意尔。如孔子沐浴而告哀公是也。[③]（《语类》卷九十七，第七十九条，页三九六三/二四九五）

①元祐元年（一〇八六）伊川五十四岁，充崇政殿说书，六月，上疏太皇太后。文甚长，此其一部也。 ②《孔子家语》卷四，六本第十五，页三上下。原文“哀”作“悲”。 ③《论语·宪问第十四》第二十二章。

2 **伊川《答人示奏稿书》云：观公之意，专以畏乱为主。颐欲公以爱民为先，力言百姓饥且死，丐朝廷哀怜，因惧将为寇乱可也。不惟告君之体当如是，事势亦宜尔。公方求财以活人。祈之以仁爱，则当轻财而重民；惧之以利害，则将恃财以自保。古之时，得丘民则得天下。[①]后世以兵制民，以财聚众。聚财者能守，保民者为迂。惟当以诚意感动，觊其有不忍之心而已。**（《伊川文集》卷五，页六下）

茅星来曰：程子亦因后世之见如此，故特言此以见言之无益耳。非真谓兵与财之足恃也。后世富强，莫如秦、隋，率皆二世而亡。而汉唐稍知爱民，享国长久。可得云保民者为迂乎？（《近思录集注》卷十，页二上下）

①《孟子·尽心第七下》第十四章。四井为甸，四甸为丘。

3 明道为邑[①]，及民之事，多众人所谓法所拘者。然为之未尝大戾于法，众亦不甚骇。谓之得伸其志则不可。求小补，则过今之为政者远矣。人虽异之，不至指为狂也。至谓之狂，则大骇矣。尽诚为之，不容而后去。又何嫌乎？（《伊川文集》卷五，页九下）

江永曰：明道为邑，正熙宁（一〇六八——〇七七）行新法之时。（《近思录集注》卷十，页一下）

佐藤一斋曰：盖谓明道所为，颇出法外，不为法所缚。（《近思录栏外书》卷十，“明道”条）

①元丰元年至三年（一〇七八——〇八〇），明道四十七岁至四十九岁，知扶沟县（在今河南）。政绩详见《明道先生行状》（《伊川文集》卷七，页五上至六上）。其时王安石施行新法。

4 明道先生曰：一命之士，苟存心于爱物，于人必有所济。（《伊川文集》卷七，《明道先生行状》，页二上）

薛瑄曰：“一命之士，苟存心于爱物，于人必有所济。”盖天下事，莫非分所当为，凡事苟可用力者，无不尽心其间，则民之

受惠者多矣。(《读书录》卷八,《观人》,页六上)

施璜曰:此言居官以爱民为念,则虽最小之官,亦有实惠于人也。但患为官者,无爱民之实心,则不见其有济耳。若一命之士,果存心于爱民,亦可以为民解忿息争,亦可以为民兴利除害,于人有所济也。一命且然,而况居大位以实心行实政者乎?(《五子近思录发明》卷十,页三下)

5 伊川先生曰:君子观天水违行之象,知人情有争讼之道。故凡所作事,必谋其始,绝讼端于事之始,则讼无由生矣。谋始之义广矣。若慎交结,明契券之类是也。(《周易程氏传》卷一,页二十四上,释《讼卦第六·象传》)

叶采曰:坎下乾上为讼。天西运,水东流,故曰"违行"。(《近思录集解》卷十,页三)

6 《师》之九二,为师之主。将专,则失为下之道;不专,则无成功之理,故得中为吉。凡师之道,威和并至,则吉也。(《周易程氏传》卷一,页二十七下,释《师卦第七·九二爻辞》)

叶采曰:威而不和,则人心惧而离。和而少威,则人心玩而弛。九二刚中,故有威和相济之象。(《近思录集解》卷十,页三)

7 世儒有论鲁祀周公[①]以天子礼乐[②],[③]以为周公能为人臣不能为之功,则可用人臣不得用之礼乐,是不知人臣之道也。夫居

周公之位，则为周公之事。由其位而能为者，皆所当为也。周公乃尽其职耳。（《周易程氏传》卷一，页二十七下，释《师卦第七·九二爻辞》）

江永曰：臣事君，犹子事亲，皆无过分之事。（《近思录集注》卷十，页二上）。

①周公，武王之弟，名旦。辅武王伐纣。成王立，周公摄政当国，制礼作乐，相传作《易经·爻辞》。孔子极崇敬周公，周公被儒家奉为传统文化之始祖。②《礼记·明堂位》第一节，成王命鲁公"世世祀周公以天子之礼乐"。③郑晔（《近思录释疑》卷十，页一下）谓此为王安石之《礼记明堂位解义》，今不存。

8 《大有》之九三曰："公用亨于天子，小人弗克。"《传》曰：三当大有之时，居诸侯之位，有其富盛，必用亨通于天子，谓以其有为天子之有也，乃人臣之常义也。若小人处之，则专其富有以为私，不知公己奉上之道。故曰"小人弗克"也。（《周易程氏传》卷一，页五十二上，释《大有卦第十四·九三爻辞》）

古人于"亨"字作"享""烹"字通用。如"公用亨于天子"，分明是"享"字。《易》中解作"亨"字，便不是。（《语类》卷七十，第一四五条，页二八一三/一七六七）

9 人心所从，多所亲爱者也。常人之情，爱之则见其是，恶之则见其非。故妻孥之言，虽失而多从。所憎之言，虽善为恶也。苟以亲爱而随之，则是私情所与，岂合正理？故《随》之初

九，“出门而交，则有功”[1]也。（《周易程氏传》卷二，页九下，释《随卦第十七·初九爻辞》）

程子曰：出门谓非私昵，交不以私，故其随当而有功。（同上）。

①《易经·随卦第十七·初九爻辞》。

10 《随》九五之《象》曰：“孚于嘉吉，位正中也。”《传》曰：随以得中为善。随之所防者，过也。盖心所说随，则不知其过矣。（《周易程氏传》卷二，页十一上，释《随卦第十七·九五象传》）

叶采曰：震下兑上为《随》。震，动也。兑，悦也。以悦而动，易过于随而不自知。故必得中为善。（《近思录集解》卷十，页四）

11 《坎》之六四曰：“樽酒，簋贰，用缶，纳约自牖，终无咎。”《传》曰：此言人臣以忠信善道结于君心，必自其所明处乃能入也。人心有所蔽，有所通。通者，明处也。当就其明处而告之，求信则易也，故云“纳约自牖”。能如是，则虽艰险之时，终得无咎也。且如君心蔽于荒乐。唯其蔽也，故尔虽力诋其荒乐之非，如其不省何？必于所不蔽之事，推而及之，则能悟其心矣。自古能谏其君者，未有不因其所明者也。故讦直强劲者，率多取忤；而温厚明辨者，其说多行。非唯告于君者如此，为教者亦然。夫教必就人之所长，所长者，心之所明也。从其心之所明而入，然后推及其余，孟子所谓“成德”“达才”[1]是也。（《周易

程氏传》卷二，页五十一下至五十二上，释《坎卦第二十九·六四爻辞》）

江永曰："樽酒"者，一樽之酒。"簋贰"者，二簋之食。"用缶"，以瓦缶为器。质朴之极，所谓约也。喻人之忠信善道也。牖室，所受明处也。（《近思录集解》卷十，页六上）。

①《孟子·尽心第七上》第四十章。

12 《恒》之初六曰："浚[①]恒，贞凶。"《象》曰："浚恒之凶，始求深也。"《传》曰：初六居下，而四为正应。四以刚居高，又为二、三所隔。应初之志，异乎常矣。而初乃求望之深，是知常而不知变也。世之责望故素[②]而至悔咎者，皆浚恒者也。（《周易程氏传》卷三，页六下，释《恒卦第三十二·初六爻辞》与《象传》）

张伯行曰：初六阴柔居下，而四为正应之爻。其必应者，理之常也。但以刚性居高，震动上行，而情不下接。又为二、三两爻所间隔。其应初之志，意已异乎平常相应之道矣。而初以其巽入之情，乃求望之深，欲尽其欢，欲竭其忠，是徒知常理之应为不可解，而不知人情之变已不可测也。如是则所求虽正，而期望太深，易生怨隙，故爻象皆谓其不免于凶也。（《近思录集解》卷十，页七上）

①"浚"，深也。 ②"素"，旧也。

13 《遁》之九三曰："系遁，有疾厉；畜臣妾，吉。"[①]《传》曰：

系恋之私恩，怀小人女子之道也，故以畜养臣妾则吉。然君子之待小人，亦不如是也。（《周易程氏传》卷三，页十上，释《遁卦第三十三·九三爻辞》）

问："畜臣妾，吉。"伊川云："待臣妾之道。君子之待小人，亦不如是。"如何？朱子曰：君子小人，不可相对，更不可与相接。若臣妾，是终日在自家脚手头，若无以系之，则望望然去矣。又曰：《易》中详识物情，备极人事，都是实有此事。今学者平日只在灯窗下习读，不曾应接世变。一旦读此，皆看不得。某旧时也如此。即管读得不相入，所以常说《易》难读。（《语类》卷七十二，第三十五条，页二九〇四/一八二三至一八二四）

①言有所系恋之遁，乃遁之不速而远者，此其疾也，厉孰甚焉。以之畜养仆妾，则吉。盖仆妾之辈，稍示以眷恋，则可用也。

14 《睽[1]》之《象》曰："君子以同而异。"《传》曰：圣贤之处世，在人理[2]之常，莫不大同。于世俗所同者，则有时而独异。不能大同者，乱常拂理之人也；不能独异者，随俗习非之人也。要在同而能异耳。（《周易程氏传》卷三，页二十五上下，释《睽卦第三十八·象传》）

过[3]举程子《睽》之《象》"君子以同而异"。朱子解曰：不能大同者，乱常拂理之人也。不能独异者，随俗习非之人也。要在同而能异尔。又如今之言地理者，必欲择之吉，是同也。不似世俗专以求富贵为事，惑乱此心，则异矣。如士人应科举，则同

也。不曲学以阿世，则异矣。事事推去，斯得其旨。（《语类》卷七十二，第六十四条，页二九一三/一八二九至一八三〇）

①“睽”，乖违也。②本作“天理”。③即王过，同卷七，第三十一条，注⑥。

15 《睽》之初九，当睽之时，虽同德者相与，然小人乖异者至众。若弃绝之，不几尽天下以仇君子乎？如此，则失含弘之义，致凶咎之道也，又安能化不善而使之合乎？故必“见恶人，则无咎”也。古之圣王，所以能化奸凶为善良，革仇敌为臣民者，由弗绝也。（《周易程氏传》卷三，页二十五下，释《睽卦·初九爻辞》）

问：睽“见恶人”，其义何在？朱子曰：以其当睽之时，故须见恶人，乃能无咎。（《语类》卷七十二，第六十六条，页二九一四/一八三〇）

又曰：伊川气象，自与明道不同，而其论变化人材，亦有此意。《易传》于睽之初爻，亦有不绝小人之说。足见此事同自是正理，当然非权谲之私也。然亦须有明道如此广大规模、和平气象，而其诚心昭著，足以感人，然后有以尽其用耳。（《文集》卷三十五，《答吕伯恭第九十九书》页七下）

16 《睽》之九二，当睽之时，君心未合，贤臣在下，竭力尽诚，期使之信合而已。至诚以感动之，尽力以扶持之。明义理以致其知，杜蔽惑以诚其意，如是宛转以求其合也。“遇”非枉道逢迎也，“巷”非邪僻由径也。故《象》曰：“遇主于巷，未失道也。”（《周易程氏传》卷三，页二十六上下，释《睽卦之九二·象传》）

程子又曰：巷者，委曲之途也。遇者，会逢之谓也。当委曲相求，期于会遇，与之合也。所谓委曲者，以善道宛转将就使合而已，非枉己屈道也。(《周易程氏传》卷三，页二十六上)

17《损》之九二曰："弗损益之。"《传》曰：不自损其刚贞，则能益其上，乃益之也。若失其刚贞而用柔说，适足以损之而已。世之愚者，有虽无邪心，而惟知竭力顺上为忠者，盖不知"弗损益之"之义也。(《周易程氏传》卷三，页三十八下，释《损卦第四十一·九二爻辞》)

朱子曰："弗损益之"，言不变其所守，乃所以益上也。(《周易本义·注损卦九二爻辞》)

18《益》之初九曰："利用为大作，元吉，无咎。"《象》曰："元吉，无咎，下不厚事也。"《传》曰：在下者，本不当处厚事。厚事，重大之事也。以为在上所任，所以当大事，必能济大事，而致元吉，乃为无咎。能致元吉，则在上者任之为知人，己当之为胜任。不然，则上下皆有咎也。(《周易程氏传》卷三，页四十一下至四十二上，释《益卦第四十二·初九爻辞》与《象传》)

朱子曰："元吉，无咎"，吉凶是事，咎是道理。盖有事则吉而理则过差者，是谓之吉而有咎。(《语类》卷七十二，第九十五条，页二九二一/一八三五)

又曰：《益》之初九曰："利用为大作，元吉，无咎。"《象》曰："不厚事也。"初九欲为九四作事。在下本不当处厚事，以为上之所任，故为之而致元吉，乃为之，又不然。不惟己不安，而亦累于上，向编《近思录》，说与伯恭，“此一段非常有，不必入”。伯恭云：“既云非常有，则有时而有，岂可不书以为戒？”及后思之，果然。（《语类》卷一二三，第十二条，页四七四七/二九六五）

19 《革》而无甚益，犹可悔也。况反害乎？古人所以重改作也。（《周易程氏传》卷四，页八下，释《革卦第四十九·彖辞》）

程子又曰：革者，变其故也。变其故，则人未能遽信。故必已日[①]，然后人心信从。元亨利贞，悔亡弊坏，而后革之。革之所以致其通也。故革之而可以大亨。革之而利于正道则可久，而得去故之义。无变动之悔，方悔亡也。（《周易程氏传》卷四，页八下）

①做完之日。

20 《渐》之九三曰：“利御寇。”《传》曰：君子之与小人比也，自守以正。岂唯君子自完其己而已乎？亦使小人得不陷于非义。是以顺道相保，御止其恶也。（《周易程氏传》卷四，页二十五上下，释《渐卦第五十三·九三象传》）

泽田武冈曰：伊川以“御寇”为止恶，虽非《易》文本意，然理则正也。读者须别做一义看。（《近思录说略》卷十，页八上，总页六六三）

21 《旅》之初六曰：“旅琐琐，斯其所取灾？”《传》曰：志卑

之人，既处旅困，鄙猥琐细，无所不至。乃其所以致悔辱、取灾咎也。（《周易程氏传》卷四，页三十五上下，释《旅卦第五十六·初六爻辞》）

叶采曰：初居旅之下，故为志卑之人。此教人处旅困之道，当略细故，存大体，斯克悔咎也。（《近思录集解》卷十，页九）

22 在旅而过刚自高，致困灾之道也。（《周易程氏传》卷四，页三十六上，释《旅卦·九三爻辞》）

张伯行曰：旅之九三，过刚不中者也。凡事皆不可过刚，况在旅时乎？在旅而过刚，则乖戾之气必为人所尤。过刚而自高，则骄矜之色，必为众所忌。其致困辱灾祸者，必然之道也。（《近思录集解》卷十，页十一上）

23 《兑》之上六曰："引兑。"《象》曰："未光也。"《传》曰：说既极矣，又引而长之，虽说之之心不已，而事理已过，实无所说。事之盛则有光辉，既极而强引之长，其无意味甚矣，岂有光也？（《周易程氏传》卷四，页四十二下至四十三上，释《兑卦第五十六·上六爻辞》与《象传》）

泽田武冈曰：上六居卦之极，事理既终，故曰"说既极矣"。又曰"事理已过"，此章盖欲说之中节也。为兑卦传故，单就说上而言。然推其意，要在喜怒哀乐，皆不至于引耳。（《近思录说略》卷十，页八下，总页六六四）

24《中孚》之《象》曰："君子以议狱缓死。"《传》曰：君子之于议狱，尽其忠而已；于决死，极于恻而已。天下之事，无所不尽其忠，而议狱缓死，最其大者也。（《周易程氏传》卷四，页四十九下，释《中孚卦第六十一·象传》）

叶采曰：议狱而无不尽之心，致其审也。决死而有不忍之心，致其爱也。君子虽无往而不尽其中心之诚，而于议狱缓死，则尤所谨重者也。（《近思录集解》卷十，页九）

25 事有时而当过，所以从宜。然岂可甚过也？如过恭、过哀、过俭，大过则不可。所以小过为顺乎宜也。能顺乎宜，所以大吉。（《周易程氏传》卷四，页五十二下，释《小过卦第六十二·象辞》）

朱子曰：三者之过，皆小者之过。可过于小而不可过于大，可以小过而不可甚过。（引自江永《近思录集注》卷十，页四上。出处待考）

又曰：小过是过于慈惠之类，大过则是刚严果毅底气象。（《语类》卷七十三，第一三三条，页二九七二/一八六九）

又曰：小过是小事，又是过于小，如行过于恭，丧过于哀，用过于俭，皆是过于小。（《语类》，第一三七条，页二九七二/一八六九）

26 防小人之道，正己为先。（《周易程氏传》卷四，页五十三下，释《小过卦第六十二·九三爻辞》）

叶采曰：待小人之道，先当正己。己一于正，则彼虽奸诈，

将无间之可乘矣。(《近思录集解》卷十，页十)

27 周公至公不私，进退以道，无利欲之蔽。其处己也，夔夔然存恭畏之心；其存诚也，荡荡焉无顾虑之意。所以虽在危疑之地，而不失其圣也。《诗》曰："公孙硕肤，赤舄几几。"[①] (《河南程氏经说》卷三，《诗解》页十六上)

朱子曰：公，周公也。孙，让；硕，大；肤，美也。赤舄，冕服之舄也。几几，安重貌。……公遭流言之变[②]，而其安肆自得乃如此。盖其道隆德盛，而安土乐天，有不足言者。所以遭大变而不失其常也。(《诗集传·国风·豳·狼跋》)

泽田武冈曰："至公不私"以心言，"进退以道"以迹言。夔夔，敬谨之貌。荡荡，宽广之貌。圣人之心，只是存诚而已。(《近思录说略》卷十，页九上，总页六六五)

东正纯曰：夔夔而不荡荡是不敬，荡荡而不夔夔是不诚。此是圣学之骨髓，王道之所出也。(《近思录参考》卷十，页七九二)

①《诗经·国风·豳·狼跋》。 ②事详见《书经·金縢》第十二节至第十九节。周武王既丧，周公之兄管叔及群弟布流言于国，谓成王年幼，周公执政，将篡王位。周公避居国之东都二年，成王悔悟，亲自迎周公归京。

28 采察求访，使臣之大务。(《河南程氏经说》卷三，《诗解》页十七上)

叶采曰：采察民隐、求访贤材二事，使职之大者也。(《近思录集

解》卷十，页十）

29 明道先生与吴师礼[①]谈介甫[②]之学错处，谓师礼曰："为我尽达诸介甫，我亦未敢自以为是，如有说，愿往复。此天下公理，无彼我。果能明辨，不有益于介甫，则必有益于我。"（《河南程氏遗书》卷一，页六下）

周道通[③]来书曰：昔在朱陆二先生[④]，所以遗后世纷纷之议者，亦见二先生工夫有未纯熟，分明亦有动气之病。若明道则无此矣。观其与吴师礼论介甫之学，云："为我尽达诸介甫……不有益于他，必有益于我也。"气象何等从容！尝见先生与人书[⑤]中，亦引此言。愿朋友皆如此。如何？阳明[⑥]答曰：此节议论得极是极是。愿道通遍以告同志。各自且论自己是非，莫论朱陆是非也。（《传习录》卷中，第一四九条）

①吴师礼，字安仲，工翰墨。历官员外郎、知州。参看《宋史》卷三四七，页四下至五下，与《宋元学案》卷六，页七上。 ②介甫，王安石之字。 ③周道通，名衡，号静庵，阳明弟子。正德五年（一五一〇）举人。累任知县而卒，年四十七。 ④指朱子与陆象山。淳熙二年（一一七五），朱、陆等会于鹅湖寺数日。象山讥朱子为支离，朱子以象山近禅，直指本心。宋明儒争论朱陆是非，形成门户之见，达数百年。 ⑤《答汪石潭内翰书》，载《王文成公全书》卷四，页六上。 ⑥即王守仁（一四七二——一五二九），人称阳明先生。

30 天祺[①]在司竹，常爱用一卒长，及将代，自见其人盗笋皮，遂治之，无少贷。[②]罪已正，待之复如初，略不介意。其德量如

此。（《河南程氏遗书》卷二上，页二十五下）

泽田武冈曰：天祺所恶在其恶而不在其人。故有罪则治之，无少贷。不以将代之际而忽略之。罪已正矣，无复所恶，故待之如初，略不介意。是不念旧恶[③]之心，可以进乎不迁怒[④]焉。所以程子称之。（《近思录说略》卷十，页十上，总页六六七）

①即张戬，天祺乃其字，横渠之弟。参看卷四，第二十一条，注③。据《伊洛渊源录》，天祺在司竹，举家不食笋。 ②据五井兰洲《近思录纪闻》下，页四十二上，此治法为百杖。 ③《论语·公冶长第五》第二十二章。 ④《论语·雍也第六》第二章。

31 因论"口将言而嗫嚅"云：若合开口时，要他头也须开口，如荆轲于樊於期。[①]（须是"听其言也厉"[②]。）（《河南程氏遗书》卷三，页二上）

朱子曰：所谓"合开口"者，亦理之所当然耳。樊於期事，非理之所得言者，盖取其事之难言而犹言之，非以为理之当然也。（《论语或问》卷十九，页七下至八上，总页六五二至六五三）

①秦将樊於期得罪于秦王，亡之燕。秦王灭其父母宗族，以千金购其首。秦将攻燕，公元前二二七年燕太子丹与上卿荆轲谋。荆柯谓樊於期：如得其头与燕地图进于秦王，秦王必喜，可以就近刺之。樊遂自刭。荆轲献樊头与地图于秦王，图穷而匕见。秦王环柱走，左右乃进前杀轲。事详见《史记》卷八十六，页二十一下。七细字乃《河南程氏遗书》本注。 ②《论语·子张第十九》第九章。

32 须是就事上学。《蛊》"振民育德"[①]**，然有所知后，方能如**

此。“何必读书，然后为学？”[②]（《河南程氏遗书》卷三，页二上）

茅星来曰：“事上学”谓即事而穷其理也。振民所以治人，育德所以修己。二者皆以行言。故曰：“有所知后，方能如此。”“有所知”应上“就事上学”而言也。（《近思录集注》卷十，页十五上）

①《易经·蛊卦第十八·象传》。②《论语·先进第十一》第二十四章。

33 先生见一学者忙迫，问其故。曰：“欲了几处人事。”曰：“某非不欲周旋人事者，曷尝似贤急迫？”（《河南程氏遗书》卷三，页五上，伊川语）

叶采曰：事虽多，为之必有序。事虽急，应之必有节。未闻可以急遽苟且而处之者。（《近思录集解》卷十，页十一）

34 安定[①]之门人，往往知稽古爱民矣，则“于为政也何有”[②]！（《河南程氏遗书》卷四，页三下）

叶采曰：胡安定教学者以通经术治时务，明体适用。故其门人皆知以稽古爱民为事。稽古则为政之法，爱民则为政之本。（《近思录集解》卷十，页十二）

佐藤一斋曰：此条《小学》[③]以为伊川语。《近思》系文公亲撰，故以明道为定。（《近思录栏外书》卷十，“安定”条）

①即胡瑗。参看卷三，第五十四条，注①。②《论语·雍也第六》第六章，又《论语·子路第十三》

第十三章。③《小学》卷六，善行，页九下。

35 门人有曰：吾与人居，视其有过而不告，则于心有所不安。告之而人不受，则奈何？曰：与之处而不告其过，非忠也。要使诚意之交通，在于未言之前，则言出而人信矣。又曰：责善之道，要使诚有余而言不足。则于人有益，而在我者无自辱矣。[①]（《河南程氏遗书》卷四，页四下至五上）

泽田武冈曰：门人意患人不信受，程子唯患己之诚不至。盖至诚而不动者，未之有也。苟诚意之交通于人，每在于未言之前，则言一出而人必信从之。如此而犹不信，则彼人之妄耳，吾奚患耶？（《近思录说略》卷十，页十三下，总页六七四）

①“又曰”以下，《河南程氏遗书》另为一段。

36 职事不可以巧免。（《河南程氏遗书》卷七，页三上）

茅星来曰：职事，职所当为之事也。巧免则避难而就易，避劳而就逸也。（《近思录集注》卷十，页十六上）

37 “居是邦，不非其大夫。”[①]此理最好。（《河南程氏遗书》卷六，页八）

朱子曰：“居是邦，不非其大夫”，只是不议其过恶，若大夫有不善，合当谏正者，亦不可但已。（《语类》卷二十五，第九条，页九七三/

六〇三）

茅星来曰：泛论其理则可，直论其人则不可。非其大夫且不可，况敢言朝政得失乎？（《近思录集注》卷十，页十六上）

①《孔子家语》卷十《曲礼·子夏问第四十三》页十七上；《荀子》卷二十《子道篇》第二十九，页十二上，“邦”作“邑”。

38 克勤小物[①]最难。（《河南程氏遗书》卷十一，页二上）

江永曰：“克勤小物”，惟精密谨悫者能之，亦惟才大者能不忽于小。（《近思录集注》卷十，页五下）

①《书经·毕命》第五节。“小物”，小事也。

39 欲当大任，须是笃实。（《河南程氏遗书》卷十一，页三上）

叶采曰：笃实则力量深厚而谋虑审固，斯可以任大事。（《近思录集解》卷十，页十二）

40 凡为人言者，理胜则事明，气忿则招怫。（《河南程氏遗书》卷十一，页十一上）

佐藤一斋曰：愚尝谓处事平心易气，人自服。才动于气，便不服。与此意符。（《近思录栏外书》卷十，“凡为”条）

江永曰：为人言者，从容以理开喻之，则人易晓而言易入矣。（《近思录集注》卷十，页五下）

41 居今之时，不安今之法令，非义也。若论为治，不为则已。如复为之，须于今之法度内处得其当，方为合义。若须更改而后为，则何义之有？（《河南程氏遗书》卷二上，页四上下）

朱子曰："不安今之法令"，谓在下位者。（《语类》卷九十六，第六十九条，页三九二九/二四七四）

江永曰：明道先生为邑[①]，当法令繁密之际，未尝从众为应文逃实之事，而亦不病其拘碍者，今之法度内得其当也。（《近思录集注》卷十，页五下）

①参看本卷，第三条。

42 今之监司，多不与州县一体。监司专欲伺察，州县专欲掩蔽。不若推诚心与之共治。有所不逮，可教者教之，可督者督之。至于不听，择其甚者去一二，使足以警众可也。（《河南程氏遗书》卷二上，页四下）

茅星来曰：监司如宋之转运、提刑诸使是也。首四句言今时监司之弊。"不若"以下，则为监司论所以待属官之道也。推诚心与之共治，正所以与州县一体者也。不能共治者则教之，教之而不从者则督之。总欲为一体而已。（《近思录集注》卷十，页十七上）

43 伊川先生曰：人恶多事，或人悯之。世事虽多，尽是人事。人事不教人做，更责谁做？（《河南程氏遗书》卷十五，页二下）

江永曰：有厌事之心，则有怠惰苟且之病。知其为人所当为，则虽多而不厌矣。（《近思录集注》卷十，页九下）

44 感慨杀身者易，从容就义者难。（《河南程氏遗书》卷十一，页十一上，明道语）

厚之[①]问："感慨杀身者易，从容就义者难。"如何是从容就义？朱子曰：从容谓徐徐。但义理不精，则思之再三，或汨于利害，却悔了。此所以为难。（《语类》卷九十六，第七十条，页三九二九/二四七四）

①即陈厚之，同卷二，第四条，注⑧。

45 人或劝先生以加礼近贵。先生曰：何不见责以尽礼，而责之以加礼？礼尽则已，岂有加也？（《河南程氏遗书》卷十七，页二下）

茅星来曰：尽礼则止循夫分所当然，不使有欠缺而已。加则溢于本分之外。（《近思录集注》卷十，页十七下）

施璜曰：礼贵得中。责以尽礼，则恐其不及。责以加礼，则过乎中矣。故曰："礼尽则已，岂有加也？"（《五子近思录发明》卷十，页十六下）

46 或问：簿，佐令者也。簿所欲为，令或不从，奈何？曰：当以诚意动之。今令与簿不和，只是争私意。令是邑之长。若

能以事父兄之道事之，过则归己，善则唯恐不归于令。积此诚意，岂有不动得人？（《河南程氏遗书》卷十八，页三下）

佐藤一斋曰：此条盖为主簿言之如是也。然县令得其人，则主簿亦岂有抵牾乎？令薄一和，而诸政可举矣。“以诚意动之”一语，是下紧要训语。（《近思录栏外书》卷十，“或问”条）

江永曰：此条合之监司一条，上之使下，下之事上，皆以诚为本。（《近思录集注》卷十，页六上）

47 问：人于议论多欲直己，无含容之气。是气不平否？曰：固是气不平，亦是量狭。人量随识长。亦有人识高而量不长者，是识实未至也。大凡别事人都强得，惟识量不可强。今人有斗筲之量，有釜斛之量，有钟鼎之量，有江河之量。江河之量亦大矣，然有涯，有涯亦有时而满，惟天地之量则无满。故圣人者，天地之量也。圣人之量，道也；常人之有量者，天资也。天资有量须有限。大抵六尺之躯，力量只如此。虽欲不满，不可得也。如邓艾位三公，年七十，处得甚好。及因下蜀有功，便动了。[①]谢安闻谢玄破苻坚，对客围棋。报至不喜。及归，折屐齿。[②]强终不得也。更如人大醉后益恭谨者。只益恭谨，便是动了。虽与放肆者不同，其为酒所动一也。又如贵公子，位益高，益卑谦。只卑谦，便是动了。虽与骄傲者不同，其为位所动一也。然惟知道者，量自然宏大，不勉强而成。今人有所见卑下者，无他，亦是识量不足也。（《河南程氏遗书》卷十八，页八上下。其中数语与《河南程氏外书》卷十，页四上同）

东正纯曰：量狭则动气。欲气不动，须求之于量。量随识。识即学识之识也。（《近思录参考》卷十，页七九五）

①邓艾（一九七—二六四），字士载，为魏征西将军。魏景元四年（二六三）下蜀之首都成都。汉帝降。汉亡，艾大矜伐，谓蜀士大夫曰："诸君赖遭某，故得有今日耳。"十二月，擢为太尉，其位等于大司马、大司徒、大司空之三公。参看《魏志》卷二十八，页二十三上。 ②谢安乃谢玄（三四三—三八八）之叔。晋太元八年（三八三），前秦王苻坚（三五七—三八四在位）举兵百万，次于淝水。玄与安之子琰等渡水决战破之。捷书至，安方对客围棋，了无喜色。客问之，徐答曰："小儿辈已破贼。"既罢，还内，过户限，心甚喜，不觉屐齿之折。参看《晋书》卷七十九，页四下。

48 人才有意于为公，便是私心。昔有人典选，其子弟系磨勘[①]，皆不为理，此乃是私心。人多言古时用直，不避嫌得，后世用此不得。自是无人，岂是无时？（因言少师[②]典举、明道荐才事。[③]）（《河南程氏遗书》卷十八，页八下）

江永曰：不为理磨勘者避私嫌也。有意避嫌，虽公亦私。苟能以大公之心行之，当迁则迁，当黜则黜，何嫌之避？亦何时而不可行？（《近思录集注》卷十，页六下）

①宋制，文武官吏皆按年分磨勘其功绩，以转升官阶也。 ②即程少师，讳羽，字冲远，伊川之高王父也。官兵部侍郎。太平兴国五年（九八〇）典试贡士，得人甚多。"因言"以下，乃《河南程氏遗书》本注。 ③神宗尝使明道推择人才。明道所荐者数十人，而以父表弟张载及弟颐为首。

49 君实[①]尝问先生云：欲除一人给事中[②]，谁可为者？先生曰：

初若泛论人才却可，今既如此，颐虽有其人，何可言？君实曰：出于公口，入于光耳，又何害？先生终不言。（《河南程氏遗书》卷十九，页五下）

厚之问：伊川不答温公给事中事，如何？朱子曰：自是不容预。如两人有公事在官，为守令者来问，自不当答。问者已是失。曰：此莫是避嫌否？曰：不然。本原已不是，与避嫌异。（《语类》卷九十六，第七十一条，页三九二九/二四七四）

叶采曰：泛论人物则无不可。若择人任职，乃宰相之事，非在下位者所可与也。此制义之方也。（《近思录集解》卷十，页十六）

张伯行曰：颐心中虽有其人可胜此任，亦何可明言之？即是私荐矣。（《近思录集解》卷十，页二十上）

施璜曰：先生终不言，必有故也。若以至公之心，行至公之道，即荐举一人亦无害。但恐不得其人耳。（《五子近思录发明》卷十，页十九上）

佐藤一斋曰：程子以至公之心，行至公之道。即荐所知一人，亦当无害。而温公再问，终不言。何邪？愚案，"虽有其人，何可言？"则语气似有其人。其人，或是伊川自拟耳。所以终不言，施氏不得其人，故不言，恐不然。（《近思录栏外书》卷十，"君实"条）

①君实，司马光之字。 ②给事中，掌封驳之官。以有事殿中，故名。

50 先生云：韩持国[①]服义最不可得。一日，颐与持国、范夷叟[②]泛舟于颍昌[③]西湖。须臾，客将[④]云：有一官员上书，谒见大资[⑤]。颐将为有甚急切公事，乃是求知己。颐云：大资居位却不

求人，乃使人倒来求己，是甚道理？夷叟云：只为正叔[⑥]太执，求荐章常事也。颐云：不然。只为曾有不求者不与，来求者与之，遂致人如此。持国便服。[⑦]（《河南程氏遗书》卷十九，页十上）

叶采曰：在上位者，当勤于求贤，岂当待人反求知？求知者失己，使之求知者失士。（《近思录集解》卷十，页十六）

①韩持国（一〇一七——〇九八），名维。以父辅政，不试进士。神宗为太子时，任记室参军。神宗即位（一〇六八），除直学士。旋迁翰林学士。累知州。哲宗立（一〇八六），拜门下侍郎。致仕后坐元祐党，降职。后复旧官。《宋史》卷三一五，页九上至十六上有传。学说载《宋元学案》卷十九。 ②范夷叟（一〇三一——一〇六），名纯礼，范仲淹第三子。累知州府，历任给事中礼部尚书。被诬，罢为端明殿学士。终朝议大夫。详《宋史》卷三一四，页十一下至十四下。 ③今之开封。 ④客将，据朱子云："客将次于太守，其权甚重，一州之兵，皆其将之，凡教阅出入，皆主其事。"（《语类》卷八十四，第三十三条，页三四七四 / 二一八九）茅星来谓客将即牙将，以其主客往来故名（《近思录集注》卷十，页二十一上）。中井竹山（《近思录标记》）等解作宾客将近，则误也。中村习斋（《近思录讲说》卷十，页十二下）谓此客不为文官而为武将，亦是附会之词。并谓《二程粹言》明言其主持往来，故必为宰相下属。惟查《二程粹言》不见此语，金子霜山（《近思录提要》）、三宅带刀（《近思录集解拙抄》卷三十一）与大泽鼎斋（《近思录笔记》）皆谓客将主持宾客。唯鼎斋谓《语类》卷九十七，有此明文，则必是卷八十四之误。佐藤一斋（《近思录栏外书》卷十"先生"条）谓"将率来客者"。 ⑤大资即资政。凡位高者皆可称"大"。韩维当年（一〇八六）任门下侍郎。 ⑥伊川之字。 ⑦《河南程氏遗书》卷二十一上，页三下亦载此事，词有不同。显是同事异录。

51 先生因言：今日供职，只第一件便做他底不得。吏人押申转运司状，颐不曾签。国子监自系台省，台省系朝廷官。外司

有事，合行申状，岂有台省倒申外司之理？只为从前人只计较利害，不计较事体，直得恁地。须看圣人欲正名处，见得道名不正时，便至礼乐不兴。[①]是自然住不得。（《河南程氏遗书》卷十九，页十下）

朱子曰：明道德性宽大，规模广阔。伊川气质刚方，文理察密。其道虽同而造德各异。故明道尝为条例司官[②]，不以为浼。而伊川所作行状，乃独不载其事。[③]明道犹谓青苗可且放过，[④]而伊川乃于西监一状[⑤]较计如此。此可谓不同矣。然明道之放过，乃孔子之猎较为兆，[⑥]而伊川之一一理会，乃孟子之不见诸侯也。[⑦]此亦何害其为同耶？但明道所处，是大贤以上事。学者未至而轻议之，恐失所守。伊川所处虽高，然实中人皆可跂及。学者只当以此为法则，庶乎寡过矣。（《文集》卷三十五，《答刘子澄第三书》页十四下）

江永曰：程子所论西监申状之事，尤足以验圣贤于日用之间。（《近思录集注》卷十，页七下）

①《论语·子路第十三》第三章节述。②王安石置条例司，用明道为属官。③《伊川文集》卷七，页一上至七上《明道先生行状》。④《河南程氏遗书》卷二上，页十二上。⑤《伊川文集》卷二，页十五上至十八上。元祐七年（一〇九二），除国子监，辞。元符三年（一一〇〇），复除国子监。受任新职。门人疑之。就职之初，因语此条。⑥《孟子·万章第五下》第四章："鲁人猎较，孔子亦猎较。""较"，旧音"角"。猎较者，田猎争夺禽兽，得之以祭也。⑦《孟子·滕文公第三下》第一章与第七章。

52 学者不可不通世务。天下事譬如一家，非我为则彼为，非甲为则乙为。（《河南程氏遗书》卷二十五下，页四下）

茅星来曰：世务如天文、地理、礼乐、制度、兵刑皆是。（《近思录集注》卷十，页二十二下）

53 “人无远虑，必有近忧。”[①]思虑当在事外。（《河南程氏外书》卷二，页一上）

茅星来曰：“在事外”，谓虑之远也。如不为旦夕苟且之计，不为目前自便之策是也。（《近思录集注》卷十，页二十二下）

①《论语·卫灵公第十五》第十一章。

54 圣人之责人也常缓，便见只欲事正，无显人过恶之意。（《河南程氏外书》卷七，页一下）

茅星来曰：“只欲事正”，公也。“无显人过恶之意”，恕也。公而恕，所以责人常缓。（《近思录集注》卷十，页二十二下）

55 伊川先生云：今之守令，唯制民之产一事不得为。其他在法度中，甚有可为者，患人不为耳。（《河南程氏遗书》卷十二，页一上）

叶采曰：“制民之产”，谓井田贡助之法。（《近思录集解》卷十，页十七）

56 明道先生作县，凡坐处皆书“视民如伤”四字。常曰：“颢常愧此四字。”（《河南程氏外书》卷十二，页七下）

泽田武冈曰："伤"字属民。视民如有伤，爱之至也。《左传》曰："国之兴也，视民如伤。"[①]《孟子》曰："文王视民如伤。"[②]（《近思录说略》卷十，页二十上，总页六八七）

①《左传·哀公元年》第四节。②《孟子·离娄第四下》第二十章。

57 伊川每见人论前辈之短，则曰："汝辈且取他长处。"（《河南程氏外书》卷十二，页十三上）

朱子曰：和靖[①]录中说伊川未尝言前辈之短。此意甚善。今人往往见二先生兄弟自许之高，便都有个下视前辈意思。此俗不可长。和靖之言，要当表而出之。（《文集》卷三十五，《答吕伯恭书第九十八》，页七上）

①此条为尹焞（字和靖）语，祁宽所记。

58 刘安礼[①]云：王荆公[②]执政，议法改令，言者攻之甚力。明道先生尝被旨赴中堂[③]议事。荆公方怒言者，厉色待之。先生徐曰：天下之事，非一家私议，愿公平气以听。荆公为之愧屈。（《河南程氏遗书·附录》，页一下）

朱子曰：所谓平心者非欲使甲操乙之见，乙守甲之说也。亦非谓都不论事之是非也。但欲姑暂置其是己非彼之意，然后可以据事论理，而终得是非之实耳。（《文集》卷三十六，《答陆子静第五书》，页十四下至十五上）

又曰：新法之行，诸公实共谋之。虽明道先生不以为不是。盖那时也是合变时节。但后来人情汹汹，明道始劝之以不可做逆人情底事。及王氏排众议，行之甚力，而诸公始退散。道夫[④]问：新法之行，虽涂人皆知其有害。何故明道不以为非？曰：自是王氏行得来有害。若使明道为之，必不至恁地狼狈。（《语类》卷一三〇，第四条，页四九六四/三〇九七）

又曰：荆公只为见理不明，用心不广，故议政改令，不免私己欲速之病。而力攻之者，亦未能得其病源，中其要害。则亦徒为竞辩，而俱陷于一偏之失也。（陈沆《近思录补注》卷十，页十七上引之，未详出处）

东正纯曰：王荆公执拗我意，虽司马[⑤]诸公，不少屈下。唯见明道则深感服。虽不用其言，然足以见明道之德矣。（《近思录参考》卷十，页七九七）

①刘安礼，名立之。程子门人。早孤。数岁即养于二程之家。尝为知县，精于吏事。参看《伊洛渊源录》卷十四，页一下；《宋元学案》卷三十，页二上下。②即王安石，初封舒国公，改封荆国公，尊称荆公。③中堂亦称政事堂。宰相议事及见客于此。④即杨道夫，同卷二，第十二条，注①。⑤即司马光。

59 刘安礼问临民。明道先生曰：使民各得输其情。问御吏，曰：正己以格物。（《河南程氏遗书·附录》，页二上下）

东正纯曰：据此，则明道亦似以“格”为“正”者，但“物”字与阳明[①]少不同耳。（《近思录参考》卷十，页七九八）

①王阳明《传习录》第七条曰："格物，如《孟子》大人格君心（《离娄第四上》第二十章）之'格'。是去其心之不正，以全其本体之正。"

60 横渠先生曰：凡人为上则易，为下则难。然不能为下，亦未能使下，不尽其情伪也。大抵使人常在其前，己尝为之，则能使人。（《张子全书》卷六，《义理》页一下）

江永曰：己尝使人，则使人之际，能尽其情，而亦能知其伪。（《近思录集注》卷十，页八上）

61 《坎》"维心亨"，故"行有尚"。外虽积险，苟处之心亨不疑，则虽难必济，而往有功也。今水临万仞之山，要下即下，无复疑滞。险在前[①]，惟知有义理而已，则复何回避？所以心通。（《张子全书》卷九，《易说》页三十五上；又卷十二，《语录抄》页九上，释《坎卦第二十九·彖辞》）

茅星来曰："临万仞之山"，所谓"积险"也。"要下即下，无复疑滞"，所谓"处之心亨不疑"也。"险在前"以下，申明所以"要下即下，无复滞碍"之意。（《近思录集注》卷十，页二十四下）

①叶采等本"险"作"之"，而以"在前"断句。《张子全书》卷十二原文作"险"，故以读"险"为正。卷九原文作"人"，勉强可通，而亦如"险"字，属下句。

62 人所以不能行己者，于其所难者则惰。其异俗者，虽易而羞缩。惟心弘，则不顾人之非笑，所趋义理耳，视天下莫能移

其道。然为之，人亦未必怪。正以在己者义理不胜。惰与羞缩之病，消则有长，不消则病常在。意思齷齪，无由作事。在古气节之士，冒死以有为，于义未必中，然非有志概者莫能。况吾于义理已明，何为不为？（《张子全书》卷十，《易说》页五上，释《大壮卦第三十四·彖辞》）

江永曰：心大而志立，故无羞缩与惰之病。难能异俗之事，义理所当为，故人亦终不之怪。惰与羞缩之病，常与义理相为消长。（《近思录集注》卷十，页八上）

63 《姤》初六："羸豕孚蹢躅。"豕方羸时，力未能动，然至诚在于蹢躅，得伸则伸矣。如李德裕处置阉宦，徒知其帖息畏伏，而忽于志不忘逞。照察少不至，则失其几也。（《张子全书》卷十，《易说》页十四下；又卷十二，《语录抄》页九下，释《姤卦第四十四·初六爻辞》）

叶采曰："羸"，弱也。"孚"，必也。"蹢躅"，跳跃也。豕性险躁，虽当羸弱之时，其诚心未尝不在于动也。得肆则肆矣。犹小人虽困，志在求逞。君子所当察也。唐武宗时，德裕为相。君臣契合，莫能间之。宦寺之徒，帖息畏伏，诚若无能为者。而不知其志在求逞也。继嗣重事，卒定于宦者之手，而德裕逐矣。[①]

盖几微之间，所当深察。(《近思录集解》卷十，页十九)

①唐会昌六年（八四六）武宗崩。宦者密谋立嗣。贤相李德裕（七八七—八四九）被贬崖州为司户参军。

64 人教小童，亦可取益。绊己不出入，一益也。授人数数，己亦了此文义，二益也。对之，必正衣冠，尊瞻视，三益也。常以因己而坏人之才为忧，则不敢惰，四益也。(《张子全书》卷六，《义理》页四上)

朱子曰：《近思录》大率所录杂。逐卷不可以一事名。如第十卷亦不可以事君目之，以其有人教小童在一段。(《语类》卷一〇五，第二十五条，页四一七九/二六二九)

叶采曰：此段疑当在十一卷之末。(《近思录集解》卷十，页十九)

茅星来曰：此条所论，皆教小童时所以自处之道，非论教小童之道也。叶氏谓当在十一卷者非。又曰：朱子谓“此书所录杂，每卷不可以一事名。如此卷不可以事君目之，以末有人教小童一段在耳”。然细玩各条，乃泛论处事接物之道居多。其言事君者仅三十余条。正不独末条有人教小童一段在也。(《近思录集注》卷十，页二十六下)

卷之十一

教学之道

【教学】

凡二十一条

1 濂溪先生曰：刚善，为义，为直，为断，为严毅，为干固。恶，为猛，为隘，为强梁。柔善，为慈，为顺，为巽；恶，为懦弱，为无断，为邪佞。惟中也者，和也，中节也，天下之达道也，圣人之事也。故圣人立教，俾人自易其恶，自至其中而止矣。（《通书》，第七章）

朱子曰：刚柔固阴阳之大分，而其中又各有阴阳以为善恶之分焉。恶者固为非正，而善亦未必皆得乎中也。……易其恶，则刚柔皆善，有严毅慈顺之德，而无强梁懦弱之病矣。至其中则其或为严毅，或为慈顺也，也又皆中节，而无太过不及之偏矣。（《通书注》第七章，《周子全书》卷七，页一四〇至一四一）

2 伊川先生曰：古人生子，能食能言而教之大学[①]之法，以豫为先。[②]人之幼也，知思未有所主，便当以格言至论日陈于前。虽未晓知，且当薰聒。使盈耳充腹，久自安习，若固有之。虽以他言惑之，不能入也。若为之不豫，及乎稍长，私意偏好生于内，众口辩言铄于外，欲其纯完，不可得也。（《河南程氏文集》卷二，页六上下）

东正纯曰：朱子编《小学》书，意亦在于此。（《近思录参考》卷十一，页八九九）

①金长生（《近思录释疑》，《沙溪先生全书》卷二十，页二十一下）谓“大学”应作“小学”，殊不必也。②《礼记·学记》第四节。

3 《观》之上九曰："观其生，君子无咎。"《象》曰："观其生，志未平也。"《传》曰：君子虽不在位，然以人观其德，用为仪法，故当自慎省，观其所生，常不失于君子，则人不失所望而化之矣。不可以不在于位，故安然放意无所事也。（《周易程氏传》卷二，页二十一上，释《观卦第二十·上九爻辞》与《象传》）

程子又曰：上九以阳刚之德处于上，为下之所观，而不当位，是贤人君子不在于位，而道德为天下所观仰者也。"观其生"，观其所生也。谓出于己者，德业行义也。既为天下所观仰，故自观其所生，若皆君子矣，则无过咎也。（《周易程氏传》卷二，页二十一上）

朱子曰："观其生"，则是就自家视听言动应事接物处自观。（《语类》卷七十，第二〇七条，页二八三〇/一七七八）

又曰："志未平"，言虽不得位，未可忘戒惧也。（《周易本义·注观卦上九象传》）

4 圣人之道如天然，与众人之识甚殊邈也。门人弟子既亲炙，而后益知其高远。既若不可以及，则趋望之心怠矣。故圣人之教，常俯而就之。事上临丧，不敢不勉，君子之常行。不困于酒[①]，尤其近也。而以己处之者，不独使夫资之下者勉思企及，而才之高者亦不敢易乎近矣。（《河南程氏经说》，今见《论语集注·述而第七》第二十三章。"就之"以上，亦见《二程粹言》卷二，页四下）

程子又曰：孔子曰："二三子，以吾为隐乎？吾无隐乎尔"[②]，无知之谓也。圣人之教人，俯就之。若此犹恐众人以为高远而不亲也。圣人之言，必降而自卑。不如此则人不亲。贤人之言，必引而自高。不如此则道不尊。观孔子孟子，则可见矣。(《河南程氏外书》卷三，页二下)

问：伊川言："圣人教人常俯就。"若是掠下一著教人，是圣人有隐乎尔，何也？朱子曰：道有大小精粗。大者精者固道也。小者粗者亦道也。观《中庸》言："大哉圣人之道！洋洋乎发育万物，峻极于天"③，此言道之大处。"优优大哉！礼仪三百，威仪三千"④，是言道之小处。圣人教人，就其小者近人，便是俯就。然所谓大者精者，亦只在此，初无二致。要在学者下学上达，自见得耳。在我则初无所隐也。(《语类》卷三十四，第一六〇条，页一四三二/八九三至八九四)

问：伊川谓："圣人之言，必降而自卑。不如此则人不亲。贤人之言，必引而自高。不如此则道不尊。"此是形容圣人气象不同邪？抑据其地位，合当如此？曰：圣人极其高大，人自难企及。若更不俯就，则人愈畏惧而不敢进。贤人有未熟处，人未甚信服。若不引而自高，则人必以为浅近不足为。(同上，卷三十六，第六十二条，页一五三四/九六〇)

问：先儒曰："圣人之道，必降而自卑。贤人之言，则引而自高"，如何？先生(王阳明)曰：不然。如此，却乃伪也。圣人如天，无往而非天。三光⑤之上，天也。九地⑥之下，亦天也。天何尝有降而自卑？此所谓大而化之也。⑦贤人如山岳，守其高而已，然百仞者不能引而为千仞，千仞者不能引而为万仞。是贤人未尝引而自高也。引而自高，则伪矣。(《传习录》卷上，第七十四条)

①《论语·子罕第九》第十六章。 ②《论语·述而第七》第二十三章。 ③《中庸》第二十七章。

④《中庸》第二十七章。⑤日、月、星。⑥深奥之处。⑦《孟子·尽心第七下》第二十五章。

5 明道先生曰：忧子弟之轻俊者，只教以经学念书，不得令作文字。子弟凡百玩好皆夺志。至于书札，于儒者事最近。然一向好著，亦自丧志。如王、虞、颜、柳[①]辈，诚为好人则有之。曾见有善书者知道否？平生精力一用于此，非惟徒废时日，于道便有妨处。足知丧志也。（《河南程氏遗书》卷一，页六上）

张履祥（一六一一—一六七四）曰：教子弟以经学念书，似为末节。然欲收其放心，养以义理，舍是又别无别法。问：如此不见长进，如何而可？曰：教之用心而已。或随事问其义理，或设难令其剖析，或盘诘察其记忆，或见人质其邪正，皆是引其用心之方。（引自茅星来《近思录集注》卷十一，页四上。）

①即王羲之、虞世南、颜真卿、柳公权。王羲之（三二一—三七九，一作三〇三—三六一），字逸少。官右军将军、会稽内史。虞世南（五五八—六三八），字伯施。官弘文馆学士。颜真卿（七〇九—七八五），字清臣。行吏部尚书。谥文忠。柳公权（七七八—八六五），字诚悬。官至散骑常侍。四人皆善书，尤以王为最。

6 胡安定在湖州[①]置治道斋，学者有欲明治道者，讲之于中，如治民、治兵、水利、算数之类。尝言刘彝[②]善治水利，后累为政，皆兴水利有功。（《河南程氏遗书》卷二上，页四上）

东正纯曰：治道斋，《小学》[③]诸书作治事斋。“道”似误。或

曰：初治道，后改治事，未知何据也。(《近思录参考》卷十一，页八〇〇)

江永曰：安定又有经义斋，专讲经义。(《近思录集注》卷十一，页二上)

朱子曰：胡公开治道斋，亦非独只理会此。如所谓“头容直”“足容重”“手容恭”等语[④]，却是本原。(引自茅星来《近思录集注》卷十一，页五上)

又曰：安定规模虽少疏，然却广大着实。(《语类》卷一二九，第二十二条，页四九五二/三〇九〇)

又曰：安定胡先生只据他所知，说得义理平正明白，无一些玄妙。(同上，第三十条，页四九五四/三〇九一)

又曰：周子、二程说得道理如此，亦是上面诸公那趱将来？……及胡文定出，又教人作治道斋，理会政事，渐渐那得近里。所以周、程发明道理出来，非一人之力也。(同上，卷一二〇，第一一七条，页四六六〇/二九一五)

①故治在今浙江吴兴县。 ②刘彝（一〇一七——一〇八六），字执中。熙宁（一〇六八——一〇七七）初，神宗择水官，以彝为都水丞。传见《宋史》卷三三四，页八下至九上。 ③《小学》卷六《善行》页二下。 ④《礼记·玉藻》第二十九节。

7 凡立言，欲涵蓄意思，不使知德者厌、无德者惑。(《河南程氏遗书》卷二上，页六上)

茅星来曰：厌，谓厌其说之繁芜也。惑，谓惑其说之澜翻也。(《近思录集注》卷十一，页五下)

叶采曰：知德者玩其意而不厌，无德者守其说而不惑。(《近思

录集解》卷十一，页三）

8 教人未见意趣，必不乐学。欲且教之歌舞，如古《诗》三百篇，皆古人作之。如《关雎》之类，正家之始。故用之乡人，用之邦国，日使人闻之。此等诗其言简奥，今人未易晓。别欲[①]作诗，略言教童子洒扫应对事长之节，令朝夕歌之，似当有助。（《河南程氏遗书》卷二上，页六下。《小学》卷五《嘉言》页二下，引作伊川语）

陈选（一四二九—一四八六）曰：《关雎》，《周南》国风诗之首篇。《关雎》等诗，为教于闺门之内，乃正家之始，故当时上下通用之。简奥者，辞简约而意深奥也。以洒扫等事，编为韵语，令朝夕咏歌之，庶见意趣而好学矣。（《小学注》卷五，页三上）

①或作"欲别"。

9 子厚[①]以礼教学者最善，使学者先有所据守。[②]（《河南程氏遗书》卷二上，页八上）

问：横渠之教，以礼为先。浩[③]恐谓之礼，则有品节。每遇事，须用秤停当，礼方可遵守。初学者或未曾识礼，恐无下手处。敬则有一念之肃，便已改容更貌，不费安排。事事上见得此意。如何？先生曰：古人自幼入小学，使教以礼。及长，自然在规矩之中。横渠却是用官法教人，礼也易学。今人乍见，往往以为难。某尝要取三礼编成一书。事多蹉过。若有朋友，只两年工

夫可成。(《语类》卷九十二，第八十五条，三七五〇至三七五一/二三六三)

①即张载，子厚乃其字。 ②参看卷二，第九十六条。 ③朱子有两弟子名浩。一为郭浩，一为吴寿昌之子吴浩。郭浩诸书每误作邵浩或那浩。此条称“先生”，宜作青年之吴浩。且朱子言欲编礼书，似是晚年之事。郭浩所录，乃丙午（一一八六）所闻。吴寿昌与其子浩则考亭（一一九四后）门人也。参看拙着《朱子门人》页九十七与二〇五。

10 语学者以所见未到之理，不惟所闻不深彻，反将理低看了。(《河南程氏遗书》卷三，页四上)

张南轩[①]曰：圣人之道，精粗虽无二致，但其施教，则必“因其材而为”[②]焉。盖中人以下之资，骤而语之太高，非惟不能以入，且将妄意躐等，而有不切于身之弊，亦终于下而已矣。故就其所及而语之，是乃所以使之切问近思，[③]而渐进于高远也。(《癸已论语解·雍也第六》第十四章)

①参看卷四，第五十八条，注②。 ②《中庸》第十七章。 ③《论语·子张第十九》第六章。

11 舞射便见人诚。古之教人，莫非使之成己。自洒扫应对上，便可到圣人事。(《河南程氏遗书》卷五，页二下)

江永曰：舞射必诚，乃可应节命中。(《近思录集注》卷十一，页二下)

叶采曰：舞者所以导其和，射者所以正其志。要必以诚心为之。诚者所以成己也。(《近思录集解》卷十一，页四)

朱子曰：此亦言其理之在是，而由是可以至于彼。苟习焉而察，而又勉焉以造其极，则不俟改涂而圣可至耳。岂曰一洒扫一应对之不失其节，而遂可直以圣人自居也哉？（江永《近思录集注》卷十一，页二下引此语，惟未明出处）

12 自"幼子常视无诳"[①]以上，便是教以圣人事。（《河南程氏遗书》卷六，页二上）

叶采曰："视"与"示"同。"诳"，欺妄也。小未有知，常示以正事，此即圣人无妄之道也。（《近思录集解》卷十一，页四）

①《礼记·曲礼上》第十五节。

13 "先传后倦"[①]，君子教人有序：先传以小者近者，而后教以大者远者。非是先传以近小而后不教以远大也。（《河南程氏遗书》卷八，页一下）

朱子曰："洒扫应对"[②]，"精义入神"[③]，事有大小而理无大小。事有大小，故其教有等而不可躐。理无大小，故随所处而皆不可不尽。（《语类》卷四十九，第四十六条，页一九一七至一九一八）

①《论语·子张第十九》第十二章。②《论语·子张第十九》第十二章。③《易经·系辞下传》第五章。

14 伊川先生曰：说书必非古意，转使人薄。学者须是潜心积

虑，优游涵养，使之自得。今一日说尽，只是教得薄。至如汉时说，下帷讲诵，犹未必说书。（《河南程氏遗书》卷十五，页十九下）

佐藤一斋曰：班《史》，“下帷讲诵，弟子传以久次相授业，或莫见其面”。[①]案，汉代说经重传。必谨守传来训诂，诵而授之。古风淳朴可想也。且其曰“下帷”，曰：“莫见其面”，则身在帷中而讲诵之，亦可推也。后世则经师执经，抗颜据上座，纵横捷辩。轻轻薄薄，唯多是贪。不似古者之简质敦厚。故程子叹之如此耳。（《近思录栏外书》卷十一，“伊川”条）

①班固，《汉书》卷五十六，页一上。

15 古者八岁入小学，十五入大学。择其才可教者聚之，不肖者复之农亩。盖士农不易业，既入学则不治农，然后士农判。在学之养，若士大夫之子，则不虑无养。虽庶人之子，既入学则亦必有养。古之士者，自十五入学，至四十方仕，中间自有二十五年学，又无利可趋，则所志可知。须去趋善，便自此成德。后之人，自童稚间已有汲汲趋利之意，何由得向善？故古人必使四十而仕，然后志定。只营衣食却无害，惟利禄之诱最害人。（人有养，便方定志于学。[①]）（《河南程氏遗书》卷十五，页十七下至十八上）

或问：礼书所引伊川言，“古者养士，其公卿大夫士之子弟，固不患于无养，而庶人子弟之入学者，亦有以养之”。不知是否？朱子曰：恐不然。此段明州[②]诸公添入，当删。不然，则注其下云："今按，程子之言，未知何所据也。古者教士，其比间[③]之学，则乡老坐于门而察其出入。其来学有时。既受学，则退而习于家。及其升而上也，则亦有时，春夏耕耘，余时肄业。未闻上之人复有以养之也。夫既给之以百亩之田矣，又给之以学粮，亦安得许多粮给之耶？"（《语类》卷八十四，第三十五条，页三四七六/二一九〇）

①细字为《河南程氏遗书》本注。 ②明州故治在今浙江鄞县之东。 ③五家为比，二十五家为闾。

16 天下有多少才，只为道不明于天下，故不得有所成就。且古者"兴于《诗》，立于礼，成于乐"[①]，如今人怎生会得？古人于《诗》，如今人歌曲一般。虽闾巷童稚，皆习闻其说而晓其义，故能兴起于《诗》。后世老师宿儒，尚不能晓其义，怎生责得学者？是不得"兴于《诗》"也。古礼既废，人伦不明。以至治家皆无法度，是不得"立于礼"也。古人有歌咏以养其性情，声音以养其耳目，舞蹈以养其血脉。今皆无之，是不得"成于乐"也。古之成材也易，今之成材也难。（《河南程氏遗书》卷十八，页十四上下）

东正纯曰：《诗》之要，只是"思无邪"[②]。《礼》之本，只是"无不敬"[③]。《乐》之旨，只是"乐而不淫，哀而不伤"[④]。（《近思录参考》卷十一，页八〇二）。

①《论语·泰伯第八》第八章。 ②《论语·为政第二》第二章。 ③《礼记·曲礼上》第一节。

④《论语·八佾第三》第二十章。

17 孔子教人，“不愤不启，不悱不发”[①]。盖不待愤、徘而发，则知之不固。待愤、悱而后发，则沛然矣。学者须是深思之。思而不得，然后为他说便好。初学者须是且为他说，不然，非独他不晓，亦止人好问之心也。（《河南程氏遗书》卷十八，页二十上）

朱子曰：“愤”者，心求通而未得之意。“悱”者，口欲言而未能之貌。“启”，谓开其意。“发”，谓达其辞。（《论语集注·述而第七》第八章）

或问：程子曰：“待愤、悱而后发，则沛然矣。”如何是沛然底意思？曰：此正所谓时雨之化。譬如种植之物，人力随分已加，但正当那时节欲发生未发生之际，却欠了些子雨。忽然得这些子雨来，生意岂可御也？（《语类》卷三十四，第七十四条，页一三九八/八七二）

①《论语·述而第七》第八章。

18 横渠先生曰：“恭敬撙节退让以明礼”[①]，仁之至也，爱道之极也。己不勉明，则人无从倡，道无从弘，教无从成矣。（《正蒙·至当篇第九》，《张子全书》卷三，页三下）

东正纯曰：礼就理言，仁就性言，爱就心言。（《近思录参考》卷十一，页八〇二）

①《礼记·曲礼上》第六节。

19 《学记》曰："进而不顾其安，使人不由其诚，教人不尽其材。"[①]人未安之，又进之；未喻之，又告之，徒使人生此节目。不尽材，不顾安，不由诚，皆是施之妄也。教人至难，必尽人之材，乃不误人。观可及处，然后告之。圣人之教，直若庖丁之解牛。皆知其隙，刃投余地，无全牛矣。[②]人之才足以有为，但以其不由于诚，则不尽其才。若曰勉率而为之，则岂有由诚哉？（《横渠礼记说》。今见《张子全书》卷十二，《语录抄》页九下至十上）

问："使人不由其诚"，莫是只教他记诵，而中心未尝自得否？朱子曰：若是逼得他紧，他便来厮瞒，便是不由诚。尝见横渠作简与某人，谓其子日来诵书不熟，且教他熟诵，尽其诚与材。文蔚[③]曰："便是他解此两句，只作一意解。其言曰：'人之材足以有为，但以其不由于诚，则不尽其才。若曰勉率而为之，岂有由其诚也哉？'"曰：固是。既是他不由诚，自是才不尽。（《语类》卷八十七，第一二五条，页三五七二/二二五一）

江永曰：不顾学者之能受而强进之，人虽勉强为之，而无诚意。既无诚意，则亦不能尽其才质。三者相因，皆躐等陵节之弊也。（《近思录集注》卷十一，页四上）

①《礼记·学记》第四节。②《庄子·养生主第三》卷二，页三下至四上。③即陈文蔚（一一五四—一二三九），字才卿，朱子门人。录《语类》二百三十余则，问答亦七八十。参看拙著《朱子门人》页二〇九至二一〇。

20 古之小儿，便能敬事。长者[①]与之提携，则两手奉长者之手。问之，掩口而对。盖稍不敬事，便不忠信。故教小儿，且先安详恭敬。（《张子全书》卷十二，《语录抄》页十上）

陈选曰：安静、详审、恭庄、敬畏四者，《小学》涵养本原之事也。（《小学集注》卷五，《嘉言》，页一下）

①张伯行《近思录集解》卷十一，页十一上；施璜《五子近思录发明》卷十页，十一上，均于“长者”断句。惟茅星来《近思录集注》卷十一，页十二下，指出其非，盖“敬事”乃敬其所事，非对长者而言也。

21 孟子曰：“人不足与适也，政不足与间也。唯大人为能格君心之非。”[①]非惟君心，至于朋游学者之际，彼虽议论异同，未欲深较。惟整理其心，使归之正，岂小补哉？（《横渠孟子说》。今见《张子全书》卷十二，《语录抄》页九下至十上）

朱子曰：“大人格君心之非”，此谓精神意气，自有感格处。然亦须有个开导底道理，不但默默而已。（《语类》卷五十六，第三十三条，页二一一二/一三三一）

许衡曰：革人之非，不可革其事，要当先格其心。其心既革，其事有不言而自革者也。（《许文正公遗书》卷一，《语录上》，页十五下至十六上）

①《孟子·离娄第四上》第二十章。

卷之十二

改过及人心疵病

【警戒】

凡三十三条

1 濂溪先生曰：仲由[①]喜闻过，令名无穷焉。[②]今人有过，不喜人规。如护疾而忌医，宁灭其身而无悟也。噫！（《通书》，第二十六章）

朱子曰：喜其得闻而改之，其勇于自修如此。（《孟子集注·公孙丑第二上》第八章）

①即子路。同卷五，第二十五条，注①。②《孟子·公孙丑上》第八章。

2 伊川先生曰：德善日积，则福禄日臻。德逾于禄，则虽盛而非满。自古隆盛，未有不失道而丧败者也。（《周易程氏传》卷一，页四十二下，释《泰卦第十一·九三爻辞》）

叶采曰：德胜于禄，则所享者虽厚而不为过。禄过其德，则所享者虽薄且不能胜，况于隆盛乎？隆盛之丧败，必自无德者致之也。（《近思录集解》卷十二，页一）

3 人之于豫乐，心说之，故迟迟。遂至于耽恋不能已也。《豫》之六二，以中正自守。其介如石，其去之速，不俟终日，故贞正而吉也。[①]处豫不可安且久也，久则溺矣。如二可谓见几而作者也。盖中正，故其守坚，而能辨之早，去之速也。（《周易程氏传》卷二，页六上，释《豫卦第十六·六二爻辞》）

朱子曰：豫虽主乐，然易以溺人。溺则反而忧矣。卦独此爻中而得正，是上下皆溺于豫。而独能中正自守，其介如石也。其德安静而坚确。故其思虑明审，不俟终日而见凡事之几微也。《大学》曰：“安而后能虑，虑而后能得”[②]，意正如此。（《周易本义·豫卦六二·爻辞注》）

①《易经·豫卦第十六·六二爻辞》曰：“介于石，不终日，贞吉。”豫卦震上坤下。二者均阴爻在中，故中正自守。②《大学》经文。

4 大君致危亡之道非一，而以豫为多。（《周易程氏传》卷二，页七下，释《豫卦第十六·六五爻辞》）

泽田武冈曰：忧不生于忧而每生于乐。三代以下，其以逸豫生衰乱，致危亡，奚翅相半？有国家者，可不深戒乎哉？（《近思录说略》卷十二，页二上，总页七一七）

5 圣人为戒，必于方盛之时。方其盛而不知戒，故狃安富则骄侈生，乐舒肆则纲纪坏，忘祸乱则衅孽萌。是以浸淫，不知乱之至也。（《周易程氏传》卷二，页十五下，释《临卦第十九》）

张伯行曰：此极言安乐之害。见常人之乐，君子所惧也。（《近思录集解》卷十二，页二下）

6 《复》之六三，以阴躁处动之极，复之频数而不能固者也。复贵安固。频复频失，不安于复也。复善而屡失，危之道也。圣人开迁善之道，与其复而危其屡失，故云“厉无咎”[①]。不

可以频失而戒其复也，频失则为危，屡复何咎？过在失而不在复也。（刘质夫[②]曰："频复不已，遂至迷复。"）（《周易程氏传》卷二，页三十四上，释《复卦第二十四·六三爻辞》）

叶采曰：震下坤上为复。三既阴躁，又处震动之终，其于复善也，躁动而不能固守者也。有失而后有复。屡复屡失，不常其德，危之道也。屡失故危厉，屡复故无咎。无咎者，补过之称。（《近思录集解》卷十二，页二）

①《易经·复卦第二十四·六三爻辞》。②刘质夫，名绚，程子门人。由府学教授而太学博士。参看《伊洛渊源录》卷八，页一上至四上；《宋史》卷四二八，页一上下；《宋元学案》卷三十，页一上至二上。

7 睽极则咈戾而难合，刚极则躁暴而不详，明极则过察而多疑。《睽》之上九，有六三之正应，实不孤。而其才性如此，自睽孤也。如人虽有亲党，而多自疑猜，妄生乖离，虽处骨肉亲党之间，而常孤独也。（《周易程氏传》卷三，页二十八上，释《睽卦第三十八·上九爻辞》）

张伯行曰：离上兑下为睽。上之为位，处睽之终，则为睽极。九为阳刚，以刚在上，则为刚极。离之为言，明也。以明在上，则为明极。合而言之，值咈戾难合之地，而又以躁暴不详、过察多疑之人处之，故虽上爻与六三本为正应，实不患孤。但以三为二阳所制，未能来合。而己以刚极明极，处睽极之位，其才性如此，自猜狠而乖离也。虽有正应，亦不合矣。何往而不睽孤

哉？（《近思录集解》卷十二，页三下）

8 《解》之六三曰："负且乘，致寇至，贞吝。"《传》曰：小人而窃盛位，虽勉为正事，而气质卑下，本非在上之物，终可吝也。若能大正，则如何？曰：大正，非阴柔所能也。若能之，则是化为君子矣。（《周易程氏传》卷三，页三十四下，释《解卦第四十·六三爻辞》）

叶采曰：负者，小人之事也。乘者，君子之器也。故为小人窃盛位之象。勉为正事者，贞也。然而阴柔卑下之质，冒居内卦之上，非其所安，是以吝也。（《近思录集解》卷十二，页三）

9 《益》之上九曰："莫益之，或击之。"《传》曰：理者，天下之至公；利者，众人所同欲。苟公其心，不失其正理，则与众同利，无侵于人，人亦欲与之。若切于好利，蔽于自私，求自益以损于人，则人亦与之力争。故莫肯益之，而有击夺之者矣。（《周易程氏传》卷三，页四十四上下，释《益卦第四十二·上九爻辞》）

孔颖达（五七四—六四八）曰：上九处益之极，益之过甚者也。求益无厌，怨者非一，故曰："莫益之或击之也。"（《周易正义·益卦上九·爻辞》）。

10 《艮》之九三曰："艮其限，列其夤，厉薰心。"[①]《传》曰：夫止道贵乎得宜。行止不能以时，而定于一。其坚强如此，则处世乖戾，与物睽绝，其危甚矣。人之固止一隅，而举世莫与

宜者，则艰蹇忿畏焚挠其中，岂有安裕之理？“厉薰心”，谓不安之势，薰烁其中也。(《周易程氏传》卷四，页二十一下至二十二上，释《艮卦第五十二·九三爻辞》)

茅星来曰：固，胶固也。中即心也。艰蹇忿畏，四者皆其所以薰心者也。(《近思录集注》卷十二，页五下)。

11 大率以说而动，安有不失正者？(《周易程氏传》卷四，页二十七下，释《归妹卦第五十四·彖辞》)

叶采曰：兑下震上为《归妹》。兑，悦也。震，动也。“心有所好乐，则不得其正”[1]，况从欲而忘返者耶？(《近思录集解》卷十二，页四)

①《大学》第七章。

12 男女有尊卑之序，夫妇有倡随之理，此常理也。若徇情肆欲，唯说是动，男牵欲而失其刚，妇狃说而忘其顺，则凶而无所利矣。(《周易程氏传》卷四，页二十七下，释《归妹卦第五十四·彖辞》)

泽田武冈曰：人苟牵欲，则常屈于万物之下。贪禄者常屈于权门，好色者常屈于少艾。如此之类，安有不失刚者？故夫子曰：“枨也欲，焉得刚？”[1](《近思录说略》卷十二，页四上，总页七二一)

①《论语·公冶长第五》第十章。枨即申枨，字子周，孔子弟子。

13 **虽舜之圣，且畏巧言令色。[①]说之惑人，易入而可惧也如此。**（《周易程氏传》卷四，页四十二下，释《兑卦第五十八·九五爻辞》）

朱子曰：好其言，善其色，致饰于外，务以悦人，则人欲肆而本心之德亡矣。（《论语集注·学而第一》第三章）

①《书经·皋陶谟》第二节。

14 **治水，天下之大任也。非其至公之心，能舍己从人，尽天下之议，则不能成其功。岂方命[①]圮族者所能乎？鲧虽九年而功弗成，然其所治，固非他人所及也。惟其功有叙，故其自任益强，咈戾圮类益甚，公议隔而人心离矣，是其恶益显，而功卒不可成也。**（《河南程氏经说》卷二，《书解》，页六上下）

朱子曰：天下之事，逆理者如何行得？……禹之治水，亦只端的见得须是如此，顺而行之而已。鲧绩之不成，正为不顺耳。（《语类》卷五十七，第六十三条，页二一四七/一三五四）

①程子解“方命”为不顺正理（《河南程氏经说》卷二，页五下），叶采（《近思录集解》卷十二，页五）等从之，谓不顺正理而毁圮族类。朱子则解“方命”为“止其命令而不行”（《语类》卷七十八，第一〇〇条，页三一六九/一九九五）。据《书经·尧典》第十一节，洪水为害，群臣皆以禹之父鲧可用。尧不以为然，谓鲧逆命而伤同类。某臣请试用之。九年而治水不成。

15 **君子“敬以直内”[①]。微生高[②]所枉虽小，而害则大。**（《河南程氏

经说》卷六，《论语说》页五下）

朱子曰：醯，至易得之物，尚委曲如此。若临大事，如何？当有便道有，无便道无。才枉其小，便害其大。此皆不可谓诚实也。（《语类》卷二十九，第七十四条，页一一九五/一七四六）

①《易经·坤卦第二·文言》。②据《论语·公冶长第五》第二十三章，鲁人姓微生，名高。以直名。或乞醋。高乞，诸其邻而与之。

16 **人有欲则无刚，刚则不屈于欲。**[①]（《河南程氏经说》卷六，《论语说》页五上）

朱子曰：欲与刚正相反。若耳之欲声，目之欲色之类，皆是欲。才有些被他牵引去，此中便无所主。焉得刚？（《语类》卷二十八，第六十八条，页一一六〇/七二二至七二三）

又曰：人之资质，千条万别，自是有许多般。有刚于此而不刚于彼底。亦有刚而多欲，亦有柔而多欲。亦有刚而寡欲，亦有柔而寡欲。自是多般不同，所以只要学问。学问进而理明，自是胜得他。（同上，第六十九条，页一一六〇/七二三）

①《论语·公冶长第五》第十章。

17 **“人之过也，各于其类。”[①]君子常失于厚，小人常失于薄。君子过于爱，小人伤[②]于忍。**（《河南程氏经说》卷六，《论语说》页四上）

问：过于厚与爱，虽未为中理，然就其厚与爱处看得来，便见得是君子本心之德发出来。

朱子曰：厚与爱，毕竟是仁上发来，其苗脉可见。(《语类》卷二十六，第七十四条，页一〇五七/六五八)

又曰：此段也只是论仁。若论义，则当云君子过于公，小人过于私。君子过于廉，小人过于贪。君子过于严，小人过于纵。观过斯知义矣，方得。(《语类》卷二十六，第七十五条，页一〇五七/六五八)

或问：伊川此说，与诸家之说如何？曰：伊川之说最善。以君子之道观君子，则君子常过于爱，失之厚。以小人之道观小人，则小人常过于忍，失于薄。如此观人之过，则人之仁与不仁可知矣。(《语类》卷二十六，第七十七条，页一〇五八/六五九)

又曰：来喻又谓人之过，不止于厚、薄、爱、忍四者，而疑伊川之说为未尽。伊川只是举一隅耳。若君子过于廉，小人过于贪。君子过于介，小人过于通之类皆是。(《文集》卷四十二，《答吴晦叔第六书》页十四上)

①《论语·里仁第四》第七章。 ②一本作“过”。

18 明道先生曰：富贵骄人固不善，学问骄人害亦不细。(《河南程氏遗书》卷一，页三下)

茅星来曰：骄则气盈，气盈则识量狭隘，百病都生。(《近思录集注》卷十二，页七下)

19 人以料事为明，便骎骎入逆诈亿不信[1]去也。（《河南程氏遗书》卷一，页六下）

江永曰：喜料事，则逆亿之心熟。虽中，犹为私意小智。况未必皆中乎？（《近思录集注》卷十二，页二下）

①《论语·宪问第十四》第三十三章。

20 人于外物奉身者，事事要好。只有自家一个身与心，却不要好。苟得外面物好时，却不知道自家身与心，却已先不好了也。（《河南程氏遗书》卷一，页七上下）

陈选曰：外物之奉身者，如饮食、衣服、宫室之类。身不好，谓身不简。心不好，谓心不收。（《小学集注》卷五《嘉言》页十七下）

21 人于天理昏者，是只为嗜欲乱着他。庄子言："其嗜欲深者，其天机浅。"[1]此言却最是。（《河南程氏遗书》卷二上，页二十二上）

林希逸（一二七一年卒）曰：嗜欲者，人欲也。天机者，天理也。曰深浅者，即所谓天理人欲随分数消长也。（引自宇都宫遁庵《鳌头近思录》卷十二，页八上。）

①《庄子·大宗师第六》，《南华真经》卷三，页三下。

22 伊川先生曰：阅机事之久，机心必生。盖方其阅时，心必喜。既喜则如种下种子。（《河南程氏遗书》卷三，页五上）

施璜曰：此言机事机心之不可有也。“有机事者，必有机心。”[①]皆用智计，变诈行事，必不顺理。乃君子之所恶者也。阅之而喜，则必以为乖巧矣。有此种子在心中，以机变为足以应事，则必流于智谋之末，为小人之归矣。岂可不戒哉。（《五子近思录发明》卷十二，页八下）

①《庄子·天地第十二》，《南华真经》卷五，页十二下。

23 疑病者，未有事至时，先有疑端在心。周罗事者，先有周事之端在心。皆病也。（《河南程氏遗书》卷三，页五上）

茅星来曰：疑病者，猜嫌疑虑之病。端，端绪也。“周罗”，宋时俚语，犹言兜揽也。愚谓穷理之功至，则疑之病去矣。自治之心切，则周罗事之患去矣。（《近思录集注》卷十二，页八上）

24 较事大小，其弊为枉尺直寻[①]之病。（《河南程氏遗书》卷三，页五上）

樱田虎门曰：事有大小，而理无大小。故学者凡于天下之事，无大无小，只当务尽道理。今专较其大小，则是其心必为忽于小而急于大，惟事之视或遗于义。故其流，必至于枉尺直寻也。但事理不能两全者，亦不可不权其轻重，乃所谓权者也。然亦唯视乎理之轻重云尔。至于事之大小，则未必较也。按《近思录集解》云："事无大小，唯理是视。或者有苟成急就之意，谓道虽少屈，而所伸者大，义虽微害，而所利者博，则有冒而为之者。原其初心，止于权大小，遂至枉尺直寻，其末流之弊，有不可胜言矣。"[②]此说首二句，固是。但据其"或者"以下之言，则是以事之大者，较义之小者也。窃谓，果如此说，则其初心既是枉尺直寻，舍道义而谋功利，固已为大病，不待言流弊之必至于此也。熟玩本文之言，恐似不如此。(《近思录摘说》卷十二，页五十一上)

①《孟子·滕文公第三下》第一章。寻，八尺。 ②叶采之《近思录集解》卷十二，页七。

25 小人、小丈夫。不合小了。他本不是恶。(《河南程氏遗书》卷六，页五上)

茅星来曰：此条说者皆作泛论，理甚难通。如《大学》"小人闲居为不善，无所不至"[①]，岂得谓之不是恶？且又何以必与小丈夫并论耶？学者特习，而不察耳。(《近思录集注》第十二，页八下)

又曰：程子亦只据《孟子·尹士章》[②]所谓"小人""小丈夫"而论之耳。小，谓识量之浅狭也。盖尹士但未闻君子之大道，故据所见言之如此。其心固无他也。故云"他本不是恶"。(《近思录集注》第十二，页八下)

樱田虎门曰：小人对君子言，是泛说。小丈夫对大丈夫言，专以局量言。其实亦无两义。(《近思录摘说》卷十二，页五十一下)

①《大学》第六章。 ②《孟子·公孙丑第二下》第十二章，"孟子去齐，尹士语人曰：'……千里而见

王，不遇故去。三宿而后出昼（地名），是何濡滞也！士则兹不悦。’高子以告。曰：‘夫尹士恶知予哉？千里而见王，是予所欲也。不遇故去，岂予所欲哉？予不得已也。予三宿而后出昼，于予心犹以为速。王庶几改之。……予日望之。予岂若是小丈夫然哉？’……尹士闻之曰：‘士，诚小人也。’”

26 虽公天下事，若用私意为之，便是私。（《河南程氏遗书》卷五，页二上）

朱子曰：将天下正大底道理去处置事，便公。以自家私意去处之，便私。（《语类》卷十三，第四十五条，页三六二/二二八）

27 做官夺人志。（《河南程氏遗书》卷十五，页十八上）

赵致道[①]以书问曰：程子言："仕宦夺人志"，或言为富贵所移也。愚意以为不特言此。但才仕宦，则于窒碍处，有随宜区处之意，浸浸遂入于随时徇俗之域。与初间立心各别。此所谓夺志也。不知程子之意果出于此否？又不知人未免仕宦而有此病，又何以救之？敢之指诲。朱子答曰：所论夺志之说是也。若欲救此，但当随事省察而审其轻重耳。然几微之间，大须着精彩也。（《文集》卷五十九，《答赵致道第三书》，页四十四下至四十五上）

张伯行曰：平岩[②]曰："仕而志于富贵者，固不必言。或驰骛乎是非予夺之境，而此志动于喜怒哀乐之私。或经营于建功立业之间，而此志陷于计度区画之巧。皆足以夺其志。"[③]愚谓此为德未成者言也。若义理素明，操持素定，学优而仕，当为则为，不为利疚，不为害沮，随位尊卑，皆可行志。孰得而夺之？如可夺，则亦不得谓之志矣。（《近思录集解》卷十二，页八下至九上）

①同卷二，第四条，注⑨。 ②即叶采，平岩乃其字。 ③叶采《近思录集解》卷十二，页七。

28 骄是气盈，吝是气歉。人若吝时，于财上亦不足，于事上亦不足，凡百事皆不足，必有歉歉之色也。（《河南程氏遗书》卷十八，页二十九下）

先生（朱子）云：一学者来问："伊川云：'骄是气盈，吝是气歉。'歉则不盈，盈则不歉。如何却云'使骄且吝？'①"试商量看。伯丰②对曰：盈是加于人处，歉是存于己者。粗而喻之，如勇于为非，则怯所迁善。明于责人，则暗于恕己。同是一个病根。先生曰：如人晓些文义，吝惜不肯与人说，便是要去骄人。非骄，无所用其吝。非吝，则无以为骄。（《语类》卷三十五，第一二八条，页一五〇三/九三九）

①《论语·泰伯第八》第十一章。 ②即吴必大，伯丰乃其字。详见卷一，第四十二条，注②。

29 未知道者如醉人。方其醉时，无所不至。及其醒也，莫不愧耻。人之未知学者，自视以为无缺。及既知学，反思前日所为，则骇且惧矣。（《河南程氏遗书》卷十八，页二十九下）

朱子曰：今人未有所见时，直情做去，都不见得。一有所见，始觉所为多有可寒心处。（《语类》卷十三，第九十四条，页三七七/二三七）

30 邢恕①云："一日三点检。"明道先生曰：可哀也哉！其余时

理会甚事！盖仿三省[②]之说，错了。可见不曾用功。又多逐人面上说一般话。明道责之。邢曰："无可说。"明道曰：无可说，便不得不说。（《河南程氏外书》卷十二，页六上下）

茅星来曰：曾子曰以三事自省，恕误以为三次点检。故程子警之。（《近思录集注》卷十二，页九下）

①邢恕，一作邢七。同卷四，第十一条，注①。 ②《论语·学而第一》第四章，曾子曰："吾日三身吾身。为人谋而不忠乎？与朋友交而不信乎？传不习乎？"

31 横渠先生曰：学者舍礼义，则饱食终日，无所猷为，与下民一致。所事不逾衣食之间、燕游之乐尔。（《正蒙·中正篇第八》，《张子全书》卷二，页二十五下至二十六上）

张伯行曰：礼义者，生人之根本，猷为所从出也。（《近思录集解》卷十二，页十上）

32 郑、卫之音悲哀，令人意思留连，又生怠惰之意，从而致骄淫之心。虽珍玩奇货，其始感人也，亦不如是切，从而生无限嗜好。故孔子曰"必放之"[①]。亦是圣人经历

过。但圣人能不为物所移耳。（《横渠礼乐说》，《张子全书》卷十四，《性理拾遗》页五下）

东正纯曰：郑声淫，只是浸淫，不止女色。故曰悲哀，曰留连，曰怠惰。而悲哀也，留连也，怠惰也，女色居多。犹是戒之在色。不止女色，而女色太甚矣。（《近思录参考》卷十二，页八〇五）

①《论语·卫灵公第十五》第十章。

33 孟子言反经[①]，特于乡原之后者，以乡原大者不先立，心中初无主，惟是左右看，顺人情，不欲违。一生如此。（《横渠孟子说》，《张子全书》卷十四，《性理拾遗》页五下）

朱子曰：乡原是个无骨肋底人。东倒西擂。东边去取奉人，西边去周全人。着人眉头眼尾，周遮掩蔽，惟恐伤触了人。“君子反经而已矣”，所谓“反经”，去其不善，为其善者而已。（《语类》卷六十一，第七十六条，页二三四四/一四七七）

①《孟子·尽心第七下》第三十七章，“乡原，德之贼也。……君子反经而已矣。经正，则庶民兴。庶民兴，斯无邪慝矣”。

卷之十三

异端之学

【异端】

凡十四条

1 明道先生曰：杨、墨[①]之害，甚于申、韩[②]。佛、老之害，甚于杨、墨。杨氏“为我”，疑于义；墨氏“兼爱”，疑于仁。[③]申、韩则浅陋易见，故孟子只辟杨、墨，为其惑世之甚也。佛、老其言近理，又非杨、墨之比，此所以为害尤甚。杨、墨之害，亦经孟子辟之，[④]所以廓如也。[⑤]（《河南程氏遗书》卷十三，页一上）

问：墨氏兼爱，疑于仁，此易见。杨氏为我，何以疑于义？朱子曰：杨朱看来不似义。他全是老子之学。只是个逍遥物外，仅足其身，不屑世务之人。只是他自爱其身，界限齐整，不相侵越，微似义耳。然终不似也。（《语类》卷五十五，第五十九条，页二〇九八至二〇九九/一三二一）

又曰：杨朱学，为义者也，而偏于为我。墨翟学，为仁者也，而流于兼爱。本其设心，岂有邪哉？皆以善而为之耳。特于本原之际，微有毫厘之差，是以孟子推言其祸，以为无父无君，而陷于禽兽，辞而辟之，不少假借。孟子亦岂不原其情，而过为是刻核之论哉？以其贼天理，害人心于几微之间，使人陷溺而不自知，非若刑名狙诈之术，其祸浅切而易见也。是以拔本塞源，不得不如是之力。（《文集》卷三十，《答汪尚书第五书》页十下）

①即杨朱、墨翟。 ②即申不害、韩非。申不害（前三三七年卒），法家，重术。为韩相。著书二篇曰《申子》，已不存，遗言散见诸书。韩非（前二三三年卒），韩之诸公子。与李斯（前二〇八年卒）同为荀子弟子。非以书谏韩王，王不能用。作《孤愤》等篇十余万言。秦王见其书，喜甚。秦攻韩甚急。韩王遣非入秦交涉。李斯在秦得势，以己不如非，遗药使非自杀。非从之。非所著称《韩非子》，集法家法、术、势三派之大成。 ③《近思录》叶采等本作“杨氏为我，疑于仁，墨氏兼爱，疑于义”，谓：“杨氏为我，可谓自私而不仁矣，然而犹似于无欲之仁。墨氏兼爱，可谓泛

滥而无义矣，然犹似于无私之义”（《近思录集解》卷十三，页一）。日本注家与Graf神父之德文译本（第二册，页七〇一，第三册，页四九一）从之。朱子《孟子集注·滕文公第三下》第九章，引程子此语，与此处同。中国注家茅星来、江永、陈沆等从之。张伯行从叶采本，惟在按语则云：一本作“为我疑于义，兼爱疑于仁”，……语势更顺（《近思录集解》卷十三，页一下）。韩国注家金长生谓叶注“仁”“义”二字当换，即应作“杨氏疑义，墨氏疑仁”（《近思录释疑》，《沙溪先生全书》卷二十，页六下），加藤常贤《现代语译近思录》页三四七亦然。《河南程氏遗书》卷十三，原文确为“杨氏为我疑于仁，墨氏兼爱疑于义”。此诚可异。宇都宫遁庵（《鳌头近思录》卷十三，页十二上）、中井竹山（《近思录标记》卷十三）、筑田胜信（《近思录集解便蒙详说》页九六五）均谓《二程全书》作“杨氏疑义，墨氏疑仁”。彼等所见之《二程全书》，经已不存。惟今本《二程全书》内之《河南程氏遗书》，卷十五，页二十一下，程子确云：“杨子为我亦是义，墨子兼爱则是仁”。意者初本《二程全书》偶误，而叶采不察。后乃依《近思录》改正。④《孟子·滕文公第三下》第九章。
⑤《法言》卷二，《吾子》，页四下：“古者杨墨塞路，孟子辞而辟之，廓如也。”

2 伊川先生曰：儒者潜心正道，不容有差。其始甚微，其终则不可救。如“师也过，商也不及”[①]，于圣人中道，师只是过于厚些，商只是不及些。然而厚则渐至于兼爱，不及则便至于为我。其过不及，同出于儒者，其末遂至杨、墨。至如杨、墨，亦未至于无父无君。孟子推之便至于此，盖其差必至于是也。（《河南程氏遗书》卷十七，页二上下）

朱子曰：道以中庸为至。贤知之过，虽若胜于愚、不肖之不及，然其失中则一也。（《论语集注·先进第十一》第十五章）

敬之[②]问杨墨。曰：杨墨只是差了些子，其末流遂至于无父无君。盖杨氏见世间人营营于名利，埋没其身而不自知。故独洁其身以自高，如荷蒉、接舆[3]之徒是也。然使人皆如此洁身而自为，则天下事教谁理会？此便是无君也。墨氏见世间人自私自利，不能及人，故欲兼天下之人人而尽爱之。然不知或有一患难，在君亲则当先救，在他人则后救之。若君亲与他人不分先后，则是待君亲犹他人也。便是无父。此二者之所以为禽兽也。（《语类》卷五十五，第五十八条，页二〇九六至二〇九七/一三二〇）

①《论语·先进第十一》第十五章。师、商皆孔子弟子。师姓颛孙，字子张。商，姓卜，字子夏，孔子没，居西河教授，为魏文侯师。②即张显父，参看卷二，第四十八条，注③。③《论语·宪问第十四》第四十二章；《论语·微子第十八》第五章。

3 明道先生曰：道之外无物，物之外无道。是天地之间，无适而非道也。即父子而父子在所亲，即君臣而君臣在所严[1]，以至为夫妇，为长幼，为朋友，无所为而非道。此道所以不可须臾离也。[2]然则毁人伦、去四大[3]者，其分于道也远矣。故“君子之于天下也，无适也，无莫也，义之与比”[4]。若有适有莫，则于道为有间，非天地之全也。彼释氏之学，于“敬以直内”[5]则有之矣，“义以方外”[6]则未之有也。故滞固者入于枯槁，疏通者归于恣肆，此佛之教所以为隘也。吾道则不然，率性而已。斯理也，圣人于《易》备言之。又云[7]：佛有一个觉之理，可以“敬以直内”矣，然无“义以方外”。其直内者，要之其本亦不是。（《河南程氏遗书》卷四，页四下；卷二上，页九上）

问：佛家如何有“敬以直内”？朱子曰：他有个觉察，可以

“敬以直内”。然与吾儒亦不同。他本是个不耐烦底人，故尽欲扫去。吾儒便有是有，无是无，于应事接物，只要处得是。（《语类》卷九十六，第七十三条，页三九三〇/二四七四）

问：《河南程氏遗书》云：“释氏于‘敬以直内’则有之，‘义以方外’则未也。”道夫[⑧]于此未安。先生笑曰：前日童蜚卿[⑨]正论此，以为释氏大本与吾儒同，只是其末异。某与言：“正是大本不同。”因检《近思录》有云：“佛有一个觉之理，可言‘敬以直内’矣，然无‘义以方外’。其直内者，要之其本亦不是。”这是当时记得全处。前者记得不完也。（同上，卷一二六，第七十五条，页四八五〇至四八五一/三〇二七）

①“严”，一本作“敬”。②《中庸》第一章。③即地、水、火、风。佛家谓四大为幻妄。④《论语·里仁第四》第十章。⑤《易经·坤卦第二·文言》。⑥《易经·坤卦第二·文言》。⑦“又云”以下《河南程氏遗书》本注。⑧杨道夫，同卷二，第十二条，注①。⑨童蜚卿，同卷一，第四十六条，注①。

4 “释氏本怖死生，为利岂是公道？唯务上达而无下学，然则其上达处，岂有是也？元不相连属，但有间断，非道也。孟子曰：‘尽其心者，知其性也。’[①]彼所谓识心见性是也。若存心养性一段事，则无矣。彼固曰出家独善，便于道体自不足。”或曰：“释氏地狱之类，皆是为下根之人设此怖，令为善。”先生曰：“至诚贯天地。人尚有不化，岂有立伪教而人可化？”（以上明道语。）（《河南程氏遗书》卷十三，页一下）

朱子曰：只无“义以方外”[②]，则连“敬以直内”[③]也不是了。

又曰：程子谓“释氏唯务上达而无下学。然则其上达处，岂有是耶”亦此意。(《语类》卷一二六，第七十五条，页四八五一/三〇二七)

或问：他虽见得，如何能养？曰：见得后，常常得在这里，不走作，便是养。今儒者口中，虽常说性是理，不止于作用，然却不曾做他样存得养得。只是说得如此。元不曾用功。心与身元不相管摄，只是心粗。若自早至暮，此心常常照管，甚么次第！……今要做，无他，只说四端扩充得便是，孟子说“存心养性”，其要只在此。(《语类》卷一二六，第六十一条，页四八四四/三〇二三)

德粹[④]问：人生即是气，死则气散。浮屠氏不足信。然世间人为恶死，若无地狱治之，彼何所惩？曰：吾友且说尧舜三代之世无浮屠氏，乃“比屋可封”[⑤]，天下太平。及其后有浮屠，而为恶者满天下。若为恶者必待死然后治之，则生人立君又焉用？滕云：尝记前辈说，除却浮屠祠庙，天下便知向善。莫是此意？曰：自浮屠氏入中国，善之名便错了。渠把奉佛为善。如修桥造路，犹有益于人。以斋僧立寺为善，善安在？所谓除浮屠祠庙便向善者，天下之人既不溺于彼，自然孝父母，悌长上，做一好人，便是善。(《语类》卷一二六，第一〇六条，页四八六一/三〇三三)

①《孟子·尽心第七上》第一章。②《易经·坤卦第二·文言》。③《易经·坤卦第二·文言》。④即滕璘，德粹乃其字。同卷二，第八十八条，注③。⑤《汉书》卷九十九上《王莽传》页三十八下。

5 学者于释氏之说，直须如淫声美色以远之。不尔，则骎骎然入其中矣。颜渊问为邦。孔子既告之以二帝、三王之事，而复戒以“放郑声，远佞人”，曰：“郑声淫，佞人殆。”[①]彼佞人

者，是他一边佞耳。然而于己则危。只是能使人移，故危也。至于禹之言曰："何畏乎巧言令色！"[②]巧言令色，直消言畏，只是须著如此戒慎，犹恐不免。释氏之学，更不消言常戒。到自家自信后，便不能乱得。（《河南程氏遗书》卷二上，页九下）

叶采曰：初学立心未定，心屏远异端之说。信道既笃，乃可考辨其失。（《近思录集解》卷十三，页四）

佐藤一斋曰：此条末语大意谓学者宜屏绝释氏，不读其书。至斯学自信后，则假令读之，亦不能乱我也。叶注"考辨其失"，本意稍左。（《近思录栏外书》卷十三，"学者"条）

①《论语·卫灵公第十五》第十章。 ②《书经·皋陶谟》第二节。

6 **所以谓万物一体者，皆有此理，只为从那里来。"生生之谓易。"[①]生则一时生，皆完此理。人则能推，物则气昏推不得，不可道他物不与有也。人只为自私，将自家躯壳上头起意，故看得道理小了他底[②]。放这身来，都在万物中一例看，大小大[③]快活。释氏以不知此，去他身上起意思。奈何那身不得，故却厌恶。要得去尽根尘，为心源不定。故要得如枯木死灰。然没此理，要有此理，除是死也。释氏其实是爱身，放不得，故说许多。譬如蝜蝂之虫，已载不起，犹自更取物在身。又如抱石投河，以其重愈沉，终不道放下石头，惟嫌重也。**（《河南程氏遗书》卷二上，页十五下）

茅星来曰："此理"，谓健顺五常之性也。"那里"指阴阳五行而言。“皆完此理”以上，是从有生之初说，见此理固人与物所同具也。但人禀气清，故能推。物禀气昏，故推不得为稍异耳。是从有生之后言也。……“去尽根尘”，所以空其身之所有也。“枯木死灰”，所以空其心之所有也。皆是去他身上起意思也。……“已载不起”，以喻“奈何那身不得”。“犹自更取物在身”，以喻去根尘之类。“抱石”以喻私己之念。“河”以喻世界。（《近思录集注》卷十三，页七上至八上）

①《易经·系辞上传》第五章。 ②茅星来于“小了”断句，谓“他底”指古圣贤而言。 ③宋时俚语，多么之意。

7 人有语导气者，问先生曰：“君亦有术乎？”曰：“吾尝夏葛而冬裘，饥食而渴饮[①]，节嗜欲，定心气，如斯而已矣。”[②]（《河南程氏遗书》卷四，页一下）

因论道家修养，有默坐以心缩上气而致闭死者。朱子曰：心缩气亦未为是。某尝考究他妙诀。只要神形全不挠动。故老子曰：“心使气则强。”[③]才使气便不是自然。只要养成婴儿。如身在这里坐，而外面行者是婴儿。但无工夫做此。其导引法，只如消息，皆是下策。（《语类》卷一二五，第六十一条，页四八一〇/三〇〇三）

①《韩昌黎全集》卷十一，《原道》页三下。 ②《礼记·月令》第四十六节。 ③《老子》第五十五章。

8 佛氏不识阴阳、昼夜、死生、古今，安得谓形而上者与圣

人同乎？（《河南程氏遗书》卷十四，页一下）

叶采曰：形而上者，性命也。阴阳、昼夜、死生、古今，乃天命之流行，二气之屈伸。释氏指为轮回，为幻妄，则其所谈性命，亦异乎圣人矣。（《近思录集解》卷十三，页六）

9 释氏之说，若欲穷其说而去取之，则其说未能穷，固已化而为佛矣。只且于迹上考之。其设教如是，则其心果如何？固难为取其心，不取其迹。有是心则有是迹。王通言心迹之判[①]，便是乱说。故不若且于迹上断定不与圣人合。其言有合处，则吾道固已有。有不合者，固所不取。如是立定，却省易。（《河南程氏遗书》卷十五，页十上。卷十五皆伊川语）

朱子曰：释氏见得高底尽高。或问：他何故只说空？曰：说玄空，又说真空。玄空便是空无物。真空却是有物，与吾儒说略同。但是他不管天地四方，只是理会一个心。如老氏亦只是要存得一个神气。伊川云："只就迹上断便了。"不知他如此要何用！（《语类》卷一二六，第十七条，页四八二七/三〇一三）

又曰：今之学者往往多归异教者，何故？盖为自家这里工夫有欠缺处，奈何这心不下，没理会处。又见自家这里说得来疏略，无个好药方治得他没奈何底心，而禅者之说，则以为有个悟门。一朝入得，则前后际断，说得恁地见成捷快。如何不随他去！（《语类》卷一二六，第一一六条，页四八六六/三〇三六至三〇三七）

①《中说》卷五《问易篇》页一下。王通，同卷三，第二十八条，注②。

10 问：神仙之说有诸？曰：若说白日飞升之类，则无。若言居山林间，保形炼气，以延年益寿，则有之。譬如一炉火，置之风中则易过，置之密室则难过，有此理也。又问：扬子言“圣人不师仙，厥术异也”[①]。圣人能为此等事否？曰：此是天地间一贼。若非窃造化之机，安能延年？使圣人肯为，周、孔为之矣。（《河南程氏遗书》卷十八，页十上。卷十八皆伊川语）

问：神仙之说有之乎？朱子曰：谁人说无？诚有此理。只是他那工夫大段难做。除非百事弃下，辨得那般工夫方做得。（《语类》卷四，第九十七条，页一二九／八十）

又曰：人言仙人不死，不是不死，但只渐渐销融了，不觉耳。盖他能炼其形气，使渣滓都销融了，唯有那些清虚之气，故能升腾变化。（《语类》卷一二五，第五十九条，页四八〇九／三〇〇三）

朱子《斋居感兴诗》第十五首曰：飘飖学仙侣，遗世在云山。盗启元命秘，窃当生死关。金鼎蟠龙虎，三年养神丹。刀圭一入口，白日生羽翰。我欲往从之，脱屣谅非难。但恐逆天道，偷生讵能安？（《文集》卷四，页八下）

①扬雄《法言》卷十二，《君子》，页四下至五上。

11 谢显道历举佛说与吾儒同处，问伊川先生。先生曰：恁地同处虽多，只是本领不是，一齐差却。（《河南程氏外书》卷十二，页五上）

朱子曰：儒释言性异处，只是释言空，儒言实。释言无，儒言有。(《语类》卷一二六，第二十八条，页四八三〇/三〇一五)

又曰：吾儒心虽虚而理则实。若释氏则一向归空寂去了。(《语类》卷一二六，第二十九条，页四八三〇/三〇一五)

又曰：释氏虚，吾儒实。释氏二，吾儒一。释氏以事理为不紧要而不理会。(《语类》卷一二六，第三十条，页四八三〇/三〇一五)

又曰：释氏只要空，圣人只要实。释氏所谓"敬以直内"，只是空豁豁地，更无一物，却不会方外。圣人所谓"敬以直内"，则湛然虚明，万理具足，方能"义以方外"。(《语类》卷一二六，第三十一条，页四八三〇/三〇一五)

问：儒释之辨，莫只是虚实两字上分别？曰：未须理会。自家已分若知得真，则其伪自别，甚分明，有不待辨。(《语类》卷一二六，第三十二条，页四八三〇/三〇一五)

12 横渠先生曰：释氏妄意天性，而不知范围天[1]用，反以六根[2]之微因缘天地，明不能尽，则诬天地日月为幻妄。蔽其用于一身之小，溺其志于虚空之大。此所以语大语小，流遁失中。其过于大也，尘芥六合[3]。其蔽于小也，梦幻人世。谓之穷理，可乎？不知穷理而谓之尽性，可乎？谓之无不知，可乎？尘芥六合，谓天地为有穷也。梦幻人世，明不能究其所从也。(《正蒙·大心篇第七》，《张子全书》卷二，页二十二下)

茅星来曰：天性，谓天体也。范围，犹裁成也。天用，即化育也。(《近思录集注》卷十三，页十下)

薛瑄曰：释子尘芥六合。然六合无穷，安得尘芥之？幻人世。然人世皆实理，安得梦幻之？(《读书录》卷四，释氏，页十上)

①一本“天”作“之”。②眼、耳、鼻、舌、身、意。③东、西、南、北、上、下。

13 大《易》不言有无。言有无，诸子之陋也。(《正蒙·大易篇第十四》，《张子全书》卷三，页十一下)

问：横渠云：“言有无，诸子之陋也。”朱子曰：无者，无物却有此理。有此理则有矣。

老氏乃云“物生于有，有生于无”[①]。和理也无。便错了。(《语类》卷九十八，第一二四条，页四〇二二/二五三一)

又曰：大《易》不言有无。老子言“有生于无”，便不是。(《语类》卷一二五，第四十一条，页四八〇三)

①《老子》第四十章。

14 浮图明鬼，谓有识之死，受生循环，遂厌苦求免，可谓知鬼乎？以人生为妄，可谓知人乎？天人一物，辄生取舍，可谓知天乎？孔孟所谓天，彼所谓道。惑[①]者指“游魂为变”[②]为轮回，未之思也。大学当先知天德。知天德则知圣人，知鬼神。今浮图极论要归，必谓死生流转，非得道不免。谓之悟道，可乎？(悟则有义有命，均死生，一天人。惟知昼夜，通阴阳，体之无二。)[③]**自其说炽传中国，儒者未容窥圣学门墙，已为引取。沦胥其间，指为大道。**

乃其俗达之天下，致善恶知愚、男女臧获，人人著信。使英才间气，生则溺耳目恬习之事，长则师世儒崇尚之言，遂冥然被驱。因谓圣人可不修而至，大道可不学而知。故未识圣人心，已谓不必求其迹。未见君子志，已谓不必事其文。此人伦所以不察，庶物所以不明，治所以忽，德所以乱。异言满耳。上无礼以防其伪，下无学以稽其弊。自古诐淫邪遁之辞，翕然并兴。一出于佛氏之门者，千五百年[④]**。向非独立不惧，精一自信，有大过人之才，何以正立其间，与之较是非、计得失哉！**（《正蒙·乾称篇第十七》，《张子全书》卷三，页二十二上下）

问：禅家言性倾此于彼之说。朱子曰：此只是偷生夺阴之说耳，禅家言偷生夺阴，谓人怀胎，自有个神识在里了。我却撞入里面，去逐了他。我却受他血阴。他说倾此于彼，盖如一破弊物在日下，其下日影自有方圆大小，却欲倾此日影为彼日影。他说是人生有一块物事包裹在里。及其既死，此个物事又会去做张三。做了张三，又会做王二。便如人做官，做了这官任满，又去做别官。只是无这道理。（《语类》卷一二六，第一〇二条，页四八五九/三〇三二）

问：士大夫末年多溺于释氏之说者，如何？曰：缘不曾理会得自家底原头，但看得些小文字，不过要做些文章，务行些故事，为取爵禄之具而已。却见他底高，直是玄妙，又且省得气力。自家反不及他，反为他所鄙陋，所以便溺于他之说，被他引入去。（《语类》卷一二六，第一一五条，页四八六六/三〇三六）

①叶采本（《近思录集解》卷十三，页八）"惑"作"或"。日本注家如宇都宫遁庵（《鳌头近思录》卷十三，页十二下）、筑田胜信（《近思录集解便蒙详说》页九九五）、井上哲次郎（《近思录》卷十三，页八）、加藤常贤（《现代语译近思录》页三五八）、秋月胤继（《近思录》页三五八）多从之。德文译者Graf(第二册，页七二二）亦然。惟中村惕斋《近思录示蒙句解》页四四〇，则用"惑"。②《易经·系辞上传》第四章。③小字为《正蒙》本注。④茅星来（《近思录集注》卷十三，页十三下）用"已五百年"，谓佛法自汉初传入中国，至宋末有一千五百年。魏晋间（二二〇—四二〇）士大夫未闻有宗佛者。自佛说大行，至宋仅五百四十余年。故以"已五百年"为是。

卷之十四

圣贤气象

【圣贤】

凡二十六条

1 明道先生曰：尧与舜更无优劣，及至汤武便别。孟子言“性之”“反之”[①]，自古无人如此说。只孟子分别出来，便知得尧舜是生而知之，汤武是学而能之。文王之德则似尧舜，禹之德则似汤武。要之皆是圣人。（《河南程氏遗书》卷二上，页二十一上）

朱子曰：性者，得全于天，无所污坏，不假修为，圣之至也。反之者，修为以复其性，而至于圣人也。程子曰：“性之反之，古未有此语，盖自孟子发之。”（《孟子集注·尽心第七下》第三十三章）

又曰：圣人之心，不曾有个起头处。尧舜性之，合下便恁地去。初无个头。到汤武反之，早是有头了。但其起处甚微，五伯则甚大。（《语类》卷六十，第一三五条，页二二九九/一四四八）

①《孟子·尽心下》第三十三章。

2 仲尼，元气也。颜子，春生也。孟子，并秋杀尽见。仲尼无所不包，颜子示“不违，如愚”[①]之学于后世，有自然之和气，不言而化者也。孟子则露其材，盖亦时然而已。仲尼，天地也。颜子，和风庆云也。孟子，泰山岩岩之气象也。观其言，皆可见之矣。仲尼无迹，颜子微有迹，孟子其迹著。孔子尽是明快人，颜子尽岂悌，孟子尽雄辩。（《河南程氏遗书》卷五，页一上下）

叶采曰：夫子大圣之资，犹元气周流，浑沦溥博，无有涯涘，罔见闲隙。颜子亚圣之才，如春阳块圠，发生万物，四时之首，万善之长也。孟子亦亚圣之才，刚烈明辩，整齐严肃，故并秋杀尽见。夫子道全德备，故无不包。颜子不违如愚，与圣人合德。后世可想其自然和气，嘿而成之，不言而信者也。孟子英材发越。盖亦战国之时，世道益衰，异端益炽，又无夫子主盟于其上。故其卫道之严，辩论之明，不得不然也。天地者，高明而博厚也。和风庆云者，协气祥光也。泰山岩岩者，峻极不可逾越也。夫子浑然天成，故无迹。颜子不违如愚，本亦无迹。然为仁之问，喟然之叹，[②]犹可窥测其微。至于孟子，则发明底蕴，故其迹彰彰。夫子清明在躬，犹青天白日，故极其明快。颜子“有若无，实若虚，犯而不校”[③]，故极其岂悌[④]。孟子“息邪说，距诐行，放淫辞”[⑤]，故极其雄辩。此段反覆形容大圣大贤气象，各臻其妙。古今之言圣贤，未有若斯者也。学者其潜心焉。(《近思录集解》卷十四，页一至二)

问：“颜子春生，孟子并秋杀尽见。”朱子曰：仲尼无不包。颜子方露出春生之意，如“无伐善，无施劳”[⑥]是也。使此更不露，便是孔子。孟子便如秋杀，都发出来，露其才。如所谓英气，是发用处都见也。又曰：明道下二句便是解上三句。独“时然而已”难晓。(《语类》卷九十六，第七十四条，页三九三〇/二四七四至二四七五)

问：“孟子则露其才，盖亦时然而已。”直卿[⑦]云：“或曰，非当如此，盖时出之耳。或曰，战国之习俗如此。或曰：世道衰微，孟子不得已焉耳。三者孰是？”曰：恐只是习俗之说较稳。大抵自尧舜以来至于本朝，一代各自是一样，气象不同。(《语类》卷九十六，第七十五条，页三九三〇/二四七四至二四七五)

① 《论语·为政第二》第九章：“子曰：吾与回言终日，不违，如愚。退而省其私，亦足以发。回也

不愚。” ②《论语·颜渊第十二》第一章;《论语·子罕第九》第十章。 ③《论语·泰伯第八》第五章。 ④“岂”，乐也。“悌”，易也。 ⑤《孟子·滕文公第三下》第九章。 ⑥《论语·公冶长第五》第二十五章。 ⑦黄榦之字。参看卷一，第四十六条，注③。

3 曾子传圣人学，其德后来不可测，安知其不至圣人？如言“吾得正而毙”[①]。且休理会文字，只看他气象极好，被他所见处大。后人虽有好言语，只被气象卑，终不类道。[②]（《河南程氏遗书》卷十五，页二下。伊川语）

叶采曰：曾子悟一贯之旨[③]，已传圣人之学矣。至其易箦之言，“吾何求哉？吾得正而毙焉，斯可矣”，自非乐善不倦，安行天理，一息尚存，必归于正。夫岂一时之所能勉强哉？（《近思录集解》卷十四，页二）

①《礼记·檀弓上》第十九节。参看卷七，第二十五条。 ②张伯行《近思录集解》以此条，第四至七条，九至十三条，与第十五条为明道语。 ③《论语·里仁第四》第十五章：“子曰：参乎，吾道一以贯之。曾子曰：唯。子出，门人问曰：何谓也？曾子曰：夫子之道，忠恕而已矣。”

4 传经[①]为难。如圣人之后才百年，传之已差。[②]圣人之学，若非子思[③]、孟子，则几乎息矣。道何尝息？只是人不由之。道非亡也，幽、厉[④]不由也。[⑤]（《河南程氏遗书》卷十七，页二下。伊川语）

朱子曰：孔门弟子，如子贡[⑥]，后来见识煞高，然终不及曾子。如一唯之传[⑦]，此是大体。毕竟他落脚下手立得定，壁立万伋。观其言，如“彼以其富，我以吾仁”[⑧]，“可以托六尺之孤”[⑨]，“士不可不弘毅”[⑩]之类。故后来有子思、孟子，其传永。孟子气象尤可见。(《语类》卷九十三，第三十条，页三七三七/二三五四)

①传经之说，起自汉代，谓孔子授某经于某某门人。二百年后，陶潜（三六五—四二七）乃整化之。其说不可信。参看拙著《朱子门人》页十七。②贝原益轩（《近思录备考》卷十四，页二下，总页四七八）谓“子夏传之田子方，田子方传之庄子。是圣人之后百年已差。此类可见”。宇都宫遁庵（《鳌头近思录》卷十四，页三下）从之。直《庄子·田子方第二十七》卷七，页二十九上，田子方之师乃东郭顺子，而非子夏。③子思，名伋，孔子之孙。受学于曾子，其学由门人再传于孟子。传为《中庸》作者。④周之幽王、厉王，无道之君。⑤董仲舒语，见《汉书》卷五十六《董仲舒传》页四上。⑥同卷三，第十七条，注①。⑦参看前条，注③。⑧《孟子·公孙丑第二下》第二章。⑨《论语·泰伯第八》第六章。⑩《论语·泰伯第八》第七章。

5 荀卿[①]才高，其过多。扬雄才短，其过少。(《河南程氏遗书》卷十八，页三十六下。伊川语)

朱子曰：荀卿则全是申、韩。观《成相》一篇可见。他见当时庸君暗主战斗不息，愤闷恻怛，深欲提耳而诲之，故作是篇。然其要，卒归于明法制、执赏罚而已。他那做处粗，如何望得王通？扬雄则全是黄老。某尝说，扬雄最无用，真是一腐儒。他到急处，只是投黄老。如反《离骚》[②]并老子《道德》[③]之言，可见这人更无说。自身命也奈何不下，如何理会得别事？如《法言》一卷，议论不明快，不了决，如其为人。他见识全低，语言极呆，甚好笑。荀、扬二人自不可与王、韩[④]二人同日语。(《语类》卷一三七，

第十七条，页五二二六/三二五五）

叶采曰：荀卿才高，敢为异论。如以人性为恶，[5]以子思孟子为非，[6]其过多。扬雄才短，如作《太玄》[7]以拟《易》，《法言》[8]以拟《论语》，皆模仿前圣之遗言，其过少。（《近思录集解》卷十四，页三）

①荀子（前三一三—前二三八），名况，字卿。年五十游学于齐，三次仕为祭酒。因齐人谗而至楚，为兰陵令。著书讲授，韩非、李斯学于其门，《史记》卷七十四有传。②《汉书》卷八十七上《扬雄传上》页二下。③《法言》卷四《问道》页二上。④指韩愈。⑤《荀子》卷十七《性恶篇第二十三》。⑥《荀子》卷三，《非十二子篇第六》页十四下至十五上。⑦《太玄经》，十卷，共十五篇。⑧《法言》，十三卷。

6 荀子极偏驳。只一句性恶，大本已失。扬子虽少过，然已自不识性，更说甚道？（《河南程氏遗书》卷十九，页十一下。伊川语）

朱子曰：荀子只见得不好底。扬子又见得半上半下底。（《语类》卷四，第六十三条，页一一二/七十）

又曰：荀、扬、韩[1]诸人，虽是论性，其实只说得气。荀子只见得不好人底性，便说做恶。扬子见半善半恶底人，便说善恶混。韩子见天下有许多般人，所以立为三品之说[2]。（《语类》卷四，第九十二条，页一二六/七八。卷五十九，第五十五条，页二二〇五/一三八九，语同）

又曰：程子说“荀子极偏驳。扬子虽少过”，此等语，皆是就分金秤上说下来。今若不曾看《荀子》《扬子》，则所谓“偏驳”“虽少过”等处，亦见不得。（《语类》卷一三七，第七十条，页五二五七/三二七三）

又曰：《荀子》尽有好处，胜似《扬子》。然亦难看。（《语类》卷一三七，第十一条，页五二二四/三二五四）

又曰：不要看《扬子》。他说话无好处，议论亦无的实处。《荀子》虽然是有错，到说得处也自实。不如他说得恁地虚胖。（《语类》卷一三七，第十二条，页五二二四/三二五四）

又曰：性是自然之理，不容加工。扬雄言“学者所以修性”[③]，故伊川谓扬雄为不识性。《中庸》却言“修道之谓教”[④]。如何曰性不容修？修是揠苗[⑤]。道亦是自然之理。圣人于中为之品节以教人耳。谁能便于道上行？（《语类》卷六十二，第六十八条，页二三七四/一四九五）

①指韩愈。 ②《韩昌黎全集》卷十一《原性》页六上：“性之品有上、中、下三。上焉者，善焉而已矣。中焉者，可导而上下也。下焉者，恶焉而已矣。” ③《法言》卷一《学行》页二下。 ④《中庸》第一章。 ⑤《孟子·公孙丑第二上》第二章，宋人有忧其苗之不长而拔之。

7 董仲舒曰：“正其义，不谋其利。明其道，不计其功。”[①]此董子所以度越诸子。（《河南程氏遗书》卷二十五，页七上。伊川语）。

朱子曰：仲舒所立甚高。后世之所以不如古人者，以道义功利关不透耳。（《语类》卷一三七，第三十三条，页五二四一/三二六三）

又曰：“正其谊，不谋其利。明其道，不计其功。”谊必正，非是有意要正。道必明，非是有意要明。功利自是所不论。仁人于此有不能自已者。（《语类》卷一三七，第三十一条，页五二四〇/三二六三）

道夫[②]问：或谓此语是有是非，无利害。如何？曰：是不论利害，只论是非。理固然也，要亦当权其轻重方尽善，无此亦不

得。只被今人只知计利害，于是非全轻了。（《语类》卷一三七，第三十条，页五二四〇/三二六三）

在浙中见诸葛诚之千能[③]云："仁人正其利，不谋其利。明其道，不计其功"，仲舒说得不是。只怕不是义，是义必有利。只怕不是道，是道必有功。先生谓：才如此，人必求功利而为之，非所以为训也。固是得道义则功利自至。然有得道义而功利不至者。人将于功利之徇，而不顾道义矣。（《语类》卷一三七，第三十二条，页五二四〇至五二四一/三二六三）

①《汉书》卷五十六《董仲舒传》页二十一下。此语亦见上面卷二，第四十条。《春秋繁露》卷九《对胶西王越大夫不得为仁第三十二》页三下所载，则为"正其道，不谋其利。修其理，不急其功"。

②即杨道夫，同卷二，第十二条，注①。 ③诸葛千能，字诚之。问学于陆象山与朱子。尝为县主簿。参看拙著《朱子门人》页三四八至三四九。

8 汉儒如毛苌[①]、董仲舒，最得圣贤之意，然见道不甚分明。下此即至扬雄，规模又窄狭矣。（《河南程氏遗书》卷一，页五下）

问：伊川于毛公，不知何所主而取之？朱子曰：程子不知何所见而云然。尝考之《诗传》，其紧要处有数处。如《关雎》所谓"夫妇有别，则父子亲；父子有亲，则君臣敬。君臣敬，则朝廷正；朝廷正，则王化成"[②]。要之，亦不多见。只是其气象大概好。（《语类》卷九十六，第七十七条，页三九三一/二四七五）

①毛苌称小毛公，以别于大毛公毛亨。治《诗》甚精，为河间献王博士。官至北海太守。当时言

《诗》者有齐、鲁、韩三家。后三家皆废，《毛诗》大行，以至于今。②毛苌《关雎传》。

9 林希[1]谓扬雄为禄隐。扬雄，后人只为见他著书，便须要做他是。怎生做得是？（《河南程氏遗书》卷十九，页三下。伊川语）

叶采曰：禄隐，谓浮沉下位，依禄而隐，即禄仕之意也。雄失身事莽[2]，以是禄隐何辞而可？（《近思录集解》卷十四，页四）

朱子曰：扬子云为人深沉，会去思索。如阴阳消长之妙，他直是去推求，然而如《太玄》之类，亦是拙底工夫。道理不是如此。盖天地间只有个奇耦。奇是阳，耦是阴。春是少阳，夏是太阳。秋是少阴，冬是太阴。自二而四，自四而八。只恁推去，都走不得。而扬子却添两作三，谓之天地人。[3]事事要分三截。又且有气而无朔，有日星而无月，[4]恐不是道理。亦如孟子既说性善[5]，荀子既说性恶[6]，他无可得说，只得说个善恶混[7]。若有个三底道理，圣人想自说了，不待后人说矣。看他里面推得辛苦，却就上面说些道理，亦不透彻。看来其学似本于老氏。如"惟清惟静，惟渊惟默"[8]之语，皆是老子意思。（《语类》卷一三七，第二十二条，页五二三六至五二三七/三二六〇至三二六一）

①林希（一〇五七年进士），字子中。官至吏部尚书、翰林学士、同知枢密院事。宋哲宗罢黜元祐群臣，如陈颇等，希皆预其议。传见《宋史》卷三四三，页一〇九一三至一〇九一四。②王莽（前四五—二三）公元九年篡汉，改国号新。③《太玄经》卷八《太玄数第十一》卷十《玄图第十四》，《太玄告第十五》。④《太玄经》各卷各节皆以阴阳二气起论。⑤《孟子·公孙丑第二上》第二章；《孟子·告子第六上》第二章、第六章。⑥《荀子》卷十七《性恶论第二十三》。⑦《法言》卷三

《修身》页一上。⑧《汉书》卷八十七下，《扬雄传下》，页九上，扬雄解嘲之语，与朱子所引意义同而词稍异。

10 孔明[1]有王佐之心，道则未尽。王者如天地之无私心焉，行一不义而得天下，不为。孔明必求有成而取刘璋[2]。圣人宁无成耳，此不可为也。若刘表[3]子琮，将为曹公所并，取而兴刘氏，可也[4]。(《河南程氏遗书》卷二十四，页二下。伊川语)

叶采曰：东汉末，曹操据汉将篡。孔明辅先主(刘备)，志欲攘除奸凶，兴复汉室。而其规模宏远，操心公平，有王佐之心，然于王道则有所未尽。盖圣人之道，如天地发育，无有私意。行一不义，虽可以得天下而不为。先主以诈取刘璋，孔明不得以无责。盖其志于有成，行不义而不暇顾。若圣人则宁汉无兴，不忍为此也。先主依刘表。曹操南侵。会表卒，子琮迎降。孔明说先主取荆州，先主不忍。琮降则地归曹氏矣。取以兴汉，何负于表？较之取刘璋，则曲直有间矣。或谓先主虽得荆州，未必能御曹操。然此又特以利钝言者也。(《近思录集解》卷十四，页四)

朱子曰：忠武侯(孔明)天资高，所为一出于公。若其规模，并写《申子》之类，则其学只是伯。程先生云："孔明有王佐之心，然其道则未尽。"其论极当。(《语类》卷一三六，第八条，页五一九二至五一九三/三二三五)

致道[5]问孔明出处。曰：当时只有蜀先主可与有为耳。如刘表、刘璋之徒，皆了不得。曹操自是贼。既不可从，孙权又是两间底人。只有先主名分正，故只得从之。(《语类》卷一三六，第九条，页

五一九三/三二三五）

器远[6]问：诸葛武侯杀刘璋是如何？曰：这只是不是。初间教先主杀刘璋，先主不从。到后来先主见事势迫，也打不过，便从他计。要知不当恁地行计杀了他。若明大义，声罪致讨，不患不服。看刘璋欲从先主之招，倾城人民愿留之。那时郡国久长，能得人心如此。（《语类》卷一三六，第十一条，页五一九四/三二三六）

①孔明（一八一—二三四），姓诸葛，名亮，字孔明。汉末，群雄割据。刘备（一六二—二二三）访孔明于其草庐，请为军师。曹操志在篡汉，举军南下，与孙权、刘备战于赤壁（建安十三年，二〇八），操大败。章武元年（二二二）刘备称帝，国号蜀，以孔明为相。继续与北方操子曹丕称帝所立之魏、东南之吴，斗战十余年。是谓三国。《三国演义》即此史事之戏剧化，尤以孔明之六出祁山、七擒孟获及摆八阵图为有声有色。在民间传说中，孔明乃无上英雄。孔明卒，谥忠武侯。《三国志》之《蜀书》卷五有传。 ②刘璋为益州（今四川省）牧，迎先主，先主往会。张松劝先主于会中袭璋，先主不忍。及璋斩松，并谕不得复通先主。先主怒，还兵击璋。璋降。详见《蜀志》卷一《刘璋传》。 ③刘表（一四二—二〇八）为荆州牧，卒，子琮举州降曹操。《后汉书》卷一〇四下，《刘表传》。 ④此条朱子误作明道语（《语类》卷一三六，第八条，页五一九三）。 ⑤即赵致道，参看卷二，第四条，注⑨。 ⑥即曹叔远，器远乃其字，朱子门人。参看拙著《朱子门人》页一九四。

11 诸葛武侯有儒者气象。（《河南程氏遗书》卷十八，页三十八上。伊川语）

问："诸葛亮有儒者气象"，如何？朱子曰：孔明学不甚正，但资质好，有正大气象。问：取刘璋一事，如何？曰：此却不是。又问：孔明何故不能一天下？曰：人谓曹操父子为汉贼。以某观之，孙权真汉贼耳。先主孔明正做得好时，被孙权来战两阵，到这里便难向前了。权又结托曹氏父子。权之为人，正如偷去刘氏一物。知刘氏之兴，必来取此物。不若结托曹氏，以贼托贼。使曹氏胜，我不害守得一隅。曹氏亡，则吾亦初无利害。（《语类》卷九十六，第七十八条，页三九三二/二四七六）

12 孔明庶几礼乐。（《河南程氏遗书》卷二十四，页三上，伊川语）

问：孔明兴礼乐如何？朱子曰：也不见得孔明都是礼乐中人，也只是粗底礼乐。一录云：孔明也粗。若兴礼乐，也是粗礼乐。又，一录云：孔明是礼乐中人，但做时也粗疏。（《语类》卷一三六，第七条，页五一九二/三二三五）

筑田胜信曰：礼以序为本，乐以和为本。诸葛孔明执行国政，事事皆正，有序无乱。士民皆心服之，和也。既如是，则近于礼乐之兴行。（《近思录集解便蒙详说》卷十四，页一〇一九）

13 文中子①本是一隐君子。世人往往得其议论，附会成书②。其间极有格言，荀、扬道不到处。（《河南程氏遗书》卷十九，页十一上下。伊川语）

问：王通病痛如何？朱子曰：这人于作用都晓得，急欲见之于用。故要做周公底事业，便去上书要兴太平。及知时势之不可为，做周公事业不得，则急退而续《诗》《书》，续《玄经》，又要做孔子底事业。殊不知孔子之时接乎三代，有许多典谟训诰之文，有许多礼乐法度，名物度数。数圣人之典章皆在于是。取而缵述，方做得这个家具成。王通之时，有甚么典谟训诂？有什么礼乐法度？……如《中说》一书，都是要学孔子。《论语》说泰伯“三以天下让”，他便说陈思王善让[3]。《论语》说“殷有三仁”[4]，他便说荀氏有二仁[5]。又提几个公卿大夫来相答问，便比当时门人弟子。……《中说》一书，固是后人假托，非王通自著。然毕竟是王通平生好自夸大，续《诗》续《书》，纷纷述作，所以起后人假托之故。后世子孙见他学周公孔子学不成，都冷淡了。故又取一时公卿大夫之显者，缵缉附会以成之。毕竟是王通有这样意思在。虽非他之过，亦他有以启之也。……然王通所以如此者，其病亦只在于不曾子细读书。他只见圣人有个“六经”，便欲别做一本“六经”，将圣人腔子填满里面。若是子细读书，知圣人所说义理之无穷，自然无工夫闲做。他死时极后生，只得三十余岁。他却火急要做许多事。（《语类》卷一三七，第十七条，页五二二六至五二二九/三二五五至三二五七）

①文中子，即王通。同卷三，第二十八条，注②。 ②指《中说》。 ③《中说》卷八《魏相篇》页一上。 ④《论语·微子第十八》第一章。 ⑤《中说》卷四《周公篇》页五上。

14 韩愈[1]亦近世豪杰之士。如《原道》[2]中言语虽有病，然自孟子而后，能将许大见识寻求者，才见此人。至如断曰：“孟子醇乎醇。”[3]又曰：“荀与扬，择焉而不精，语焉而不详。”[4]若不是他见得，岂千余年后，便能断得如此分明？（《河南程氏遗书》卷一，页三下至四上）

朱子曰：自古罕有人说得端的，惟退之《原道》庶几近之，却说见大体。程子谓“能将许大见识寻求”，真个如此。他资才甚高，然那时更无人制服他，便做大了。谓“世无孔子，不当在弟子之列”。[⑤]（《语类》卷九十六，第八十条，页三九三三/二四七六）。

又曰：如韩退之虽是见得个道之大用是如此，然却无实用功夫，只是做诗博弈，酣饮取乐而已。观其诗便可见，都衬贴那《原道》不起。至其做官临政，也不是要为国做事，也无甚可称。其实只是要讨官职而已。（《语类》卷一三七，第二十一条，页五二三五至五二三六/三二六〇）

①韩愈（七六八—八二四），字退之，谥文，尊称韩文公，以其为昌黎（在今之河北）人，亦称韩昌黎。历任监察御史、中书舍人、刑部侍郎。元和十四年（八一九）因谏迎佛骨，贬至潮州（属今之广东）。旋召拜国子祭酒，转兵部侍郎，又转吏部侍郎。尽通经史百家，行文秀丽，后世宗之，称为韩文。由汉至宋，为最杰出之儒者。详《新唐书》卷一七六，页一上至七下《韩愈传》。 ②《韩昌黎全集》卷十一，《原道》页一上至五上。 ③《韩昌黎全集》卷十一，《读荀》页十五上。 ④《韩昌黎全集》卷十一，《原道》页四下。 ⑤《韩昌黎全集》卷十八，《答吕医山人书》页十上。

15 学本是修德，有德然后有言。退之却倒学了。因学文日求所未至，遂有所得。如曰：“轲之死，不得其传。”[①]似此言语，非是蹈袭前人，又非凿空撰得出，必有所见。若无所见，不知言所传者何事。（《河南程氏遗书》卷十八，页三十七上。伊川语）

朱子曰：韩文公第一义是去学文字，第二义方去穷究道理，所以看得不亲切。（《语类》卷一三七，第七十一条，页五二五八/三二七三）。

余隐之[②]曰：由汉以来，佛老显行，圣道不绝如线。韩愈氏断然号于世曰："轲之死不得传。"夫道不可须斯离，而其在于人心者，固常自若。岂真不传哉？盖以道之大要，不在乎仁义。自孟子没，未有唱为仁义之说者，此道所以为不传也。朱子评之曰：孔子传之孟轲。轲之死不得其传。此非深知所传者何事，则未易言也。夫孟子之所传者何哉？曰仁义而已矣。（《文集》卷七十三，读余隐之《尊孟辨》，页十五上。）

①《韩昌黎全集》卷十一，《原道》页四下。 ②余隐之，名允文。参看《宋元学案补遗》卷四十九。

16 周茂叔胸中洒落，如光风霁月。其为政，精密严恕，务尽道理。（《通书》，《附录》，《周子全书》卷十九《濂溪词并序》页三七一；卷二十，潘兴嗣《濂溪先生墓志铭》页三九九）

朱子曰：尝爱黄鲁直[①]作《濂溪诗序》云："春陵[②]周茂叔人品甚高。胸中洒落，如光风霁月。"此句形容有道者气象绝佳。胸中洒落即作为尽洒落矣。（《延平答问》页十四上）

又曰：濂溪在当时人见其政事精绝，则以为官业过人。见其存山林之志，则以为襟袖洒落，有仙风道气。无有知其学者。惟程太中[③]独知之，这老子所见如此，宜其生两程子也。（《语类》卷九十三，第五十条，页三七四二/二三五七）

陈沆曰：洒落是无欲之验。人能无欲，自有清明和乐气象。黄梨洲（黄宗羲，一六一〇——一六九五）称刘念台先生（刘宗周，一五七八——一六四五）"从严毅清苦之中，发为光风霁月"[④]。可谓善学周子者矣。（《近思录补注》卷十四，页六下）

①即黄庭坚（一〇四五—一一〇五），鲁直乃其字。黄氏之语，原出《豫章黄先生文集》卷一，页十四上。②故城在今湖北枣阳县东。③程颢、程颐之父。④《黄梨洲文集·子刘子行状》页三十八。

17 伊川先生撰《明道先生行状》曰：先生资禀既异，而充养有道。纯粹如精金，温润如良玉。宽而有制，和而不流。[1]忠诚贯于金石，孝悌通于神明。视其色，其接物也，如春阳之温。听其言，其入人也，如时雨之润。胸怀洞然，彻视无间。测其蕴，则浩乎若沧溟之无际。极其德，美言盖不足以形容。先生行己，内主于敬，而行之以恕。见善若出诸己，不欲弗施于人。[2]居广居而行大道，[3]言有物而动有常。[4]先生为学，自十五六时，闻汝南[5]周茂叔论道，遂厌科举之业，慨然有求道之志。未知其要，泛滥于诸家，出入于老、释者几十年。返求诸"六经"而后得之。明于庶物，察于人伦[6]。知尽性至命，[7]必本于孝悌。穷神知化[8]，由通于礼乐。辨异端似是之非，开百代未明之惑。秦汉而下，未有臻斯理也。谓孟子没而圣学不传，以兴起斯文为己任。其言曰："道之不明，异端害之也。昔之害近而易知，今之害深而难辨。昔之惑人也乘其迷暗，今之入人也因其高明。自谓之穷神知化，而不足以开物成务。言为无不周遍，实则外于伦理。穷深极微，而不可以入尧舜之道。天下之学，非浅陋固滞，则必入于此。自道之不明也，邪诞妖异之说竞起，涂生民之耳目，溺天下于污浊。虽高才明智，胶于见闻。醉生梦死，不自觉也。是皆正路之蓁芜，圣门之蔽塞。辟之而后可以入道。"先生进将觉斯人，退将明之书。不

幸早逝[9]，皆未及也。其辨析精微，稍见于世者，学者之所传耳。先生之门，学者多矣。先生之言，平易易知。贤愚皆获其益。如群饮于河，各充其量。先生教人，自致知至于知止，诚意至于平天下，洒扫应对至于穷理尽性，循循有序。病世之学者舍近而趋远，处下而窥高，所以轻自大而卒无得也。先生接物，辨而不间，感而能通。教人而人易从，怒人而人不怨，贤愚善恶咸得其心。狡伪者献其诚，暴慢者致其恭。闻风者诚服，觌德者心醉。虽小人以趋向之异，顾于利害，时见排斥。退而省其私，未有不以先生为君子也。先生为政，治恶以宽，处烦而裕。当法令繁密之际，未尝从众为应文逃责之事。人皆病于拘碍，而先生处之绰然。众忧以为甚难，而先生为之沛然。虽当仓卒，不动声色。方监司竞为严急之时，其待先生率皆宽厚。设施之际，有所赖焉。先生所为纲条法度，人可效而为也。至其道之而从，动之而和。不求物而物应，未施信而民信，则人不可及也。（《附录》，《伊川文集》卷七，页六上至七上。《小学》卷六《善行》页四上，引其一部分）

叶采曰：濂溪先生为南安军[10]司理参军时，程公珦[11]摄通守事。视其气貌非常人。与语知其为学知道也，因与为友，且使其二子受学焉。

《河南程氏遗书》有言："再见周茂叔后，吟风弄月以归，有吾与点也[12]之意。[13]"明道学于濂溪者，虽得其大意，然其博求精察，益充所闻，以抵于成者，尤多自得之功。（《近思录集解》卷十四，页七）

朱子曰：二程之于濂溪，……如曰：仲尼颜子所乐[14]，吟风弄月以归[15]，皆是当时口传心受的当亲切处。后来二先生举似后学，亦不将作第二义看。然则行状所谓“反求之‘六经’然后得之”者，特语夫功用之大全耳。至其入处则自濂溪，不可诬也。(《文集》卷三十，《答汪尚书第六书》页十一下)

又曰：《明道行状》说孝弟礼乐处，上两句说心，下两句说用。(《语类》卷九十六，第八十一条，页三九三三/二四七六)

问：“尽性至命，必本于孝弟”，尽性至命是圣人事，然必从孝弟做起否？曰：固是。又问：伊川说：“就孝弟中，便可尽性至命。今时非无孝弟人，而不能尽性至命者，由之而不知也。”[16]谓即孝弟便可至命。看来孝弟上面更有几多事。如何只是孝弟便至命？曰：知得这孝弟之理，便是尽性至命，也只如此。若是做时，须是从孝弟上推将去，方始知得性命。如“孝弟为仁之本”[17]，不成孝弟便是仁了！但是为仁是孝弟始。(《语类》卷九十六，第八十二条，页三九三三至三九三四/二四七七)

①《中庸》第十章。②《论语·颜渊第十二》第二章。③《孟子·滕文公第三下》第二章。④《礼记·缁衣》第十七节。⑤今河南汝南县。⑥《孟子·离娄第四下》第十九章。⑦《易经·说卦传》第一章。⑧《易经·系辞下传》第五章。⑨明道卒时年五十四。⑩故治今江西大余县。⑪二程之父。⑫《论语·先进第十一》第二十五章。⑬《河南程氏遗书》卷三，页一下。⑭《河南程氏遗书》卷二上，页二下。⑮《论语·先进第十一》第二十五章。⑯《河南程氏遗书》卷十八，页三十二上。⑰《论语·学而第一》第二章。

18 明道先生曰：周茂叔窗前草不除去。[1]问之，云：“与自家意思一般。”(子厚[2]观驴鸣，亦谓如此。)(《河南程氏遗书》卷三，页二上)

茅星来曰："与自家意思一般"，指生意周流无间而言。子厚"亦谓如此"，盖取其自得意也。(《近思录集注》卷十四，页十上) 456

施璜曰：此言观物之生意与自家之生意相贯通也。叶氏曰："天地生意流行发育，惟仁者生生之意，充满胸中，故观之有会于心。"[3]周子所以云"与自家意思一般"也。明道书窗前有草茂覆砌，或劝之芟。明道曰："不可。欲常见造物生意。"[4]正与周子窗前草不除之意，同一活泼泼地也。(《五子近思录发明》卷十四，页十二上)

问：周子窗前草不除去，云："与自家意思一般。"此是取其生生自得之意邪？抑于生物中欲观天理流行处邪？朱子曰：此不要解。得那田地，自理会得。须看自家意思与那草底意思如何是一般。(《语类》卷九十六，第八十三条，页三九三五/二四七七)

问：周子窗前草不除去，即是谓"生意与自家一般"。曰：他也只是偶然见与自家意思相契。又问：横渠驴鸣，是天机自动意思？曰：固是。但也是偶然见他如此。如谓草与自家意思一般，木叶便不与自家意思一般乎？如驴鸣与自家呼唤一般，马鸣便不与自家一般乎？问：程子"观天地生物气象"[5]也是如此？曰：他也只是偶然见如此，便说出示人。而今不成只管去守看生物气象。问："观鸡雏可以观仁"[6]，此则须有意，谓是生意初发见处？曰：只是他皮壳尚薄，可观。大鸡非不可以观仁，但为他皮壳粗了。(《语类》卷九十六，第八十四条，页三九三五/二四七七至二四七八)

①叶本无"去"字。②即张载，子厚乃其字。自此以下为《河南程氏遗书》本注。③叶采《近思录集解》卷十四，页九。④《宋元学案》卷十四《明道学案下》页五下。参看卷四，第二十九条。⑤《河南程氏遗书》卷六，页三上。⑥《河南程氏遗书》卷三，页一上。

19张子厚闻生皇子，喜甚。见饿莩者，食便不美。（《河南程氏遗书》卷三，页二上）

必大[1]曰："子厚闻皇子生，喜甚。见饥殍，食便不美"者，正淳[2]尝云："与人同休戚。"陆子寿[3]曰："此主张题目耳。"先生（朱子）问：曾致思否？对曰：皆是均气同体。惟在我者至公无私，故能无间断而与之同休戚也。曰：固是如此。然亦只说得一截。如此说时，真是主张题目，实不曾识得。今土木何尝有私？然与他物不相管。人则元有此心，故至公无私，便都管摄之无间断也。（《语类》卷九十六，第八十五条，页三九三五至三九三六/二四七八）

绸[4]问：明道先生曰："周茂叔窗前草不除去，子厚观驴鸣，亦谓如此。"[5]又曰："子厚闻生皇子"云云。絅谓此即天地生物之心，而人物所得以为心得，盖仁之事也。[6]圣贤千言万句，所谓传心者，惟此而已。朱子答曰：大概然矣。但不可只如此说了便休。须是常切玩味涵养也。（《文集》卷五十八，《答邓卫老》页三十六上）

①即吴必大，详见卷一，第四十二条，注②。②即万人杰，正淳乃其字。同卷九，第十条，注②。③即陆九龄（一一三二——一一八〇），子寿乃其字，陆九渊之兄。参看《宋元学案》卷五十七《复斋学案》，其语不见《朱子语类》与《宋元学案》。④邓卫老，名絅。同卷一，第二十八条，注③。⑤见本卷，第十八条。⑥参看《文集》卷六十七，《仁说》，页二十上至二十一下。

20伯淳尝与子厚在兴国寺[1]讲论终日，而曰："不知旧日曾有甚

人于此处讲此事？”(《河南程氏遗书》卷二上，页十下)

吕希哲[②]曰：往与二程诸公游。一日会相国寺，论事详书。伯淳忽叹曰：“不知此地自古至今，更曾有人来此地说此话耶？”盖此处气象，自有合得如此人说此等话道理也。(《伊洛渊源录》卷七，《吕侍讲》，页二上)

张伯行曰：千载上下，皆此心此理，则旧日合有如此人讲论，亦合有如此事。当时二先生终日讲论，今亦不知其何事。而乃于兴国寺中作此疑语者，正以见道脉相续，必得朋友讲习之益。但恐自有此寺以来，久为念佛谈禅之地，汩没异教，未审甚人体究此事。惓惓守先待后之意，无在不寓，亦可概见矣。(《近思录集注》卷十四，页十四下)

①兴国寺，旧名相国寺。在开封城内。 ②吕希哲（约一〇三六—约一一一四），字原明，与伊川同在太学，其后师事伊川。尝至崇政殿说书。《宋元学案》卷二十三辟为荥阳学案。

21 **谢显道云：明道先生坐如泥塑人，接人则浑是一团和气。**(《河南程氏外书》卷十二，页五下)

叶采曰：所谓“望之俨然，即之也温”[①]。(《近思录集解》卷十四，页十)

①《论语·子张第十九》第九章。

22 **侯师圣[①]云：“朱公掞[②]见明道于汝[③]，归谓人曰：‘光庭在春**

风中坐了一个月。’”游、杨[④]初见伊川，伊川瞑目而坐。二子侍立。既觉，顾谓曰：“贤辈尚在此乎？日既晚，且休矣。”及出门，门外之雪深一尺。（《河南程氏外书》卷十二，页七下至八上）

朱子曰：明道浑然天成，不犯人力。伊川功夫造极，可夺天巧。（《文集》卷三十一，《答张敬夫第十八书》页七上）

又曰：明道直是浑然天成。伊川直是精细平实。（《文集》卷五十四，《答孙季和第一书》页二下）

又曰：颜子明道是好仁，孟子伊川是恶不仁。（《语类》卷二十六，第五十一条，页一〇四九/六五三）

问：明道可比颜子，伊川可比孟子否？曰：明道可比颜子。孟子才高，恐伊川未到孟子处。（《语类》卷九十三，第六十三条，页三七四五/二三五九）

又曰：明道德性宽大，规模广阔。伊川气质刚方，文理密察。……明道所处是大贤以上事。学者未至而轻议之，恐失所守。伊川所处虽高，然实中人皆可企及。学者只当以此为法，则庶乎寡过矣。（《文集》卷三十五，《答刘子澄第四书》，页十四下）

又曰：大程子者，当识其明快中和处。小程子者，当识其初年之严毅，晚年又齐以宽平处。（《语类》卷九十三，第七十五条，页三七四八/二三六一）

郑[⑤]问：明道到处响应，伊川入朝，成许多事。此亦可见二人用处。曰：明道从容，伊川都挨不行。（《语类》卷九十三，第六十五条，页三七四五/二三五九）

又曰：明道曾看释老书，伊川则庄列亦不曾看。（《语类》卷九十三，

第六十一条，页三七四五/二三五九）

又曰：明道说话超迈，不如伊川说得的确。（《语类》卷九十三，第五十一条，页三七四三/二三五八）

又曰：明道语宏大，伊川语亲切。（《语类》卷九十三，第五十七条，页三七四四/二三五八）

又曰：明道之语，周于事物之理，便恁地圆转。伊川之语严，故截然方正。（《语类》卷二十一，第四十九条，页七九二/四九一）

又曰：伊川文字段数分明，明道多只成片说将去。（《语类》卷九十五，第一〇三条，页三八七七/二四四一）

又曰：明道说话，一看便好，转看转好。伊川说话，初看未甚好，久看方好。（《语类》卷九十三，第五十八条，页三七四四/二三五八）

又曰：明道说话亦有说过处，如说“舜有天下不与”[⑥]。又其说阔，人有难晓处，如说“鸢飞鱼跃[⑦]，谓心勿忘勿助长[⑧]处”[⑨]。伊川较子细，说较无过。然亦有不可理会处。又曰：明道所见甚俊伟。故说得较快。初看时便好，子细看亦好。伊川说初看时较拙，子细看亦拙。（《语类》卷九十三，第五十九条，页三七四四/二三五九）

又曰：明道之言，初见便好，转看转好。伊川之言，初看似未甚好，久看方好。（《语类》卷九十三，第五十九条，页三七四四/二三五九）

又曰：明道说道理，一看便好，愈看而愈好。伊川犹不无难明处，然愈看亦愈好。（《语类》卷十九，第八十九条，页七一二/四四二）

又曰：明道之言，一见便好，久看愈好。所以贤愚皆获其益。伊川之言，乍见未好，久看方好。故非久于玩索者不能识其味。（《文集》卷三十一，《答张敬夫第十八书》，页七上）

又曰：明道言语尽宽平，伊川言语初难看，细读有滋味。（《语

类》卷九十三，第六十条，页三七四四/二三五九）

又曰：明道说得来洞洞流转，若伊川则缓了。（《语类》卷六十九，第四十四条，页二七三六/一七一八）

又曰：伊川说明来宽，不如明道体当自家之实事。（《语类》第四十三条，页二七三六/一七一八）

又曰：他（明道）说得响，自是感发人。伊川便不似他。伊川说话方，终是难感动人。（《语类》卷九十五，第一七七条，页三九〇五/二四五九）

问：学于明道，恐易开发。学于伊川，恐易成就。曰：在人用力。若不用力，恐于伊川无向傍处。明道却有悟入处。（《语类》卷九十三，第六十六条，页三七四六/二三五九至二三六〇）

又曰：明道之言，发明极致，通透洒落，善开发人。伊川之言，即事明理，质悫精深，尤耐咀嚼。（《文集》卷三十一，《答张敬夫第十八书》，页七上）

又曰：明道庙象服绯。但伊川不知所服。向来南康只用野服。盖伊川晚年已休致，可不用朝服也。（《文集·别集》卷四，《与廖子晦》，页六上）

明道先生每与人讲论有不合者，则曰："更有商量。"伊川则直曰："不然。"（《河南程氏外书》卷十一，页五下。《朱子文集》卷三十七，页十二上，《与刘共父第一书》引之）

王蘋（一〇八二——一五三）曰：明道犹有谑语，伊川则全无。（《河南程氏外书》卷十二，页十六下）

陆陇其（一六三〇——一六九二）曰：明道言居敬处多。伊川言穷理处多。（《问学录》卷二，页十六上）

佐藤一斋曰：邢恕推服明道如此，而于伊川则盖有所未满者，故社友多责其叛师耳。然恕不足责。但于此足睹伯叔两子之

优劣。(《近思录栏外书》卷九，“邢和”条)

①侯仲良，字师圣。二程舅氏无可之孙，从学于二程。《伊洛渊源录》卷十二，页十下至十二上；《宋元学案》卷三十，页二下有传。 ②即朱光庭（一〇三七——〇九四），字公掞。初受学于胡瑗，后又从二程于洛阳。历任左司谏、给事中、知州、集贤院学士。传见《宋史》卷三三三，页一〇七一〇至一〇七一一。学说见《宋元学案》卷三十，页三上至四上。 ③即汝州。元丰六年（一〇八三）明道以亲老，得监汝州酒税。光庭往见于此。 ④游酢，参看卷二，第八十九条，注⑱。杨时，卷二，第八十九条，注㉑。 ⑤朱子门人姓郑者十人。此条为陈淳在漳州所录，与郑可学同时。郑当是郑可学。详见卷三，第四十七条，注④。 ⑥《河南程氏遗书》卷一，页八上。 ⑦《中庸》第十二章，引《诗经·大雅·文王之什·旱麓》。 ⑧《孟子·公孙丑第二上》第二章。 ⑨《河南程氏遗书》卷三，页一上。

23 刘安礼[①]云：明道先生德性充完。粹和之气，盎于面背。乐易多恕，终日怡悦。立之从先生三十年，未尝见其忿厉之容。(《附录》，《伊川文集》卷七，页二上)

叶采曰：明道先生质之美，养之厚，德之全，故其粹然发见，从容岂弟如此。百世之下闻之者，鄙夫宽、薄夫敦，而况于亲炙之者乎！(《近思录集解》卷十四，页十)

①刘安礼，名立之。同卷十，第五十八条，注①。

24 吕与叔撰《明道先生哀词》云：先生负特立之才，知大学[①]之要。博文强识[②]，躬行力究。察伦明物，极其所止。[③]涣然心释，洞见道体。其造于约也，虽事变之感不一，知应以是心而不穷。虽天下之理至众，知反之吾身而自足。其致于一也，异端并立而不能移，圣人复起而不与易。[④]其养之成也，和气充浃，见于声容。然望之崇深，不可慢也。遇事优为，从容不迫。然诚心恳恻，弗之措也。其自任之重也，宁学圣人而未至，不欲以一善成名。宁以一物不被泽为己病，不欲以一时之利为己功。其自信之笃也，吾志可行，不苟洁其去就。吾义所安，虽小官有所不屑。（《河南程氏遗书·附录》，页七上）

朱子《明道先生像赞》曰：扬休[⑤]山立，玉色金声。元气之会，浑然天成。瑞日祥云，和风甘雨。龙德正中，厥施斯普。（《文集》卷八十五，页九上）

①大学只是大的学问。诚如佐藤一斋（《近思录栏外书》卷十四，“吕与叔”条）指出，非国学，亦非书名。中村惕斋（《近思录示蒙句解》卷十四，页四六二）、Graf 神父（Djin-si Lu，第二册，页七六一）、张伯行（《近思录集注》卷十四，页十五下）均解作书名。 ②《礼记·曲礼上》第三十二节。 ③止于至善。 ④《孟子·滕文公第三下》第九章。 ⑤“扬休”，谓盛阳之气，生养万物。

25 吕与叔撰《横渠先生行状》云：康定用兵时[①]，先生年十八，慨然以功名自许。上书谒范文正公[②]。公知其远器，欲成就之，乃责之曰：“儒者自有名教，何事于兵！”因劝读《中庸》。先生读其书，虽爱之，犹以为未足。于是又访诸释、老之书，累年尽究其说，知无所得，反而求之“六经”[③]。嘉祐[④]初，见程伯淳、正叔于京师，共语道学之要。先生涣然自信，曰：“吾道自

足，何事旁求！”于是尽弃异学，淳如也。[5]（尹彦明[6]云：横渠昔在京师，坐虎皮说《周易》，听徒甚众。一夕，二程先生至，论《易》。次日，横渠撤去虎皮曰：“吾平日为诸公说者皆乱道。有二程近到，深明《易》道，吾所弗及，汝辈可师之。”）[7]**晚自崇文**[8]**移疾西归。横渠终日危坐一室，左右简编，俯而读，仰而思。有得则识之。或中夜起坐，取烛以书。其志道精思，未始须臾息，亦未尝须臾忘也。学者有问，多告以知礼成性、变化气质之道。学必如圣人而后已，闻者莫不动心有进。尝谓门人曰：“吾学既得于心，则修其辞。命辞无差，然后断事。断事无失，吾乃沛然。精义入神**[9]**者，豫而已矣。”先生气质刚毅，德成貌严。然与人居久而日亲。其治家接物，大要正己以感人。人未之信，反躬自治，不以语人。虽有未谕，安行而无悔。故识与不识，闻风而畏。非其义也，不敢以一毫及之。**（《张子全书》卷十五，《附录》页十一上，十二上下）

朱子曰：横渠教人道，“夜间自不合睡。只为无可应接，他人皆睡了，己不得不睡”。他做《正蒙》[10]时，或夜里默坐彻晓。他直是恁地勇，方做得。（《语类》卷九十九，第四条，页四〇二三至四〇二四/二五三二）

又曰：横渠作《正蒙》时，中夜有得，亦须起写了，方放下得而睡。不然，放不下，无安着处。（同上，第五条，页四〇二四/二五三二）

朱子《横渠先生像赞》曰：早悦孙吴[11]，晚逃佛老。勇撤皋比，一变至道。精思力践。妙契疾书。订顽[12]之训，示我广

居。(《文集》卷八十五，页九下)

①康定元年（一〇四〇），元昊兵寇延州（今陕西延安）。②范仲淹（九八九—一〇五二），谥文正。康定用兵时，为陕西招讨副使。横渠上书谒之，谈兵。因劝读《中庸》。③同卷二，第五十七条，注⑩。④嘉祐，宋仁宗使用过的年号，一〇五六至一〇六三。⑤据《伊洛渊源录》卷六，页八下，《行状》有两本，不同处多。一本云："尽弃其学而学焉。"⑥即尹焞，同卷二，第七十五条，注①。⑦自"尹彦明"至"师之"为从《河南程氏外书》卷十二，页十三上，转载为《近思录》本注。⑧崇文，宋藏书馆名。横渠为崇文院校书。⑨《易经·系辞下传》第五章。⑩《正蒙十七篇》。载《张子全书》卷二至卷三。⑪孙武，春秋时兵家。吴起，战国时兵家。⑫订顽，又称《西铭》。参看卷二，第八十九条。

26 横渠先生曰：二程从十四五时，便脱然欲学圣人。(《张子全书》卷六《义理》页七上)

朱子曰：伊川《好学论》①十八时作。明道十四五便学圣人，二十及第，出去做官，一向长进，《定性书》②是二十二三时作。是时游山，许多诗，甚好。(《语类》卷九十三，第六十二条，页三七四五/二三五九)

①此指其《颜子所好何学论》，载《伊川文集》卷四，页一上至二上。《语类》卷三十，第五十八条，页一二四五/七七六，朱子又谓二十岁时作。姚名达《程伊川年谱》页十六，则系于嘉祐元年（一〇五六），是年伊川二十四岁。②《定性书》载《明道文集》卷三，页一上下，题《答横渠先生定性书》。

近思录
后序

【朱熹】

淳熙乙未[①]之夏，东莱[②]吕伯恭来自东阳[③]，过予寒泉精舍[④]，留止旬日[⑤]。相与读周子、程子、张子之书。叹其广大闳博，若无津涯，而惧夫初学者不知所入也。因共掇取其关于大体而切于日用者，以为此编，总六百二十二条，分十四卷。盖凡学者所以求端用力，处己治人之要，与所以夫辨异端，观圣贤之大略，皆粗见其梗概。以为穷乡晚进有志于学，而无明师良友以先后之者，诚得此而玩心焉，亦足以得其门而入矣。如此然后求诸四君子之全书，沉潜反复，优柔厌饫，以致其博而反诸约焉[⑥]。则其宗庙之美，百官之富[⑦]，庶乎其有以尽得之。若惮烦劳，安简便，以为取足于此而可，则非今日所以纂集此书之意也。五月五日[⑧]，新安[⑨]朱熹谨识。

①即淳熙二年（一一七五）。②郡名。③县名，今之浙江金华县。④在福建建阳县天湖之阳。⑤“旬日”，乃约而言之。《吕东莱先生文集》页二上，谓其留止月余。《东莱吕太史文集》又谓其四月二十一日前往留止月余。朱子后序成于五月五日，则留止月余之说，殊不可能。《东莱吕太史文集》之第十五章《入闽录》为吕东莱所自书逐日纪录，明谓三月二十一日动程，四月一日抵朱子所居之五夫里，馆于书室。是则留止月余，显然可信。大概记录者误三月为四月耳。⑥《孟子·离娄第四下》第十五章。⑦《论语·子张第十九》第二十三章。⑧淳熙二年五月五日即一一七五年五月二十六日。⑨朱子祖居徽州之旧名。新安本汉时丹阳郡地，后改新安。朱子好用旧地名，不忘本也。

近思录

后序

【吕祖谦】

《近思录》既成，或疑首卷阴阳变化性命之说，大抵非始学者之事。祖谦窃尝与闻次辑之意。后出晚进于义理之本原，虽未容骤语。苟茫然不识其梗概，则亦何所底止？列之篇端，特使之知其名义，有所向望而已。至于余卷所载讲学之方，日用躬行之实，具有科级。循是而进，自卑升高，自近及远，庶几不失纂集之旨。若乃厌卑近而骛高远，躐等陵节流于空虚，迄无所依据，则岂所谓近思者耶？览者宜详之。淳熙三年四月四日[①]东莱吕祖谦谨书。

①即一一七六年五月十四日。

近思录引用书目表

【以著者或书名之笔画为序】

二画（二）

《二程粹言》，程颢与程颐撰，《四部备要·二程全书》本。

三画（三 上 千 大 小 山）

三宅尚斋（一六六二——七四一），《近思录笔记》，享保十四年（一七二九）写本，东京无穷会藏。
三宅带刀，《近思录集解拙抄》写本，东京无穷会藏。
《三国志通俗演义》，罗贯中撰。
《上蔡语录》，谢良佐（一〇五〇—约一一〇三）著，《近世汉籍丛刊》本。
千叶重斋，《近思录口义》，弘化二年（一八四五）写本，东京无穷会藏。
《大汉和辞典》，诸桥辙次（一八八三——九八二）编，昭和三十年（一九五五）刊本。
《大学》，曾子撰。
《大学或问》，朱熹撰，《近世汉籍丛刊》本。
大泽鼎斋（一八一二——八七三），《近思录笔记》写本，东京无穷会藏。
《小学》，朱熹辑，《四部备要·小学集注》本，陈选（一四三〇——四八六）集注。
山崎道夫，《近思录》，昭和四十二年（一九六七），东京中国古典新书本。
山崎道夫，《近思录讲本释义》，昭和三十四年（一九五九），东京东洋文化研究所。
山崎闇斋（一六一八——六八二），《续山崎闇斋全集》，大正十二年（一九二三）。

四画（中 五 井 太 孔 王 贝 书）

中井竹山（一七三〇——八〇四），《近思录标记》，东京无穷会藏。
中村习斋（一七一九——七九九），《近思录讲说》，山崎道夫藏。
中村惕斋（一六二九——七〇二），《近思录示蒙句解》，明治四十三年（一九一〇），《先哲遗书汉籍国字解全书》本。
《中庸》，子思作。
《中庸或问》，朱熹撰。
《中庸章句》，朱熹撰。
《中庸解》，吕大临（一〇四〇——〇九二），《河南程氏经说》，《二程全书》本。
《中庸辑略》，石𡼖（一一二八——一八二）辑。
《中说》，王通（五八〇—六一七）著，《四部丛刊》本。
五井兰洲（一六九七——七六二），《近思录纪闻》，写本，大阪图书馆藏。
井上哲次郎（一八五六——九四四），《近思录》，大正五年（一九一六），《汉文大系》本。
《太玄经》，扬雄（前五三—一八）著，《四部丛刊》本。
太田锦城（一七六五——八二五），《疑问录》，天保二年（一八三一）刊本。
《太极图说》，周敦颐撰。
《孔子家语》，王肃（一九五—二五六）注，《四部丛刊》本。
孔颖达（五七四—六四八），《周易正义》。
王阳明（王守仁，一四七二——五二九），《传习录》。
王弼（二二六—二四九），《周易注》。
贝原益轩（一六三〇——七一四），《大疑录》，明和四年（一七六七）刊本。
贝原益轩，《近思录备考》，《近世汉籍丛刊》本。

《书经》。

五画（加史左市正白石东许叶礼汉仪）

加藤常贤，《现代语译近思录》，昭和五年（一九三〇）刊本。
《史记》，司马迁（前一四五—前八六）撰，《四部丛刊》本。
《左传》，传说左丘明（前六世纪）撰。
市川安司，《程伊川哲学研究》，昭和三十九年（一九六四），东京大学出版会。
《正蒙》，张载撰，《张子全书》本。
《白虎通义》，班固（三二—九二）撰，《四部丛刊》本。
石冢崔高（一七六六—一八一七）等，《近思录集说》，文化十二年（一八一五）写本，东京无穷会藏。
东正纯（一八三二—一八九一），《近思录参考》，采入大正八年（一九一九）《泽泻先生全集》。
《东莱吕太史文集》，吕祖谦著，《续金华丛书》本。
许衡（一二〇九—一二八一），《语录》，乾隆五十五年（一七九〇）《许文正公遗书》本。
叶采，《近思录集解》，《汉文大系》本。
《礼记》。
《汉书》，班固撰，《四部丛刊》本。
《仪礼》，《四部备要》本。

六画（伊吕宇安朱朴江老西后庄刘论）

《伊川文集》，程颐著，《二程全书》本。
《伊洛渊源录》，朱熹撰，《宝诰堂朱子遗书》本。
吕坤（一五三六—一六一八），《呻吟语》，昭和三十年（一九五五），东京明德出版社。
宇都宫遁庵（一六三四—一七一〇），《鳌头近思录》，延宝六年（一六七八）刊本。
安部井帽山（一七七八—一八四五），《近思录训蒙辑疏》，弘化四年（一八四七）刊本。
《朱子文集》，朱熹著，《四部备要》本。
《朱子门人》，陈荣捷著，一九八二年，台北：学生书局。
《朱子新探索》，陈荣捷著，一九八八年，台北：学生书局。
《朱子语类》，黎靖德编，一九七〇年，台北：正中书局。又一九八六年，北京：中华书局。
《朱学论集》，陈荣捷著，一九八八年，台北：学生书局，增订再版。
朴履坤，《近思录释义》，一九三三年刊本。
江永，《近思录集注》，《四部备要》本。
《老子》，传说老子撰。
《西铭》，张载著，《张子全书》本。
《后汉书》，范晔（三九八—四四五）撰，《四部丛刊》本。
《庄子》，庄周撰，《四部丛刊》本名《南华真经》。
刘宗周（一五七八—一六四五），《刘子全书》，一九八一年，京都中文出版社。
刘宗周，《刘子全书遗编》，光绪十八年（一八九二）刊本。
《论语》。
《论语或问》，朱熹撰，《近世汉籍丛刊》本。
《论语集注》，朱熹撰。

七画（佐困宋岑汪陈陆张杨饭）

佐藤一斋（一七七二——八五九），《近思录栏外书》，天保十一年（一八四〇）写本，东京无穷会藏。
《困知记》，罗钦顺（一四六五——五四七）著，嘉靖七年（一五二八）刊本。
《困学纪闻》，王应麟（一二二三——二九六）著，《四部丛刊》本。
《宋元学案》，黄宗羲（一六一〇——六九五）撰，《四部备要》本。
《宋元学案补遗》，王梓材（一七九二——八五一）与冯云濠〔道光十四年（一八三四年）举人〕撰，世界书局刊本。
《宋史》，脱脱（一三五六年卒）撰，一九七七年，北京：中华书局。
《宋名臣言行录》，朱熹撰，《四部丛刊》本。
《岑嘉州诗》，岑参（七一五一七七〇）著，《四部丛刊》本。
汪绂（一六九二——七五九），《读近思录》，光绪二十三年（一八九七）《汪双池先生丛书》本。
陈沆，《近思录补注》，东京大学藏。
陈埴，《近思录杂问》，宽文六年（一六六六）刊本。
陈淳（一一五九——二二三），《北溪字义》。
陈淳，《北溪大全集》，《四库全书珍本》。
陆世仪（一六一一——六七二），《思辨录辑要》，《正谊堂全书》本。
陆陇其（一六三〇——六九二），《问学录》，《正谊堂全书》本。
陆陇其，《读朱随笔》，《正谊堂全书》本。
张伯行（一六五一——七二五），《近思录集解》，《正谊堂全书》本。
张南轩（张栻，一一三三——一八〇），《癸巳论语解》。
张载，《张子全书》，《四部备要》本。
张载，《张子语录》，《四部丛刊》本。
张载，《张载集》，一九七八年，北京：中华书局。
《杨龟山先生集》，杨时（一〇五三——一三五）著，康熙四十六年（一七〇七）刊本。
饭岛忠夫，《现代语译近思录》，昭和十年（一九三五）刊本。

八画（周孟易林法近金茅国浅诗郑泽河）

《周子全书》，周敦颐撰，《万有文库》本。
《周官（周礼）》，传说周公撰。
《周易口义》，胡瑗，清康熙刊本。
《周易本义》，朱熹著。
《周易程氏传》，程颐著，《二程全书》本。
《孟子》，孟轲撰。
《孟子集注》，朱熹撰。
《易经》，伏羲、文王、孔子撰。
《易纬通卦验》，《四部集要》本。
林泰辅（一八三九——九一六），《近思录》，大正八年（一九一九），东京友朋堂。
《法言》，扬雄著，《四部备要》本。
《近思录》，朱熹、吕祖谦合辑。
近藤饭万嶋，《近思录讲义》，明治五年（一八七二）写本，无穷会藏。

金子霜山（一七八九——八六五），《近思录提要》，弘化三年（一八四六）写本，东京无穷会藏。
金长生（一五四八——六三一），《近思录释疑》，《沙溪先生全书》本。
茅星来，《近思录集注》，《善本丛书》本。
《国语》，《四部备要》本。
浅见䌹斋（一六五二——七一一），《近思录师说》，天明八年（一七八八）写本，东京无穷会藏。
《诗经》。
郑晔（一五六三——六二五），《近思录释疑》，仁祖七年（一六二九）刊本。
泽田武冈，《近思录说略》，享保五年（一七二〇）刊本。
《河南程氏外书》，程颢、程颐合著，《四部备要·二程全书》本。
《河南程氏遗书》，程颢与程颐撰，《四部备要·二程全书》本。
《河南程氏经说》，程颐著，《二程全书》本。

九画（姚 施 春 秋 胡 荀 说）

姚名达，《程伊川年谱》，一九三七年，上海：商务印书馆。
施璜，《五子近思录发明》，康熙四十四年（一七〇五）刊本。
《春秋繁露》，董仲舒（前一七六—约前一〇四）著，《四部丛刊》本。
秋月胤继，《近思录》，昭和十五年（一九四〇），东京《岩波文库》本。
胡居仁（一四三四——四八四），《居业录》，《正谊堂全书》本。
《荀子》，荀况撰，《四部丛刊》本。
《说苑》，刘向（前七七—前六）撰，《四部丛刊》本。

十画（唐 晋 真 素 高 陶 读）

唐伯元（一五四〇——五九八），《二程先生类语》，万历十三年（一五八五）刻本。
《旧唐书》，刘昫（八八七—九四七）撰，《四部丛刊》本。
《晋书》，房玄龄（五七八—六四八）撰，《四部丛刊》本。
真德秀（一一七八——二三五），《读书记》，《真西山集》本。
《素问》，《二十二子》本。
《高子遗书》，高攀龙（一五六二——六二六）著，光绪二年（一八七六）重印。
陶潜（三六五—四二七），《群辅录》，同治七年（一八六八）《艺苑捃华》本。
《读书录》，薛瑄（一三八九——四六四）撰，《正谊堂全书》本。

十一画（淮 通 黄）

《淮南子》，刘安（前一七九—前一二二）撰，《四部备要》本。

《通书》，周敦颐撰。
黄宗羲，《黄梨洲文集》，一九五九年，北京：中华书局。
黄　榦（一一五二——一二二一），《勉斋集》，《四库全书珍本》。

十二画（景 程 落 筑 韩）

《景德传灯录》，道原撰，《四部丛刊》本。
程颢与程颐，《二程全书》，《四部备要》本。
落合东堤，《近思录讲义》，弘化二年（一八四五）写本，东京无穷会藏。
筑田胜信（一六七二——一七四四），《近思录集解便蒙详说》，大正三年（一九一四）《校订汉文丛书》本。
《韩非子》，韩非撰，《四部丛刊》本。
韩愈（七六八—八二四），《韩昌黎全集》，《四部备要》本。

十三画（新 楚 溪 蜀）

《新唐书》，欧阳修（一〇〇七——〇七二）撰，《四部丛刊》本。
《楚辞》，屈原等撰。
溪百年（一八三一卒），《近思录余师》，天保十四年（一八四三）刊本。
《蜀志》，陈寿（二三三—二九七）撰，《四部丛刊》本。

十四画（熊）

熊刚大，《近思录集解》，《新刊音点性理群书句解》，东京内阁文库藏本。

十五画（墨 横）

《墨子》，墨翟撰，《四部丛刊》本。
《横渠孟子说》，张载撰，《张子全书》本。
《横渠易说》，张载撰，《张子全书》本。

二十一画（樱 鹖）

樱田虎门（一七七四——八三九），《近思录摘说》，文化十年（一八一三）写本。
《鹖冠子》，《四部丛刊》本。

Graf神父，Djin-si lu，Tokyo，Sophia University，1953.

版贸核渝字（2020）第137号

图书在版编目（CIP）数据

近思录详注集评 / 陈荣捷著. -- 重庆：重庆出版社，2021.5

ISBN 978-7-229-15737-1

Ⅰ. ①近… Ⅱ. ①陈… Ⅲ. ①理学－中国－南宋 ②《近思录》－研究 Ⅳ. ①B244.75

中国版本图书馆CIP数据核字（2021）第017378号

近思录详注集评

陈荣捷　著

出　　品：华章同人

出版监制：徐宪江　秦　琥

责任编辑：陈　丽

责任印制：杨　宁

营销编辑：史青苗　刘　娜

书籍设计：潘振宇 774038217@qq.com

重庆出版集团
重庆出版社 出版

（重庆市南岸区南滨路162号1幢）

北京华联印刷有限公司　印刷

重庆出版集团图书发行有限公司　发行

邮购电话：010-85869375

全国新华书店经销

开本：880mm×1230mm　1/32　印张：14.875　字数：350千

2021年5月第1版　2023年9月第3次印刷

定价：68.00元